민족주의,
오늘을 살다

NATION
ALISM

민족주의, 오늘을 살다

박의경 저

LIVE
TODAY

전남대학교출판문화원

■ 저자의 말

지금은 21세기, 여기는 대한민국! 21세기 민주주의가 민족주의를 품고, 현대의 민족주의는 민주주의와 만나서, 오늘을 살아간다. 학자로서 내 연구의 시작은 민주주의와 민족주의에 대한 관심이었다. 민주주의의 근본 개념인 자유와 평등이 루소와 헤르더의 민족 개념을 통해서, 민족자결주의와 민족 간의 평등을 내세운 현대 민족주의의 모습으로 자리 잡게 되었다는데, 특히 열광했다. 민족주의가 많은 역사의 현장에서 갈등과 전쟁의 원인으로 대두되기도 하지만, 안정과 평화의 기제로 작동하는 지점도 많이 발견된다. 민족주의의 기치를 내걸고 시작된 투쟁이 민족의 이름으로 정리되기도 하고, 민주주의를 위한 경쟁이 민족의 휘호 아래 갈등으로 내몰리기도 한다. 민족주의는 어떤 이념일까? 갈등과 투쟁을 부추기는 악마의 속삭임일까, 아니면 안정과 평화를 부르는 기저의 공동체일까? 이러한 질문에 시대를 관통하는 정답은 없다. 민족을 빌미로 테러가 발생하기도 하고, 민족의 이름으로 평화가 정착되기도 한다. 민족이나 민족주의는 그 자체로서는 선악(善惡)도 정사(正邪)도 없다. 이 모든 것에 관여하는 것은 거기에 존재하는 인간, 즉 우리들이다.

17, 8세기 시민혁명 이후 민주주의는 '모든 인간은 자유롭고 평등하게 태어났다'라는 선언과 함께 성장하여 지구상 대다수 국가

의 정치체제로 자리 잡았다. 민주주의가 각 국가에서 자리 잡아가는 과정에서 개별국가의 민족주의는 핵심적 장치가 되었다. 프랑스 혁명과 함께 다시 등장한 (2000여 년 전 그리스의) 민주주의는 이제 19세기를 거치면서 새로운 근대적 민주주의를 구성해야 했고, 당연히 새로운 틀을 필요로 했다. 여기서 그 틀은 18,9세기에 나타난 국민국가였고, 근대 민주주의는 그러한 국민국가의 형성과정 속에서 혼재되어 드러나게 되었다. 이제 국민은 민주주의의 주체로서 자리 잡게 되고, 그러한 국민은 민족주의라는 기제를 통해 국가로 결속되게 된다. 시민혁명 이후 민족국가의 기치 아래 각국은 개별적으로 민주주의를 정치체제로 채택하여 발전과 번영을 이루었고, 이어서 국가 간의 국제 경쟁은 민족의 경쟁으로 이어져 세계 제1, 2차 대전까지 치르게 된다. 민족이 국가와 일체화되어 국제사회는 국가 간의 경쟁 구도로 자리 잡아 냉전 체제로 구획되지만, 독일의 통일을 기점으로 소련의 해체로 촉발된 세계화 현상은 민족을 역사 저편에 가두어버리는 듯도 했다. 특히 자본주의는 국경을 넘어 글로벌라이제이션globalization을 현실화시켰다. 여기에 '민족은 허구', '민족은 상상의 공동체'라는 말이 힘을 얻게 되었다. 과연 민족과 민족주의는 없었던 것일까, 누군가 언젠가 만들어낸 가공의 실체인 것일까? 그렇다면 왜 민족의 이름으로 수많은 사람이 유명을 달리하는가? 여기에도 정답은 없다. 다만 우리의 생각과 그 생각에 따른 행동의 방향이 있을 뿐이다.

21세기에 들어선 지도 20여 년이 지나고 있다. 2023년 현재 러시아와 우크라이나의 전쟁은 2년이 되도록 여전히 진행 중이다. 서로 간에 출구전략을 세우기도 마땅치 않아 보인다. 우크라이나 전쟁은 70여 년 전 한국전쟁의 양상과 다른 듯 닮아있다. 핵무기

보유국이 참전국이면서도 여전히 사용은 어렵다. 러시아에 대항하는 우크라이나는 서방 세력의 대리전 역할을 자처하고 있는 듯도 하다. 이러한 상황들이 확전도 불가하면서, 종전도 어렵게 만든다. 이러한 와중에 팔레스타인의 무장 정파 하마스는 이스라엘의 민간인을 공격했다. 기습공격을 받은 이스라엘은 가자지구에 대한 지상군 투입을 준비하고 있고, 주변의 무장 세력과 이란, 시리아, 레바논 등 아랍 국가들은 참전에 대해 계산중이다. 이스라엘과 팔레스타인에 대한 지지와 반대가 세계 각 지역에서 속출하고 있다. 3000년의 역사를 가진 민족 간의 갈등이, 현대 국제사회의 기틀과 일상의 평화를 흔들고 있다. 국가가 아닌 무장 정파와 국가의 폭력적 대립과 갈등, 구체화한 폭격과 납치 등은 우리 눈앞에서 벌어지고 있는 현실이다. 여기서 민족과 민족주의는 허구인가, 상상인가? 여전히 정답은 없다. 행위자 인간들의 생각 속에서 방향이 결정될 것이다. 다만, 그 방향이 옳은 것이기를 바라고, 결과가 평화로 이어지기를 기원하면서, 지금 우리가 이 순간에 할 수 있는 일을 했으면 하는 것이 나의 바람일 뿐이다.

정답 없는 질문이 난무하는 이념의 현장! 바로 이것이 30년 민족주의 연구자가 맞닥뜨린 현실이다. 민족주의는 민주주의라는 체제 속에서 행위자인 인간들이 만들어낸 것일지도 모른다. 그런데 인간이 과연 무에서 유를 만들 수 있을까? 최초의 창조주가 아닌 이상, 인간이 무엇인가를 만들고 생각하려면, 그것의 씨앗이 되는 원천이 존재해야 한다. 민족주의가 그렇게 오랫동안 인류 역사에 나타났다 사라지기를 반복하고 있다면, 결국 그것이 민족주의가 현실에 존재해 왔다는 증거가 되는 것은 아닐까 생각해 본다. 인간은 믿음과 생각으로 세상을 만들어왔다. 여기에 나의 민족주의 관련 연구들을 모아서 책으로 묶어 내놓는 이유가 있다.

이 책에 실린 글 다수는 학술지에 실린 나의 논문이며, 여기에 제1장과 7장, 13장에서는 민족주의 관련 사상가인 마우리지오 비롤리, 벤자민 바버, 마사 누스바움의 글을 번역하여 수록하였다. 전체 4부로 구성하였으며, 제1부는 '애국주의와 민족주의의 발현'을 다루고, 제2부에서 '민족주의의 다양성과 가능성'을 점검하면서, 제3부에서는 '한국의 민족주의의 전망과 기회구조'를 살펴본다. 마지막으로 제4부는 결론에 해당하는 글로서, '열린 미래를 위한 구상'으로 다문화 시대를 살아가는 민족주의와 민주주의의 미래와 그 가능성을 그려본다.

이 책에 실린 글의 세부적 내용과 출전은 다음과 같다.

제1부는 민족주의 역사와 개념을 다루는 3편의 글로 구성되어 있으며, 제1장은 "애국주의에서 민족주의로"이며, 이는 저자가 번역한 마우리지오 비롤리의 저서 『민족주의를 말하다*For love of Country*』의 서론 부분으로 해당 번역서는 전남대학교출판문화원에서 2014년 펴낸 책이다. 제2장은 1998년 『한국정치학회보』 제31집 4호에 실린 "민족과 휴머니티 공동체", 제3장은 2002년 『한국정치학회보』 제36집 2호에 실린 "민족주의와 정치적 현실"로 루소와 헤르더의 민족주의 개념을 다루고 있다.

이어지는 제2부는 다양한 모습으로 나타나는 민족주의를 살펴보는 차원에서 자유, 문화등 다른 개념들과의 조합을 살펴본다. 각 장의 출처는 다음과 같다. 제4장은 "헤르더의 문화민족주의"(『한국정치학회보』 제29집 1호. 1995), 제5장은 "민족주의와 자유주의" (『국제정치논총』 제35집 1호. 1995), 제6장은 "열린사회와 민족주의" (삼성경제연구소 편, 『과연 열린시대인가』에 수록된 논문 "열린 시대의 개인, 국가, 그리고 사회" 1998)로 세계화시대 민족주의의 미래적 가능성을 타진하고, 제7장은 "자발적 민족주의의 가능성"으로 벤자민 바버Benjamin Barber가 1989년 한나아렌트 심포지엄Hannah Arendt Symposium에서 "Voluntarist Nationalism"이라는 제목으로 발표한 글을 저자가 번역한 것이다. 벤자민 바버는 이 글에서 미국의 국가로서의 형성과정을 살피면서, 민족주의의 형성과 기원에 대한 새로운 생각을 제시한다.

제3부는 우리의 현실을 들여다보는 부분으로, 한국민족주의의 과거, 현재, 미래의 가능성까지 타진해 본다. 총 4편의 논문으로 제8장에서 "한국민족주의의 전개" (『민주주의와 인권』 제15권 3호(2015)에서 한국민족주의의 역사를, 제9장 "한국민족주의의 두 얼굴" (『한국/동양정치사상연구』 제14집 1호. 2015)에서는 한국의 특수성과 예외성이라는 양가적 특성을, 제10장 "한국민족주의와 민주주의" (『사회과학담론과정책』 제10집 2호. 2017)는 현대의 민주주의 사회에서 한국의 민족주의가 어떻게 조우할 수 있는지를 분석한다. 그리고 이어지는 제11장에서는 "한국민족주의의 미래" (『동북아연구』 제35집 1호. 2020)를 분석하면서 한반도 평화공동체의 가능성을 조망한다.

결론에 해당하는 제4부는 두 편의 글로 구성되어 있으며, 민족주의와 민주주의, 다문화주의와 세계주의의 조합 속에서 열린 미래를 위한 비전을 제시한다. 제12장 "다문화주의와 민족주의, 민주주의의 삼각구도" (『오토피아』 제34집 2호. 2019)에서는 현대사회의 다문화 현상과 민주주의의 와중에서 민족주의는 어떻게 되며, 어디로 가는지 그 행로를 예측해본다. 마지막 장은 제13장은

"애국심과 민족, 그리고 세계주의"라는 글로서 애국주의의 한계를 논하며 세계주의 논쟁을 촉발시킨 마사 누스바움Martha Nussbaum의 글 "Patriotism and Cosmopolitanism"을 저자가 번역한 것으로, 애국심과 애국주의를 고취하며 국가와 민족의 경계가 여전히 작동하는 사회에서 미래지향적 세계시민의 가능성을 그려낸다. 누스바움의 글의 출전은 다음과 같다: *For Love of Country*, ed. by J. Cohen. (Boston, MA. Beacon Press. 1996)

민족주의가 신화인지 현실인지 정답은 여전히 흐릿하지만, 현재 국제정치의 상황을 볼 때 민족의 이름과 민족주의의 기치가 여전히 살아있는 것만은 사실인 듯하다. 지금 이 시점에서 민족주의의 근본 개념이 무엇인지 살펴보고, 역사 속에서 드러난 다양성을 통해서 그 가능성을 찾아본다. 그 과정에서 남북문제가 상존하는 우리의 현실에 천착하게 되지단, 그럼에도 여전히 존재하는 역사적 역동성을 보면서, 21세기 열린 미래로 가는 길에서 민족주의를 만난다. 역사의 굴곡과 부침에도 불구하고 쉬임없이 오늘을 살아가는 민족주의를 보면서, 함께 오늘을 살아가는 우리에게 미래는 여전히 열려있음을 알려주고 싶다. 이 책을 다 읽고 덮는 순간에 우리에게 남는 것이 그 상생의 미학이었으면 하는 것이 필자로서의 바람이다.

2023년 어느 깊은 가을날 황혼 녘에
메타세콰이아가 보이는 연구실에서

박의경

■ 차례

제3부 한국의 민족주의 : 가능성과 기회구조

제4부 열린 미래를 위한 구상

1

애국주의와 민족주의의 발현

제1장 애국주의에서 민족주의로*

1. 애국주의와 민족주의

학문적 문헌과 용어 사용에서, '나라 사랑'과 '민족에 대한 충성', 애국주의와 민족주의는 동의어로 사용되고 있다.[1] 그러나 내가 이 책에서 보여주고 싶은 바와 같이, 두 개념은 구분될 수 있고, 구별되어야 한다.[2] 애국주의라는 용어는 수세기동안 공동의

* 이 글은 <*For Love of Country*> (1995, Oxford University Press)에 실린 마우리지오 비롤리(Maurizio Viroli)의 서문(Introduction, pp.1-17)으로 현대의 민족주의를 논함에 앞서 '공동의 자유에 대한 사랑'이라는 애국주의의 속성이 우선적으로 드러나야 함을 역설하고 있다. 목차는 독자의 편의를 위해 역자가 임의로 삽입하였다.

비롤리 지음. 박의경 옮김. 『나라사랑을 말하다』(2020. 전남대학교출판문화원) pp.22-41.

1 흥미 있는 사례로 홉스봄(Hobsbawm)의 <1870년 이후 민족과 민족주의 *Nations and Nationalism since 1870*> (Cambridge, 1992)를 보라: 이 책 46쪽과 75쪽에서, 그는 '민족적 애국주의'라는 용어를 사용하고 튜더 왕조 시대 영국의 '원형(原型)적 민족주의 proto-nationalism'를 '근대 민족주의'에 가까운 것으로 묘사한다; 78쪽에서, 그는 '민족적 또는 국가 애국주의'에 대해 언급한다; 90쪽과 같은 다른 곳에서, 그는 '정치적 힘으로서의 민족주의'를 국가 애국주의와 구별하고 있다. 또한 다음 글도 참조하라; B.C. Shafer, "Bourgeois Nationalism in the Pamphlets on the Eve of the French Revolution," *Journal of Modern History*, 10(1938), 31-50; H. Kohn, *The Idea of Nationalism* (New York, 1944)

2 애국주의를 민족주의로 혼동하는 것 그리고 민족주의를 애국주의의 '종류'

자유를 지지하는 정치제도와 삶의 방식에 대한 사랑 – 즉, 공화국에 대한 사랑–을 고취하고 강화시키기 위해 사용되어 왔다. 민족주의는 문화적, 언어적, 종족적 하나됨과 동질성을 옹호하고 강화시키기 위해 18세기 유럽에서 형성되었다. 공화주의적 애국주의의 적이 참주정, 전제주의, 억압과 타락이라면, 민족주의의 적은 문화적 타락, 이질성, 인종적 불순과 사회적, 정치적, 지적인 불화이다.

그렇다고 해서, 민족주의 주창자들이 문화와 인종적 배경, 인민의 언어와 전통을 무시하거나 경멸했다는 것은 아니다. 공화국의 정치적 가치와 인종과 문화의 영역 간의 거리를 가능한 한 넓게 하려 했던 사상가들조차 공화국이란 특정 사람들이 특정 배경과 특정 문화에서 가지는 공동의 자유로 표현되는 것이라고 언제나 생각해 왔다. 결정적 차이는 우선성이나 강조에 있는 것이다. 애국자들에게 우선적 가치는 공화국이고 공화국이 허용하는 삶의 자유로운 길이다. 민족주의자에게, 우선적 가치는 사람들의 정신적 문화적 통합성이다. 근대 민족주의 창시자들의 글에서, 공화국

로 인식하는 것은 우리가 역사의식이 없다는 증거에 다름 아니다. 진정한 애국자들은 특별한 정치적 원칙과 연관된 관행 - 근대 민족주의와는 유사성이 별로 없는 시민권 개념 - 을 고수하고 있다는 분명한 과거에 대한 역사인식 말이다; M.G. Dietz, "Patriotism," T. Ball et. al. (eds.) *Political Innovation and Conceptual Change* (Cambridge, 1989), 191. "우리는 애국주의를 단순한 보수주의와 혼동하거나 광신주의나 맹목적 애국주의에 대한 저주와 경멸적 언어로 뒤집어씌우는 일을 이제 멈출 필요가 있다. 다른 모든 인간의 행위만큼이나, 과거의 애국주의도 유연하고, 감성적이며, 무엇보다도 가공으로 형성된 개념이다": L. Colley, *Britons, Forging the Nation 1707-1837* (London, 1994), 372. 애국주의를 민족주의와 분리하는 것의 중요성에 대해서는 다음도 참조하라. J. Lucas, "Nationalism and Patriotism," *Freedom Review*, 25 (1994), 78-9.

은 부차적 중요성을 가지는 사안으로 간주되고 거부되었다. 애국자와 민족주의자는 우리의 애정의 대상으로 다른 이상을 제시한 것 뿐이다; 애국자의 경우에는 공화국을, 민족주의자의 경우에는 문화적이고 정신적인 단일체로서의 민족을. 그들 모두 우리 안에 다른 방식의 사랑을 주입하고 강화시키려 노력해 왔다; 애국자의 경우에는 자비롭고 관대한 사랑을, 민족주의자의 경우에는 무조적적인 충성 또는 배타적 결속을.

물론 애국주의와 민족주의의 긴 역사는 이보다 훨씬 더 복잡하다. 역사적으로, 애국주의는 군주에 대한 충성을 의미했고, 애국주의는 억압, 차별, 정복의 기제로 사용되어 왔다. 반면에 민족과 사람들의 문화적, 정신적 단일성이라는 이상은 자유를 위한 투쟁을 지지하게 되었다. 내가 제시하는 차이는 지역에서 형성된 지적이고 정치적인 역사와 나라를 사랑하는 것에 대해 수세기 동안 전해진 이야기의 지극히 일부에 지나지 않는다. 그러나 이러한 모든 유사성과 그 미묘한 차이에도 불구하고, 혹자는 공동의 자유의 언어였던 애국주의를 하나됨, 독특성, 단일성이라는 민족주의자의 언어와 본질적으로 다른 것으로 규정할 수 있다.

애국주의와 민족주의를 분리시키려는 노력이 시도되기는 했지만, 그 차이를 적절하게 표현하는 데는 실패했다. 여기 조지 오웰 Goerge Orwell의 시도를 보자.

> 민족주의가 애국주의와 혼동되어서는 안 된다. 두 단어 모두 매우 모호하기에 어떤 정의도 문제가 있다. 그러나 두 가지 다르고 정반대되기도 하는 사상이 내포되어 있기 때문에, 우리는 이들을 구별해야 한다. '애국주의'란 특정한 장소와 세상

> 에서 최고라고 믿는 특정한 삶의 방식에 헌신하지만 타인에게 그것을 강요할 생각은 없는 것이라고 나는 규정한다. 애국주의는 본성상 군사적으로나 문화적으로 방어적이다. 반면에, 민족주의는 권력을 위한 욕망과 분리될 수 없다. 모든 민족주의자의 변하지 않는 목표는 보다 많은 권력을 확보하고 보다 많은 위신을 세우는 일이고, 이는 자신을 위해서가 아니라 그가 개인적으로 몰입하기로 결정한 민족 또는 다른 단위를 위해서인 것이다.[3]

오웰의 정의는 애국주의와 민족주의의 중요한 특징을 잘 드러내고 있지만, 그것 또한 잘못된 것이다. 애국주의는 주창자들이 헌신의 형태로 지목한 것이 아니다. 그들은 오히려 존경, 자선, 동정에 대해 언급한 바 있다. 차이는 순전히 용어가 아니라 애국주의의 핵심을 구성하는 열정에 대한 상이한 해석에서 발생한 것이다. 애국자의 연민과 사랑의 대상은 공화국과 특정한 장소에서 자유롭게 살 수 있는 능력이었다. 민족주의자들에게는 그것이 민족의 권력 추구 욕망이라는 정의는 다수 민족주의 사상가들에게는 사실일지 모르지만, 헤르더Herder와 같은 뛰어난 민족주의자에게는 부적절한 규정이었다.[4]

---

3 "Notes on Nationalism," in *The Collected Essays, Journalism and Letters of George Orwell* (New York, 1968), iii, 362.

4 유사한 맥락으로, 루이스 스나이더(Louis L. Snyder)는 이렇게 주장한다; "애국주의가 보다 특징적으로 개인으로 하여금 헌신의 대상 - 침입으로부터 방어하거나 권리를 보호하거나 법과 제도를 열정적으로 그리고 순수하게 유지하려는 국가 - 에 봉사하도록 영향을 주는 열정인 반면에, 민족주의는 우선적으로 민족의 독립과 단일성과 관련되어 있다. 민족주의는 권력 개념과 분리될 수 없다. 반면에 애국주의는 본성상 문화적, 군사적으로는 방어적이다. 그러나 애국주의의 성격이 매우 모호해서 공격을 정당화하는데 쉽게 이용될 수

칼 도이치Karl Deutsch도 양자의 차이에 대해 유사한 설명을 하고 있다.

> 애국주의는 같은 나라patria, 즉, 나라에서 태어나고 살아가는 모든 사람의 이익을 진작시키려는 노력이나 준비이다. 반면에, 민족주의는 같은 민족natio 즉, 공통의 혈통과 말하자면 소통이라는 보완적 습관으로 공통된 교육을 받은 집단에 속한 모든 사람의 이익을 진작시키는 것을 목표로 한다. 애국주의는 종족적 배경에 관계 없이 종족 집단의 모든 거주민에게 호소한다. 민족주의는 거주하고 있는 나라에 관계 없이 종족 집단의 모든 구성원에게 호소한다. 주거에 근거한 애국주의는 때로 후기 중상주의 시대와 19세기 중반까지 유럽에서 발견된 것과 같은 경제사회적 동원의 초기적 단계에서 나타난다. 동원으로 인해 인구의 대부분이 보다 격정적인 경쟁과 보다 광범위한 정치적 불안정으로 빠져들어갈 대, 애국주의는 보다 본질적이고 완만히 변호하는 각 개인의 개인적 특성과 소통 습관에 근거하는 민족주의로 대체된다.[5]

애국주의를 후기 중상주의 시대와 19세기 중반의 사이 기간에 놓고, 민족주의를 보다 격렬한 경쟁과 정치적 불안정으로 특징 지워지는 시기와 연결된 것으로 보는 것은 역사적인 실수이다. 왜냐하면 애국주의를 옹호하고 촉구하는 자료도 정치적 불안정이

있다. *German Nationalism: The Tragedy of a People* (Harrisburg, III., 1952), 148; 민족주의와 애국주의에 대한 또 다른 흥미 있는 정의로는 다음을 보라. C. J. H. Hayes, *Essays on Nationalism* (New York, 1926), 29.

5 *Nationalism and Social communication: An Inquiry into the Foundation of Nationality* (New York, 1953), 232 n. 40.

심화되었던 시기에 작성되었으며, 내가 말하겠지만 19세기 후반보다 훨씬 늦은 시기였다.

자신의 모습을 마음대로 변화시킬 수 있었던 그리스 신화 속 뛰어난 예언능력을 가진 바다의 신 프로테우스와 같이, 민족주의와 애국주의는 학자들이 고집스럽게 만들어보려 했던 개념적 도구를 피하는 특별한 능력이 있는 것처럼 보인다.[6] 불만이나 절망의 논조는 문학에서 쉽게 찾아볼 수 있다; 프로테우스 같이, 애국주의와 민족주의는 우리의 과거, 현재, 미래에 대하여 많은 것을 알고 있다. 그러나 우리는 그 비밀을 알려주도록 그들을 설득하는 방법을 찾을 수가 없는 것이다.

애국주의와 민족주의의 성격에 대해 과학적으로 정의하려는 대신에, 우리는 학자, 선동가, 시인, 예언자가 나라에 대한 사랑을 언급할 때, 그것이 무슨 의미인지 이해하려는 것을 목표로 해야 한다. 우리는 애국주의의 언어가 수세기 동안 풍부하고 화려한 열정의 세계를 유지하거나 철회하거나, 트집 잡거나, 선도하거나, 재 점화해왔던 주제, 은유, 인유, 권고, 악담의 의미를 밝히고 이해하기 위해서 과학 이론 보다는 역사적 해석을 필요로 한다. 역사적 접근은 물론 지엽적 의미만을 밝혀줄 수도 있다. 기껏해야, 동일한 의미를 가진 되풀이되는 표현에 근거한 전통의 개요를 알

6 헤르더는 '대체로 민족적 존재로 불린 이 프로테우스'에 관해 말한 바 있다. *Kleine Schriften 1791-1796* in *Sämmtliche Werke*, ed B. Suphan (Berlin, 1883), xviii, 57-8. 다음 글도 참조하라. L. Greenfeld, *Nationalism: Five Roads to Modernity* (Harvand, Mass. 1992), 7: "인민, 민족 그리고 민족성 등 다양한 용어로 표현되는 민족 집단은 여러 가지 방법으로 정의되고, 구성원이 되는 기준도 다양하다. 결과로서의 다양한 형상은 개념적으로 포착하기 어려운 민족주의의 프로테우스적 성격의 근원이며 연구자가 절망하게 되는 이유이기도 하다."

려줄 뿐이다. 분절적이고 불완전하기는 하지만, 도덕적이고 정치적 망명의 경험을 설파하는 애국자나, 민족의 문화적 정체성을 재형성하기 위해 과거를 다시 구성하려는 역사가나, 사랑과 자부심, 존경, 동정, 자선, 저주, 공포와 분노 등 감정의 가능한 화학적 변화를 시도하는 철학자의 나라에 대한 사랑, 자유에 대한 사랑, 단일성에 대한 사랑은 우리에게 모범, 이론, 정의 그 이상을 말해준다.

애국주의와 민족주의에 대한 역사적으로 정확한 구별이 없다는 것은 근대 민족주의의 대한 최고의 연구에도 부정적인 영향을 준다. 베네딕트 앤더슨의 『상상의 공동체Imagined Communities』가 그 예로서, 그는 여기서 민족에 대한 과학적이고 객관적인 정의를 시도하지 않고 민족과 민족주의를 '어떤 방식으로 그 의미가 시간에 따라 변화해 왔는지, 왜 오늘날 그들은 그러한 깊은 감정적 정통성을 가지게 되었는지'를 이해하기 위해서는 역사적 맥락에서부터 연구되었어야 하는 '특별한 종류의 문화적 작품'으로 해석한다.[7]

2. 민족주의와 공화국

민족주의를 근대 발전적 역사의 '병리현상'으로 다루는 대신에, 그는 인류학적 정신으로 접근하고 자유주의나 파시즘이라기보다는 혈통과 종교로 소속된 것으로 다루고 있다. 앤더슨은 민족주

7 *Imagined Communities: Reflections on the Origin and Spread of Nationalism* (London, 1991).

의가 '타자에 대한 공포와 저주'에 뿌리를 두고 있다는 생각을 거부한다. 그는 민족주의를 인종주의의 한 형태로 보기를 거부한다. 대신에 그는 민족주의를 사랑과 결부시킨다, 민족이 사랑, 때로는 매우 자기희생적인 사랑을 고취시킨다는 점을 우리로 하여금 생각하게 하는데 유용하다고 그는 강조한다.[8] 민족주의적 시가, 산문, 소설, 음악, 조형 예술 등은 거의 두려워하거나 미워하지 않는다. 그 예로, 그는 필리핀 민족주의의 아버지 호세 리잘 José Rizal의 시 "마지막 작별Ultimo adios"을 인용한다.

잘 있거라 내 사랑하는 조국이여,
태양이 감싸주는 동방의 진주여
잃어버린 낙원이여
나의 슬프고 눈물진 이 생명을
너를 위해 바치리니
이제 내 생명이 더 밝아지고 새로워지리니
나의 생명 마지막 순간까지
너 위해 즐겁게 바치리....

네가 나를 잊은들 무엇이 상관이랴
나는 너의 고귀한 손길을 기억하리니
고동치고 순수한 징표로서
그때 냄새와 빛으로, 노래와 흔적이 되어
이 모든 것을 통해 나의 신념은 반복되리니

내 영원히 사랑하고 그리운 나라

8 위의 책, 141.

고통스러운 나의 사랑, 필리핀이여
나의 마지막 작별의 말을 들어다오
내가 사랑하는 모두들 두고 나는 가노라
저기 노예도 참주도 없는 곳으로
누구도 나의 믿음을 사멸할 수 없는 곳
하늘나라로 나는 가노라

잘 있거라, 내 영혼이여
쫓겨난 내 일가 친척들이여
나의 억압의 날이 끝남에 감사하노라
잘 있거라, 내게 다정했던 나그네여
즐거움 함께했던 친구들이여
잘 있거라 내 사랑하는 이들이여
죽음은 곧 안식이니.[9]

호세 리잘의 시는 관대하고 포용적인 애국주의를 표현하고 있다. 그러나 다른 민족주의자 문헌은 증오와 적을 말한다.[10] '조국'이란 동료애의 결속, 지유의 이상과 공동 기억이 스며들어있는 태어난 땅을 의미할 수 있다. 그러나 그것은 또한 언어와 혈연으로 엮인 공동체를 의미하기도 한다. 나라에 대한 사랑은 관대하고, 온정적이며, 지적이지만, 또한 배타적이고, 무관심하고 맹목적일 수도 있다. 이러한 차이가 명시되어야 한다. '나라 사랑'이나 '민족주의'에 대해 말하는 것은 일반적으로 활력있는 특색을 무미

9 위의 책, 143.

10 다음 자료에 인용된 자료를 참조하라. H. Kohr., "Arndt and the Character of German Nationalism," *American Historical Review*, 54 (1949), 791과 705.

건조한 혼합으로 녹이는 것과 같다.

애국주의와 민족주의의 혼동은 민족주의라는 단어의 기원의 역사적 의미에 대한 오해로 이어진다. 예를 들어, 리아 그린펠드 Liah Greenfeld는 자신의 글에서 민족주의의 특성이란 "민족주의가 주권의 소유자이며, 충성의 중심 대상이자 집단적 연대의 기본인 '인민' 내에 개인의 정체성을 둔다는 사실로부터 나온다"라고 주장한다.[11] 통상적 지혜와 대조적으로, "민족주의는 필연적으로 개별주의의 한 형태는 아니라고" 그녀는 역설한다. 이는 그것이 역사적으로 자신만의 개별적인 언어, 문화, 종족적 배경에 대한 애착의 중요성에 대한 18세기 후반의 옹호가 아니라, 16세기 초 주권자 인민이라는 개념의 형성에 기원하는 것이기 때문이다.

> 그러므로 독특한 근대적 의미로, 민족적 정체성은 '민족'으로 규정되는 근본적 요소인 '인민'의 구성원으로부터 나오는 정체성이다. 그렇게 해석된 인민의 모든 구성원은 그 우월하고 우수한 특성을 공유한다. 이는 계층화된 민족 구성원이 본질적으로는 동질적으로, 지위나 계급은 피상적인 것으로 인식되는 결과로 이어진다. 이 원칙은 모든 민족주의의 기본이 되는 것이며, 그것들을 동일한 일반적 현상의 표현으로 보는 것을 합리화한다.[12]

그린펠드가 통찰력 있게 언급한 바와 같이, 16세기 영국의 '공공의 것publike weale'과 '나라country'와 같은 용어는 – 각각 레스푸

11 *Nationalism*, 3.

12 위의 책, 7.

블리카respublica와 파트리아patria라는 라틴어로부터 나온 것 - '민족'에 해당하는 것으로 사용되었다. 이는 정치사상가들이 독립적인 정치공동체로 연합되어 있는 주권자 인민으로 이해되는 '민족'에 대해 말할 때, 그들은 '공화국' 또는 고전적 의미로 '나라'를 의미했다는 점을 시사한다. 그러나 이러한 의미에서 사용된 '민족'이라는 단어의 등장이 근대 민족주의 역사의 시작을 말해주는 것은 아니다. 오히려 그것은 애국주의의 긴 역사에서 존재하는 또 다른 장이다. 영국뿐만 아니라, 공화국의 의미로 민족이라는 이상을 사용한 프랑스, 이태리, 스페인과 미국은 자신들을 민족주의자가 아니라 애국자로 지칭하고, 또 그렇게 불리었다. 대부분의 학자들과 마찬가지로, 그린펠드도 민족성을 시민권과 동일시하는 시민적 민족주의civic nationalism와 민족성을 유전적이고 문화적 특성으로 취급하는 인종적 민족주의와 구분하고 있다. 그녀는 또한 개인주의적 자유주의적 (시민적) 민족주의를 집단적 권위주의적 (시민적 또는 인종적) 민족주의와 분리하여 생각한다. 이러한 모든 구별과 세부적 구분은 유용하지만, 이들은 또한 민족주의를 16세기 영국 (또는 우리가 한스 콘의 주장을 받아들인다면, 순수한 고대)에서 시작되고 다른 시간과 공간에서 다른 모습으로 나타난 단순한 지적 흐름으로 접근하는 경향이 있다. 내가 이 책에서 알려주기 원하는 것으로, 역사적 상황은 매우 다르다. 공화주의적 애국주의가 전혀 표현하지 못하거나 공통의 자유라는 핵심적 질문에 비해 사소한 문제로 취급되었던 문화적, 인종적 단일성과 순수성 같은 수많은 주제가 중심적 역할을 하게 된 반면에, 근대 민족주의라는 언어는 '나라'와 같은 단어와 '나라 사랑'과 같은 표현이 새로운 의미를 얻게 되는 애국주의 용어의 변형이나 적응으로 나타난다. 민족주의를 이해하기 위해서, 우리는 애국주의로 시작해야 하며, 수세기동안 드러나고 변화해온 한 가지 언어가 아니라 두 가지 언어로 사고를 전개해야 한다.

역사적으로도 잘못되었지만, 애국주의와 민족주의를 혼동한 실제적 결과는 매우 치명적이다. 적절하게 이해되었다면, 공화주의적 애국주의는 민족주의에 대한 강력한 해독제로 작동할 수 있을 것이다. 민족주의라는 언어와 마찬가지로, 그것은 현저하게 수사적이고, 비인격적 합리적 행위자에 대한 이성적 승인을 얻어내는 것보다 특정 문화와 역사적 정체성을 가진 특정 인민의 열정을 부활시키고, 강화하며 지향하는 것을 목적을 하고 있다. 그것은 또한 인민의 문화적 전통이나 공유하는 정체성에 대한 사랑 또는 자부심이라는 특징을 드러내는 인민의 공동의 지유에 대한 사랑과 같은 유대감을 강화시키려 노력한다. 분명히 그것은 열정과 특수성이라는 동일한 영역에서 민족주의와 경쟁하고 순수하게 합리적 논의보다는 수사적 주장을 사용하기 때문에, 애국주의는 민족주의의 강력한 적인 것이다. 애국주의는 배제와 적의를 조장하는 대신에 자유를 지지하는 힘으로 그들을 변형시키는 것과 같은 감정을 가지는 연대와 동료애의 결속 위에서 작동한다. 그것은 이탈리인이나 독일인으로 남아있기를 원하는 그들에게 세계의 시민이라는 익명의 자유와 정의를 사랑하는 자로서 생각하거나 행동해야 한다고 말하지 않는다. 애국주의는 그들에게 그들은 그들만의 공화국을 방어하고 향상시키고, 그들의 방식대로 자유롭게 살아가는 이탈리아나 독일의 시민이 되라고 말한다. 이는 또한 공유된 기억에 관련된 예민한 이미지를 사용하고 공화국의 이상에 풍요와 따스함을 부여하는 의미 있는 이야기를 통해서 그렇게 진행한다.

애국주의 이야기들은 도덕을 말하지만, 왜 우리가 우리 인민들이 공동의 자유에 헌신해야 할 의무를 가지는지에 대한 도덕적 근거를 제공하지는 않는다. 이 문제에 대한 공화주의 사상가의 답은 이미 알려져 있다; 우리는 거기에 빚지고 있는 바가 있어, 우리 나라에 도덕적 의무를 가지고 있다. 우리는 우리의 생명, 교육, 그리고 대부분의 경우에, 자유를 나라에 빚지고 있다. 우리가 도덕적 인간이 되기 원한다면, 우리는 공동선에 봉사함으로써 최소한 부분적으로나마 우리가 받은 것을 되돌려줘야 한다.

은혜와 의무를 나열하자면 매우 많지만, 그 모두는 의심의 여지가 있다. 어떤 것도 일반적 동의를 얻었거나 얻을 가능성이 있는 것은 아니다. 이 말이 자신의 나라에 대한 개인의 도덕적 의무에 대한 논의가 부적절하다는 것을 의미하지는 않는다. 우리는 의무의 경계를 결정할 필요가 있는 것이다; 공적담론에서 우리는 나라가 우리에게 하는 요구가 어떤 것은 거부되어야 하고, 어떤 것은 받아들어야 하는지에 대해 말할 수 있어야 한다. 우리의 나라에 대한 의무가 공동의 자유를 보호하는 것이라면 의무의 경계는 도덕적 논의에서 가능한 정도로 충분히 정밀하게 규정된 것이라고 할 수 있다. 이러한 의미에서 우리가 애국자라면, 우리는 공동선에 개별 이익을 앞세우려는 자에 대항해서 싸워야 한다; 우리는 차별과 배제를 반대해야 하지만, 우리가 문화적, 인종적, 종교적 단일성을 강제하거나, 다른 사람의 자유를 희생해서 자기를 확대 강화시키거나 동료 애국자의 시민적, 정치적 권리를 부정할 어떤 의무도 없다.

우리 인민의 공동의 자유를 약속한다는 것은 우리나라가 자유롭지 않을 때 우리는 다른 곳의 자유를 찾아 떠나는 대신에 자유를 위해 투쟁해야 한다는 것과, 우리가 떠나야 한다면 우리는 우리 동포와 함께 자유롭게 살기위해 돌아오기 위한 작업을 계속해야 한다는 것을 의미한다. 내가 '왜 다른 곳에서 나만의 자유를 추구하는 대신에 동포들의 자유를 위해 고통 받아야 하는지 혹자가 물어볼지도 모른다. 내 나라가 나를 부당하게 대우한다면, 나는 빚진 게 없고 의무도 없다.' 우리가 다른 나라에서 향유하는 자유는 내 나라에서 동포들과 누리는 자유보다 값지지도 않고 완전하지도 않다는 것이 가능한 답변일 것이다. 다른 나라에서, 우리는 시민적이고 정치적 자유도 누릴 수 있지만, 우리의 문화에 따라 자유롭게 살아갈 수는 없을 것이다. 우리끼리의 자유는 더 달콤하다; 우리는 그것을 특성상 우리 것인 우리만의 자유로 즐기게 될 것이다.

이 논의에도 약점이 있다; 보상이 너무도 불확실하고 가능성이 떨어진다; 혹자는 다른 나라의 자유를 보다 매력적으로 볼 수도 있다. 우리의 동포들이 사람들의 공통적 자유에 대한 의무를 가지도록하기 위해서, 우리는 언어, 문화, 역사의 결속에 뿌리박은 연민과 연대 감정에 호소해야 한다. 작업이 완결되면 이러한 결속은 공동의 자유에 대한 사랑으로 변형될 것이다. 이러한 열정의 화학작용을 가능하게하기 위해서, 우리는 분명히 이성과 이익에 호소하는 도덕적 담론을 필요로 하지만, 우리는 또한 유능한 수사학자들이 하듯이, 이야기와 이미지와 상상력의 힘을 빌릴 수 있어야 한다.

어렵기는 하지만, 우리는 애국주의를 고취하는 작업이라는 과제를 경시할 수는 없다. 생존하고 번영하기 위해서, 정치적 자유는 시민으로 하여금 공동선에 헌신하게 하고, 공동의 자유와 권리를 방어하기 위해 일어서게 하는 시민적 미덕을 필요로 한다. 그러나 현재 정치철학자들은 (아무리 작아도 다수이다)는 시민적 덕성을 쓸모없어진 고대의 흔적 또는 무책임한 향수가 불러일으키려는 위험한 정치적 신화로 간주한다. 현대 민주적 다문화 사회에서 우리가 합리적으로 기대할 수 있는 것은 '시민성의 균형과 시민적 미덕'(여기서 시민성이 가장 중요한 요소이다)이라고 마이클 월쩌는 설명한다. 우리가 시민적 미덕, 애국주의와 정치적 행동주의 측면에서 불균형을 시정하기 원한다면, 이것이 시민성과 관용의 희생 하에 이루어지는 것임을 우리는 알아야 한다. 애국주의와 정치적 행동주의는 질서, 평안, 관용의 위험한 적인 열정과 흥분상태를 불러일으킨다.[13] 정치에 종사하지 않고, 개인적 삶의 기쁨에 전적으로 함몰되어 있는 별로 특이하지 않는 인종적, 종교적, 민족적 대중들로서, 근대 시민에게 시민적 미덕이라는 이상은 매력적이지도 않고, 그럴 수도 없다. 그들이 진정으로 관심을 가지는 것은 시민적 미덕이 아니라 자유이다. 벤자민 콩스탕의 유명한 구분을 사용하자면, 그들은 고대가 아니라 근대의 자유를 원한다. 고대인들이 시민적 미덕의 최고의 표현이자 시민의 삶에서 가장 고귀한 부분이라고 생각했던 완전한 주권의 여러

13 "Civility and Civic Virtue in Contemporary America," in *Radical Principles* (New York, 1980). 61-2 and 67-8; 이 글에서 내가 인용한 다른 자료와 마찬가지로, 월쩌는 분명히 미국을 참고로 하고 있다. 그러나 나는 보다 넓은 시각에서 시민적 덕성의 문제를 논의할 것이다. 나는 월쩌와 다른 시각을 "The Liberty of the Ancients compared with that of the Moderns'에서 벤자민 콩스탕(Benjamin Constant)의 말 이래로 현대 정치 문화에서 핵심적 역할을 하고 있는 지적인 입장의 대표로 보고 있다.

부분에 대한 집단적이고 직접적 행사에 대해 근대인은 거의 흥미를 느끼지 않는다.[14]

한편으로, '시민적 미덕의 정치'를 주장하는 현대 사상가는 시민적 미덕이란 '좋음에 대한 생각'을 통해서 그리고 특정 공동체, 특정 문화에 대한 연결을 통해서만 유지될 수 있음을 강조한다. 공공선에의 헌신은 언어, 인종적 배경, 역사와 같이 각 나라를 독특하게 만드는 것들에 대한 사랑인 나라 사랑에 뿌리박고 있다고 그들은 주장한다.[15] 그러나 여기에 동조하는 애국주의는 시민적 미덕의 운동에 도움이 되기보다는 오히려 해가 된다. 나라를 사랑하는 것이 공통의 인종적이고 언어학적 특성이나, 좋은 삶이나 공통적 민족운명에 대한 상상을 공유하는 개념을 사랑하는 것이라면, 그러한 사랑은 틀림없이 공동선에 대한 의무를 지켜나갈 것이다. 그러나 그것은 또한 국내에서나 해외에서, 문화적, 인종

14 "법에 복종해야만 하고, 체포되지 않고 억류되지 않을 권리는 한 사람 또는 그 이상의 개인의 자의적 의지에 의해서 어쨌거나 사라졌고 오용되었다. 그것은 자신의 의견을 표현하고, 직업과 그것을 위한 훈련을 선택할 수 있고, 소유를 처분하거나 마음대로 사용할 수 있고, 허락 없이 또는 자신이 그 일은 하는 이유나 방법에 대한 설명 없이도 오갈 수 있는 모든 사람의 권리이다." Constant, "Of the Liberty of the Ancients compared with that of the Moderns," in *Political Writings*, ed. Bianamaria Fontana (Cambridge, 1988). 310-11.

15 M. Sandel, "Morality and the Liberal Idea," *New Republic*, 7 May 1984, 17. 다음 자료도 보라. "The State and the Soul," *New Republic*, 10 June 1985, 39. 미덕, 중심적 미덕이 될 수 있는 애국주의는 특정한 공동체에 대한 충성이라고 알레스데어 맥킨타이어는 설명한다. "애국자는 자기 민족이 아닌 다른 민족의 장점과 업적에 가치를 두지 않는다. 애국자로서, 그들은 장점이나 업적이 아니라 특정 민족의 장점과 업적으로서만 가치를 두는 것이다. "Is Patriotism a Virtue?," Lindley Lecture, University of Kansas, 26 Mar, 1984.

적, 정치적 다양성에 대한 경멸과 불관용을 조장하기도 한다. 또한 자신의 피를 조국을 위해 흘릴 각오가 되어있지만, 종교적 자유나, 소수자의 권리 그리고 문화적 다원주의를 부인할 준비도 되어 있는 마음을 가진 시민의 사례는 수없이 많다. 그 애국주의의 편협성은 그들이 나라에 대한 사랑의 배타적 특성을 그대로 반영하고 있다.

그렇게 볼 때, 시민적 미덕은 불가능하거나 위험한 것처럼 보인다; 그렇다면, 그것은 우리의 정치 현장에서 중요한 개념이나 현대 시민들 간에 공유할만한 가치로 될 수도 없고, 되어서도 안 된다. 그러나 훌륭한 공화국은 사랑과 애착에 흥미만 있는 것이 아니라 그것을 실행할 수 있는 시민을 필요로 한다; 사랑과 애착은 특정한 사람과 삶의 방식과 조화되는 것이다. 우리는 올바른 열정과 사랑을 가지고 유지할 수 있는 방법을 찾아야 한다; 우리는 위험한 특수성의 세계로 들어가서 배타적이고 불관용적 사랑의 위험에 대항해야 하는 것이다. 시민적 미덕이란 특수한 형태로 존재하지만, 우리는 그것이 위험하고 해로운 것이 되기를 원하지 않는다.

이 딜레마에 대한 해결책을 찾기 위해, 우리는 시민적이거나 정치적 덕성을, 사람들의 문화적, 인종적 종교적 통합성이 아니라 공동의 자유와 그것을 유지시키는 제도에 대한 사랑으로 이해되는, 나라에 대한 사랑으로 규정하고 있는 공화주의 정치사상가의 저작을 재검토해야 한다. 그것은, 특정한 사람들의 공동의 자유에 대한 사랑이기에, 그 사람들에게 특별한 의미 (특정한 삶과 문화의 방식으로 다시 유지되고 고취되는 의미) 를 가진 특정한 역사를 가진 제도로 유지되는 특수한 사랑이다. 그것은 특정한 사람들의 사랑이기에 가능하지만, 특정한 자유에 대한 사랑이기에 배타적이지 않은 것이다. 사람들의 공동의 자유에 대한 사랑은 국가 경계를 넘어 쉽게 확장될 수 있는 것이고, 연대로도 변형이 용이하다.[16]

역사적으로, 나라와 나라 사랑이라는 담론은 목표로서 마음 속의 자유 또는 통일과 함께 형성되었다. 나의 유일한 관심사는 자유, 보다 정확하게 말하자면 평등한 자유로서, 공화국의 모든 구성원이 정치적, 시민적, 사회적 권리가 부정당하는 억압 없이 시민으로서 그들의 삶을 유지할 수 있는 가능성을 의미한다. 나는 문화적, 인종적, 종교적 단일성과 동질성을 악으로 간주한다. 그것은 공화국을 강하게 만들지 못하고, 자유에 헌신하는 시민을 형성하지도 못한다. 반대로, 그것은 공화국을 질식할 정도로 무기력하고, 지루하며 억압적으로 만들고, 시민들을 불관용적이고 지루하며 편협한 고집쟁이로 만든다. 진정으로 모든 사람의 도시가 되기를 원하는 좋은 공화국이 되기 위해서, 문화적, 도덕적 종교적 통일성이 필요한 것은 아니다. 오히려 공화국의 이상과 연결되어 있는 정치적 통일성과 같은 다른 종류의 통일성이 필요하다. 여기서 내가 일반적인 공화국에 대한 사랑이나 자유와 정의라는 보편적 가치에 근거하는 비인격적 공화국에 대한 애착을 의미하는 것이 아니라는 점을 강조하고 싶다. 내가 의미하는 바는 자유 속에 살아가는 특정한 공화국에서 대한 애착이다. 순수하게 정치적인 공화국은 철학자의 동의를 요구할 수 있겠지만, 애착이

16 이러한 이유 때문에, T. Todorov가 *On Human Diversity* (Harvard, Mass, 1993), 173에서 말하고 있는 것처럼 '집단에 대한 애착이 한때 연대 행위와 배제 행위라는' 것은 언제나 사실이 아니다.

나, 사랑, 책임을 요구할 수는 없다. 이러한 종류의 열정을 발생, 유지시키기 위해서 필요한 것은 공동의 문화와 공유하는 기억에 대한 호소이다. 그러나 그 호소가 자유를 목표로 한다면, 시민권의 행사로부터 성장하고 자유에 대한 책임, 사회적 비판과 억압과 타락에 대한 저항이라는 공유된 기억으로 유지되는 문화의 힘이 더해져야 한다. 도덕적이거나 종교적 통일성, 인종적 동질성, 언어적 순수성을 강화시킬 필요는 없는 것이다.

공화국의 이상으로 고취되는 사회 정치적 개혁에는 책임, 연대 그리고 오랜 기간 함께 일해 온 사람들이 필요하다. 일정부분 소속감과 멤버십도 필요하다; 자신이 맡은 바를 수행하기 위해 자신이 분명한 일부임을 느껴야 하기 때문이다. 이 모든 것은 수사적 문제이다; 옳은 말을 할 수 있어야 하고, 적절한 시기에 말을 해야 한다. 공화주의적 애국주의 언어는 모든 이의 도시라는 이상으로 고취된 사회, 정치적 개혁이 요구하는 종류의 책임감을 형성하고 강화하기 위해 필요한 수사를 제공한다. 그 효율성은 그것이, 억압, 정치적 타락과 차별에 대항하여 일반적 책임감을 가지도록 변화시키기 위해 이미 동일한 사람들의 구성원을 연결시켜주는, 존재하는 인종적 문화적 유대 위에서 작동한다는 사실로부터 나온다. 그것은 모든 사람에게 공통적인 그러나 각 개인에게도 중요한 목적을 위해 함께 일하기 위한 공유된 감정 (이는 때로 잠복해있기도 하다) 에 호소한다. 나라에 대해 말하면서, 공화국은 시민의 가슴과 마음에 더 가까이 다가서고 공화국의 개념에서 행동과 책임을 자극하는 특성과 열정을 구체화하는 평등한 자유와 정의의 이상을 가져다준다.

역사가 때로 보여주는 바와 같이, 민족이 도덕적이고 정치적 위기에 봉착할 때, 애국주의의 언어나 민족주의의 언어가 지적인 주도권을 장악하게 된다. 그들 언어는 다른 개념들에는 부족한 통합적이고 동원적 힘을 가지고 있는 것 같다. 무엇보다도 자신들을 정부나 다른 시민의 개입에 저항하는 다수의 권리를 가진 개인으로 간주해야 한다고 시민들에게 말하는 방식은 많은 개인들이 민족을 혁신하기 위해 함께 작업해야 할 필요성이 있는 책임과 연대감을 형성하게 하지는 않는다. 아마도 특정 집단에 대한 충성을 넘어서, 합리적이고 도덕적인 개인으로 자유와 정의라는 공통적 가치에 대한 의무를 공유해야 하는 다문화적이고 자유주의적인 사회의 시민들에게 말하는 것이 보다 효과적일 것이다. 공통적인 보편적 원칙과 가치에 호소할 때, 주장은 힘을 가진다. 그러나 공유된 보편적 가치에 기반을 둔 시민은 너무나 냉담하고 너무나 막연하다. 이러한 종류의 자유주의 언어가 보다 덜 합리적이지만 종교, 인종, 언어, 문화, 기억과 같은 공통적 가치에 더 가까운 민족주의 언어에 반대되는 것이라면, 수사학적인 경쟁에서 승리할 가능성은 그리 높지 않다. 정치 언어는 절대적 표현으로 평가될 수는 없으며, 그것이 다르거나 대안적인 정치 계획을 의미하는 다른 계열에 대항해서 할 수 있는 것이 무엇인가에 따라 평가되어야 한다. 필요한 것은 문화적 순수성과 독특성 추구에 우선 순위를 부여하는 민족주의적이고 공동체주의적 언어에 대항할 수 있는 언어인 것이다. 공화주의적 애국주의 언어가, 민족주의와 공동체주의 언어만큼 특수하지만, 공화국을 특별하게 만든다는 의미에서 특수하기 때문에, 아마도 옳은 대책인 것 같다; 이는 민족주의가 번성하는 근거로서의 특정한 충성의 영역에 덤벼들지 않고, 시민권을 성장하게 하기 위해 그 위에서 작동한다.

진지하게 지적으로, 정치적으로 민족주의에 대처할 필요성은 특히 민주 좌파에게는 매우 절박하다. 민족주의 수사는 가난한자, 실업 상태의 좌절한 지식인과 쇠퇴하는 중산 계층에게 대우 강력하게 작동해 왔고, 여전히 그렇다. 사회적으로 좌절되고 불만에 가득찬 사람들은 민족의 구성원 자격에서 새로운 자부심, 새로운 긍지를 발견한다; "나는 가난하지만, 최소한 미국인 (또는 독일인 또는 이탈리아인)이다." 결과적으로 민주사회주의 좌파의 지지 기반이 되어야 하는 중요한 사회적 힘이 우파 진영으로 넘어가 버리는 셈이다.

그리고 정치적 비용이 매우 높은데도 불구하고, 좌파는 우파가 애국주의 언어를 독점하도록 허용해 왔다. 역사적으로, 사회주의자는 국제주의자이거나 노조나 정당 내 연대의 주창자였다.[17] 몇 가지 좋은 예외가 있지만, 사회주의 지식인들은 민족주의에 대항할 수 있는 좌파 애국주의 형성에 거의 또는 전혀 노력하지 않았다.[18] 민주 좌파는 자신만의 근거 위에서 민족주의와 싸워야만 했

17 월쩌는 "연대는 좌파의 애국주의이다. 때로 그것은 시민권 개념과 나라에 대한 사랑까지도 대체한다"라고 설파한다. *Obligations: Essays on Disobedience, War and Citizenship* (Harvard, Mass. 1970), 191.

18 1960년대 미국의 정치적 급진격파의 실패를 분석하면서, 존 샤(John Schaar)는 미국의 급진 정치를 위한 애국주의의 중요성에 대한 중요한 연구를 제시했다; "1960년대 급진파는 함께 나라를 사랑하고 공유하는 그들의 동료 미국인들을 설득하지 않았다. 다른 이를 경멸하는 자는 누구도 그 사람들을 가르칠 수 없다. 부활된 급진주의는 애국주의적 급진주의여야만 한다. 공동의 것을 공유하고 사랑해야 하는데, 이들은 동료 시민들과 싸우기를 즐기기까지 했다." *Legitimacy in the Modern State* (New Brunswick, NJ, 1981), 287. 사회주의자에게 애국주의 이슈를 진지하게 받아들이라는 호소는 휴 커닝햄(Hugh Cunnuingham)의 세미나 발표 논문 ("The Language of Patriotism, 1750-1915," *History Workshop*, 12 (1931))에서 발견된다. "사회주의가 해야 하는 질문은 애국주의 이슈를 제국주의 시대에 그

다. 민족적 정체성의 필요성에 대한 답변이 필요했지만, 그 답은 민족주의의 답과는 달라야 했다. 전장을 피해서도 안 되고 적의 진영으로 합병되어서도 안 된다. 지적인 과제는 쉽지 않다. 많은 연구와 진지한 토론이 요구되는 것이다. 첫 번째 발걸음은 애국주의의 전통을 비판적으로 다시 보는 일일 것이다.

3. 정치적 애국주의/정치적 민족주의

수세기 동안 다른 정치적, 지적 맥락에서, 정치적 애국주의는 자신들의 공동체를 모든 개인이 자유롭고 평등한 시민이 되기 원하는 그러한 종류의 삶을 살아가는 공화국과 유사하게 만들기 위해 개인들이 함께 작업해 나가도록 동원해왔다. 때로, 애국주의는 시민적이고 정치적 평등을 참을 수 없다고 생각한 사람들에 대항해서 시민으로 살아가기를 원하는 모든 사람을 통합하기 위한 소명으로 사용되기도 하였다. 다른 환경에서, 그것은 배제된 자들이 완전한 승인을 요구하고 정치적 사회적 박해를 탄핵하는 근거가 되기도 하였다. 적절하게 사용된다면, 공화주의적 이상을 가진 애국주의는 해방을 위한 집단행동의 다른 형태를 지지할 수도 있는 것이다. 과거에 그랬던 것처럼, 그것은 다시 최선의 정치를 재발견하고 그 훈련을 배울 수 있는 강력한 지적인 도구로 작동할 수

본질의 일부가 되어버린 우파의 주장에서 제거하는 것이 가능한지, 보수주의자들이 현재 제기하는 역사가 결여된 애국주의로부터 확실하게 충분히 구분하는 것이 가능한지에 대한 것이다." 애국주의를 추방해버린 좌파에 대한 최근의 강력한 논의를 위해서는 다음을 보라; R. Rorty, "The Unpatriotic Left," *New York Times,* 13 Feb. 1994, 15.

있을 것이다.

자유의 애국주의는 공평하고, 문화적으로 중립적이며 냉철한 개인의 관점에서 형성된 과정을 통해서 정치적 갈등을 해결하려는 윤리적 근거를 가지고 정치를 넘어서려는 목표를 가진 이론에 대한 대안이 될 수 있을 것이다. 그리고 그것은 문화 인종, 종교라는 전 정치적 영역 내로 정치 행위를 제한하는 이론에 대한 대안이 될 수도 있다. 전자에 대항하여, 애국주의 언어는 개인을 문화적으로 규정되고, 관심이 있고, 열정적인 상태로 존재하도록 하고, 그들 안에 자유의 문화, 공화국에 대한 관심, 공동선에 대한 사랑이 스며들도록 시도한다. 민족주의자 또는 공동체주의자 입장으로 규정될 수 있는 후자에 대항하여, 애국주의는 문화적으로 유사한 사람들 간의 특정한 의무를 좋은 것 - 공화국 (아무리 문화적 다양성을 포용한다고 해도, 특정한 사람들의 공화국이기에 여전히 특수한) - 에 대한 의무로 바꾸도록 시도한다. 정치의 철학적 기초를 생각해볼 때, 해야 하는 일은 쓸모없는 약탈을 회피하고 감성의 세계에 연결된 채 잘 남아있어야 하는 합리성으르 움직이게 하는 것이고, 수사적이고 정치적 행위를 통해서 그들을 다듬어가야 한다는 것이다. 민족주의와 공동체주의의 경우에, 우리는 야비하고 천박한 감성을 힘을 주는 고상하고 관대한 것으로 변화시키는 것과 억압의 희생과 함께 연대로 변화하는 것을 목적으로 하는 감성과 이익의 차원에서 - 다시 말하지만, 수사적이고 정치적 행위를 통해서 - 지적이고 정치적 투쟁을 여전히 수행해야 한다. 합리적인 도덕적 행위자들, 불편부당한 관찰자 그리고 이상적인 연사들의 이상 세계와 배타적이고 편협한 열정의 현실 세계 사이에, 공화국을 위한 정치가 가능한 공간이 존재한다. 애국주의 언어의 과제는 이 공간이 개방되어 있도록 하는 것이다.

이론적인 방어에도 불구하고, 정치적 애국주의는 그 자체로 부족하다고 나는 생각한다. 자신의 소리가 다르게 들릴 수 있게 하지 못하고, 나라를 사랑하라는 민족주의의 권유만큼 강력하지도 못하다. 나라는 공화국과 공동의 자유를 의미하는 것이라고, 공화국과 공동의 자유를 사랑하는 것은 광적인 열정도 아니고 뭔가를 가지려는 탐욕스러운 욕망도 아니며 연민과 관대함이라고 자신 있게 말하는 것도 아주 어렵다. 이러한 나라와 이러한 사랑의 독특한 조합이 어떻게 표현될 수 있을까? 내가 그 답을 알고 있는 것은 아니지만, 과거에서 돌아볼 가치가 있는 유일한 애국주의는 연민과 공화국을 언급하는 것임에 틀림없다; 분명 그것은 자유의 애국주의일 것이다.

제2장 민족과 휴머니티 공동체

- 헤르더의 자유와 인본성 개념을 중심으로 -

1. 사상의 오디세우스Odysseus: 헤르더(J. G. Herder: 1744-1803)

헤르더는 독일 사상계에서 괴테의 스승으로, 독일 낭만주의의 주창자로서 알려져 있다. 근대 독일 정신의 형성에 있어서, 헤르더의 역할은 칸트의 역할과 비교될 수 있다. 칸트가 이성을 중심으로 지성적 측면에서 사상을 구축하였다면, 헤르더는 감성적 내용을 그 안에 주로 담았다고 볼 수 있겠다. 헤르더는 계몽사상으로부터 이성으로 판단 가능한 보편성을 전수 받아 그에 대한 자의식적 변용을 시도하고, 비합리적이라고 한 쪽으로 치워졌던 신화나 민담 등에 대하여도 새로운 현대적 해석을 내리고 있다. 또 그는 언제나 다양한 역사의 역동성에 대한 깊은 신뢰도 제시한다. 헤르더는 이성으로 판단 가능한 객관적이고 보편적인 법칙을 주장하는 서구 사상가들의 기본 사고에 당시 독일에 내재적으로 흐르고 있었던 낭만적 관점을 도입하고 있다.

이렇게 헤르더는 당시 이성을 중심으로 한 서구 사상가들의 자유주의 사상과 독일의 낭만주의적 관점[1]을 조화시켜 이론을 전개한다. 대체로 독일의 사상이 후자만을 지나치게 강조하고, 영국과 프랑스 전통은 전자에 집중한 것을 살펴볼 때, 헤르더의 균형 감각이 두드러진다. 민족국가와 민족의 창조적인 힘의 발견, 개인과 민족 공동체의 일체성, 과거에 의한 현재의 판단 등이 모두 헤르더의 균형 감각의 산물이라고 하겠다. 또한 헤르더는 이를 휴머니티와 자연법이라는 고전적 원칙과 합치시키고 있다. 이렇게 헤르더는 민족주의로 국제사회의 초석을 놓으면서, 이러한 국제사회의 기초 위에서 모든 보편적 인본성이 작동할 수 있게 된다고 주장한다.

헤르더가 제시한 새로운 물결은 이에서 그치지 않는다. 기존의 모든 학문 분야가 신선한 충격의 여파로 술렁이면서, 새로운 것들이 끊임없이 제시되고 있었다. 역사철학, 심리학, 언어학, 문헌학, 문학사, 생물학, 지리학, 교육학, 고고학, 성서 비평 등 모든 학문 분야가 인간의 성장과 환경에 대한 인간의 관계를 조명하게 되는데 이 모두 헤르더의 작업에 영향받은 바 크다. 심지어 여성학 이론까지 헤르더의 사상적 흔적을 보이고 있음에 놀라움을 금할 수 없다. 그러나 헤르더의 명성은 이러한 제반 분야에 있어서의 영향력에 미치지 못하고 있는 것이 사실이다. 그의 사상의 통찰력과 광범위성이 점차 밝혀지게 되는 근대 비평의 시기까지 사실상 헤르더의 명성은 그림자에 가리워져 있었다.

고전에의 선망, 새로운 것에의 무한한 추구 등 극단과 극단이 공존하는 현재 우리의 상황에서 헤르더 연구의 적실성을 발견할

1 사실상 자연과의 일체성은 여타 어느 서구 제국에서 보다 독일에서 보다 중요하게 고려되고 있었다. 당시 독일의 시라든가 음악이 이 사실을 제시한다.

수 있다. 헤르더 당시와 마찬가지로, 기존의 가치가 힘을 상실하면서 도덕성과 윤리 의식이 빛을 잃었고, 탈근대의 이름 아래 기존의 예술과 문학 등이 평가 절하되고 있는 것이 현재의 상황이다. 다양성과 다원성이라는 미명하에 절대 원칙이나 가치는 사라지고 모든 것이 상대자 인간의 상대적·상황적 평가에 따라 부침을 거듭한다. 인간의 탁월성human excellence에의 신뢰와 함께 절대 진리를 추구해 온 고대 그리스 이래의 인간은 이제 목표 상실이라는 막다른 골목으로 접어들었다. 인간의 절대적 가치를 논하면서 그 시금석은 인정하지 않는다. 새로이 목표가 설정되어야 하고 기본 원칙들이 자리잡아야 한다. 인간과 자연, 그리고 문화라는 마술 지팡이로 헤르더는 자유와 인본성Humanity이라는 지고지순의 이상을 역사 속의 인간으로 하여금 다시 부여잡게 하고 있다. 또한 고전으로의 회귀와 참신성의 추구, 원자론적 개인주의와 공동체주의의 문제 등 양극단 속에서 헤르더 사상에 내재된 균형 감각이 더욱 돋보이는 듯하다. 현재 우리 사회가 나아가야 할 방향을 여기서 찾을 수 있는 것이 아닐까?

2. 헤르더의 ‘자유’ 개념

1) 계몽과 낭만의 갈등과 조화

유럽을 휩쓴 프랑스 대혁명의 영향으로 독일도 자유를 기초로 하여 재정비되기에 이른다. 크리거Krieger는 독일 사상가들에게 미친 자유의 영향력을 강조하면서 프랑스 혁명을 이렇게 평가한다: “프랑스 혁명은 기존 국가 사회의 질서와 개인의 자유가 내재적으로 양립 가능하며, 따라서 모든 기존의 정치 원칙과 이익도 서로 양립될 수 있는 것임을 명백히 하였다. 따라서 당시 독일 정치사상계에서 개진되고 있었던 개인, 국가, 민족의 유기적 일체성을 제도화시킬 수 있는 가능성에 대한 검토가 진행되고 있었다."(Krieger 1972: 40)

이러한 상황 하에서 헤르더는 민족주의nationalism, 역사주의historicism, 민족정신Volksgeist 등 관련 개념의 주창자로서, 또 고전주의classicism, 합리주의rationalism, 과학적 방법론에의 신뢰 등에 대한 낭만주의 혁명의 사상적 지도자로서 우리에게 알려져 있다. 한마디로 프랑스 계몽사상가philosophes들과 독일의 계몽사상 계승자들의 가장 강력한 사상적 경쟁자라고 할 수 있겠다. 보편적이고 객관적인 법칙으로 인간의 현실을 설명할 수 있으며, 그 법칙은 합리적, 과학적 탐구로 밝혀질 수 있다는 것이 계몽사상의 핵심이었다. 이에 대하여, 헤르더는 인간의 활동, 상황, 역사적 기간, 또는 문명 등 모든 것은 자체만의 독특한 특성을 보유하고 있다는 입장을 견지하고 있다. 따라서 이러한 제반 특성을 정형적인 몇 가지 요소로 단순화시키고자 하거나, 보편적 규칙에 맞추어 일반화시키려는 시도는 자연이나 역사에서 주어지는 연구 대상의 특성을 구성하는 본질적인 차이점을 무시해 버리는 결과를 초래하게 된다는 것이 헤르더의 기본 입장인 것이다. 헤르더는 기본적으로 자연과학 연구에 적용되는 방법론과 인간의 정신 영역에서 요구되는 방법론간의 극명한 차이점을 인정하지 않고 있다. 특히, 보편 법칙, 절대 원칙, 궁극 진리, 그리고 윤리학, 미학, 물리학과 수학 분야에서의 영구 모델이나 기준 등 개념에 대하여 원칙과 적용간에 사상적 융통성을 부여하고자 하는 것이다. 사상의 주체로서의 인간이 그 중심에 자리잡고 있음은 물론이다. 즉, 헤르더는 양적 분석을 기본으로 한 자연 과학적 방법이 놓치기 십상이었던 미세한 질적인 차이의 중요성 등 사회 유형, 사회 성장 개념에 새로운 생명을 불어넣었던 것이다. 개별 인간이나 집단의 창조적 힘의 신비를 전폭적으로 지지하면서, 헤르더는 일반화, 동일화, 추상화, 일원화를 시도하고 특히 모든 지적 질문에 대하여 매끄러운 답변을 가능케 하는 체계적 사고 체계를 확립하려는 합리주의에 대한 맹공격을 감행했던 것이다. 합리주의, 과학적 방법, 보편성 있는 제반 규칙 등에 대한 이러한 공격의 와중에서, 헤르더는 지역주의particularism, 민족주의, 문학적, 종교적, 정치적 비합리주의 등의 대두를 자극하고, 이어지는 다음 세대의 인간의 사상과 행동을 변화시키는데 중요한 역할을 담당하게 되었다.

계몽사상의 합리주의만으로는 인간의 진정한 가치를 진작시키기에는 역부족이라는 것이 헤르더의 평가였다. 사실상 계몽Aufklärung사상이 인간의 비합리성을 전혀 무시했던 것은 아니다. 그러나 계몽사상으로서는 이 비합리성으로부터 슬픔과 비탄, 인간의 진보에 대한 역반응밖에는 읽어 낼 수 없었던 반면, 헤르더는 인간의 비합리성 속에서 잘못된 규제로부터의 자유·해방, 실제적 선(善)의 문제, 역사의 변화와 진보의 중요한 원천 등을 발견해 냈던 것이다. 신앙과 도덕의 퇴조, 근거가 박약한 미덕의 단순 강조, 인위적 예술과 무미건조한 문학 등으로 시대는 가득 차고 있었다. 전제와 국가주의가 자리 잡고 세계의 식민화가 진행되고 있었다. 사상과 역사의 오디세우스Odysseus 헤르더는 역사의 비합리적 움직임의 중심에 위치하고 있는 '자연nature'2을 이용하여 화석화된 이성의 껍질을 파고든다. 문학과 신학을 거쳐 인간과 문화에 대한 발전과 진보를 탐구하면서, 헤르더는 자유와 인본성 개념을 규정하고 인간 역사의 다양성을 제시한다.

헤르더의 사고는 계몽사상의 테두리를 벗어나 후일의 사상과 실천에 혁명적 영향을 끼치게 된다. 이성reason과 지성intellect에 대하여는 감정feeling과 신념faith을, 규칙의 기계적 적용보다는 시적·역사적 상상력imagination을, 논리에는 통찰력을 헤르더는 부르짖었다. 합리주의를 기본 원칙으로 한 이성의 칼날에 의하여 절단된 부분의 공백을 헤르더는 인간의 감정, 신념과 상상력으로 채우려 한 것이다. 실제로 관념론자들은 인간의 지식과 인식 과정으로부터 궁극적 현실을 파악해 내려고 한 반면에, 헤르더는 인간 사고의 대상은 그 자체로서 질서정연함을 강조하면서, 인간의 이성이란 관념론자의 주장처럼 그 자체로서 자존적 실체 self-existing entity가 아니라는 점을 역설한다. 헤르더는 논의의 중심을 잠재적 능력faculty '이성'으로부터 현실 속의 '개인'으로 이동시키고 있는 것이다. 바로 여기에서 헤르더는 운명적으로 루소와 조우하게 된다.[3]

---

2 헤르더에게 있어서, '자연(nature)'이야말로 이성으로 축조된 당시의 견고한 구조물을 제거해 낼 수 있는 마술지팡이와 같은 것이었다. 헤르더가 중시하는 인간의 감정, 신념, 상상력 등 또한 이 자연으로부터 연원하는 것이었기 때문이다.

3 헤르더는 루소를 당대의 사상적 거인으로 인정하고 있다. 특히 루소의 원시성, 순수성, 자연에의 찬미 등의 주장에 적극 찬동하고 있다. 또한 헤르더는 "자연은 인간을 자유롭고 행복하게 하고, 기술과 사회는 인간을 고립시키고, 실망시킨다"라고 역설하면서 자연으로의 극적인 회귀를 구가하는데, 때로 그를 '제2의 루소'라고 하는 것은 이에 기인한다고 하겠다. 헤르더의 *Outlines of a Philosophy of the History of Man* (이하에서는 *History of Man*으로 약칭한다), 제8권(Book VIII)을 참고하라.

2) 헤르더의 자유: "인간은 그 자체로서 자유롭다."

헤르더에 따르면, 인간은 그 자체로서 자유로우며(Herder 1800: 92), 이는 자연과 신에 의하여 부과된 절대 명제였다. 헤르더의 자유는, 이성이나 자유가 때로 제한되어 있을 때에도, 그 선택의 조건이 논리적, 도덕적 고려에 의한 것이 아니라는 점을 강력히 제시한다. 헤르더는 자유에 대한 개인의 자기 결정 원칙을 보다 확대시켜 한층 강조하면서 인간에게 자신을 통치할 정치적 주인은 더 이상 필요하지 않으며, 이 경우에만 인간은 진정으로 자유로운 인간일 수 있다고 역설한다. 헤르더에게 자유를 강요하는 자유란 더 이상 자유가 아니라 단순한 강제에 불과한 것이었다. 헤르더는 국가가 아니라 민족을 주 변수로 채택하고 자유를 논의함에 있어서도 자유 이념 그 자체와 더불어 자유롭다는 사실을 중요시하고 있다. 민족volk의 개념을 문화의 주체로 인식하고 자유를 인간 의지에 따른 선택의 문제로 개념화시키면서, 헤르더는 순수한 이념으로서의 자유 정신, 개인주의, 세계주의 정신 등으로 자신의 이론을 정리하고 있다.

또한 헤르더에게 있어서 자유란 자유의지를 보유한 인간이 자치적으로 법률을 제정하고 자신을 지배, 통제해 나갈 수 있는 능력이었다.[4] 루소와 마찬가지로, 헤르더에게도 인간은 자유롭게 태어난 존재인 것이다:[5] 자유와 함께 태어난 존재임으로 하여, 인

4 이에 대하여 헤르더는 다음과 같이 설파한다: "위대한 철학자들은 진리, 자유, 인류의 행복 증진을 위하여 박해와 궁핍을 자발적으로 감수했고 기쁜 마음으로 동료 인간들에게 남겨 줄 수 있는 고귀한 사상들을 품고 있었다. 이는 인간만이 가질 수 있는 지고지순한 인간의 미덕으로 우리에 내재된 '자치'라는 가장 강력한 힘 바로 그것이었다." (Herder 1800: 94)

간에게 자유를 교육시킬 필요는 없다. 태생적으로 이미 체득된 것이므로 인간으로 태어나 행동한다는 그 자체가 곧 선택의 자유라는 사실을 인식하기만 하면 되는 것이었다. 단 그러한 단계에 이르기 전까지, 인간은 본능의 지배를 받는 여타 피조물과 달리 타인의 도움을 필요로 한다. 타인의 도움으로 모든 인간이 궁극적으로 자유로울 수 있다는 사실의 이면에는 의존적인 인간이라는 초기 상황이 배태되어 있다. 이는 다시 말하여 어떠한 인간도 타인의 존재 없이는 자유로울 수 없음을 의미하며, 홀로 존재할 수 없음을 의미하기도 한다. 즉, 헤르더의 자유는 인간을 사회와 연결시키는 '나'와 '너'의 공존을 전제로 하는 것이다. 이렇게 헤르더의 세계는 모든 개별 요소가 다양한 관계로 연결되어 있는 유기적이고 동적이며 또한 일원적 세계인 것이다. 후일 이 개념은 인간의 자유와 행복이 각자의 개별성을 추구해 나가는 과정 속에서 민족과 민족적 개별성 개념으로 발전되어 나가게 된다.

사실상 헤르더는 획일성 개념에 반대 입장을 취하는데, 이는 자유, 궁극적으로는 인본성을 저해하는 요소로 지적되고 있다. 획일성이 인간의 창조성을 저해하고 말살시킨다고 역설하면서 헤르더는 다양성을 열정적으로 주장하고 있다.

> 소위 질서와 복종을 위하여서가 아니라 사실상 모든 것을 죽음과도 같은 획일성으로 몰아넣기 위하여 덤벼드는 전체주의

5 "인간은 자유롭게 태어난 최초의 피조물이다. 직립 가능한 동물이라는 사실로부터, 인간은 선·악, 정·사의 균형을 취할 수 있음을 유추할 수 있다. 인간은 실험도 검증도 선택도 또한 할 수 있다; 따라서 인간은 어떤 상황에 있어도 여전히 인간이다; 약하기는 해도, 자유롭게 태어난 인간이다." (Herder 1800: 92-93)

의 파도를 오랫동안 지탱해 준 변화의 시대가 있었다. 인류를 위하여 보다 건전하고 유익한 인간형은 어떠한 것이겠는가? 생명력·사고력 없는 거대한 조직의 무감각한 일원으로서의 인간인가, 생동감 있는 삶의 에너지를 충실하게 발산하는 인간인가? 비록 제도는 불완전할지라도, 인간이 언제나 정직하지는 못할지라도, 무질서와 혼란의 여지가 조금은 있을지라도, 여전히 인간의 타락과 쇠퇴가 끊임없이 강요되기는 한다할지라도, 살아 움직이는 국가의 형태가 보다 바람직한 것이다.(Barnard ed. 1969: 191)

헤르더에게는 모든 사회의 상황 분석과 더불어 각 사회의 법정신과 제도의 차별성에 대한 연구로 명성이 높은 몽테스키외조차 인간의 삶과 문화의 다양성을 3가지 기본 유형이라는 고정된 틀 속에 묶어 놓으려는 획일적 사고를 가진 사상가로 보였다: "말도 안되는 일반화 작업이다. 위대한 신의 살아 있는 징표인 인간과 시간의 역사를 3가지로 단순하게 분류해 내다니! 비록 그것이 고귀하고 가치 있는 것들은 아닐지라도... 제발 몽테스키외여!" (Barnard ed. 1969: 217)

이러한 헤르더의 반획일성은 이성과 자유를 중심으로 한 당시의 독일 관념론과 배치되는 것이었다. '이성'을 당시의 절대적 개념으로 풀어내면서, 헤르더는 이성이 인간에 내재한 자동적·기계적 본능이라는 계몽사상적 관점을 거부하고 나선다. 인간의 이성이 인간의 기본 능력이라는 독일 관념론자의 사고와 달리, 헤르더는 인간의 이성이란 경험에 의하여 형성되는 개념이라고 한다.

근대의 '이성'은 그 자체로서 내적 자동성을 가지고 있는 것으

> 로 잘못 이해되어 왔다. 이론적으로나 실제적으로 이성은 이해하는 능력 그 이상의 어느 것도 아니다; 인간의 조직과 삶의 양식을 형성시켜 주는 사상과 능력의 정도나 방향에 대한 후천적 지식인 것이다. 여기서 드러나는 하나의 전체는 인간 그 자신의 사고이다; 이 사고와 선·악과 정·사 그리고 행·불행을 판단하는 인식의 조합 그것이 바로 '이성'으로서 인간의 삶에 진보를 가져다주는 능력인 것이다. 이성은 인간에 내재하는 것이 아니며, 후천적으로 습득되는 것이다. (Herder 1800: 91)

같은 맥락에서 '의지의 자유'라는 관념론적 사고로는 헤르더의 '자유' 개념을 설명할 수 없는 것이다. 헤르더에게 '자유롭고자 하는 의지'는 가능성이 배태된 의지일 뿐 자유는 아니었던 것이다. 인간은 그 자체로서 자유롭다는 것이 헤르더의 논지이다. 클라크 R. T. Clark는 칸트와 헤르더의 차별성을 다음과 같이 논하고 있다: "칸트적 자유의지는 상당히 제한적이다. 이는 언제나 이것이냐, 저것이냐의 선택 문제로 귀결된다. 물론 헤르더의 자유의지도 제한적이기는 마찬가지이다. 그러나 헤르더에게 있어서는 자유의지에서 파생되는 선택의 조건이 논리적이거나 도덕적인 선결 명제에 구애받지 않고 있다: 즉, 각 개인의 지적이고 도덕적인 결정에 일반적인 제한을 가할 수는 없다는 것이다."(Clark 1969: 313) 한마디로 헤르더의 자유 개념은 인간이 자신의 의지에 따라 모든 선택을 할 수 있다는 가능성에 있는 것이다. 자신의 저서 『인류 역사에 관한 철학적 고찰*History of Man*』[6]에서 헤르더는 선택의 자

6 본 논문에서 인용하고 있는 헤르더의 저서는 T. Churchill에 의해 1800년에 번역된 영역본으로 영문 제목은 앞서 '각주 2)'에 기술한 바와 같으며, 독일어 원제는 *Ideen zur Philosophie der Geschichte der Menschheit*이다. 따라서 국

유란 인간에 부여된 신적 요소라고 거듭 강조한다:

> 모든 종류의 짐승이 각자의 특질을 보유하면서 전 세계의 유지에 공동으로 공헌하고 있다. 오직 우리 인간만이 필요성에서만 연원하지 않은 의지의 신성성을 부여받았다. 인간은 선·악과 정·사에 대한 균형 감각을 가지고 있다: 인간은 검토하고 상고하여 선택할 수 있는 능력을 보유하고 있다... 때로 남용의 가능성이 있을지라도 인간이 자유를 가지고 있다는 사실로 인간은 왕의 자리에 있을 수 있는 것이다. 인간은 여전히 선택을 계속할 것이다. 때로 최악의 것을 선택할 수도 있지만...: 따라서 자신의 선택이 자신을 비참하게 만들지라도 인간은 자신의 선택과 명령에 기꺼이 복종하는 것이다. (Herder 1800: 67-92)

인간의 자유를 언급하면서, 헤르더는 인간 정신의 독립성을 고려하기도 한다. 헤르더에게 있어서, 타인에 의지하여 사는 인간은 감각(feeling: 이는 자유로운 인간이기 위한 가장 중요한 자산이라고 헤르더는 주장한다)이 소진되어 간다는 의미에서 거의 죽은 것이나 진배없는 존재였다. 이러한 인간이 있다면 그는 이미 탈 인간화된 피조물에 불과하며, 자연이나 역사의 피해자, 도덕적 장애자, 사회의 기생충이자 질곡 속의 노예에 지나지 않는다는 것이다. 이렇게 타인에 의지하여 사는 삶은 인간의 인간이기 위한 기본 조건인 인본성을 상실시킨다고 헤르더는 설파한다. 인본성을 유지하는 일은 자의식을 통하여 가능한 것이었다. 인간으로 하여

문 제목은 원제목에 충실하고자 하였다.

금 자의식을 느끼게 하는 것은 문화 공유를 상징적으로 의미하는 '언어'의 역할을 통해서이다. 여기서 헤르더가 강조하는 언어의 역할이 전면으로 대두된다. 자의식을 깨달은 인간은 비로소 자신의 민족성도 인식하게 되는데 이 모두 언어라는 매개를 통하여 이루어진다는 것이다. 개인과 민족 정체성을 정교하게 통합시키면서 헤르더는 전체주의성이 내재되어 있기 않은 민족적 개별성 개념을 제시한다. 루소의 일반의지를 연상시키는 헤르더의 개인과 민족간의 이러한 일체감으로 인간은 자유의 가치를 조금도 손상시키지 않고 민족이라는 공동체 속에서의 행복을 향유할 수 있게 되는 것이다. 이를 헤르더는 '휴머니티 공동체Humanität'라는 개념 속에 포괄시켜 제시하고 있다.

3. 인간의 조건 : 자유와 인본성

'인간은 그 자체로서 인간이다, 다른 조건이 결코 필요하지 않다'라는 것이 헤르더의 기본적 인간관이었다. 자기실현의 완성에 어느 정도 접근하느냐에 따라 개성으로서의 '자아'의 정체성을 얻어낼 수 있느냐가 결정되는 것이다. 여기서 주의할 점은 완성이 목적이 아니라는 것이다. 완성에의 과욕은 때로 인간을 타락으로 몰아넣을 수 있기 때문이다. 인간은 초인적 목표를 향해 진력해야 하거나, 후일의 번영을 위하여 자신과 자신의 세대를 희생시켜서는 안된다고 헤르더는 역설한다. 헤르더는 인간의 완성을 위한 노력은 당대의 사회 발전 내에 존재하는 목표를 향하여 경주되는 과정에 초점에 맞추어져야 한다고 설파한다. 각 세대는 주어진 시간과 공간에 걸맞는 목표를 설정하고 실행해 나가야 하는 것이었다. 따라서 헤르더에게 인간이 추구하는 지평선은 인간의 내부에 존재하는 것이었다.

루소와 달리, 인간이란 그 존재하는 순간부터 동물이 아니라 인간이라고 헤르더는 규정한다. 신학자인 헤르더에게 인간이 현재 보여주는 모든 능력faculty은 그 자체로서 신으로부터 부여받은 것이지 후세에 개념화된 진화라든가 개발 등의 개념을 통하여 얻어질 수 있는 것은 아니었다. 신의 최고의 작품으로서의 인간은 처음부터 본능의 전적인 지배를 받지 않는, 사고하는 존재로 창조되었기 때문이다. “인간에게는 자유롭게 자신의 힘을 과시할 수 있는 영역이 있으며, 또한 보다 자유로운 관계는 바로 ‘합리성’이라는 용어로 규정될 수 있다”(Barnard ed. 1969: 134)라고 헤르더는 주장한다. 헤르더 사상 체계의 특징은 그 인간의 이해 방식에 있다. 즉, 추상적인 개념으로서의 ‘인간성’ 자체보다는 인간화된 자연과 함께 본능이나 충동, 감정을 우선적으로 고려해야 한다는 것이 헤르더 사상의 출발점이라 하겠다.

이와 같이 개인성을 중시하면서, 헤르더는 획일화된 인간성 개념에 정면으로 반대하고 나선다. 카시러(Cassirer 1946: 184)의 분석에 따르면, 헤르더의 개인주의는 낭만주의적 요소를 많이 내포하고 있다: 원래 낭만주의는 획일화된 전체주의적 상태보다는 독특하고 특수한 문화적 삶, 이를테면 시, 예술, 종교, 역사 등의 자유분방성을 선호하는 것이므로, 각 개인과 각 민족 공동체의 삶을 규정짓는 독특한 차이점들을 깊이 존중하는 사조라는 측면에서 더욱 그러하다. 이러한 맥락에서 헤르더의 ‘민족적 개별성national individuality’ 개념이 민족에 대한 개인의 종속으로 이해될 수는 없다고 본다. 오히려 각 개인을 포용하는 민족이라는 공동체를 매개로 하여 개인성을 더욱 더 고양시키는 것이라고 할 수 있겠다. 이렇게 헤르더의 현실 인식은 유기적 체계를 유지하고 있다: 즉, 현실 세계는 개개인으로 구성되어 있다. 여기서 각 개인은 사회 전체의 구성에 필수적인 존재이며, 또한 개인은 각자의 본질적 특성을 보유하고 있어야 한다. 바로 이것이 헤르더 인본주의의 요체인 것이다. 카시러(Cassirer 1946)가 "헤르더는 인간의 개인성individuality을 가장 예리하고 가장 깊이 있게 이해하고 있다."라고 설파하듯이, 인간과 그의 자유는 헤르더 인본주의의 핵심을 이루고 있는 것이다.

한마디로 헤르더는 인본성의 발전을 인간 존재의 목적이라고 간주한다. 헤르더에 따르면, 진정으로 자유로운 정신을 소유한 인간만이 이 인본성을 이루어낼 수 있다고 한다. 개인과 공동체의 관계를 논하면서 민족성 문제를 심각하게 자신의 사상 체계에 편입시키면서도 헤르더는 언제나 개별 인간의 우선성을 강조하고 있다. 이에도 불구하고 헤르더는 18세기 독일에서처럼 정치적 경험과 공동체의 유대가 부족한 민족에게 무조건적으로 정치적 자유가 주어질 경우에 발생할 위험성을 무시하고 있지는 않았다. 헤르더 역시 이상으로서의 자유와 현실에서 요구되는 질서의 필요성 사이에서 갈등하고 있었다. 사상적으로 헤르더는, 보다 덜 효율적이고 때로는 보다 더 무질서하더라도, 각 개인이 각자의 자유-특히, 정치에 참여할 수 있는 자유-를 향유할 수 있는 정치 체제를 선호하고 있었다:

> 여전히 이해할 수 없는 것이 있다: 어떻게 인간이 국가를 위

> 한 존재로 창조될 수 있으며, 또 인간이 어떻게 자신의 행복을 그 조직의 제도로부터 얻어낼 수 있단 말인가? 이 지구상의 얼마나 많은 민족들이 국가라는 조직체를 알지 못한 채 살면서도 국가를 위하여 자신을 희생해 가면서 살아가는 사람들보다 더 행복하다는 사실을 볼 때 더욱 이해하기 어렵다. 필자는 여기에서 인위적 형태의 사회가 주는 이득이나 해악에 관하여 논하자는 것이 아니다: 그러나 모든 기술이 궁극적으로 단순히 도구이고 또 가장 복잡 미묘한 도구일수록 다루는데 신중성과 기교가 더불어 요구된다는 사실 때문에 보다 면밀하게 잘 관찰될 필요는 있다고 본다. 어쨌든 명백한 결론이 있다면 바로 이것이 아닐까; 국가의 위대성과 그 제도의 정교성이 드높아질수록, 그 조직체 내의 개인이 비참해질 위험성은 더욱더 증가되는 것이 아닐는지... (Herder 1800: 223)

이를 프레드릭 바나드(Frederick Barnard ed. 1969: 11)는 다음과 같이 분석한다: "헤르더에게 정통성은 효율성보다 더 중요한 문제였던 것이다." 여기서 정통성의 기준은 언제나 헤르더의 핵심 명제였던 인간의 자유 그것이었다. 헤르더에게 인간의 자유는 인본성을 추구하는 인간의 궁극적 목표이자 그 목표에 이르기 위한 원동력이었던 것이다.

4. 휴머니티 공동체Humanität[7]: 개인에서 사회로

『인류 역사에 관한 철학적 고찰』 제15권에서, 헤르더는 인간의

7 헤르더의 Humanität는 본 논문에서 제시되듯이 인간 존재의 궁극 목표이자 근본 이념으로 설정되어 있다. 따라서 이 Humanität 개념을 전달함에 있어

사회를 신의 전능성과 지혜로 이루어지는 창조의 사원으로 비유한다. 그는 주장한다: "신이 자연에 존재한다면, 그는 또한 역사에도 틀림없이 임재한다. 인간도 신에 의한 창조의 일부이고, 따라서 가장 감정에 치우친 상황에서도 지켜야 할 뛰어난 원칙이 존재한다."(Herder 1800: 438) 이어서 헤르더는 사상사에서의 자연법에 해당되는 몇 가지 원칙을 제시한다. 첫째로, 인간의 목표는 휴머니태트Humanität이고, 이 목표를 향하여 신은 모든 것을 인류에게 기탁하였다. 둘째, 본질상 파괴적인 모든 세력은 일소되어야 하며, 모든 것은 사회 전반을 건설하는 데 공헌하여야 한다. 이 과정에서 인간은 인간 내부에 존재하는 파괴적 힘을 통제하는 법과, 자연이 인간에게 미칠 수 있는 해악도 제어할 수 있는 지식 습득도 게을리하지 말아야 할 것이다. 셋째, 인류는 각기 다양한 문화를 보유한다. 그러나 이러한 다양성에 관계없이, 인간의 행복과 복지는 언제나 이성reason과 정의justice에 그 기초를 두고 있다. 넷째, 자연과 역사의 흐름에 따라, 이성과 정의는 인간 사회에서 보다 넓은 입지를 차지하고 나아가서는 휴머니티 공동체에 이르도록 하여야 한다. 마지막으로, 선행과 미덕이 인간의 운명을 지배한다. 따라서 인간에게 있어서 협력하는 것보다 더 고귀하고, 순수하고, 지속적인 가치는 없다.(Herder 1800: 436-467)

서 이에 상응하는 영어 Humanity의 번역어인 '인본성'이라는 용어를 도입하기보다는 '휴머니태트'를 그대로 사용하기로 한다. 사실상 Humanität는 상황에 따라 '휴머니티 이념' 또는 '휴머니티 이념이 구현된 공동체'로 이해되는데, 필자는 전자 의 경우 '휴머니태트'로 후자의 경우 '휴머니티 공동체'로 나누어 사용하기로 한다.

헤르더의 휴머니태트 개념은 시공을 초월하여 모든 인간을 포용하는 역사에 연원을 두고 있다. 이는 또한 현실에서 생동하는 인간의 본질을 포괄한다. 다양한 형태로 존재하는 인간의 실존을 이해하기 위한 일관된 원칙으로서 이 휴머니태트를 헤르더는 제시하는 것이다.

> 우리 인간의 특성이다; 그것은 자연 속에서 유전되어 내려오는 것이다; 그러나 또한 그것은 실제로 반복적으로 학습되어야 한다. 이미 완성된 형태로 우리에게 다가오는 것이 아니다; 그것은 세상에 존재하는 우리 인간의 목표이며, 우리 노력과 가치의 총화가 되어야 한다... 우리 인류에게 신적인 요소가 있다면, 그것은 바로 휴머니태트Humanität를 배우고 가르칠 수 있다는 것이다; 모든 위인이나 현인, 법률가, 발명가, 철학자, 시인, 예술가 등 자기 위치를 지키고, 자기 의무를 성실히 이해하는, 또 차세대를 양육하는 고귀한 정신의 소유자들 모두가 이 목표를 위하여 매진하고 있는 것이다. 휴머니태트는 우리 인류의 삶의 종합 예술이자 인간적 노력의 빛나는 결정체이다. 이를 위한 교육도 간단없이 추구되어야 할 귀중한 작업임은 물론이다;(Herder 1800, Book IV: 7[illegible]-106)

1) 휴머니태트Humanität와 종교

헤르더는 개별 인간individual, 민족volk, 휴머니태트Humanität를 내부의 자생적 원칙에 따라 연계, 생성되는 세 가지 유기적 실체로 연결시키고 있다. 헤르더에게 있어서 개인과 민족 개념은 상호보완적으로 이해되고 있는 바, 그의 민족 개념은 유기적이고 자연스러운 사회적 실체로 설정되고 있다. 또한 헤르더의 민족 개념 속에는 근대국가의 전체주의적 발상과는 반대되는 개인의 자유로운 발전과 여타 공동체 구성원과의 공동 유대 의식에의 인식도 내재되어 있다. 자치를 기본 원칙으로 하는 헤르더의 민족은 여타 민족에의 적대감과는 거리가 먼 개념일 수밖에 없었다. 오히려 휴머니태트라는 이상 속에서 모든 인간의 결속이 강조되고 민족이 나아가서는 국제사회의 초석이 된다는 역설적이면서도 참신한 사고가 빛을 발하고 있는 것이다.

헤르더의 개인성에 대한 강조는 그의 민족사 연구에서 보다 확연하게 드러난다. 인간의 성장 과정을 토대로 하여, 헤르더는 각 민족의 자기 완성을 향한 이상적이고 지극히 자연스러운 방법을 제시한다. 각 민족이 거쳐야 하는 발전 경로는 단자monad로서의 민족적 개별성 개념에 따르는 것으로 매우 독특하다. 사실상 헤르더의 '개별 인간'은 자신이 소속된 민족이라든가 생애에 있어서의 시간성 등과 같은 시간적·공간적 제약을 받고 있다. 특정한 종교, 언어, 공통의 감정 상태 등을 고려하지 않고서 인간은 자신을 제대로 정의할 수 없는 것이다. 유전적으로 이어받은 전통 교육, 종교적 관습이나 언어는 제한이 아니라, 오히려 독자적 특성의 차별화를 가능케 하는 문화의 시금석이자 견인차인 것이다.

자유로운 개별 인간의 존재와 함께, 헤르더는 민족을 휴머니티 공동체Humanität에 합치되는 양식으로 제시한다. 모든 민족이 각자의 종교, 예술, 이성과 도덕률 등을 보유하고 있다는 사실로부터 휴머니티 공동체는 모든 인간 집단에 필수적인 하나의 가치임을 알 수 있다. 헤르더에게 인본성은 인간에게 필요한 하나의 가치이며, 민족은 휴머니티 공동체 내에서만 그 구성원인 개별 인간의 가치와 이상을 시현할 수 있는 것이다. 따라서 휴머니티 공동체는 시공을 초월한 인간 조건의 현실성을 제시하는 것이라고 할 수 있다. 복잡한 인간 존재의 현실 속에서, 휴머니태트는 모든 인간의 자질과 능력을 포괄하고 있다. 인류의 목표로서, 이는 사회 속에 던져진 인간에게 부여된 신의 소망이었다. 헤르더의 '휴머니티 공동체'는 지고지순한 인류의 이상 인본성이라는 고도의 종교성이 부여된 개념이었다.(Herder 1800: 98-105)

헤르더에게 종교란 인간으로 하여금 자유의지를 통하여 사회적 의무에 대한 자각을 가능케 하는 것이었으므로, 휴머니태트를 논함에 있어 종교의 문제가 전면으로 부상하는 것이다. 물론 헤르더의 윤리 의식도 따로이 떼어 생각할 수는 없을 것이다. 이성뿐만 아니라 휴머니티와 종교 등이 인간의 삶을 규정짓는 중요한 족적임을 헤르더는 간단없이 강조하고 있다.[8] 종교가 순수하면 할수록, 인본성이라는 공동선을 보다 순수하게 추구하게 된다는 헤르더의 언급을 인용하면서, 바나드(Barnard 1965: 88)드 이렇게 선언한다: "휴머니티 공동체는 헤르더 정치철학의 시작이요 끝이다. 헤르더는 종교의 도덕적 가치에 대한 시금석을 휴머니티 공동체의 진작 여부에 두고 있다." 헤르더에게 종교는 우주의 일부로서의 인간에 대한 확신이자 자신에 대한 내면적 인식이었던 것이다. 또한 종교는 인간이 인간으로서 해야 할 것이 무엇이며, 나아가야 할 바가 어디인지라는 인간의 윤리 의식을 계도하는 역할도 하는 것이었다.

인간은 자유롭게 창조된 최초의 존재라고 주장하면서, 헤르더

8 이에 관하여는 특히 헤르더의 저서 *History of Man* (1800), Book IX을 참조하라.

의 자유 개념은 휴머니태트와 종교의 본질을 구성하게 되는 것이다. 이렇게 헤르더의 휴머니태트는 인류의 전 역사를 통하여 인간의 자유를 향한 간단없는 투쟁을 주도하는 정치적 대명제가 되고 있다:

> 인간은 역사 속에서 태어나 살아가며, 이성과 인본성으로 이어지는 모든 요소를 가지고 있다. 인간은 오성과 덕성의 영향과 동시에 편견과 사악함도 이어받는다; 따라서 진리와 자유로의 장정은 때로 지연되기도 하지만, 인간이라는 동물의 본질을 구성하는 것이 바로 이 진리와 자유에의 욕구인 것이다.(Herder 1800: 124)

오직 자기 실현을 향한 습득 과정으로서의 일관된 인간의 행동을 헤르더는 또한 중요시하는데, 이러한 교육과정Bildung을 통하여 인간의 고귀성을 비롯한 자유, 휴머니티 공동체 등의 이상이 달성된다고 한다. 본질상 인간은 자유롭게 태어났기에, 이 자유에의 부정은 곧 전 인간사회에로 영향을 끼치게 되며, 따라서 자유를 위한 인간의 노력은 바로 인간의 의무라고 할 수 있는 것이다. 이렇게 인간의 자유는 인간의 권리이자 동시에 의무라고 하겠다.

2) 휴머니티 공동체Humanität와 정치 윤리: “교육Bildung”과 “정의의 원칙law of Billigkeit”

휴머니태트는 정치적 행동의 정신적 목표이며, 기존 정치 질서의 근간이 되는 윤리적 기초이기도 하다. 다시 말하여, 휴머니태트의 정치적 임무는 궁극적으로 인본성과 자유를 달성하기 위하여 정치적, 사회적 정의를 세우는데 필요한 윤리 설정 바로 그것이었다. 헤르더 당시 독일의 현실은 휴머니티 공동체와는 정반대의 길인 절대주의라는 가도에 놓여 있었기에, 헤르더는 더욱 더 인간의 이상이 구현될 수 있는 윤리적 공동체의 필요성을 절감하고 있었다.

헤르더에게 있어서 인본성은 부정할 수 없는 인간의 태생적 능력이었으나, 도덕성은 그렇지 않았다. 도덕성은 태생적인 직관적 감정이 아니라 교육Bildung이라는 경험적 과정의 산물이었던 것이다. 도덕적 판단력도 교육과정을 통하여 점진적으로 형성되어 가는 것이었다. 이러한 도덕적 교육을 가능케 하는 것이 바로 궁극적으로는 인본성에 대한 감각이다.

> 그(인간)는 인본성을 위한 잠재력만 가지고 이 세상으로 들어왔다. 우선 근면성과 노동 개념이 최초로 그 안에 자리잡았다. 제대로 형성된 것이 몇이나 되었던가! 최상의 상황에서도 이 신의 피조물은 얼마나 섬세하고 얼마나 유약했던가! 많은 것을 경험한 사람이 많은 것을 배운다: 적어도 부질없는 만족감에 빠져들 때까지는 인간은 자신의 능력을 키워갈 수 있는 것이다. 따라서 생은 그 자체가 갈등이며, 영원히 순수한 인본성의 영광은 이렇게 어렵사리 얻어지는 것이다. 목표는 언제나 주자 앞에 놓여 있다: 가치와 미덕을 위하여 투쟁하는 사람들에게는 반드시 그 대가가 주어지게 되어 있다.(Herder 1800: 128)

헤르더의 저서 『인류 역사에 관한 철학적 고찰』 곳곳에서 필자는 휴머니티 공동체를 위한 교육Bildung이라는 신성한 개념을 발견하게 된다. 사실상 헤르더의 휴머니태트 개념의 본질은 민족의 일원으로서의 개별 인간과 인본성의 구현자로서의 인간을 연결시키는 것이었다. 민족 개념을 인간의 궁극 목표로서 휴머니태트라는 이상과 조화시키려는 헤르더의 노력에서 필자는 교육을 통하여 살아 나오는 개별 인간의 윤리 의식과 도덕성도 또한 발견한다. 휴머니태트 개념은 모든 인간의 노력의 결정체이므로, 이를 위한 교육은 결코 중단되어서는 안되는 작업이다.

한편, 바나드는 흥미롭게도 헤르더의 논의에서 휴머니태트의 객관적 측면과 주관적 양상이 있음을 밝혀내고 있다.[9] 인간에게 도덕성이 습득되는 교육이라는 과정을 통하여 위와 같은 휴머니태트의 두 가지 양상이 상호 연결되는 것이라고 하겠다. 헤르더는 교육을 제한된 시간과 공간에서 인간 상호간에 서로 영향을 주고받는 상호작용의 과정이자 형성의 유기적 과정이라고 주장한다. 특히 상호작용으로서의 교육 개념은 휴머니티 공동체에서 주관적 요소의 적극적 역할을 강조한다. 그렇다고 환경 등과 같은 객관적 측면이 헤르더에게서 무시되는 것은 결코 아니다. 오히려, 헤르더는 이러한 교육 작업이 시작되는 기존의 사회 상태에 상당한 중요성을 부여하고 있다. 특히 헤르더는 인간 집단 자체뿐만 아니라 사회의 법률 체계, 정치제도 등을 주의 깊게 살펴보는 것을 잊지 않는다. 이것이 휴머니티 공동체에 대한 개인의 주관적 인식의 형성에 영향을 주기 때문이다.

9 "개별 인간이 자신을 밝혀내는 전반적 상황, 보다 구체적으로는 자신이 태어난 사회적 환경이 바로 그 객관적 요소이다. 자신이 대처한 객관적 상황에 대한 의식이라든가, 다양한 인간의 활동 영역 간의 연관성, 의존성에의 인식 정도 등이 대체로 인간의 반응을 결정하게 된다. 바로 이 반응이 휴머니태트의 주관적 양상인 것이다."(Barnard 1965: 92)

헤르더가 추구하는 개인의 도덕성은 휴머니태트의 주관적 측면이지만, 이를 형성하는 것은 공적 문제로서 사회가 담당해야 할 일이었다. 그러나 기존의 국가는 때로 법률 체계를 통하여 도덕성을 진작시킬 수 있는 교육 환경을 조성할 수는 있을지라도, 개개인의 도덕성을 함양시킬 수 있는 기관은 아니었다. 도덕성이란 원래 인간의 의식의 영역에 속하는 문제이므로 국가와 같은 정치적 실체가 좌우할 수 있는 문제가 아니었던 것이다. 오히려 도덕성은 국가의 제한을 초월하고 넘어서는 문제인 것이다. 결국 헤르더가 교육 개념을 적용하고 그에 의하여 도덕성의 창출을 시도하려 했던 주도적 실체는 국가가 아니라, 바로 민족이었다. 헤르더의 민족은 가장 자연스러운 사회 정치적 단위였으며, 독특한 사회·문화·전통에의 의식과 공통의 언어라는 특징적 양상을 공유하는 공동체였다.

헤르더에게, 인본성의 주체이자 민족의 성원으로서의 개별 인간은 자연의 일부이고, 법에 제한되어 있으며, 자유 선택권을 행사할 수 있는 영역을 의식하고 있는 유일한 존재이다. 여기서 선택할 수 있다는 것은 바로 인간의 자유의 핵심을 구성하는 것으로, 이러한 자유와 함께라야만 도덕성도 비로소 의미를 가지게 된다. 인간이란 도덕적인 존재로서 윤리의 완성을 목표로 하고 있다고 헤르더는 설파한다. 헤르더는 또한 잠재적인 그러나 있을 것 같지 않은 가능성보다는 현재 인간이 자신의 행동을 제어할 수 있는 기존의 여러 수단이나 제한 등을 통하여 자유에로 접근해 가는 방식에 착안하고 있는 듯하다. 또한 기본적으로 신학자이기에, 인간의 작업에 앞서는 전지전능한 신의 존재를 헤르더는 잊지 않고 있다:

> 인간에게 모든 힘을 부여해 준 전능자 앞에서 인간의 자유와 이성은 제한적일 수밖에 없다: 물론 행복한 제한일 것이다 모든 사회적 힘을 창조한 바 전능자는 사태가 움직여 갈 수 있는 모든 가능성을 이미 알고 있으며 또한 예견하고 있기에, 아무리 무질서한 상태에서조차도 그 흐름이 전능자의 손을 벗어나는 일은 결코 없다.(Herder 1800: 92-93)

이러한 유한성에의 인식이 인간으로 하여금 자신의 행동을 제대로 선택할 수 있게 한다고 헤르더는 주장한다. 다시 말하여, 이러한 유한성에의 인식은 곧 도덕적 의지로서의 자유의 본질을 구성하게 되는 것이다. "개별 인간은 비록 가장 하찮은 일을 선택하게 될지라도 언제나 자신의 선택에 따른다,"는 헤르더(Herder 1800: 92)의 명제는 루소의 『사회계약론』의 기본 명제인 '자기부과적 법률'에 상응하는 자기 결정 원칙을 의미하는 것이다. 이러한 자기 결정 원칙을 통하여 인간은 자유를 충분히 향유할 수 있는 자연적 존재이자 도덕적 존재가 되게 된다.

헤르더의 개인은 단순히 고립된 존재가 아니라, 사회 속에 존재하는 집단적 존재이다. 집단 속에서 개인은 자신의 개인성을 충분히 진작시키고 발휘할 수 있는 공동체에의 적극적 참여가 요구되는 것이다. 개인과 공동체의 사회적 상호성과 상호 의존성으로 인하여, 헤르더의 자기 결정과 휴머니티 공동체 개념은 새로운 역사적 의미를 가지게 된다. 즉, 휴머니티 공동체는 주어진 역사적 조건에 따라 다양한 형태로 발전되어 가고, 헤르더의 자기 결정 원칙은 주어진 사회적 맥락에서 사회 발전과 연결되고 있다. 한마디로, 각자의 윤리 의식을 보유한 개별 인간과 각 민족은 각기 자신만의 독특한 휴머니티 공동체를 형성하게 된다는 것이다. 이는 정신 영역에 있어서도 절대주의 경향에 대한 헤르더의 저항 의식을 나타낸다. 휴머니태트 개념이 어떠한 고정된 도덕적 규칙과 동일시되어서는 안된다는 것이다. 비록 휴머니티 공동체가 '자유를 위한 인간의 조직'등과 같은 보편적 성격을 보유하고 있음에도 불구하고, 그 구체적 적용은 시간과 공간에 따른 역사의 흐름에 따르는 것으로 민족이나 인종 등의 요인에도 영향받는 바 크다고 하겠다. 즉, 보편자로서 헤르더의 휴머니티 공동체는 개인과 민족 등 특수자를 포괄하고 있다.

사실상 헤르더는 휴머니태트라는 보편적 기준에 적용하기 위하여 민족적 개별성이라는 도덕적 원칙을 제시하고 있지는 않다. 오히려 그는 "정의의 원칙law of Billigkeit"이라는 하나의 계도 원칙만을 제시하고 있다: "타인이 당신에게 하지 않아 주었으면 하는 것은 타인에게 하지 말아라; 그리고 타인이 당신에게 하여 주었으면 하는 대로 타인에게 행하여라."(Herder 1800: 102) 헤르더는 이것이 모든 민족, 모든 개인에게 적용되어야 한다고 주장한다:

> 위와 같은 절대 명제는 야만인에게조차 가슴 깊이 새겨져 있다:... 진리와 정의의 원칙으로 성실한 형제와 친지가 형성되는 것이다: 아니, 이러한 원칙에 적용되는 곳에는 오히려 적이 친구로 변화하게 된다... 정의와 진리 없이는 이성도 휴머니티도 불가능하다.(Herder 1800: 102)

'정의의 법칙'이 제대로 준수될 때, 민족 구성원으로서의 개인과 범세계 공동체의 구성자로서의 민족의 협조 체제가 보다 용이

하게 달성되는 것이다. 이는 의무감에서가 아니라, 교육Bildung과정을 통하여 개인과 민족 윤리를 상응시키기 위하여 우리 인간이 마땅히 해야 할 일이라는 의식에서 가능하다는 것이 헤르더의 주장이다. 이렇게 헤르더의 윤리적 명제는 궁극적으로 휴머니티 공동체Humanität의 완성을 향한 국제사회 형성의 이론적 초석이 되었던 것이다.

5. 헤르더의 역사적 비전: 열린 사회를 위한 '인간화 작업Humanization'

헤르더는 사실상 체계적인 정치 이론을 제시하고 있는 것 같지는 않다. 헤르더의 사상은 국가에 대한 고전적 법률적 해석이나 철학적 해석 등 그 어느 것과도 상응하지 않는다. 헤르더는 기존 국가 체제의 정당화 근거를 기존의 전통적, 제도적 이론이 아닌 다른 곳에서의 접근을 시도한다. 이러한 사고는 18세기 당시의 사상계에서 이단에 가까울 정도로 참신한 정치적, 역사적 사고방식의 반영이었다. 시대를 앞서 나가는 헤르더의 선구자적 작업의 원동력은 기본적으로 현상에의 불만족이었다. 당시의 사회, 정치적 상황에 대한 불만이 첨예화되면서, 정치적 탈출구를 발견하지 못한 헤르더의 창조 정신은 개인적 절망감과 함께 사상으로 승화되었던 것이다. 당시 헤르더와 같은 보통 사람들이 변화와 진보의 희망을 걸 수 있는 공공 영역은 교회와 대학뿐이었다. 18세기 독일에는 현대와 같은 정치 정당도, 효율적인 의회 제도도, 여느 정치·사회 단체도 존재하지 않았다. '독일' 그 자체도 정치적 단위체가 아니라, 지리적 개념이었던 것이다. 18세기 독일은 대체로 절대주의 또는 반봉건 국가의 집합체라고 할 수 있었다. 따라서 '복종'이 국가가 요구하는 사회·정치적 특징을 구성하고 있었던 상황이었다. 이러한 상황에서 헤르더의 현상타파적 시도는 도덕적 열정으로 가득 차 있었다.

헤르더의 비판 대상은 세습적 정치 지배 체제, 귀족 제도, 농노제, 전제정치, 정치 검열등 모든 형태의 정치적 자의성이었다. 국제 문제에 있어서 한 국가에 대한 타 국가의 정치, 경제적 지배가 전쟁의 주요 원인이라는 사실도 헤르더는 놓치지 않았다. 유럽 문명의 우월성을 주장하면서 비유럽지역의 식민 지배를 정당화 시키는 것-이를테면, 키플링Kipling의 '백인의 의무the White Man's Burden' 등-은 각 문화의 유일성과 독자성을 주창한 헤르더로서는 도저히 묵과할 수 없는 것이었다. 헤르더는 노예제도와 식민주의를 인류 역사의 중대한 실수이자 결함이라고 역설한다. 헤르더의 정치적 신념은 그리스 철학, 유대-기독교 전통으로부터의 '인간의 자유'와 르네상스와 계몽사상의 인본주의humanism와 인도주의humanitarianism에 그 기원을 두고 있다.

자유를 휴머니티의 요체이자 최고의 인간적 가치로 인식하면서, 헤르더는 이러한 개인 정신의 중요성이라는 관점에서 민족 문화의 가치도 또한 중요하게 생각되지 않을 수 없다고 역설한다. 헤르더에게 개인과 민족은 선택의 문제가 아니라, 어떻게 이 두 요소가 서로 손상되지 않은 채 효율적으로 승화되느냐 하는 것이었다. 개인과 민족 모두 자기 결정성self-determination을 인본성을 추구하기 위한 각자의 원칙으로 채택하고 있다는 사실에서 도덕적·정치적 실체 사이의 상응성을 필자는 강조하고자 한다.

자율성이 개별 인간을 위하여 존재하듯이, 민족에게도 요구되는 도덕성과 윤리가 있다고 본다. 이제 인간의 자유와의 연관성 하에서, 헤르더의 민족과 민족국가 개념을 논할 필요가 있다고 하겠다. 정치사회에서의 도덕적 실체로서의 민족 공동체가 어떻게 휴머니티 공동체를 향하여 나아가는지, 인간의 자유와의 연관 속에서 민족은 어떠한 문제점을 가지고 있는지, 문화라는 헤르더의 개념이 민족 속에서 어떻게 형성·발전되어 나아가는지가 헤르더가 해결하고자 했던 문제의식들이었던 것이다.

기본적으로 개인주의적 입장이 견지되는 가운데, 문화를 공유한다는 의미에서 헤르더의 민족 개념은 각 개인이 자신을 사회의 총체적 일부로 인식하는 내면 의식의 결정체라고 하겠다. 바나드에 따르면, 헤르더에게 있어서의 개인과 공동체의 정체성 통합은 문화적 자아와 정치적 자아의 통합에 상응하는 것이었다. 인간사회의 복잡성과 다양성을 강조하면서, 헤르더는 이제 민족에서 한 발 더 나아가 민족의 문화적 정체성이 발현될 수 있는 정치적 구조로서의 민족 국가를 설정하게 된다. 여기서 민족국가volk-state는 상호 안보와 같은 자연적 필요성에 의하여 언어, 관습, 전통 등의 공통 문화에 그 기반을 두고 있다는 것이다. 민족국가는 또한 공통의 문화와 유산을 보유한 인간이 자신들의 의지에 따라 법적 체제를 정비하여 자신들의 삶을 규정해 나갈 수 있게 하는 지리적 단위이기도 하다. 헤르더의 논점은 개별 인간에서 민족으로, 민족에서 민족국가로 움직여 나아가는데, 여전히 그 논의의 핵심에는 인간이 자리잡고 있으며 다원성이라는 사상적 원칙을 고수하고 있다. 이렇게 자유로운 개별 인간을 요체로 한 헤르더의 사상 체계는 이제 휴머니태트Humanität라는 궁극 목표로 집약되게 된다.

변혁의 시대에서의 헤르더의 모든 시도는 '인간화humanization' 작업으로 집약될 수 있겠다. 또한 인간화 작업은 의식 발전의 점진적 과정인 교육Bildung으로 이해되고 있다. 프랑스 대혁명은 종교 개혁 이후의 가장 획기적인 사건으로 환호를 받았으나, 불행하게도 사회 교육의 대체물로서는 그리 성공적이지 못하였다는 것이 헤르더의 평가이다. 인간화 작업의 근본 목적은 힘force을 협력co-operation으로 대체시키는 것이었기 때문이다. 바로 여기에서 한 민족volk의 민족적 열망은 곧 타민족volk의 민족적 열망을 존중하게 된다는 헤르더의 주장이 가능하게 되는 것이다. 따라서 헤르더는 민족 의식과 휴머니태트를 교육시키는 것이 본질적으로 중요한 작업임을 언제나 잊지 않고 있다. 민족과 휴머니티 공동체는 이렇게 상호 의존적이며 양립 가능한 개념인 것이다. 이렇게 본다면 '인간화 작업humanization'이라는 한마디 속에 개인의 자유, 민족자결주의, 국제적 협조 등 현재 우리 사회에서 필요로 하는 모든 사상이 집약적으로 표현되어 있다고 보는 것이 결코 무리는 아니라고 하겠다.

제3장 민족주의와 정치적 현실

- 민족문화와 정치적 정통성 -

1. 헤르더와 루소의 민족주의

헤르더는 대체로 문화민족주의의 아버지로 불리면서, 사람들의 인종적 특성을 매우 중요시하였다고 알려져 있다. 반면에 루소는 정치적 민족주의의 이론적 토대를 만들고 민족을 사람들의 집단 의지와 동일시하고 있다고 분석되고 있다. 이러한 평가가 과연 정확한가 하는 것이 본 논문의 출발점이자, 핵심적인 질문이다. 따라서 문화민족주의를 분석, 평가한 마이네케와 콘 중 누구의 평가가 보다 정확한지 하는 것은 크게 중요하지 않다. 사실 마이네케는 헤르더와 초기 독일 낭만주의자들이 여전히 지나치게 보편적 사고를 하고 있는 것이나 아닌지, 계몽사상의 범세계주의와 연계되는 것을 주저하는 것이나 아닌지, 자신들의 사상에 정치적 성향을 가미하는데 정치적으로 너무나 순진한 것이 아닌지에 관한 의문을 품고 있었다. 콘도 마찬가지로 문화민족주의는 열린사회, 개인의 선택, 나아가서는 표현의 자유에 대한 위협이 될 수 있을 것이라는 두려움을 떨치지 못하고 있었다.

보다 핵심적인 필자의 논점은 헤르더의 문화 개념이나 루소의 정치 개념 모두가 민족주의의 핵심 개념의 형성에 공헌한 것이라는데 있다. 비록 헤르더는 관습, 전설, 언어와 민속 등에 초점을 맞추고, 루소는 국가의 건설, 보전과 부활에 관심을 두기는 하였어도 그들의 궁극적 목적은 동일한데 있다는 것이 필자의 분석이다. 문화적이든 정치적이든 모든 민족주의자에 공통적으로 담겨있는 것은 민족이란 현존하는 국가의 구성원 이상의 개념이며, 사실상의 국가de facto statehood1에서만 존재할 수 있는 것이 아니라는 것이다. 민족주의자가 정치적 민족 개념을 정당화하고자 하는 노력의 근저에는 바로 민족과 국가 간에 사상적 합일점이 부족하다는 인식이 자리 잡고 있다. 민족과 국가의 합일성에 대한 의견의 일치가 부족하다는 점은 곧바로 국가의 정통성에 대한 의구심으로 이어지게 된다. 루소와 헤르더 모두 이 문제에 대하여 많은 노력을 경주한 바 있는데, 루소는 국가 또는 정치적 민족이 성립하기 위하여 문화적 민족이라는 전제가 있어야 한다거나, 독특한 집단적 성격을 가지는 사람들의 집단이 있어야 한다고 주장하고 있는 것은 아니다.

그러나 만약에 그것이 필요하다고 한다면, 즉, 루소 식의 정치적 민족주의가 국가에 선행하는 민족의 필요성을 인정한다고 할 때, 문화민족주의와 정치적 민족주의는 동일선상에서 분석될 수 있는 것이다. 이 경우에 양자 간의 차이는 과연 무엇일까? 헤르더와 루소의 민족주의 사상에 관한 논지는 결국 같은 것이 아닐까? 이러한 질문에 대한 답을 구하기 위하여, 필자는 일단 문화민족

1 마이네케가 'Staatsnation'이라고 할 때 사용하는 개념으로, 이를 위하여는 다음을 참조하라. Friedrich Meinecke 1970, *Cosmopolitanism and the National State*, 9-22.

주의가 정치적 민족주의와 원래 다른 것인가, 또는 양자가 본질적으로 하나인 민족주의 논지에 포함되는 것인가라는 보다 포괄적인 질문에 초점을 맞추고자 한다.

필자는 헤르더와 루소의 차이점을 그들의 비정치적 민족주의와 정치적 민족주의의 차이라는 점에서 이해하고 있지만, 실제로 이들 양자 간에는 보다 많은 중요한 차이점들이 존재한다. 정치 자체에 대한 개념부터 헤르더와 루소는 본질적인 많은 차이를 보여주고 있다. 헤르더는 인간관 뿐만 아니라 인간의 언어, 사회적 동의, 역사의 발전 양태, 사회유산 등에 대한 관념 등에 있어서도 루소와 분명한 차이를 드러내고 있다. 이러한 사상적 간격을 논하는데 있어서 필자는 다음 4가지의 기본적 구분을 사용하고자 한다. 우선 '만듦'과 '드러냄'의 구분, 실질적인 전체와 우연적인 전체의 구분, 합의와 협조간의 사회학적 구분, 그리고 국가민족과 민족국가간의 구분이 바로 그것이다. 필자가 밝혀보고자 하는 전제는 다음과 같다. 우선 헤르더의 민족주의 사상은 민족을 비정치화 시키는 것이 아니라, 오히려 루소의 사상처럼 정치적 실체성을 재확인한다. 다음으로, 루소의 방법과 본질적으로 다르기는 하지만, 헤르더의 시도는 정치적 정통성에 대한 사회의 요구(즉, 정통성을 확립함으로서만 사회의 자기이해라는 근원을 밝혀낼 수 있다는 공통된 욕망)를 본질적으로 구현해내고 있다.

2. 문화culture와 자연nature

본질적으로 다른 점도 있기는 하지만, 루소와 헤르더는 어떤 실체의 완전성은 자체에 내재하는 자연적 본성으로 인하여 가능하다는 아리스토텔레스적인 가정을 공유한다. 이와 같이 존재와 당위의 밀접한 상호관계로 인하여, 실체와 가치, 전통과 이상, 발견된 것과 창조된 것의 경계가 때로는 모호해지기도 한다. '문화'와 '자연'의 의미가 무엇이든지 매우 혼란스러운 것은 사실이다.

문화와 자연의 융합 시도는 여러 가지 목적으로 시행되고 있다. 루소와 헤르더 그리고 낭만주의자들이 자연을 드러내려 한 것은 순수함과 즉각성을 의도성과 인공성에 대비시키기려는데 그 목적이 있다. 그들은 인간에게 자신의 자연적 성장이 저해 당하고 있으며, 인간의 능력과 발전이 왜곡되고, 곧 '진보'는 쇠퇴와 소외를 의미한다는 사실을 알려주고자 하였다. 인류의 문화는 역사적 지속성의 산물이 아니라, 시대를 통하여 인간에게 실제로 발생한 또는 인간이 만들어낸 것의 축적에 불과하다는 것이다. 사실 문화는 명백한 지속성의 흐름으로부터, 의미와 실체의 단절을 교묘하게 숨겨온 흐름으로부터 복구되고 재생되어야 한다. 한마디로, 미래를 정당화하기 위하여 과거를 재구성할 필요가 있는 것이다. 따라서 매순간마다 인간은 자신의 족적을 되짚고 자신이 물려받은 진정한 유산을 되찾아야 한다. 진정한 문화로서 민족문화를 제시하기 위하여는 눈에 보이는 형상 저변에 존재하는 잠재력의 근원이 되는 본질적이고, 순수한 실체를 찾아나야 한다. 대체로 사람들은 반동적이고 전체주의적이고, 인종적이거나 엘리트주의적인 구도 등 모든 사악한 것을 눈에 보이는 실체의 탓으로 돌리면서 문제의 핵심을 회피한다. 그러나 루소와 헤르더에 있어서, 유기적 은유는 문화와 자연의 역동적 결합을 원활하게 하기 위한 필수적인 도구였다.

자연적으로 주어진 것과 문화적으로 창조된 것의 의도적 결합은 사실상 반박의 여지가 많다. 그러나 흔들리는 민족주의 원칙과 달리 이러한 결합시도는 나름대로의 설득력을 가지고 있었다. 양자의 결합이 야기한 모호성이 오히려 민족주의 이데올로기를 전파하는데 아주 유용한 재료라는 것은 의심의 여지가 없다. 필자의 기본 의도는 민족 개념에 관한 두 가지 해석을 어떻게 이해할 것이냐 하는 것이지만, 우선적으로는 그들의 공통점에 관한 설명부터 하기로 한다.

우선 루소와 헤르더는 홉즈의 자연상태관을 비판한다. 루소는 인간이란 본질적으로 비사회적이라고 주장한다. 그럼에도 불구하고, 루소는 헤르더와 마찬가지로 자연적 인간은 본질적으로 평화적이라고 주장한다. 또 루소와 헤르더 모두 범세계주의cosmopolitanism를 반대한다. 사실상 양자 모두 정신적으로는 보편주의자이면서도, 당시의 범세계주의는 의미 없는 추상일 뿐이라고 몰아붙인다. 범세계주의는 실재하지 않는 국제질서라는 미망에 근거한 자연법 전통의 일부이자 파편일 뿐이라고 그들은 역설한다. 세 번째로 루소와 마찬가지로 헤르더 역시 부와 사회적 특권을 부정적으로 생각하는 급진적 평등주의자였다. 이른바 상류사회의 문화는 불평등 사회에서 성장하는 것이기 때문에 사라져야 한다는 것이 그들의 생각이었다. 이후의 다른 많은 낭만주의자와 달리, 루소도 헤르더도 중세를 이상적으로 생각하지 않았다. 중세의 엄격한 위계질서 제도와 이를 지키기 위한 제도화된 불평등을 루소와 헤르더는 인정할 수 없었다. 루소와 헤르더가 보기에 민족과 국가 성립의 진정한 기초는 귀족이나 지식인이 아니라 보통 사람들이었기 때문이었다. 국가 건설에 관한 분석은 매우 다르지만, 민족의 기초는 순수해야 하고, 본질상 대중적이어야 한다는 데에는 서로 전적으로 동의하고 있다. 네 번째로 루소도 헤르더도 모두 인간사회에 있어서의 모든 형태의 의존 관계를 혐오한다. 가정을 제외한 모든 사회적 관계에 주인과 노예가 있어서는 안 된다는 것이 그들의 논지이다. 따라서 인간의 지배를 넘어서 법의 지배가 확립되어야 한다는 것이다.

다섯째로 루소와 헤르더 모두 종교란 본래부터 민족적인 것이라고 파악하고 있다. 역사적으로 민족성과 종교는 언제나 서로를 동반하였다는 것이 그들의 생각이다. 루소는 민족적 유대와 정치적 결합을 강화시키는 아주 효과적인 도구라는데 종교의 가치를 둔데 반하여, 신학자인 헤르더는 종교 자체에 가치를 드었다. 그럼에도 불구하고, 루소와 헤르더 양자는 모두 사람들의 집단적 동일성과 집단적 자아인식에 대한 종교의 영향력을 높이 평가하였다. 루소와 헤르더는 공통적으로 이스라엘의 역사로부터 민족에 대한 종교의 영향력을 설명하고 있다. 특히 헤르더는 그 단적인 예로 모세를 든다.(헤르더 전집 XII 1877-1913: 128, 168) 루소는 그의 『폴란드 정부론*Government of Poland*』(C. E. Vaughan ed., 1915)에서 폴란드 사람들에게 히브리 민족과 도세의 방법을 따를 것을 권고한다. 기독교에 관하여 그들의 생각은 매우 유사하다고 볼 수 있다. 고대 종교가 파괴된 것에 관하여 깊은 애도를 표하면서, 헤르더는 원주민들에게서 그들의 특성, 정신과 역사를 잔인하게 짓밟아버린 기독교 선교사와 통치자를 통렬히 비난한다.(헤르더 전집 XXIV: 42-49) 한 걸음 더나아가 루소는 제도화된 기독교는 본질적으로 민족을 파괴할 수밖에 없다고 분석한다. 지구상에 영적 왕국, 즉 신국을 건설하기 위하여, 예수는 정치와 종교를 분리시켰고, 민족의 통일성을 파괴하였다는 것이다. 게다가 지금까지 기독교는 끊임없이 교인들을 충동질하여 내부분열을 조성하여 왔다는 것이 루소의 분석과 비판이다.(헤르더 전집 XXIV: 219. 루소 1978: Bk. IV, ch. 8)

여섯째, 루소와 헤르더가 민족 개념의 가치를 매우 중요하게 생각하고 있기는 하지만, 선민이 가지는 구원론적 전통에서 기원한 민족의 신성한 사명이 있다고 보는 낭만주의자들과는 다른 생각을 가지고 있다. 각 민족은 각자의 특성을 충분히 구현하여 궁극적으로 인본성을 풍부하게 하고 고양시켜야 한다고 주장하면서, 루소와 헤르더는 어느 한 민족의 자기 실현을 통하여 범세계적 구원이 가능하다고 생각하지 않는다. 마지막으로, 문화적 민족과 정치적 민족이라는 개념적 차이에도 불구하고, 헤르더와 루소가 공유하고 있는 주장은 다음과 같다. 즉, 자민족과 타민족을 개인이 자아 인식하듯이 이해하고 인식하는데 보다 본질적인 문제가 있다고 보는 것이 바로 그것이다. 그러한 인식과 이해는 자신과 타인에 대한 경험을 구조화시킬 수 있어야만 가능하다는 것이 그들의 주장이다. 그래야만 어떤 시기나 어떤 단계에서 일어난 일에 대하여 확실한 이해를 할 수 있다는 것이다. 자신과 타인에 대한 경험이 지속적으로 의미 있는 경험으로 변화하는 정도는 자신의 역사적 존재의 정통성에 본질적으로 기인하게 되고, 궁극적으로 그에 따라 결정되게 된다.

다음 단계에서 필자는 우선 루소와 헤르더의 사상을 각각 별도로 논하면서 특히 필자의 궁극적 논점과 필연적으로 연관이 깊은 다음 두 질문에 초점을 맞추고자 한다. 1) 사람들의 단순한 모임이 집단성을 가지게 되는 이유, 또는 고립된 개인이 보다 큰 전체의 일원이 되는 이유는 무엇인가? 한마디로, 사람들이 인민 또는 민족으로 변화하는 이유는 무엇인가? 2) 일단 형성된 민족을 지속하게 하는 기제는 무엇인가? 이 두 문제에 있어서 루소와 헤르더 모두 몽테스키외의 영향을 받았음을 인정하고 있다. 따라서 몽테스키외와 마찬가지로 루소와 헤르더도 문화적 상호관계와 사회적 상호작용의 문제를 우선적으로 파악하려고 한다. 그러나 또한 그들이 가장 깊은 관심을 보인 문제는 어떤 것이 인간이 살아가기에 가장 바람직한 구성단위인가라는 것과 어떤 형태의 정부가 인간집단과 가장 자연스럽게 일치되는가 또는 불일치가 있을 경우 이를 최소화한 정부형태는 어떤 것인가라는 것이다. 루소와 헤르더가 심리학적 통찰력이라든가 놀라운 독특성에서는 몽테스키외를 능가하고 있으나, 실제로 '민족정신'이나 '민족성'을 형성하는 요인을 평가하는데 있어서 내부적, 유전적 인자와 외부적, 환경적 요인 사이에서 분명한 태도를 밝히지 못하고 있는 것은 몽테스키외와 마찬가지이다. 그러나 대체로 보아 헤르더는 내적 발전 - 즉, 자연적 전개 - 을, 루소는 외부적 인자 - 특히, 국가 형성시 입법자의 역할 -을 중시한 것 같다. 어쨌든 루소와 헤르더 양자는 정통성의 확립을 위하여 문화와 자연간의 균형이 있어야 한다고 보았다. 다시 말하여, 문화는 자연의 요구와 결코 멀리 떨어져 있을 수 없다는 것이다. 그러나 루소와 헤르더는 이러한 균형의 불안정성도 또한 인정하고 있다.

3. 루소: 정치적 민족의 형성

전반적인 루소의 사상은 매우 잘 알려져 있으므로, 필자는 이에서 본 논문의 주제와 직접 관련된 부분에만 초점을 맞추고자 한다. 헤르더는 자신에 대한 루소의 영향을 명시적으로 밝히고 있다. 루소의 견해에 반대하고 있는 경우에조차 헤르더가 루소의 사상에 광범위하게 의존하고 있었다는 것은 의심의 여지가 없다. 루소의 사상은 민족의 출현에 관한 헤르더의 사상을 형성하는데 일종의 필터 역할을 했다고 볼 수 있다.

인간이란 본래 인본성에 대한 애정을 가지고 있는 존재는 아니라는 것이 루소의 주장이다. 인본성이라는 감정이 현실에서 의미를 가지기 위하여 인간은 자신의 이익과 다른 사람에 대한 동정심을 동일한 집단 내에서 같이 살아가는 사람들에게 제한해야 한다는 것이다.(루소 1978: 219) 사람들은 그것을 구체적으로 경험해야 한다. 루소에게 있어서 모국을 사랑한다는 것은 이성을 사랑하는 연애 감정보다 훨씬 더 열정적이고 기쁜 일이며, 이는 실제로 체험하지 않고는 느낄 수 없는 감정이었다.(루소 1978: 219) 그러나 애국자와 시민이 되기 위한 첫 번째 조건은 우선 그 집단의 구성원이 되는 일이다. 독자적인 존재가 되는 대신에, 더 큰 전체에 속한 상호의존적인 그 일부가 되어야 하는 것이다. 그러나 또한 그 이전에 그들은 다른 구성원과의 공감대를 먼저 경험해야 한다. 그래야 비로소 집단적 삶의 모습이 현실에서 시작할 수 있게 된다. 그러나 그러한 변화가 어떻게 진행되는지에 관하여는 루소도 정확하게 설명하지 않고 있다. 이러한 과정은 여러 가지 방법으로 발생하는 것이며, 자신의 추정도 그저 추정일 뿐이라는 점은 루소도 인정하고 있다. 또한 루소는 비록 정확한 사실에 근거하는 것은 아니라고 할지라도 위의 다양한 가설 모두 나름대로의 합리성을 가지고 있음도 인정한다.(루소 1974: 140)

흥미로운 것은 루소가 왜 자신의 가정이 합리적이라고 생각했는지를 알아보는 일이다. 사물의 본성에서 기원한 것으로 개연성이 높아질 경우에 '추론conjecture'은 이성reason이 된다고 루소는 역설한 바 있다.(루소 1974: 140) 또한 루소는 인본성이 '자연상태에서 마지막 단계'(루소 1974: 141)에 도달하게 되는 어떤 진화론적 논리가 사물의 본성에 존재하고 있다고 한다. 일부 자의식적 존재이외에는 아직 전적으로 사회적 존재가 된 것은 아니지만, 개인은 이 단계에서 타인과의 공감대를 형성하게 되고 상호성이라는 기준을 인식하기 시작한다는 것이다. 이러한 자연상태의 마지막 단계는 비사회적 동물성과 무의식적 사회성의 중간쯤에 위치하고 있으며, 이는 가족의 단계를 넘어서는 언어와 통신 세계가 형성되는 단계라고 루소는 설명한다.(루소 1974: 140) 사람들이 정착생활을 하게 되고, 관습을 공유하고 고유한 특성을 가지고 독립적인 민족을 점차 형성하게 되는 것이 바로 이 때라는 것이다. 이들은 특정 지역과 기후 조건 아래 같은 음식을 먹고, 같은 언어를 사용하는, 법과 규칙이 아니라 동일한 삶의 방식을 공유하는 사람들의 집단이다.[2] 초기의 이러한 단순한 집단성은 민

---

2 루소 1974, 146-7. 몸짓이나 단순한 소리와 달리 언어란 다른 사람에게 생각과 감정을 전달하는 적극적 기능과 다른 사람으로부터 정보를 수령하는 소극적 기능 등 두 가지 통신 역할을 수행할 수 있을 때 비로소 언어라고 할 수 있다는 것이 루소의 생각이다. 단어란 말해지기 전까지는 언어라고 할 수 없다. 그러므로 언어의 출현은 점증하는 사회적 관계의 필연적 결과이다.(루소 1966, 12) 이러한 언어에 대한 개념은 자연은 언제나 그 궁극적 목적을 가지고 있으며, 따라서 자연은 모든 동물 중에서 인간에게만 그저 집단적으로 모여 살기만 하는 벌과 같은 동물이 아닌 '정치적 동물'이 될 수 있도록 말할 수 있는 능력을 허락하였다는 아리스토텔레스의 주장과 맥을 같이하고 있다. 루소의 경우에도 언어는 정치와 밀접하게 연결되어 있다. 언어는 어떤 특정국가의 정치적 상황을 반영하고 있다는 것이 루소의

족의 시작이며, 이후 정치적 민족이 형성되는 기반이기도 한다. 이미 동일한 기원, 이익 또는 관습으로 연합되어 있음에도 불구하고, 이들은 여전히 민족으로 인식하지 못하고 동시에 법이나 규칙으로 연결되지도 않고 있다.(루소 1978: 74)[3] 헤겔 식으로 표현하자면 즉자적 민족에 불과할 뿐, 여전히 대자적 민족은 아닌 셈이다.

명백히 이는 문화culture가 자연nature에 도입되는 비정치적 자연상태의 마지막 단계에서 발생하는 현상이다. 이러한 사회적 교류의 등장과 함께 사람들은 자기보존을 위한 단순한 육체적 요구를 넘어선 그 어떤 기준과 가치의 필요성을 느끼게 된다. 즉, 사람들이 상호간의 밀접성과 상호의존관계에서 발생하는 가치를 인식하게 된 순간부터, 상호이해를 위한 기준이 설정되고 사람들의 일상생활에 영향을 미치게 된다. 이제 그들은 자연의 인간이자 동시에 문화의 인간이 된 것이다. 그러나 바로 이 시점부터 자연적이고 유기적인 내부적 발전 양식은 초월자, 입법자legislator와 같은 형태의 신과 같은 힘을 가진 인간 등과 같은 외부적 간섭의 영향력에 노출되게 된다는 것이 루소의 분석이다. 위에서 언급한

설명이다. 즉, 어떤 사회에서 통용되는 단어나 문장이 일반적으로 짧고 정확할 경우, 힘으로 통치되는 사회이므로 설득이 불필요해져, 설득력이나 수사학을 별로 중요시하지 않게 된다. 반면에 자유사회일 경우에 그 사회에서는 설득이 매우 중요하게 등장하므로, 그들의 언어는 매우 다양하고 화려하게 발전하게 된다는 것이다. (루소 1966, 72)

3 실제로 언어 그 자체가 집단성을 유지시켜 주는 응집력을 가지고 있는 것은 아니기 때문에, 언어만으로는 사람들을 단결시킬 수 없다고 루소는 설명한다. 언어의 가치는 본질적으로 도구적이다. 즉, 동의를 가능케 하는 도구라는 말이다. 따라서 사회적 정치적 결집에 있어 언어는 간접적으로 공헌할 뿐이다.

즉자적 민족을 대자적 민족으로 형성하는 자가 바로 이 입법자라는 것이다.(루소 1978: Bk. II, Ch. 7)

루소는 이러한 민족의 변화에 있어 내부적 변화보다 외부적 영향을 명백히 인정하고 있다. 입법자는 민족의 일원이 아니며, 카리스마적 권위를 가진 외부자이고, 그의 기능은 단순하고 비정치적인 민족집단을 정치적 집단으로 변화시키는데 제한되어 있다. 그의 힘은 카리스마적이어야 하며, 이것이 입법자가 가진 유일한 힘의 근원으로 루소의 분석에서 물리적 힘의 사용은 전적으로 배제되어 있다. 실제로 장차 형성될 정치적 민족 구조 내에서 어떠한 공식적으로 권위 있는 지위를 차지하도록 되어 있지 않은 관계로, 입법자의 기능은 매우 제한적일 수밖에 없다.(루소 1978) 루소는 또한 그 변화과정의 역동성에 대하여도 매우 강조하고 있다. 변화는 매우 격렬하고 그 영향력은 매우 강력하여 민족의 양태는 결국 변화할 수밖에 없겠지만, 또한 각 민족의 독특한 문화적 특성까지 소멸하는 것은 아니다. 즉, 변화가 변화 대상 그 자체의 본질까지 소멸시켜버릴 수는 없다는 것이다. 오히려 본질은 회복되고, 복구되고, 보호되며, 변화과정을 통하여 완전하게 되어야 한다. 그러나 일단 변화가 시작되면 다시 복구하기 힘들기 때문에, 변화의 역동성과 그 움직임에 민감하게 반응할 필요가 있다. 그러므로 정치적 민족의 형성이란 결코 가볍게 다루어질 문제가 아니다. 루소는 이에서 다음과 같은 세 가지 중요한 고려사항을 제시하고 있다. 민족 형성에 있어 언제, 어디서, 어떻게 등과 같은 시기timing, 적정성suitability, 제어가능성manageability 등이 바로 그것이다. 러시아의 표트르 대제의 문제는 바로 부적절한 시간 선택에 있었다는 것이다. 러시아 민족을 형성하려는 그의 시도는 시기적으로 너무 성급한 것이었다. 게다가 적정성과 제어 가능성이라는 요소마저도 그는 간과하였다. 결과적으로 즉자적 민족을 대자적 민족으로 변모시키거나, 러시아인을 보다 러시아인답게 만들기는커녕, 러시아인은 독일인이나 영국인이 되어 버리는 결과를 초래하였다. "러시아인들에게 자신들은 잘못되어 있었다는 확신을 심어주면서," 표트르 대제는 러시아인들이 러시아적인 특성을 가질 수 있는 상황을 막아버렸던 것이다. (루소 1978: Bk. II, Ch. 10)

러시아의 경우 너무 일찍 발생한 것이 문제였다면, 폴란드의 경우에는 너무나 늦은 것이 문제였다. 어떤 것을 만드는 것 못지않게 효과적으로 소멸시키는 것도 결과적으로 입법자가 직면한 문제라는 것이다.(루소 1978: Bk. II, Ch. 10; 루소 1915: 427-37) 반면에 코르시카의 경우에는 시기가 매우 적절했다. 코르시카야말로 정치적 민족이 되기에 시기적으로 성숙하고, 적절하였으며, 제어가능성까지 고루 갖춘 유일한 유럽국가였다는 것이 루소의 평가이다. 자신의 할 일을 알고 있으며, 민족에 대한 장래 비전이 명확하고, 권력을 소유하지 않고 행사할 수 있는 보기 드문 능력의 소유자, 간단히 말하여 물리적 힘 없이도 설득력을 발휘하는 현명한 입법자가 코르시카에는 있었던 것이다. 이러한 초인적 인간이 코르시카에서 기적을 만들어내고 있었다. 지극히 작은 민족을 위대한 민족(민족의 크기나 힘의 크기가 아니라 그 입지 측면에서)으로 만들 수 있는 것은 바로 이러한 입법자 덕분이었다.(루소 1978: Bk. II, Ch. 7)

입법자가 자신이 무엇을 하고 있는지 알게되는 시점은 언제인가 하는 것이 루소에게 있어서는 결정적인 순간이었다. 알다시피 실제로 민족에 적용되지 않는다면 아무리 뛰어난 헌정체제라도 아무 소용없는 일이다. 따라서 현명한 입법자는 그 자체로서 훌륭한 법 체계를 만들려고 노력하는 것이 아니라 그 체제내의 사람들이 수용할 수 있는 것인지를 우선적으로 검토하게 된다.(루소 1978: Bk. II, Ch. 8) 각 민족에는 자신에게 맞는 가장 적절한 정치체제가 있어야 한다. 민족의 비정치적 문화로부터 발생한 정치문화는 자연관계와 조화를 이루어야 한다. 이는 법만이 자연관계를 보호하고, 교정할 수 있으며, 또한 병행하기 때문이다.(루소 1978: Bk. II, Ch. 22) 다른 경우는 매우 비극적 결과를 초래하게 된다. 자신이 무엇을 하고 있는지 모르는 입법자는 민족을 이전보다 더 나쁜 상태로 몰고 간다.(루소 1978: Bk. I, Ch. 8) 그 자연, 문화, 역사와의 관계성을 벗어나서 정치적 민족이 형성될 수 있는 가능성은 거의 없다는 것이 루소의 판단이었다. 다른 말로 하자면, 민족의 건설은 단순히 합리적 목적과 정치적 의지와 관계되는 것만은 아니라는 것이다. 민족이 되기 위하여는 동질성뿐만 아니라 지속성도 필요하며, 정치구조의 성립과 동시에 문화적 전통도 요구된다.

적정성과 제어가능성은 규모의 문제를 제기한다. 여기서 루소는 지나치게 독단적으로 보이지 않으려고 무척이나 조심하고 있다. 주어진 영역과 거기에 맞는 적절한 거주민의 수에 관한 정확한 비율이 정해져 있는 것은 아니다.(루소 1978: Bk. II, Ch. 10) 일반적으로, 그 영역이 확장될수록 사회적 유대나 결속력은 약화되기 때문에, 작은 국가가 큰 국가에 비하여 오히려 더 강하다는 것이 루소의 분석이다.(루소 1978: Bk, II, Ch. 9) 예를 들어 폴란드는 코르시카에 비하여 그 규모가 너무 큰 것이 문제였다. 루소는 폴란드인들에게 가능한 수준으로 그 규모를 줄이라고 충고한 바 있다.(루소 1915: 442) 국토의 확장이 아니라 민족의식의 결집이 보다 중요한 사안이라는 것이 그의 초점이었다. 사람들이 자신의 가치를 실제 느낄 수 있을 정도로 규모를 줄여야 한다는 것이 그 핵심이기도 하였다.

이를 위하여는 매우 과감한 수단이 동원되기도 하는데, 민족은 전적인 자신감으로 무장되어 있어야 한다. 타민족과의 교류와 비교를 이겨낸 민족만이 진정한 독립을 얻어낼 수 있으며, 이러한 분리 작업을 통하여 민족의 생존이 가능해지는 것이다. 전적으로 자기중심적인 민족만이 자기 정체성을 분명히 고수할 수 있게 된다. 게다가 이 민족은 내부적으로 매우 단단한 결속력을 보여야 하는데, 그 결속력은 전체의 이익과 그 구성원 개개인의 이익간의 격차가 거의 없을 정도여야 한다. 이러한 정도의 결속력을 구축하기 위하여 모든 시민 개개인이 시민성에서 최고의 도덕적 선을 발견할 수 있는 민족적 집단정신esprit de corps이 설정되어야 한다. 이에는 새로운 종류의 도덕성이자 공공성 그 이상이 요구된다. 그러나 시민이 이러한 민족에 대한 충성심을 가지기 위하여 단순히 훌륭한 법체계만으로는 충분치 않다. 최선의 입법자가 고안한 최고의 제도도 그러한 충성심을 보장하지는 못한다. 한 국가의 헌법은 실제 삶의 현장에서 경험되고, 아무리 아름다워도 대리석이나 청동이 아니라 시민들의 가슴속에 새겨져 있어야 진정으로 살아있다고 할 수 있다.(루소 1978: Bk. II, Ch. 12)[4] 이러한

4 여기서 루소는 '재생의 일상성(daily renewal)'을 강조하는데, 이는 놀랍게도 거의 한 세기 후에 에른스트 르낭(Ernest Renan)의 '일상적 국민투표(daily plebiscite)' 개념으로 다시 나타난다.

민족에의 소속의식은 법이나 그 어떤 형식적 제도에 기인하는 것이 아니다. 결국 습관, 관습, 그리고 무엇보다도 진정한 공공의 의견이 가장 중요한 문제로 등장하게 된다. 루소는 정치사상가들이 지금까지 여론의 힘을 무시해왔음을 비난한다. 여론은 그 근원이나 내용 면에서 민족적 단합을 위한 강력한 힘이 되기 때문이다. 개인들이 자신이 한 일이 국가와 민족에 이득이 되는지 안 되는지를 끊임없이 묻고 있다는 사실에서 여론의 역동성과 존재를 인식할 수 있다.(루소 1978: Bk. IV, Ch. 1)

그러나 이러한 민족의식은 천천히, 조금씩 얻어지는 것이 아니다. 이전에 가지고 있던 자기중심적인 사고방식을 전적으로 포기해야만 얻어질 수 있는 것이 바로 이 민족의식인 것이다.(루소 1978: Bk. I, ch. 8; Bk, II, ch. 7) 왕정에서와 달리 민족국가에서는 개인적 권리의 보장 문제가 발생하지 않는다. 개인적 권리의 보장 문제가 발생한다는 것은 개인들이 여전히 전체와는 별거의 존재로서 자신을 생각하고 있다는 것과, 따라서 자신의 이익과 민족의 이익은 동일한 것이 아님을 의미하게 된다.(루소 1978, Bk. I, ch. 7)

사회 속의 인간은 필연적으로 이렇게 생각하거나 느끼지 않는다는 사실을 루소는 잘 알고 있었다. 시민의식, 집단정신, 여론, 일반의지와 동일시하는 경향 등은 사람들이 자연스럽게 지니게 되는 속성이 아니다. 입법자가 성공적으로 훌륭한 제도를 완성하였다고 하여 이러한 속성이 저절로 사람들에게 주어지는 것은 아니라는 의미이다. 루소가 의도하고 있는 합의를 유지하기 위하여는 법보다도 정치문화가 더욱 중요하게 요구된다. 그런데 이는 사람들 내부에 존재하고 있으며, 실제로는 정치사회 형성 이전에 민족이 보유하고 있는 성격과 일치하기도 한다. 결국 이는 교육,

종교와 여러 종류의 공공활동과의 지속적인 연계를 통하여 형성되게 된다는 것이 루소의 분석이었다. 여기서 교육은 엄격한 공공의 통제와 검열을 거쳐야 한다고 루소는 보았다. 종교가 목사들에게만 맡겨질 수 없는 것처럼, 교육도 전문적 교사들에게만 맡겨져서는 안 된다는 것이다. 왜냐하면 교육도 종교도 그 자체가 목적이 아니고, 민족적 단합이 궁극적 목적이기 때문이다. 교육과 종교의 근본 목표는 모든 시민에게 모국에 대한 변치 않는 헌신과 애정을 심어주는 일이었다. 공공의 놀이, 축제, 여러 가지 체육활동과 시민단체는 시민에게 휴식을 의미하는 것이며, 이를 통하여 시민들은 지나친 생각을 하지 않고 분파적 행동을 하지 않게 된다고 루소는 역설하고 있다.(루소 1978, Bk. IV, Chs. 7-8)[5]

민족의 형성을 위한 루소의 계획은 19세기 당시의 자유주의자들의 일반적 사상과 정확하게 일치하지는 않으며, 실제로 루소는 19세기 자유주의자가 아니었다. 국가와 사회는 분열하지 않고 통합되어 있어야 한다고 그는 생각하였다. 루소는 공과 사, 도덕적인 것과 정치적인 것을 분리하지 않고 통합하려 하였다. 루소가 추구하였던 일원적 합의, 분할되지 않은 하나의 민족이라는 개념은 정치적이자 동시에 윤리적 구원까지도 목적하고 있는 것이다. 정치사회 이전의 문화는 정치적 힘이 아니라 정치문화로 계승되어야 한다. 여기서 정치문화는 매우 민감한 자연의 식물이자 매

5 이 문제에 대하여는 다음 문헌을 참조하라. Judith Shklar 1969, Men and Citizens: A study of Rousseau's Social Theory, 160. 문화적 민족주의와 루소의 연관성에 관하여는 다음을 참조하라. Anne Cohler 1970, Rousseau and Nationalism, 113-51. Alfred Cobban 1964, Rousseau and the Modern State, 99-125.

우 정교한 예술품이며, 자연의 발현이 아니라 사회공학의 산물이라는 사실을 의미하기도 한다. 모든 문화는 일부 조작이며, 일부 사회적으로 만들어지는 것이라는 사실을 루소는 결코 부인하지 않았을지도 모른다. 그러나 여기서 궁극적인 문제는 그 귀착점이다. 문화가 궁극적으로 어느 정도까지 인간의 본성을 완성시키거나 왜곡시키는가 하는 것이 바로 그것이다.

4. 헤르더

1) 정치적 민족의 출현

최고의 가치로서의 민족적 개별성, 인민의 모국으로서의 국가, 인간의 본성과 운명의 완성, 문화로서의 정치 등 루소가 제기한 모든 문제는 헤르더의 민족 철학에 바로 반영된다. 그러나 헤르더의 루소 읽기는 매우 비판적이어서, 양자의 견해 사이에는 같은 점과 동시에 다른 점도 많다.

아무리 완벽한 국가라도 자연의 가정과 같을 수 없다는 것을 루소 못지않게 인식하고 있기는 하였지만, 헤르더는 여전히 '가장 자연스러운 국가'를 '단일한 민족적 성격을 가진 확장된 가족'에 비유하고 있다.(루소 1978, 209-11; 헤르더 전집 XIII, 384) 이렇게 함으로써, 헤르더는 밀접하게 연관되어 있으면서도 또한 본질적인 차이를 드러내는 두 가지 점을 역설하고자 하였다. 민족은 가족, 씨족, 종족과 여타의 역사적 집단 개념을 대치하는 개념이 아니며, 오히려 이들과 연속성 있게 연결되어 있어 가족만큼이나 자연스러운 성장을 하게 된다는 것이 그 첫 번째 주장이다.[6] 또한 민족의 성원을 관계적 전체로 연결하는 문화적 유대는 위에서 주어지는 그 어떤 것이 아니라, 내부로부터 발산되는 살아있는 에너지living energies, Krafte, 즉, 사람들의 집단정신을 형성하는 공유된 감정이라는 것이 두 번째 주장이다.[7] 집단정신에는 민족과 그 성원이 공유하고 있는 유산인 독특한 특성이 배어있다. 이는 사람들에게 동질성과 소속감을 부여하고, 정상적인 가족구성원들이 느끼는 감정과 유사한 유대감을 불러일으킨다. 이러한 점을 루소는 동의agreement로 설명하고 있다.(루소 1978, Bk. 1, Ch. 2) 물론 합의consensus와 같은 의미로 해석되는 루소의 '동의' 개념과 헤르더의 개념은 같지 않다. 이는 헤르더의 국가, 또는 민족 개념이 루소의 그것과 동일하지 않은 것과 마찬가지이다. 그러나 이러한 의미상의 차이는 이러한 용어의 의미에 대한 상이한 이해와 동시에 근본적으로 상이한 철학적, 인류학적 입장과, 민족의 출현과 생활양식을 상이한 시각에서 보고 있다는데 그 근거를 두고 있다.

'동의'에 대한 루소와 헤르더의 이러한 개념 차이는 '자연인natural man'에 대한 현저한 개념 차이에서 출발한다. 이를 통하여 민족의 출현과 생존에 대한 해석과 설명이 달라짐을 알 수 있다. 루소의 자연인이 '어떠한 산업도, 언어도, 고정된 삶터도, 전쟁도, 그 어떤 종류의 유대관계도 없이 숲속을 돌아다니는 고독한 야만

6 민족은 화초와 같다. 다시 말해서, 인본성이라는 정원에 가득한 다양한 꽃과 같다.(여기서 '정원'은 물론 인간의 창조성과 조직력을 상징하는 말이다.) 민족주의에 대한 헤르더의 인본주의적 해석에 관한 논의로는 다음을 참조하라. Hans Kohn 1961, 427-51.

7 여기서 헤르더의 '살아있는 에너지(living energies)'에서 놀랍게도 베르그송(Bergson)의 '생명력(life force)' 개념이 기원하고 있다. Robert T. Clark JR., "Herder's Conception of 'Kraft', PMLAm 57 (1942), 740.

인solitary savage'이라면(루소 1964, part I: 169), 헤르더의 원시인은 고립된 바위도 아니고 자기중심적인 단자monad도 아니다. 인간은 그 기원에서부터 사회적 피조물이고 언어를 구사하는 존재였다는 것이 헤르더의 주장이다.(헤르더 전집 V)[8] 언어란 본질적으로 내면적이라고 헤르더는 루소와 다른 분석을 한다. 언어의 우선적 기능은 외부와의 의견교환이 아니라 내면적 소통이라는 것이다. 언어는 인간 내면의 사상과 감정, 그 내용과 의미를 구체화하고 표현하게 된다. 언어에 대한 기본 이해를 공유하는 사람들의 집단이 민족의 토대가 되는 것이다. 민족이 가족의 자연적 확장인 이유는 가족이 바로 언어를 공유하는 기초집단이기 때문이다. 언어와 사회중 어느 것이 먼저냐에 대한 문제에 대하여도 헤르더는 루소와 달리 매우 단순하게 결론을 내린다. 물론 인간은 언어를 가지고 있고, 사회에 살고 있다. 루소의 객관적 언어와 달리 헤르더는 매우 주관적으로 상황을 분석한다. 보다 중요한 것은 인간은 특정 언어를 사용하고 특정 사회에 살게 되어 있는 개별적 피조물이라는 점이다. 언어와 문화라는 독특한 짜임 - 사람들 또는 민족volk - 안에 태어나고 양육 받은 존재가 바로 인간이다.[9]

사람들은 태어날 때부터 언어적 존재이자 사회적 존재라고 헤르더는 역설한다. 헤르더는 루소의 점진적 발달이론을 부인하고 있다. 인간은 동물로부터 진화해온 것이 아니며, 인간과 동물의 차이는 정도의 문제가 아니라 본질적으로 질적인 차이라는 것이

8 개인이나 집단이 각기 사용하는 단어의 의미가 달라졌을 때 빈번하게 갈등이 발생하는 것이라고 헤르더는 역설한다. 그러나 이러한 갈등은 대체로 다른 언어를 사용하는 집단 간에 발생한다는 것이 헤르더의 생각이었다.

9 이에 대한 보다 상세한 설명은 다음을 참조하라. F. Barnard, 1969, 17-32.

다. 인간의 언어는 동물의 소리와 전혀 다르다. 꿀벌이 꿀을 찾아내는 태생적 능력과 인간의 언어 능력에는 본질적인 차이가 있다는 것이 헤르더의 분석이다.(헤르더 전집 V, 135; Barnard, 1969, 25: 98-99) 헤르더는 루소와 같이 통찰력 있는 사상가가 비록 잠시나마 인간 언어의 기원을 동물세계에서 찾고 있다는데 놀라움을 금하지 못하고 있다.(헤르더 전집 V, 23) 동물과 현저히 다른 특징인 인간의 완전가능성과 타락가능성은 언어의 소유자로서의 인간 고유의 특징과 밀접하게 관련되어 있다고 헤르더는 역설한다. 개념이나 생각이 가능한 것은 바로 언어를 통해서이기 때문이다. 나아가 이 개념이나 생각이 바로 인간의 행동과 사회성을 계도하는 표준을 설정하게 된다. 이리하여 인간의 행동은 자연의 현상과 본질적으로 상이하게 움직이게 되는 것이다. 언어와 인간의 중재를 통하여 반성적 사고와 행동이 비로소 가능하게 된다. 이러한 능력 덕분에, 자연의 일원으로 일부 동식물과 같은 측면을 지니고 있으면서도, 인간은 '자연의 맹목적 결정'의 전적인 산물이 되지 않을 수 있다는 것이다.(헤르더 전집 V, 28)

다시 말하여 언어는 나머지 자연에서 찾아볼 수 없는 가능성 - 문화의 가능성과 동시에 발전의 가능성 등 - 을 인간세계에 부여해주고 있다. 언어와 결부된 사상은 자연과 인간뿐만 아니라 주체적 자아와 객체적 자아 사이에도 일정한 거리를 설정한다. 결국 이는 자유의 가능성이자 필연성의 지배를 받는 자연세계에서 선택의 기회를 제공하게 되며, 궁극적으로 자기반성의 가능성(자신 내부의 자신을 살펴보는 작업)으로까지 연결된다.(헤르더 전집 V, 29) 필연성이 아니라 선택에 의하여 창조할 수 있고, 행동할 수 있는 능력이나 자신에 대한 반성 능력은 민족의 성원과 단순집단의 성원을 구별하는 기제가 되는 것이다. 자아를 인식하게 되는 순간, 인간은 자신과 타자를 연결하고 차별화 시키는 것이 무엇인지를 인식할 수 있게 된다.

따라서 자신의 국적이나 민족성을 인식하는 것은 전적으로 내면적인 성장의 과정이자, 인간의 문화 또는 발전의 역동성에 기인하는 것임이 자명해진다. 민족의식의 형성을 위하여 그 어떠한 외부의 입법자나 사회계약도 불필요하다는 것이 헤르더의 주장이다. 이렇게 사회계약이나 민족을 선도하는 입법자의 필요성을 느끼지 않음과 동시에, 근대 민족이 바탕으로 하고 있는 것은 초기 수렵시대의 자연의 소리에 가까운 언어가 아니라 오히려 동일 표준의 말과 글이라는 형태를 보이는 문법체계로 문어체 형식을 지니게 된 고도로 세련된 언어라고 헤르더는 생각하고 있다.[10] 헤르더는 또한 세습왕정이 자치적 민주주의로 전환된 것도 외부도움 없이 자력으로 이루어진 자발적 성장의 결과는 아니라고 생각하였다. 위로부터의 붕괴(헤르더가 예견했던 귀족적 통치의 붕괴)가 아래로부터의 성장으로 당연하게 이어지는 것은 아니었다.[11] 헤르더는 바람직한 변화를 위하여 일정 형태의 리더십이 요구되는 것이 사실임을 인정하면서, 새로운 정치질서의 주체는 입법자 외부에 있는 것이 아니라고 한다. 여기서 새로운 주체는 특별한 능력과 헌신으로 등장한 일단의 사람들이며, 이들의 임무는 또한 영구적이고 제도적인 정치리더십이 없어도 될 정도로 강력하고

10 실제로 헤르더는 1787년 독일어 연구를 통하여 게르만 민족의식의 고양시키고자 "애국연구소" 설립계획을 세운바 있다.(헤르더 전집 V, 124-34)

11 헤르더의 정치개혁과 변화에 대한 개념에 대한 비판은 다음을 참조하라. F. Barnard, 1967, 72-87.

견실한 공공 정신을 구축하는 것이라고 헤르더는 보았다. 헤르더는 이러한 지도자를 "귀족적 민주주의자들aristodemocrats"이라고 하면서, 이들이 형성하는 질서는 '법의 지배'를 의미하는 법치주의라고 설명하였다.(헤르더 전집 XVIII, 331) 헤르더가 구상한 정치문화는 루소의 이론뿐만 아니라 플라톤의 철인통치와도 놀라울 정도로 유사하다. 그러나 좀더 자세히 들여다보면, 양자와의 명백한 차이점이 드러난다. 헤르더는 루소가 제시하듯이 개인이나 민족의 자기결정 또는 자율성의 도구로서 교육과 법에 대한 존중에 동의하기는 하지만, 루소의 '통일성unity' 개념과는 그 견해를 달리하여 결과적으로 다원주의적 정치문화라는 이상을 제시하고 있다. 또한 명백히 귀족적 민주주의자를 일종의 통치자guardians로 설정하면서도, 그들의 영속적 계급성은 인정하지 않고 있다. 헤르더의 '통치자'의 최고 목표는 가능한 한 빨리 통치자가 필요 없는 사회로 만드는 것이다. 사람들이 자체적으로 움직이는 법을 배울 때까지만 통치자는 유용하다. 그 이상의 통치는 자립과 진정한 자치의 정립, 나아가서는 민주적 독립을 저해할 뿐이다.(헤르더전집 IV, 454; XIII, 149; XVIII, 339)

헤르더의 정치사상에서 가장 중요한 추진력은 사회저변의 질서를 형성하는 민족volk이 단순히 한 떼의 군중이 아니라 민족문화의 창조적 원천이라는 생각이다. 여기서 민족주의와 민주주의는 이제 이념적으로 동일한 범주에 포함되게 된다.

많은 헤르더 연구가들은 헤르더의 민족언어, 민속, 신화나 전설에 대한 논의는 강조하면서도 헤르더의 정치적, 민주적 관심사는 간과하였다. 그들은 헤르더의 문화적 사고가 전적으로 비정치적이거나 무정치적이라고 잘못 판단하였다. 그들이 헤르더에서 정치를 부정으로 보았던 것은 사실상 정치에 대한 재처방이었던 것이다. 사용하는 방법이 많이 다르기는 하지만 헤르더의 정치적 목표는 루소의 목표와 그리 다르지 않다. 그것은 바로 '문화에 의한 힘의 교체'라고 할 수 있다.[12] 일반적으로 평가할 때 헤르더는 정치사상가의 범주에 들어가지 않는다. 어느 저작도 명백히 정치사상에 관한 저서라고 할 수 있는 것은 별로 없다. 따라서 정치에 관한 헤르더의 의견은 간접적이고 때로는 숨어있기까지 하지만, 루소만큼이나 급진적인 정치적 견해가 명백히 제시되어 있다. 헤르더의 정치사상에서 문화의 중요성 때문에, 헤르더의 사상은 루소의 사상만큼이나 중동부 유럽에서 영향력을 발휘하고 있다. 중동부 유럽국가의 민족주의자들에게 진정으로 중요한 것은 국가라는 형태가 아니라 인종적 문화이며 곧 발전하게 되리라는 헤르더의 메시지는 너무나 듣기 좋은 소리였을 것이다.

여기서 '발전'의 두 가지 의미를 나누어 보아야 할 것이다. 우선 발전은 식물이나 유기체의 성장과 마찬가지로 잠재적인 것이 현실화되는 과정으로 인식된다. 여기서 인간의 역할은 이 과정을 심화시키고, 촉진시키며, 여전히 움직이지 않고 있는 것을 일깨우는 데 있다. 발전에 대한 또 다른 해석으로는 '만드는 작업making', '형성하는 작업fashioning', 또는 '모양을 갖추는 작업shaping' 등이

---

12 헤르더의 문화 개념에 관하여는 다음을 참조하라. F. Barnard "Culture and Civilization in Modern Times" Dictionary of the History of Ideas, ed., Philip P. Wiener 1973, 613-621. 현실적으로 정치적 힘이 부족하여 자신을 드러내지 않는 민족을 헤르더도 루소도 칭송 - 물론 여기서 칭송 받은 것은 정치적으로는 재난에 가까운 일이었으나 - 하였는바, 민족해방을 의하여 투쟁하는 민족주의자들도 이러한 경향을 수용하였다. 단적으로 헤르더는 슬라브 민족의 평화성을 칭찬하면서 동시에 슬라브 민족의 정치적 희망의 단서를 여기서 발견한다.

강조되고 있다. 여기서 발전은 사전에 설정된 사상이나 계획으로 시작된 행동의 결과로 이해된다. 즉, 변화는 성장에서 볼 수 있는 내면적 힘이나 에너지의 발현이 아니라 외부적으로 움직이는 결과물로 인식되는 것이다. 자연에서 목적론보다는 효율성의 원칙이 이러한 발전 개념에 보다 적합하다고 볼 수 있다.

이러한 발전의 의미는 모두 민족발전의 독특한 양상을 구성한다. 앞의 경우에, 사람들이나 민족의 형성은 자연의 전개에 비견될 수 있는 점진적 과정이다. 후자의 경우에 이는 주로 인간행동의 결과이자 인간의 계획에 자연적 요소가 굴복한 것이라고 볼 수 있다. 전자에서 성장과 쇠퇴가 있다면, 후자의 경우에는 건설과 파괴가 있다고 하겠다. 종합적으로 요약하자면, 헤르더의 발전 개념은 대체로 성장 패러다임과 동일시되며, 루소의 발전은 건설이나 공사작업에 주로 비유할 수 있겠다.

2) 민족의식과 정치적 결사

헤르더가 통일성과 동의를 중요하게 생각하기는 하였지만, 다양성을 결코 소홀히 다루려는 생각은 없었다. 물론 통일성이나 동의와 다양성은 공공문제를 해결해 나가는데 있어서 나름대로의 긴장과 갈등, 무질서와 비효율성이라는 문제를 야기하기는 하였어도, 헤르더는 다양성의 가치를 포기할 수 없었다.(헤르더 전집 V, 516; IX, 357-360; XIII, 340-341) 헤르더가 민족을 위하여 구상한 정치질서는 고대 히브리족의 사례에서 볼 수 있는 모세의 헌법의 영향을 많이 받았다.[13] 여기서 헤르더는 히브리족이 여러 교

13 모세의 헌법에 대한 헤르더의 해석에 관하여는 다음을 참조하라. F. Barnard,

파로, 종족으로 나뉘어 있었으면서도 동시에 하나의 민족으로 생각하고 있었던 점에 착안하였던 것이다. 히브리 사람들에게 그들의 종족적 구조와 전통에 적합한 제도를 설정함으로 인하여, 모세는 당시에 역사적으로 존재해온 각 사회실체의 다양성을 분열시키지 않고 오히려 강화시킬 수 있는 형태의 민족을 만들어냈다는 것이다. 그것은 독립적 시민의 민족이 아닌 중간집단 중심의 민족이었다. 헤르더가 확장된 가족으로 민족을 설명할 때 머릿속에 가지고 있던 구상은 바로 이러한 집단 결사 모델이었다. 이 민족 개념에서 전체는 그 헌법적 부분보다 결코 크지도 않고 질적으로 다르지도 않은 복합적 실체로 인식되고 있다. 이러한 유사 다원주의 모델은 당연히 중앙권력의 필요성을 용납하지 않게 된다. 헤르더식 표현으로 "조각조각 기워 맞춘 조직"과 같은 국가이고, 다양한 사람들은 단일 권위체의 통치하에 존재하게 되는 다민족적 국가와 대조적으로, 민족성을 공유한 사람들로 구성된 국가는 중앙에 집중된 권력이나 항구적 형태의 최고 명령계통의 존재를 필요로 하지 않는다.(헤르더 전집 XIII, 384-385) 다양한 목적과 이익을 추구하기 위하여 개인과 집단은 최선을 다할 것이며, 그러한 목적과 이익을 달성하기 위하여 자율적이고 자치적인 기관과 제도의 형성에도 많은 관심을 기울일 것이기 때문이다. 헤르더의 법 개념은 민족 법 개념에 근거한 관계로, 민족 문화의 중요한 요체인 법은 헤르더의 다원적 사회구도에서 사회 통합적 요소로 작동하게 된다.(헤르더 전집 XVIII, 137, 271, 300)

헤르더는 시민권에 관하여는 별로 언급한 바가 없다. 헤르더는

1959, 533-546.

정치와 사회를 명백하게 분리하지 않고 있다. 루소의 경우와 달리, 헤르더의 시민권 개념에서는 개인의 포기나 전적인 복종 또는 갈등이 생겼을 경우 민족에 사회가 복종한다던가 하는 문제가 발생하지 않는다. 헤르더의 다원주의적 민족 개념의 당연한 결과로서, 루소의 동의와 통일성에 관한 합의 도출방식을 헤르더는 자연스럽게 '같이 행동한다'라는 협력 원칙으로 대치하게 된다. (헤르더 전집 XIII, 346; XVI, 119. 551; XXIX, 133, 129)

동의나 협력이나 무엇을 해야하고 해서는 안 되는가에 대한 일종의 공동이해와 근본규범의 공동인식을 전제하고 있기는 하지만, 동의와 달리 협력은 차이점의 제거를 목표로 하지 않고 사회적 실체의 파괴를 유발하지 않는 상태에서 그 실체가 작동할 수 있도록 하는 일종의 잠정적 타협modus vivendi을 목표로 하고 있을 뿐이다. 따라서 협력은 본질적인 부분에서의 동의를 반드시 필요로 하지 않는다. 차이는 용인되고, 반드시 동화될 필요는 없다는 것이다.[14]

루소는 동의와 통일성을 논하면서, 믿음과 가치의 차이는 민족의 결속의 문제가 된다고 보고, 이는 조정이 되어야 한다고 생각하였다. 통일성을 위하여는 반드시 합의적 동의, 공공선에 관한 합의된 견해가 있어야 하며, 여기에는 또 공공선을 인식하고 추구하기 위한 정당한 길은 하나라는 확신이 결부되어 있다. 한편 헤르더의 통일성에 대한 이해에서, 차이와 갈등은 모든 공동체에서 지극히 자연스러운 것이며, 오히려 공동체의 존재에 궁극적으

14 동의와 협력에 관한 구분은 Irving L. Horowitz의 다음 논문은 참조하라. "Consensus, Conflict and Cooperation: A Sociological Inventory," Social Forces, 41(1962), 177-188.

로 유익하다고 인식된다. 이렇게 다원주의적 양태로 귀결되는 다양성에 대한 관용적 태도는 합리적 담론보다는 헤르더 자신의 유기적 발전철학과 깊이 연관되어 있다. 즉, 사물의 본성에는 유기적 경향(에너지 또는 힘)이 있어 다양성과 갈등 속에서 통합을 향하여 나아가게 된다는 것이다. 문화와 자연의 융합으로 인하여 부분적으로 자연의 원초적 형태로 수렴되는 공유된 문화의 결속력에 대한 헤르더의 깊은 신뢰를 여기서 볼 수 있다.

헤르더의 다원적 민족 공동체 개념은 아리스토텔레스의 복합체로서의 국가 개념을 연상시키고, 토마스 아퀴나스의 비본질적 전체 개념15과 일치한다. 물론 그럼에도 불구하고, 헤르더의 민족철학에서 그가 민족을 통합된 단일한 실체로 보았다는 근거는 없다. 민족 또는 민족성은 물리적 실체라기보다는 유기적이며, 관계적인 사건의 복합체이다. 결국 민족은 실체적이 아닌 비본질적 전체라는 것이다. 민족적 배타성에 대한 헤르더의 거부 또한 민족에 대한 다원적 이해로 이어진다. 언어의 기원에 관한 논문에서 헤르더는 지나친 배타성의 자기 파괴성을 명백히 경계하고 있다. 자신만 생각하는 민족은 민족문화 발전의 발목을 잡을 가능성이 있다고 한다. 내부로부터 고립되면서 타락의 위험을 자초하게 된다는 것이다.(헤르더 전집 V: 134-147)

---

15 여기서 철학적으로 독특한 문제에 주목하고자 한다. 토마스 아퀴나스가 구분하였던 실체적 전체와 비본질적 전체간의 구분이다. 인간의 육체와 같이 복합하면서도 동시에 집합적인 실체는 이러한 실체적 전체의 사례인 반면, 비본질적 전체는 육체의 형태를 갖춘 것이 아니라 관계의 유기적 총화로서 이해될 수 있다. 여기서 유기적 총화의 각 부분은 그 자체로서 곧 전체이기도 한 것이다. 어떠한 사회에서도 인간은 물리적 집단을 형성하는 단순한 분자가 아닐 뿐만 아니라, 그 자신이 바로 독립적이고 개별적인 실체인 것이다.

5. 정치적 정통성과 문화

새로운 정치문화를 위한 노력에 있어, 루소와 헤르더는 많은 점을 공유하면서도, 그 형태라든가 달성 방식에 관하여는 상당한 차이점도 또한 보이고 있다. 그들이 견해의 차이를 보이는 근본 이유는 자연과 민족 관계에 대한 상이한 이해 때문이다. 루소는 이를 자연으로부터의 발전으로 보고 있는 반면, 헤르더는 자연과의 발전으로 보기 때문인 것이다.

이 차이점은 매우 중요한데, 정치적 행위에서와 같은 정치발전에서 목적이 설정되는 방식은 일이 달성되는 방식과 직접적으로 연계되어 있기 때문이다. 다시 말해서, 목표의 비전 자체가 그 목표 달성 방식에서 중요하고 결정적인 부분을 만들어 내기 때문이라는 것이다. 여기서 필자는 헤르더와 루소의 민족 개념의 차이점을 간과할 생각은 없다. 다만 헤르더는 문화민족주의로, 루소는 정치적 민족주의로 구분되어 있는 세간의 일반적 견해에 동의할 수가 없을 뿐이다. 이는 매우 잘못되고, 극단화된 비교이다. 본 논문에서 보여주고자 하는 것은 루소와 헤르더 모두 문화와 정치의 변화를 포함하고 있는 민족주의를 창도하고자 애썼다는 사실이다. 현상(what is to: 문화)으로부터 당위(what ought to: 정치)로의 이중 변화를 통하여서만 이들은 민족과 국가에 정통성을 부여한 정치문화를 구상할 수 있었다.

여기서 필자의 관심사는 사회운동으로서의 민족주의가 아니라, 사상과 이념으로서의 민족주의이다. 이는 특정한 시간과 장소에서의 민족주의가 아니라 민족주의 자체의 핵심적 사상과 이론을 의미한다. 그러나 문화와 정치의 이중적 변화 양상은 모두 이념을 정당화하면서 민족운동에 공헌한다는 점은 부정할 수 없는 현실이다. 따라서 어느 것도 사상이나 이념의 왜곡으로부터 완전히 자유롭지는 못한 것도 사실이다. 여기서 어떤 것이 현실의 영향을 더 많이 받느냐 하는 것보다 민족주의에서 무정치적이거나 비정치적 형태가 있다면 과연 어떤 것인지가 더욱 중요하다는 것이 필자의 생각이다. 다시 말하자면, 여기서 논의된 두 가지 민족주의가 정치적이냐 비정치적이냐라는 것보다는 정치 자체를 재 규정하고 정통성의 근거를 재평가하자는 데 필자의 의도가 있다.

문화민족주의의 중요성은 그 무정치성이나 비정치성에 있는 것이 아니고, 문화민족주의가 정치적 정통성의 문제에 발생하는 근본적인 변화에 주목하고 있다는데 있다. 현재 문화는 정치와 잠재적 연관성을 지녔을 뿐만 아니라, 정치에 불가피하게 필요한 것으로 대두하고 있다. 민족은 이제 더 이상 그 정치적 충성으로 공통의 주권자에게 바치는 사람들의 집단이 아니고 정신적 유대와 문화적 전통으로 엮여있는 공동체인 것이다. 근대 민족주의의 성격은 '문화의 정치화'와 '정치의 문화화'라는 달에 여실히 드러남을 필자는 지적하고자 한다. 이렇게 볼 때, 민족주의는 문화적 가치를 고려하지 않고는 존재할 수 없다. 그러나 이러한 변화가 발생하기 위하여, 문화가 정치적 주장에 공조하기 위하여, 문화 그 자체가 우선적으로 정치적 맥락에서 조명되어야 한다. 언어, 춤, 민속, 연극, 전설, 철학, 종교, 시, 회화등 모든 것이 정치에 도움이 되기 위하여는 정치적으로 다루어질 필요가 있다. 앞서 필자가 이중적 변화라 지칭한 것은 바로 이 때문이다. 정치도 문화도 민족주의 이념의 전파에서 격렬한 변화를 경험하게 된 것이다. 정치적 정통성의 변화가 형성되고 국가민족state-nation에서 민족국가nation-state로의 이행하는 것이 바로 이러한 이중 변화이다.

여기서 문화적 기준(언어, 종교, 또는 인종)에 근거한 다양한 민족주의 이론에 대한 모든 반대 이론을 되풀이할 생각은 없다.[16] 문화적 민족성 개념의 저변을 구성하는 인류학적, 심리학적, 윤리적 가정이라는 삼위일체는 단순히 논리적인 논증만 가지고는 설득력을 가지기 어렵다는 것은 명백하다. 민족성이 인간성에 내재하는 것인지, 인간은 민족성을 공유하는 사람들과 같이 살 필요가 있는 것인지, 그리고 특정 민족문화에 근거하지 않은 국가는 국가로서의 정당성을 가질 수 없는 것인지 하는 것들은 생각보다 복잡한 문제이다. 국가의 정통성의 기준으로 민족문화를 인정하는 것과, 특별한 경우에 특정 지배문화를 결정하는 것과는 다른 문제이다. 결국 문화민족주의가 제기하는 문제는 답변하기가 그리 쉬운 일이 아니다. 문화와 정치의 결합은 실로 행복의 원천이고 그 결과는 정당한 사회일지도 모른다. 그러나 동시에 문화에 근거한 국가는 그렇지 않은 국가와 마찬가지로 정당하지도, 평화적이지도, 조화롭지도 못한 것으로 드러날지도 모를 일이다. 어떤 특정 시기의 특정 경우의 결과를 예견할 수 있는 논리적이고 역사적인 논거는 존재하지 않는다.

문화적으로 결정된 민족국가간의 국제질서에도 명확한 대답은 없다. 잠재적으로 국제관계는 협조적이고 평화적일 수 있다. 그러나 또한 경쟁적이고 많은 갈등이 존재할 수도 있다. 전쟁이 발생할 경우에도, 그렇게 잔인하지 않을 수도 있고, 오히려 국가민족

---

16 이에 비판은 다음을 참조하라. E. Kedourie, Nationalism (London, 1969)과 A. Cobban, National Self-Determination(Chicago, 1947)과 Rousseau and the Modern State(London, 1964)이다.

간의 전쟁보다 더 치열할 수도 있다. 문화적으로 보는 득실은 순수한 정치적 거래의 경우보다 더 심각할 수도 있기 때문이다. 언어의 순수성, 시민종교의 신성성, 고귀한 전통의 존재 또는 사람들의 영혼 그 자체가 위험하다고 할 경우에는 오히려 타협의 여지가 없어질 우려도 있다. 현재 이스라엘과 팔레스타인으로 대표되는 종교분쟁의 경우를 이 사례로 볼 수 있다.

여기서 이 문제를 제기하는 이유는 어떤 방식으로든 일방적인 판단이 불가능하다는 점을 인식시키는데 있다. 정통성의 원칙으로서의 민족문화도 다른 원칙들과 마찬가지로 우발적으로 발생했을 가능성은 있는 것이다.[17] 민족문화에 기반을 둔 국가가 정통성의 근원으로서 문화의 힘을 빌지 않은 국가보다 본질적으로 보다 우수하다고 일반적으로 단정할만한 근거는 없다. 따라서 정치적 의무의 문화적 기준은 여타의 정통성 기준과 마찬가지로 명백하게 합리적이지도 윤리적이지도 않다. 민족문화는 아마도 정치적인 것에 대한 우리의 이해를 돕거나 변화시킬 수는 있을 것이다. 그러나 민족문화가 필연적으로 정치의 정통성 문제를 해결해 줄 것 같지는 않다.

---

17 이 점에 관하여는 다음을 참조하라. James S. Fishkin, *Tyranny and Legitimacy* (Baltimore, 1979).

2

민족주의의 다양성과 전망

제4장 헤르더의 문화민족주의

1. 헤르더의 인본주의 사상

헤르더(J. G. Herder, 1744-1803)는 초기 쾨니스버그의 대학시절(1762-1764) 독일 계몽주의의 수장 격이었던 칸트와 계몽주의의 비판자이자 신학자였던 하만J. G. Hamman의 지도와 영향을 동시에 받았다. 계몽과 반계몽의 투쟁 속에서 헤르더는 자신의 학문적 위치를 잡아갔던 것이다. 하만의 영향으로 이성과 역사에 있어서의 언어의 중요성, 자연과 역사에 내재된 신의 의지에 대한 확신 등이 헤르더 사상의 핵심으로 등장하고 있다. 또한 개별적 존재의 인식론적 우월성에 대한 신뢰라든가 역사의 진보란 인간의 자유와 휴머니티humanity의 추구라는 관점 등은 헤르더의 칸트적 양상을 보여주고 있다.

이와 관련하여 본 연구는 헤르더의 저작을 중심으로 자유와 휴머니티 이념과 민족주의 이념의 사상적 연계성을 밝혀보고자 한다. 민족주의라는 이념이 그 본질상 휴머니티와 자유 이념에 배치되는 것이 아니라는 전제에서 본 연구는 출발한다. 간단히 말하여, 헤르더의 민족주의는 자기결정self-determination이라는 자유의 본질적 개념에 기초한 자기성찰을 통한 인간 노력의 외부적 결정체라는 것이다. 자기실현, 자기결정 등 칸트적 자율성 autonomy개념에서 자유를 고찰해 볼 때, 민족주의는 휴머니티와 자유를 향한 인간 노력의 일환이라는 측면이 자명하게 드러난다고 하겠다.

이와 같이 자유와 휴머니티라는 이념을 인간의 이상으로 추구하면서, 헤르더는 근대 정치사상에 있어서 중요한 정치적 원칙의 하나인 민족주의의 형성에 있어서 그 사상적 토대를 제시한 인물로 평가된다. 물론 헤르더가 현재 우리가 민족주의라고 칭하는 정치적 원칙을 최초로 도입한 인물은 아니나, 이들 정치적 원칙의 발전과 전개에 있어서 매우 중요한 영향을 미친 것은 분명한 사실이다.

그러나 민족주의와 연관하여 볼 때, 헤르더의 사상은 후에 형성된 이데올로기로서의 민족주의와는 차별적으로 이해되어야 한다. 헤르더는 민족과 국가를 동일시한 이데올로기로서의 정치적 민족주의에 동의하지 않고, 어떠한 문화적, 정치적 국수주의 chauvinism에도 철저히 반대 노선을 취하고 있었다. 헤르더는 모든 중앙집권적 정치권력에 대하여도 반대하였으며, 절대군주들 간의 권력 정치적 양상에도 강한 반감을 가지고 있었다. 따라서 혹자는 헤르더의 민족주의를 정치성이 완전히 배제된 비정치적 또는 무정치적 문화민족주의론으로 단정하고, 인류 역사에 나타난 이데올로기로서의 민족주의의 형성과 발전에서 헤르더의 논의를 제외시키기도 한다.[1] 그러나 이는 헤르더의 민족주의론이 제시하는

1 Beiser에 따르면 Reinhold Aris, Wilhelm Dobbek, Robert Ergang 등이 이러한 견해를 보여준다. Frederick C. Beiser, *Enlightenment, Revolution and Romanticism*, p.396, Note 8.

정치적 함의를 제대로 파악하지 못한데서 발생하는 오류라고 생각된다. 오히려 헤르더의 문화민족주의는, 위에서 언급하였듯이 자유와 휴머니티를 최고의 가치로 놓았다는 점에서 보아, 본질적으로 반독재적이며, 개인의 가치와 개별 민족문화의 가치에 대한 인식에 기초를 둔 다원적 민족주의론이라고 할 수 있겠다. 따라서 헤르더의 자유, 휴머니티 개념과 더불어 그의 문화민족주의의 정치적 함의도 상세히 분석해 볼 필요가 있는 것이다.

2. 개인, 민족volk 그리고 휴머니티 공동체Humanität 2

칸트의 사상적 영향으로 헤르더는 인간의 자유는 본질적으로 자율성이나 자기결정성에 있다고 본다. 더 나아가서 자유를 인간의 내면적 결정 원리로만 간주한다면, 실제 정치의 현장에서는 오히려 자유의 미명하에 기존 정치권력의 전횡을 묵인하게 된다는 칸트 자유 이론의 현실적 부정합성을 헤르더는 예리하게 지적

2 헤르더의 volk는 자기만의 신화, 민요, 종교, 그리고 특징적인 인식체계 등 독특한 문화를 보유하고 있는 집단을 의미한다. 이러한 volk가 역사적 현실 속에서 구체성을 획득하게 될 때 정치적 측면이 가미되어 volk-state로 자리잡게 된다. 이를 통하여, 헤르더의 Humanität가 현실에서 활동할 구체적 장이 비로소 형성된다.

사실상 헤르더의 Humanität는 때로는 휴머니티 이념으로 때르는 그 이념이 구현된 구체적 공동체 로 제시되고 있다. 이러한 맥락에서 본 논문에서는 Humanität를 이념일 경우 휴머니티로, 공동체로 제시될 경우 휴머니티 공동체로 나누어 번역하고 있다. 또한 헤르더의 volk는 일반적으로 인식되는 정치적 의미의 민족에 문화적 의미가 부가된 보다 확대된 개념으로서의 '민족'으로, volk-state는 '민 족국가'로 사용하기로 한다. 물론 이들이 기존의 'nation'이나 'nation-state'와는 다소 차별적임을 미리 밝혀두고자 한다.

하고 있다.[3] 헤르더에 따르면, 인간은 어떠한 이유로든 상위의 존재 — 주인(master) — 를 필요로 하지 않으며 자율성과 자기결정 원칙은 정치 영역에도 확대 적용되어야 한다는 것이다.

헤르더에게 있어서 자유란 자신만의 의지를 가진 인간이 자신을 규정하고 통제할 수 있는 자기결정력으로 이해되고 있었다. 또한 헤르더는 루소Rousseau와 마찬가지로 인간이 태생적으로 자유로운 존재임을 인정한다.

> 인간은 자유롭게 탄생한 최초의 피조물이다. 인간은 선과 악, 참과 거짓에 대한 균형 감각을 보유하고 있다: 따라서 선하거나 악하거나, 참되거나 거짓되거나 인간은 인간이다; 약하기는 해도, 자유롭게 태어난 인간인 것이다.[4]

이렇게 인간은 본질적으로 자유로우며, 인간 행동은 이 자유라는 기본 행동 강령에 따라 규정된다는 것이다. 여기서 주의할 점은 헤르더의 자유로운 인간은, 루소의 주장과 달리, 어디까지나 사회로 탄생한다는 것이다. 즉, 헤르더에게 있어서는 루소의 자연상태

---

3 사실상 칸트는 다음과 같이 주장하고 있다: "인간은 공동생활에 임하여서는 주인(master)이 필요한 존재이다. 타인과의 관계에 있어서 개별 인간의 행동은 그리 이성적이지만은 않다. 오히려 자신의 자유를 자의적으로 남용하기 십상인 것이다. 합리적 존재로서 인간은 다수를 위하여 자유를 제한하는 법률을 인정하면서도, 그 적용에 있어서는 가능한 한 자신만은 제외시키려고 한다. 따라서 인간은 자신의 이기성을 억제시키고, 보편률에 자신을 복종시킬 자신의 주인을 필요로 하게 된다." Kant, "Idea for a Universal History from a Cosmopolitan point of view," *Kant: Selections*, ed. by Lewis White Beck. p. 419.

4 Herder, *Outlines of a Philosophy of the History of Man*, trans. by T. Churchill, Book IV, Chapter iv, p. 94.

는 존재하지 않는다. 원래부터 인간은 사회적인 존재라는 것이다. 가족으로부터 출발하여 인간은 인간으로서 재생산되는 것이다. 인간은 홀로 존재할 수 없다는 현상적 인식에서, 어떠한 인간도 타인의 도움 없이는 자유로운 존재로 남아있을 수 없다는 논리이다. 이렇게 헤르더의 자유는 "나"와 "너"의 공존을 전제로 하며, 인간과 사회를 개념적으로 연결시키는 이념이 되고 있다. 모든 개별 인간이 다양한 관계로 연결되어 존재한다는 역동성 있는 유기적 세계를 헤르더는 창출해내고 있는 것이다.

1) 개인과 문화공동체의 발견

헤르더는 인간은 그 동물적 본성에 이성reason과 문화culture가 단순히 부과된 동물이라는 계몽주의적 관념을 정면으로 거부한다. 그러므로 헤르더의 인간은 계몽주의적 합리적 동물과는 근본적으로 다르다. 인간이 이성과 문화를 향유할 수 있는 것은 인간 존재의 총체성 즉, '인간의 지각적, 인식적, 의지적 본성의 전체적 섭리'[5]에 기인한 것이다. 따라서 헤르더의 반획일성anti-uniformity은 인간 이성의 절대적 신뢰에 근거한 당시의 사상적 조류와 정면으로 배치되는 것이었다. 이성이란 인간에 선천적으로 내재하며 자동적으로 작동하는 절대적 구조라는 계몽사상의 이성관을 부정하면서, 헤르더는 이성을 상대화시킨다. 헤르더의 이성은 경험에 의하여 형성되는 인간의 능력이었다:

---

5 Frederick M. Barnard, ed., *J.G. Herder on Social and Political Culture*, p.131.

> 이론적으로나 실제적으로나, 이성은 인간이 삶의 양태나 조직을 규정하는 기준이 되는 이념ideas이나 기본 잠재력faculties에 대한 축적된 지식으로 이해되고 있다... 따라서 인간의 정신구조에서 발생하는 것은 사상thought이며; 그 사상들에의 다양한 인식이나, 진위, 선악 그리고 결과로서의 행/불행에 대한 판단 등은 이성의 영역이다. 즉, 이성은 삶의 양태를 구체적으로 규정하는 능력으로 인간에 내재된 것이 아니라 후천적으로 경험을 통하여 습득되는 것이다.[6]

이러한 맥락에서, '의지의 자유'라는 이상주의자의 도식은 헤르더의 자유 개념을 포용할 수 없었다. 헤르더에게 '자유롭고자 하는 것'과 '자유' 그 자체는 다른 것으로 인식되었던 것이다. 칸트와 마찬가지로 헤르더의 자유 의지도 제한적이기는 하지만, 적어도 헤르더에게는 선택의 자유가 절대적으로 보장되어 있었다. 헤르더의 자유는 곧 선택의 자유를 의미하였으며, 이는 신으로부터 부여받은 인간의 속성이었던 것이다.

선택의 자유가 있다는 사실은 인간이 정신적으로 독립되어 있음을 전제로 하고 있으며, 이는 또한 자기인식self-awareness의 가능성을 시사한다. 이 자의식은 현실에서 언어language라는 매개를 통해야만 한다. 언어를 통해서 자신의 존재를 깨달은 인간은 비로소 타자의 존재를 인식하게 되는 것이다. 이렇게 언어는 인간과 인간의 관계를 형성시켜주는 매개가 된다. 결과적으로 인간은 이 과정을 통하여 자신이 공동체의 구성원임을 인식하게 되는 것이다. 비로소 인간은 민족volk과 대면하게 되는데, 공통의 언어를

6 Herder, *op.cit.*, Book IV, Chapter IV, p. 91.

그 매개로 한다. 공통의 언어가 존재한다는 것은 공용어가 존재한다는 단순한 사실을 넘어서 공통의 문화적 유산과 이에 관련된 공통의 문화적 유대감 즉, 하나의 문화공동체가 존재함을 의미한다.[7] 언어를 통하여 인간은 자기의 존재를 의식하게 되고, 나아가서는 민족적 존재까지도 인식하게 되는 것이다. 여기서 개별적 자아와 집단적 자아의 합일점이 발견된다. 서로간에 종속 관계를 넘어서, 자유로운 개별적 자아 — 개인individual — 를 포용하는 승화된 집단 — 민족volk — 이 휴머니티를 추구하며 공존하게 된다.

헤르더의 사상체계에서 휴머니티는 진정으로 자유로운 인간만이 이루어낼 수 있는 것이며, 나아가서는 자유와 더불어 인간의 궁극 목적이 되고 있다. 따라서 유기적 세계관이라는 틀 속에서 민족이라는 현실을 어느 누구보다도 심각하게 자신의 이론체계에서 다루어 오면서도, 헤르더는 민족과 국가 등 현실 조직체에 대한 인간의 우월성과 탁월성pre-eminence을 견지하고 있었다. 19세기 독일의 경우처럼 정치적 경험과 사회적 공동 주체성이 부족한 민족에게 정치적 자유가 주어졌을 경우의 위험성을 인지하고는 있었으나, 헤르더는 이상으로서의 자유와 현실에서의 질서의 필요성 사이에서 언제나 자유를 우선적으로 내세우고 있다. 헤르더에게 정통성legitimacy의 핵심은 바로 자유였으므로, 정통성이 효율성efficiency보다 더 중요했던 것이다.

이러한 자유와 휴머니티 이념을 사상적 기반으로 하여, 헤르더는 자신의 유기적 세계관이 획일성을 의미하지 않는다는 점을 강조하고 있다. 획일성은 인간의 창조력을 사상시킨다고 주장하면

7 Frederick M. Barnard, ed., *op.cit.*, pp. 7-8.

서, 헤르더는 다양성을 열정적으로 변호한다:

> 이 소란스러운 전제정치의 시기는 소위 질서와 복종을 위하여 모든 것을 삼켜 버렸다고 하나, 사실은 모든 것을 죽음과도 같은 획일성의 주머니에 담아 녹여 버렸다. 자, 이제 인간은 거대한 비인간적 기계의 생명없는 한 부품으로 전락해버릴 위기에 놓여 있다! 설사 제도가 좀 불완전하고, 인간이 때로는 정직하지 못하고, 무질서와 혼란이 판칠지라도, 그 결과 인간이 부패하고 타락하게 될지라도, 인간에게는 선택의 자유가 있는 다양성이 주어져야 한다.[8]

이와 같은 맥락에서 헤르더는 계몽주의가 구체적이고 개별적인 인간의 존재 조건을 무시하고 합리적 이성에 따르는 기계화된 인간성을 주장하는 것은 인간의 구체적 생명력을 말살시키는 것이라고 비판하였다. 특히 계몽주의가 유럽 중심주의를 견지하고 있으므로 식민주의와 제국주의에 대하여 침묵 내지는 방조하고 있다고 격렬히 비난한다. 또한 당시의 계몽전제군주체제에 대해서도 적대적 입장을 취하고 있었던 바 이는 다양성을 무시한 그 압제적/일방적 정치가 지역의 고유한 민족 문화를 억압한다는 데 기인하였다.

헤르더의 이러한 정치적 견해는 당시 프러시아 절대주의 관료제에 대한 강력한 거부감에서 발생한 것으로, 그는 모든 종류의 중앙집권적 권력에 반대하고 있었다. 각 개인의 개별성과 자유가 휴머니티를 위하여 필수적이듯이, 각 지방의 독특한 문화와 전통

8 Herder, "Yet Another Philosophy of History," *ibid.*, p. 191.

도 억압되거나 말살되어서는 아니될 것이기 때문이었다. 헤르더는 당시의 계몽주의를 뛰어넘어 왕조적 지배와 세습 귀족제에 반대하면서 모든 사회 구성원의 정치적 참여의 권리를 제시하고 있다. 다양성의 전제 아래, 헤르더는 건전한 공동체의 작동원리로서 복종이 아니라 협력을 주장하면서 공동체 전체의 구성원으로서의 개별 주체들의 상호 의존성을 강조하고 있었다.

2) 휴머니티 공동체Humanität

개인적 자아와 집단적 자아를 일치시키면서도, 헤르더는 기본적으로 개인주의자였다. 인간 존재의 역사적 연속성이라는 맥락에서 문화적·도덕적 실체로서의 민족volk 개념을 등장시키면서, 각 개인은 사회 전체의 총체적 일부integral part임이 드러난다. 여기에서 로버트 에르강Robert Ergang 같은 학자는 헤르더가 개인성individuality보다 민족성nationality을 더 중요시하였으며, 집단의 발전을 위한 숭고한 도덕적 사명은 인간 개개인이 아니라 공통 문화를 보유한 민족에 부여되어 있다고 주장하기도 한다.[9] 그러나 헤르더에게 있어서 논의의 핵심은 언제나 '개인'이었으며, 그 개인은 선택의 자유와 잠재력을 보유한 도덕적·자율적 존재로서의 인간이었다. 헤르더에 나타난 개인적 자아와 집단적 자아의 일치란 즉, 문화적 자아와 정치적 자아의 일치와 상응하는 것이었다.

인간 사회의 다양성이라는 전제하에, 헤르더는 문화적 동류의식을 부여하는 민족volk 개념과 더불어 이를 포용하는 정치적 구조로서의 민족국가volk-state 개념도 등장시킨다. 헤르더의 민족국

---

9 Robert Ergang, *Herder and the Foundations of German Nationalism*, p. 84.

가는 상호 안보와 같은 자연적 필요의 산물이며, 동시에 언어, 관습, 전통 등 공통 문화에 그 기저를 두고 있다. 민족국가는 또한 그 안에서 공통의 문화와 유산을 보유한 인간이 자신이 형성한 법률체계 내에서 자신의 삶을 자유로이 추구해나갈 수 있는 지리적 단위체이기도 하다. 헤르더는 논점을 개인, 민족, 민족국가로 확대시켜 나가면서도, 언제나 핵심은 개인에 두었으며, 사상사에서의 다양성의 중요성을 견지하고 있었다. 이렇게 자유로운 개인을 기본으로 한 헤르더의 사상 체계는 휴머니티 공동체라는 궁극적 목표를 향하여 움직이게 된다.

휴머니티 공동체는 지금까지 헤르더가 언급한 모든 것을 포괄하는 인간의 조직체로서, 이성과 자유, 미세한 감각과 충동, 조직의 건전성, 세계의 목표 실현과 그에 대한 통제·조정능력 등 인간이 하는 고귀한 작업을 총체적으로 의미한다. 생동하는 인간의 본질을 포괄하면서, 인간 존재의 현실을 다각적으로 이해하기 위한 기본 원칙이 바로 헤르더의 휴머니티 공동체인 것이다. 시공을 초월하여 모든 인간을 포괄하는 헤르더의 휴머니티 공동체는 역사적인 개념으로, 현실 속에서 살아 움직이는 인간의 본질을 다룬다. 헤르더는 또한 다양한 인간의 존재 양태를 이해하기 위한 기본 원칙으로 휴머니티 공동체를 설정하였던 것이다.

개인, 민족 그리고 휴머니티 공동체로 연결된 헤르더의 유기적 사상 체계에서, 개인과 민족은 상호보완적인 것으로 이해되고 있다. 헤르더의 민족은 유기적인 사회적 실체로 설정되어, 개인의 자유로운 발전을 보장하며 사회의 모든 구성원에게 공동 유대감을 부여해주는 것이었다. 헤르더의 유기적 세계관은 민족의 이상적인 자기발전 과정과 개인의 성장 과정과의 연계성을 제시한다.

그러나 각 민족volk이 지나는 발전 경로는 단자monad로서의 민족적 개별성에 따라 각자의 독특성을 지닌다. 이렇게 자치적으로 잘 완비된 민족 개념을 헤르더는 결코 여타 민족에 대한 증오와 연결시킬 수 없었다. 모든 인간의 공동 유대감으로 형성된 휴머니티 공동체에서, 헤르더는 각 민족이 국제사회로 나아가는 데 초석이 되어야 한다는 혁신적인 이념까지도 제시하고 있다. 즉, 헤르더의 휴머니즘은 개인의 자유와 윤리의식의 근저로서의 민족체계 위에서 보다 효율적으로 발휘될 수 있었던 것이다.

자유로운 개인free individual의 존재와 함께, 헤르더의 모든 민족은 공통적인 일련의 양상을 시현한다. 어느 민족이거나 종교, 예술, 도덕을 보유하고 있다는 측면에서 보아, 휴머니티는 하나인 것이다. 헤르더에게 있어서, 휴머니티는 하나이며, 민족은 그 휴머니티 공동체 내에서만 인간의 가치와 이상을 충분히 시현해낼 수 있는 것이다. 따라서 휴머니티 공동체는 시공을 초월한 '인간'이라는 현실을 그 개념적 전제로 하고 있다. 인간 존재의 다각적·다층적 현실에서 휴머니티 공동체는 인간의 모든 가능성과 잠재력을 포괄하게 된다. 헤르더에게 이는 인류의 목표이자 인간을 시초부터 사회로 창조한 신의 소명이었다. 프레드릭 바나드F. M. Barnard는 이 휴머니티 공동체 개념이 헤르더 사상의 알파요 오메가라고 역설하면서, 헤르더에게 있어서의 종교의 도덕적 시금석은 바로 이 휴머니티 개념의 진작에 있다고까지 평가한다.[10]

이렇게 종교적인 양상까지 드러내고 있는 휴머니티 공동체에 나타난 헤르더의 우선적 관심사는 사회 속에 존재하는 인간이었

10 Frederick M. Barnard, *Herder's Social and Political Thought*, p. 88.

으며, 휴머니티 공동체의 본질을 구성하는 것은 자유 이념이었다. 즉 자유를 위한 인간의 투쟁을 이끌어 온 정치적 명제가 바로 휴머니티라는 것이다. 다시 말하여 휴머니티는 기존 정치질서가 인간의 이상을 달성하는 데 필수적인 윤리적 기저를 제공하는, 정치활동의 정신적 목표로 등장하고 있다. 개인은 민족에, 민족은 휴머니티 공동체에 속하는데 각각의 독특한 개별 문화가 인류의 조화로운 진화·발전에 공헌하게 된다고 하면서, 헤르더는 휴머니티라는 인간의 이상과 민족 개념과의 조화를 꾀하고 있다. 결국 휴머니티의 본질은 민족의 성원으로서의 개인과 인류공동체의 일원으로서의 개인을 하나로 묶어주는 사상적 연결 고리인 셈이다.[11]

바나드는 흥미롭게도 헤르더의 휴머니티 개념에서 객관적 양상과 주관적 측면이 있음을 발견한다:

> 개인이 자신의 존재를 발견하게 되는 구체적 상황, 자신이 태어난 사회적 환경 등이 그 객관적 요소이다. 각자 직면하는 주관적 상황에의 의식이라던가, 다양한 인간의 활동 영역에서의 자신의 연관성과 의존성에의 의식 등이 대체로 그에 대한 대응으로 나타나는데, 객관적 상황에 대한 이러한 개인의 대응이 휴머니티의 주관적 측면이다.[12]

교육과 사회화과정을 통하여 양자가 통합되게 되는데, 이러한 사회교육은 기존의 법률체계와 정치제도의 면밀한 분석을 통하여

11 헤르더는 역설한다: “국가에 봉사하라! 그것은 의무이다. 또한 바로 그것이 휴머니티를 위하여 봉사 하는 길이다.” Herder, *op.cit.*, Book XI, Chapter V, pp. 310-315.

12 F. M. Barnard, *op.cit.*, p. 92.

인간의 사회적 도덕성을 함양시킨다는 휴머니티의 주관적 양상과 객관적 양상의 합일을 완성하게 된다. 여기서 도덕성이란 인간의 의식의 범주에 속하는 지극히 주관적인 측면으로서 국가state와 같은 정치체가 다룰 수 있는 것이 아니다. 국가는 법률과 제도등 그 조직을 통하여 오직 도덕성 진작을 위한 우호적 환경을 조성할 수 있을 따름이었다. 이를 위한 사회조직으로서 민족volk을 헤르더는 가장 자연스러운 사회 정치적 단위체로 규정하고 있는데, 이는 민족이 자체의 독특한 사회문화적 전통과 결정적 요인으로서의 언어를 공유하는 공동체라는 데에 근거한다.[13]

헤르더의 개인은 어디까지나 공동체의 구성원으로 공동체에의 참여가 요구되며, 공동체는 또한 각 개인의 개인성을 고양시킨다. 개인과 공동체로서 민족의 상호성에서 보아, 헤르더의 휴머니티 공동체는 역사성을 띠고 있음을 알 수 있다. 즉, 휴머니티 공동체는 주어진 역사와 환경적 조건에 따라 다양한 형태를 취하게 된다는 것이다. 다시 말해서 자체 문화를 보유한 각 개인과 민족은 자기만의 독특한 휴머니티 공동체를 창출해내는 것이다. 휴머니티 공동체 자체는 비록 자유를 위한 인간 조직이라는 보편적 성격을 가지고 있다고 해도, 사실상 민족과 시대에 따라 매우 다양한 역사의 작품이라는 당위적 현실을 간과할 수 없다고 하겠다. 이렇게 보편자 휴머니티 공동체Humanität는 특수자 개별 민족volk을 모두 포괄하게 된다.[14] 이러한 헤르더의 사상적 체계는 휴머니

13 F. M. Barnard, "Herder's Treatment of Causation and Continuity in History," *Journal of the History of Ideas*, Vol. XXIV, No. 2, p. 205.

14 에른스트 카시러(Ernst Cassirer)의 보편자와 특수자간의 밀접한 관계를 살펴보는 것이 헤르더를 이해하는데 도움이 될 것이다: "언어, 예술, 종교, 철

티 공동체를 지향하는 국제사회의 평화를 달성하기 위한 초석이 된다. 즉, 헤르더의 휴머니티 공동체는, 개인을 민족 내에서 발견해내듯이, 민족도 국제사회와의 연계성 속에서 파악해내고 있는 것이다.

3. 문화민족주의와 휴머니티 공동체Humanität

헤르더는 민족단위체에서 휴머니티의 가능성을 발견하였다. 헤르더는 계몽사상의 후예로서 휴머니티의 이상을 품고 있었다. 헤르더는 또한 계몽사상의 휴머니티에서 합리주의의 껍질을 벗겨내어 낭만주의와의 공감대를 형성하였다. 헤르더에게 휴머니티는 여러 측면에서 논의될 수 있는 다차원적 명제였고, 각 민족이 그 중 하나의 중요한 차원으로 고려되고 있었다. 헤르더는 세계역사의 진보라는 계몽사상의 기본 이념과 배치되지 않게 자신의 인도주의 사상을 민족주의 개념과 결부시켰다... 이렇게 헤르더의 민족주의는 그의 휴머니즘에서 기원하는 것이었다... 헤르더의 민족주의는 계몽시대의 세계주의와 근대 민족주의의 개념적 연결고리로 등장하고 있다. 그의 민족주의는 또한 정치보다는 윤리에 보

학 등 문화 영역에서 나타나는 모든 보편성은 또한 개별적인 것이기도 하다. 특수자의 현실성 내에서만 우리는 보편성을 이해할 수 있기 때문이다; 그래야만 문화적 보편성도 문화적 보편성으로서의 그 실현성을 발견하게 된다... 사실 모든 역사 환경은 '민족'으로 제한되고 규정되어 있다; 그러나 바로 그러한 제한 속에서, 도리어 인류의 보편성 원리가 손상 받지 않고 명확히 드러나게 된다." Ernst Cassirer, *The Logic of the Humanities.*, trans. by Clarence S. Howe, p. 25.

다 높은 가치를 부여하던 당시 조류의 반영이기도 하였다.[15]

칼톤 헤이스Carlton J. H. Hayes는 헤르더를 18세기의 인도주의자이자 자유주의자로 평가한다. 자유주의적 / 자기결정적 민족주의로서의 특성을 모두 보여주는 헤르더의 문화민족주의란 휴머니티의 올바른 이해를 위한 중요한 개념이라고 헤이스는 평가하고 있다. 휴머니티라는 목표와 함께 민족Volk의 문화적 단결을 강조하면서, 헤르더는 모든 개별 민족을 포괄하는 보편적 공동체의 가능성을 시사하고 있다. 다양성과 단일성의 문제를 헤르더는 상당히 역설적으로 풀어낸다. 즉, 전 인류의 동포애라는 단일성은 각 민족의 문화민족주의의 확립을 통하여 오히려 가능하다는 것이다.

궁극적으로 휴머니티의 종교적 가능성까지 확신하고 있던 헤르더는 휴머니티에 기반을 둔 민족주의를 구상하였던 것이다. 헤르더의 민족주의가 휴머니즘에 근간을 두고 있다는 측면에서 라인홀드 아리스Reinhold Aris는 헤르더의 민족주의가 세계주의와 근대 민족주의를 연결하고 있다고 설명한다. 사실상 헤르더가 휴머니티의 발전을 위한 본질적 요소로서의 민족을 언급하였을 때, 그것이 국가를 개인의 우위에 두었음을 의미하는 것은 절대로 아니었던 것이다. 물론 에르강같은 학자는 이를 정반대로 해석하기도 하였지만... 여기서 우리는 헤르더의 주장에 직접 귀를 기울여 볼 필요가 있다. 자신의 주요 저서인 『인간사 철학 강요*Outlines of a Philosophy of the History of Man*』에서 헤르더는 인간의 행복이란 국가가 아니라 개별적 자아 내에서 각 인간이 추구해 나가는 개인적 선이라고 주장한다. 헤르더에게 국가는 그 자체로서 목적이

15 Reinhold Aris, *History of Political Thought in Germany*, pp. 241-244.

아니라, 궁극적인 하나의 목적 — 즉, 휴머니티 — 을 위한 수단이었던 것이다.

실제 역사의 장에서 우리는 휴머니티를 위한 많은 투쟁의 현장을 목격한다. 낭만주의자 레싱Lessing, 쉴러Schiller 등은 휴머니티를 세계주의적 관점에서 이해하면서, 다양한 민족과 개별 민족성의 존재를 인류의 보편적 이상 실현에의 장애물로 인식하고 있었다. 이는 당대의 지성계를 휩쓸고 있던 사조로서, 세계주의 사상/휴머니티 등을 인류의 지고한 이상으로 추앙하고 있었다. 이러한 사상적 배경 하에서, 헤르더는 민족을 인간에게 필수적인 도덕적 공동체로 주장하고 있었던 것이다. 이렇게 휴머니티 공동체라는 이상을 포기하지 않고도, 헤르더는 자신의 문화민족주의를 성공적으로 구현해내고 있는 것이다. 헤르더는 계몽사상의 인도주의적 전통을 한 손에 잡고, 또 다른 손에는 개별적 특수성을 가지는 각 민족에 의한 문화민족주의의 이상을 동시에 펼쳐내고 있다. 여기서 우리는 카시러Cassirer의 "구체적 보편성 논리"를 생각하지 않을 수 없다. "구체적 보편성 논리"란 우리로 하여금 예술 작품 속에서 그 이상을 찾아 볼 수 있게 하고, 각 인간의 개성과 직접 조우할 수 있게도 하는 것이라도 카시러는 설파한다.[16]

1) 휴머니티 공동체Humanität의 정치적 의미

도덕적 공동체로서의 민족 개념에 입각하여, 헤르더는 당시의 세계주의 사상을 비판하고 있다. 세계주의 사상은 보편성의 구현에 장애가 된다는 이유로 민족성의 존재를 부인하고 있다는 점이

16 Ernst Cassirer, *op.cit.*, Translator's Foreword, p. xiv.

그의 비판의 요체이다. 헤르더에게 있어서 민족성은 인간에게 내재된 지극히 자연스러운 감정적 요소였던 것이다. 따라서 민족성의 부인은 곧 자연성의 부인으로 통하게 된다. 이러한 세계주의 사상은 인간에게 자연스러운 감정도 현실적인 당위성이 있는 것도 아니라는 것이 헤르더의 논지이며, 이는 결국 공허한 개념적 장난에 불과하다는 것이다. 헤르더의 역설적 표현을 빌려보자:

> 민족주의와 민족성이 여전히 존재하는 시대를 생각해보라. 이 얼마나 원시적인가! 외국인에 대한 증오와 편견, 자신이 태어나고 묻힌 땅에 대한 맹목적 애착, 선천적으로 타고난 사고방식과 정신성에의 동경, 이들의 당연한 결과인 사상의 편협성 등 — 영원한 야만주의가 바로 여기에 있다. 신이여, 우리로 하여금 더 이상 민족 문제에 매달리지 않게 하소서! 우리는 모두를 사랑하고, 그 사랑으로 살아간다. 그 모두와 어울려 살아가고, 모두에게 예로 대하며 절제 있는 삶을 영위한다. 우리는 더 이상 조국 개념, 혈연관계에서 친밀한 감정, 그 어느 것도 모든 것인 시대에 살고 있지 않다; 이제 우리는 서로가 서로를 사랑하는 세계의 시민인 것이다.[17]

사실상 헤르더는 위와 같은 공론적 휴머니티 개념을 사상하고, 각자의 개별 문화가 실린 도덕적 공동체로서의 민족으로 충만한 휴머니티의 이상을 추구하고 있다. 이에 따라 헤르더는 휴머니티의 달성을 위한 본질적 구성요소로서의 각 민족의 존재를 다음과 같이 설파한다;

---

17 Herder, "Yet Another Philosophy of History," *Herder on Social and Political Culture*. ed. by F.M. Barnard, p. 209

각 행위자는 각 장면에서 오직 한 가지 역할만 담당할 뿐이지만, 바로 그 하나하나의 장면이 전체를 구성하게 되는 것이다. 물론 그 전체란 자기중심적 행위자 — 즉, 개인 — 에게는 아직 그 모습이 드러나지 않은 상태에 있을 것이다. 그러나 한 가지 명백한 것은 각자의 능력과 행위를 통하여 전체적 양상이 연결되고 완성되어 나간다는 것이다. 전지전능한 신의 역사가 수천 개의 사슬로 연결되어 있다고 할 때 각 사슬은 나름대로 자신의 자리가 있는 것이다.— 사실상 그 모든 사슬이 완전히 연결되기 전에는 그 끝은 알 수 없는 것이기는 하지만.... 모든 인간에게 각자의 삶이란 유일한 무대의 오직 한 장면이다. 그러나 그 삶의 장에서의 거류민의 역사는 많은 장면으로 끝없이 연속되는 파노라마적 드라마인 것이다. 시대를 관통하여 흐르는 신의 역사가 있고, 수없이 많은 민족의 다양성이 있다.[18]

헤르더에게 휴머니티는 민족적 개별성의 존재를 부인하는 것도 위협하는 것도 아니다. 사실상 그는 민족적 개별성 없는 휴머니티의 달성에 상당히 회의적이었다. 또한 개별성을 무시하는 민족통합을 통한 문화적 진보라는 주장에도 회의적으로 그는 대응한다. 이는 유럽인들에 의한 정복과 그들의 식민주의에 대한 헤르더의 비판으로 이어진다. 당시 유럽을 풍미했던 "백인의 의무the White Man's Burden"라는 명제에 헤르더는 신랄한 비판을 가한다:

세계의 모든 인류가 행복하게 살기 위하여는 유럽인 같이 되어야 한다는 것은 가장 어리석은 생각이라 아니할 수 없다.

18 *ibid.*, pp. 214-216.

> 우리 자신이 유럽을 벗어난다는 것을 상상할 수 있는가? 우리를 유럽에, 다른 이들은 다른 곳에 배치시킨 존재가 있다면, 그는 틀림없이 각자에게 각자 주어진 곳에서의 삶을 즐길 수 있도록 동등한 권리를 부여했을 것이다.[19]

유럽의 문화적 우월성으로 유럽인의 비유럽지역에 대한 식민화와 착취를 정당화시킨 바로 그 발상이 헤르더의 기본 사상인 "인간에게는 자아self 이상의 더 높은 존재를 필요로 하지 않는다"라는 명제를 정면으로 부인하고 있다는 사실에 주의를 기울여 보게 된다. 이는 결국 헤르더의 휴머니티 개념의 본질과 정면으로 배치되는 것이었다. 헤르더는 인간의 이상이 심히 왜곡되었음을 탄식한다:

> 그대들이 얼마나 교역과 종교 등을 이용하여 이 작업 [유럽의 식민주의를 의미한다]에 공헌해 왔던가! 스페인 용사들, 예수교단의 거룩한 성인들, 화란의 상인들, 오, 그대들 자비하고 거룩하며 고귀한 민족과 집단들이여! 도대체 지구상의 여러 곳에서 발생하는 인류 발전의 어느 정도까지 그대들이 관장하며 간섭하려 하는가![20]

여느 집단에 대한 어느 한 민족의 우월의식이 존재하는 한 휴머니티 공동체는 성립될 수 없다고 헤르더는 주장한다. 지구상에 어느 한 인간이라도 자유로운 상태에 있지 않다면 헤르더의 휴머

19 Herder, *op.cit.*, Book VIII, Chapter V, p. 219.

20 Herder, "Yet Another Philosophy of History," *op.cit.*, ed by F.M. Barnard, p. 206.

니티 공동체는 성공적일 수 없는 것이다. 따라서 자유로운 민족의 존재는 휴머니티 공동체를 현실 정치의 장에서 완성시키기 위한 전제조건이라고 할 수 있겠다.

식민주의에 대한 헤르더의 격렬한 비난은 휴머니티 공동체의 형성으로 완성될 세계평화와 인류의 평화 공존이라는 궁극 목적으로 귀착된다. 이는 물론 자유공동체이자 도덕적 공동체로서의 민족 개념과 함께 나아가야 할 인류의 지상목표이기도 하였다. 또한 이를 위하여 기존의 전통과 생활 양식이 이미 확립되어 있는 민족에게 새로운 형태의 신념이나 이념체계를 강요하는 것은 결코 온당치 못하다는 것이 헤르더의 견해이다. "민족, 국가 등 계보와 각 민족의 다양한 삶의 양태 등을 주목하여 보면 우리는 상기 문제에 대한 새로운 접근방식을 발견해낼 수 있다"[21]라고 헤르더는 언급하고 있다. 한마디로 헤르더는 문화적 측면에서 개별성individuality과 보편성universality의 점진적인 합일을 시도하고 있다고 볼 수 있겠다.

후기 저작에서는 다원성에서 단일성으로 논의의 중점이 이동하고는 있으나, 헤르더는 결코 다원성의 가치를 의심하거나 포기하지 않았다. 초기 저작에서 민족의 개별 이익을 논하면서도 보편성의 전제를 결코 도외시하지 않았던 것과 그 사상의 궤를 같이하고 있다. 한마디로 헤르더의 민족volk은 휴머니티를 위하여 희생되지도 않고, 휴머니티를 압도하거나 초월하지도 않았던 것이다. 오히려 민족과 휴머니티 양자는 동일한 사회, 정치적 과정에서 나타나는 상호보완적 요소로 작동하고 있었던 것이다. 헤르

21 Herder, *op.cit.*, Book VI, Chapter II, p. 14.

더에게 있어서, 궁극적인 세계평화를 향한 국제적 단일성 이념은 본질적으로 다양한 민족의 존재를 내포하는 것이며, 이는 또한 다원적 민족 체계의 각 개별 양상에서 드러나는 공동 이익, 요구, 목적 등을 의식하고 있음을 의미하는 것이기도 하다.

이제 헤르더의 문제의식이 명백해진다: 즉, 어떻게 단일성이 다원성으로부터 도출되는가? 또 그 다원성은 어떻게 단일성을 파괴하지 않고 유지될 수 있는가? 헤르더에게 휴머니티는 그 자체로서 인간으로 하여금 공조체제를 유지할 수 있게 하는 생동하는 강력한 힘이었던 것이다. 바나드는 헤르더의 휴머니티가 구현된 사회 권력의 역동성에 주목한다:

> 한마디로 휴머니티는 개별자의 독특성에도 불구하고 자체 내부에 보편적 조화의 가능성을 내포한 모든 개인의 삶을 움직이는 힘이다. 교육, 사회/ 경제 제도, 교역, 예술과 과학 등 모든 것이 이 궁극 목표를 위한 수단으로 제공된다고 하겠다.[22]

사실상 헤르더가 갈망하는 세계평화는 지역집단, 외교동맹, 더 나아가서는 초민족적 정부 등과 같은 집단간의 인위적 결속이 아닌 자율적이고 자연적인 속성에 의하여 달성되어야 할 것이었다. 또 위와 같은 인위적 결속이라 할지라도 휴머니티와 자유의 이상을 보유한 각 인간들에 의해 지속적으로 유지되어야 하는 것이기도 하다. 여기서 필자는 계몽사상과 프랑스 혁명 정신의 계승자로서의 헤르더라는 또 다른 측면을 발견하게 된다.

세계평화를 위한 국제협조체제의 제도화 등 지나친 규격화 작

---

22 Frederick M. Barnard, *Herder's Social and Political Thought*, p. 105.

업을 거부하면서, 헤르더는 국제협조체제에 관한 비전을 민족 자체 내에서 발견해낸다. 즉, 민족국가 내에서 각 개인의 협조체제에 착안하는 것이다. 조금은 비현실적이거나 비약이 심하다고 생각될 지 모르나, 헤르더는 문화적이고 감성적인 요소를 인류의 평화공존을 위한 국제체제를 제도화시키는 데에 중요한 인자로 채택하고 있다. 즉, 자율적 조직체인 민족의 개별적 존재를 인정하고 헤르더는 그들 사이의 이완된 결사체 형식을 제시하는 것이다.

헤르더는 자체의 독특한 차이점을 지닌 개별 민족들 사이의 동반자 관계를 설정하고 있다. 그러나 헤르더는 결코 각 개인이나 각 민족 위에 군림하는 공동의 정치권위체를 상정하지 않는다. 위와 같은 공동의 상위 권력은 개별 민족의 행위 영역을 제한하기 때문이다. 휴머니티라는 이상 속에서 개별성과 자유의 옹호자 헤르더는 19세기 민족주의의 교조적 경향에 대한 중재의 잠재적 가능성을 보여준다. 바나드는 이렇게 헤르더를 이해하고 있다: "휴머니티 이념이 애국주의patriotism와 민족주의nationalism의 빼놓을 수 없는 중대요소로 자리잡고 있는 한, 휴머니티는 이제 교조적, 국수적인 극단성에의 방조제로 작동하게 될 것이다."[23]

2) 민족주의의 새로운 지평 : 열린 민족주의

> 인류에게는 교육의 가능성이 존재한다; 교육에 의해서만 인간은 인간이 되며, 전 인류는 개인개인의 조직망 속에서 살아가는 것이다. 어느 누구도 단독으로는 인간이 될 수 없다; 인

23 *ibid.*, p. 107.

간성 자체가 상호 연결되어 있는 것이다. 즉, 우리를 인간이게 하는 것은 개인의 공조체제라는 인간의 본성이라 하겠다.[24]

자신의 저서 『인간사 철학 강요』에서, 헤르더는 민족을 논함에 있어 가족이라는 기본 집단으로부터, 궁극적으로는 개인이라는 구성원에서부터 시작한다. 행위 원칙으로서의 민족과 개인 간의 유기적 연계에 주목하는 것이다. 한 개인의 삶이 타인과의 상호작용의 연계에서 존재하는 것처럼, 민족이라는 현실도 헤르더에게는 국제적 차원의 협조 위에서 존속이 가능해진다는 것이다. 인간성에 그 궁극적인 기반을 두고, 헤르더는 국제사회에서의 상호의존의 가능성을 제시한다. 이와 같은 상호의존을 바탕으로 한 헤르더의 휴머니티 공동체는 개별 민족이 각자의 개별성을 보유한 가운데 세계평화로 나아갈 수 있다는 가능성을 제시한다. 이에는 19세기 민족주의에 나타난 이기주의와 국수주의에 대한 제동장치로서의 가능성이 전제되어 있다고 할 수 있겠다.

인간이 자아를 의식한다는 것은 내면적 과정이나 인류 문화와 발전 역학의 중요한 부분이라는 것이 헤르더의 주장이다. 이를 통하여 개인은 타자의 존재를 의식하면서 동시에 자아와의 구별을 할 수 있게 된다고 하겠다. 바로 이것이 헤르더 민족주의 이념의 근간이다. 헤르더의 민족주의는 개인과 자의식의 독특성에 주목하는 데에 따른 자연스러운 결실인 셈이다. 단, 자신만의 고유한 문화를 보유한 각 민족만이 전 인류의 조화로운 발전에 공헌한다는 휴머니티 개념을 가지고 있는 한에서만이라는 조건에 제

24 Herder, *op.cit.*, Book IX, Chapter I, pp. 226–227.

한되고 있다. 휴머니티 공동체라는 거대한 프로젝트에 관하여 개인과 민족을 동시에 거론하면서, 헤르더는 또 하나의 행동원칙으로 생득적 개념으로서의 정의의 원칙을 거론한다. 이것이 헤르더의 휴머니티 공동체라는 원리를 실질적으로 운용해 나오는 원칙인 것이다. 바로 여기에 민족주의와 국제주의의 양립 가능성이 그 존립의 여지를 발견하고 있다. "자민족에 대한 애정이 여타 지역에서의 선을 인식하는 데 장애가 되어서는 안된다,"[25]라는 헤르더의 주장은 인간의 단일성과 다양성을 동시에 포함시킨 논의라고 하겠다.

전 우주를 포용하는 인간 정신의 광역성에 언급하면서, 헤르더는 다양성의 세계에서 단일성을 추구하고 있으며 또한 그 단일성 내에 위치하는 개별자의 존재를 인정한다는 다양성의 보존에도 진력하고 있다. 다시 말하여 헤르더는 휴머니티의 개념적 구도 내에 이상과 현실을 혼재시키고 있는 것이다. 헤르더에게 있어서 인간에게 미래에의 비전을 제시하는 이상은 그 이론적 출발점으로서 현실을 필요로 하는 것이며, 인간을 실제로 움직이게 하는 현실은 이와 같은 이상을 먹고 자란다는 논리라고 하겠다. 바나드는 헤르더의 휴머니티의 역할을 다음과 같이 설명한다:

> 헤르더 자신의 과제는 당시의 주요 개념인 휴머니티Humanität에 새로운 활력을 부여하는 일이었다: 휴머니티는 인간에게 꼭 필요한 것이며, 인간이 달성할 수 있는 목표였다. 개념상 논리적 취약점이 존재하기는 하지만, 사회적 이상으로서의 강점이 이를 보완해주고 있다. 이를 지속적으로 유지시켜 왔던

25 Recited in Barnard, *Herder's Social and Political Thought*, p. 107.

정신적 힘은 과거, 현재, 미래의 종합, 또 현실에서의 실행력 과 미래에의 잠재력의 통합에서 나왔던 것이다.[26]

개인과 국가에 관한 헤르더의 주장이 이러한 맥락에서 이해되어야 하리라 본다. 인간의 행복이라는 문제를 국가와 연관시키면서 행복을 개인적 선이라고 헤르더는 규정한다. 이 개인적 선은 여타 모든 가치와 상호 연결되어 있으며, 관습/전통 등의 산물이라고 헤르더는 설명한다. 또 행복이란 내면적 평정상태로부터 시작하는 것이므로, 헤르더적 의미에서 행복하고자 하는 인간은 자신의 내면부터 우선 살펴야 할 것이다. 즉, 인간은 국가로부터가 아니라 자신으로부터 행복을 얻는다는 것이다:

국가라는 기술적 형태(국가를 의미하는 '사회의 인위적 양태'로 표현된다)는 단순히 도구에 불과할 뿐이며, 또한 이를 운용하는 데 최적의 지혜와 기교가 요구되는 가장 복잡한 기구로 국가를 인식하는 것은 어쩌면 당연한 결론일른지도 모른다. 대체로 인식되고 있는 국가의 위대성, 또 국가 설정에 요구되는 고도의 기술 등의 중요성이 대두되는 이면에, 개인의 삶이 희생될 위험성이 언제나 도사리고 있다.[27]

위와 같은 논지는 논의의 기본으로 제시되는 개인의 문제의 중요성에 대한 헤르더의 사상을 반영하는 것이다. 혹자가 헤르더는 집단을 개인에 앞서는 것으로 — 구체적으로 개인 자체보다는 민

26 *ibid.*, p. 108.

27 *ibid.*, p. 223: 이 부분에서 필자는 헤르더에 대한 루소의 영향력을 추정해 본다.

족적 개별체를 — 우선 고려하고 있다고 주장한다면, 이는 헤르더 사상의 극히 일부분만을 확대 해석하여 현실에 적용한 것으로 헤르더 사상 전반과 정면으로 배치되는 것이라고 하겠다. 에르강이 헤르더의 주장을 역으로 해석한 대표적인 학자라 하겠는데, 그는 이렇게 설파한다:

> 그러나 휴머니티의 발전단계에서의 기본 단위는 개인이 아니라 집단이다. 개인은 궁극적 발전을 달성할 수 없으며, 따라서 자체 덕성이나 재능도 제대로 구현할 수 없게 된다; 개인은 오직 집단의 총체적 부분으로서만 휴머니티의 구현에 공헌할 수 있게 되는 것이다. 따라서 그러한 집단이 휴머니티를 위한 견인차라는 것은 논란의 여지가 없다.[28]

그러나 이러한 에르강의 해석은 인간의 행복이 최고의 선이며 그 개인적 선은 인간 내면 상태를 의미하는 것이므로, 인간은 국가가 아니라 자신으로부터의 행복을 우선적으로 추구해야 한다는 헤르더의 주장[29]과 결코 합치될 수 없다. 헤르더가 민족 집단의 필요성을 주장할 때는 언제든지 개인에 대한 집단 우위의 가능성에 대하여 경고를 게을리하지 않았다는 사실에도 또한 주목할 필요가 있다. 로얄 J. 슈미트Royal J. Schmidt는 에르강의 위와같은 헤르더 평가를 당시의 민족주의의 현실적 흐름에 대한 과도한 집착으로 인한 강조에서 비롯된 것이라고 한다: "에르강이 활동하던 1931년 당시는 국수주의적 독일 민족주의 개념이 사회를 풍미하

28 Robert Ergang, *op.cit.*, p. 84.

29 Refer to Herder's *op.cit.*, Book VIII, Chapter V, pp. 218-224.

던 시기였던 관계로 헤르더의 사상에서 바로 그 요소만이 지나치게 강조되고 있는 경향이 발견되고 있다."[30]

반면에 독일 문학사가인 쿠노 프랑크Kuno Frnacke는 이 문제에 있어서는 에르강과 의견을 같이하고 있다.[31] 명백히 자유로운 개인에 초점을 맞추고 있는 루소Rousseau와 헤르더를 비교하면서, 프랑크는 헤르더가 민족적 개별체를 기반으로 휴머니티 공동체의 발전을 논하였다고 평가한다. 이 또한 잘못된 평가라고 필자는 판단한다: 헤르더는 개인이 인간의 목표로서의 휴머니티에 있어서 중심축이 되어야 한다고 그의 『인간사 철학 강요』에서 명백히 밝히고 있다. 프랑크는 또 민족적 공동체의 완성이 개인과 휴머니티 공동체의 완성을 가져오리라고 헤르더의 주장을 해석하지만, 이 또한 잘못된 논의라고 본다: 개인의 발전과 휴머니티 공동체의 성공적인 발흥이 오히려 민족의 발전을 꾀하게 되는 것이다. 헤르더를 집단주의자로 보는 프랑크의 비난은 이와 같이 여러 가지 측면에서 많은 논박의 여지가 있는 것이다.

헤르더에게 국가는 휴머니티를 위한 도구로 인식되고 있었다. 사실상 헤르더의 논의에서 국가와 개인 그 어느 것이 더 중요한가 하는 것은 그리 커다란 문제는 아니다. 그러나 우리가 필히 선택을 해야 한다면, 헤르더의 중요한 주제는 개인이지 국가가 아닌 것이다. 궁극적인 목표로서 휴머니티에 관한 한 인간은 정치, 윤리 등 제 측면에서 수단이 아니라 목적 그 자체인 것이다. 헤르더가 집단을 논할 경우 그것은 국가가 아니라 민족이었다. 여기

30 Royal J. Schmidt, "Cultural Nationalism in Herder," *Journal of the History of Ideas*, Vol. XVII, No. 3, p. 413.

31 Kuno Francke, *A History of German Literature*, pp. 319-326.

서 헤르더의 민족은 특정 지역에 자리 잡은 구체적 존재성과 동시에 언어, 예술, 관습 등을 포함하는 형이상학적인 문화의 범주에서 이해되는 것이었다.

결국 현대적 의미로 풀어보자면, 헤르더의 문화민족주의란 문화적 '민족'과 정치적 '국가' 개념을 모두 포괄하는 것이라 볼 수 있겠다. 헤르더 역사철학의 이론적 근저로서의 휴머니티 개념과 함께, 그의 문화민족주의는 또한 자유를 향유, 구가하는 개인의 존재를 그 전제로 요구하는 것이었다. 이러한 의미에서 "헤르더의 문화민족주의는 휴머니티를 제대로 이해하는 데 절대적으로 필요한 수단이다"[32]라는 헤이스Hayes의 주장이 그 의미를 더하게 되는 것이다. 앞서 언급한 바와 같이 헤르더를 인도주의자이자 자유주의자로 평가하면서, 헤이스는 헤르더의 민족주의를 자유주의적/ 자결주의적 민족주의로 규정한다. 비록 헤르더의 '민족' 개념을 지나치게 확대 해석하여 그를 집단주의자로 몰아가기는 하였으나, 에르강도 종국에는 헤르더의 민족주의를 헤이스와 마찬가지로 평가하고 있다:

> 그러나 헤르더가 주장한 민족주의는 19세기의 편협한 민족주의가 아니다. 헤르더의 민족주의는 본질적으로 인도주의적이다; 이는 인류는 하나라는 기본 원리를 중심으로 형성된 개념이다. 따라서 헤르더의 민족주의는 폭력과 배타성을 동반한 민족주의에 제기되는 질타에서 벗어나 있다고 하겠다.[33]

---

32 Carlton J. H. Hayes, "Contributions of Herder to the Doctrine of Nationalism," *The American Historical Review*, Vol. XXXII, No. 4, p. 734.

33 Robert Ergang, *op.cit.*, p. 263.

이렇게 에르강도 헤르더의 민족주의는 본질적으로 비폭력적이고 문화적이라는 점을 인정하고 있는 것이다. 혼탁한 국제정치의 와중에서 헤이스는 헤르더의 고귀한 차원 높은 이상을 찬양하고 또한 헤르더의 낙관적 전망에 특히 주목하고 있다:

> 그[헤르더]의 희망은 전 세계 자유민족주의자liberal nationalist[34]의 희망이다. 절대주의 등과 같은 것은 민족주의의 진정한 개선과 함께 소멸되리라는 확신을 헤르더는 보여주고 있다. 각자의 고유한 민족성을 가지고 각 민족은 이상의 나라로 들어서며, 각자의 독특한 유산의 고귀함과 그 가치를 의식하며, 자신들의 과거를 사랑하고, 미래에의 가능성과 함께 현재를 살아가며, 여타 민족들의 여러 가지 발전 상황 등을 존중하고, 모든 민족이 각자의 방법으로 추구하는 인류의 공동 목표인 휴머니티의 완성으로 치닫게 될 것이다.[35]

---

34 여기서 자유민족주의(liberal nationalism)의 개념을 살펴 볼 필요가 있다. 자유민족주의는 개인의 자율성(autonomy), 선택(choice)에의 존중 등의 특징을 보유하는 자유주의적 전통(liberal tradition)과 집단에의 충성심(loyalty), 연대성(solidarity) 등을 강조하는 민족주의적 전통(national tradition)의 결합이다. Liberal tradition과 National tradition의 상호 양립 가능성은 전자가 후자의 특징으로 제시되는 연대성이나 문화적 동질성 등의 중요성에 대한 인식에 있어서 궤를 같이하고 있으며, 또한 후자도 민족/국가를 위요한 사회 정의의 유지가 그 목적이라는 측면에서 개인의 자율성을 비롯하여 개인의 권리와 자유라는 전자의 이념을 존중하고 있다는 데에서 발견된다. 사상사적으로 이는 보편자(universal)와 개별자(particular)의 합일로 이해될 수 있는데, 역사적으로는 낭만주의(romanticism) 시대에 나타난 바 있는 낭만적 민족주의(romantic nationalism)에서 자유민족주의의 성격이 주로 발견되고 있다. 다양성과 다원성의 동시적 확보를 시도하였다는 측면에서 그 현대적 중요성이 제고되는 것 같다. 바로 이 자유민족주의로부터 필자는 앞에서 전제된 이념적 대안으로서의 '열린 민족주의'의 사상적 멍아를 찾아본다.

35 Carlton J. H. Hayes, *art.cit.*, p. 736.

자신의 조국에 대한 애정이 여타 민족에 대한 적대감이나 배타성으로 연결되는 것이 아닌 것처럼, 트라이츠케Treitschke, 모라스Maurras, 무솔리니Mussolini 등의 출현이 루소와 헤르더, 또 마찌니Mazzini와 그 후예들의 존재를 부인할 수는 없을 것이다. 다양성과 단일성을 동시에 다룬다는 측면에서, 개별성과 독특성은 헤르더의 출발점이다. 따라서 헤르더는 민족 집단의 역사를 논할 때 언제나 그 독자적 개별성을 우선적으로 거론한다. 헤르더에 있어서 민족과 개인, 민족성과 국제성, 민족주의와 인간화 작업humanization 등의 문제는 인간, 국제주의, 휴머니티 등이 민족이나 민족성 개념과 분리되어 있다거나 또는 그 우위에 있다거나 하는 등의 논의가 아니라, 민족이 인간의 지극히 자연스러운 유기적 일부임을 의미하는 것이었다. 따라서 개인을 위요한 문화요소를 대표하는 헤르더의 민족주의는, 자유로운 개인/ 제도/ 민족 등을 활성화시키면서, 자유주의 영역 내에 존재하는 '열린 민족주의'의 새로운 지평을 우리에게 제시한다 하겠다. '애국주의와 계몽정신은 모든 인류의 도덕, 문화가 의지할 중요한 2대 지주이다'[36]라는 헤르더의 주장은 자유와 휴머니티를 추구하는 열린 민족주의에의 비전을 제시하는 그의 정치 개념을 반영하는 것이라고 볼 수 있다.

4. 개인성의 발전과 민족주의의 가능성

헤르더는 개별성과 보편성의 조화라는 관점에서 변화와 지속

36 Recited from Hayes, *art.cit.*, p. 721.

성의 균형 가능성을 밝혀낸다. 즉, 독특한 개별성이 충분히 성장한 상태 — 말하자면, '민족' — 에서 개인은 자신의 휴머니티가 달성될 수 있음을 인식하게 된다는 것이 헤르더의 논지이다. 헤르더의 민족은 단순히 개인들이 권력의 이합집산 과정을 거쳐 집단을 이룬 것이 아니라, 보편 역사의 진행과정에서 개별자로서의 개인과 민족이 상호작용을 통하여 승화, 구현된 한 차원 높은 개념인 것이다.

한마디로 인간 존재의 조건으로서의 자유와 휴머니티라는 인간의 이상은 헤르더의 문화민족주의에 휴머니티와 자유주의의 옷을 덧입혀왔던 것이다. 결론적으로 헤르더의 자유 개념과 민족주의는 인간을 위해 존재하는 것이며, 인간 존재의 전제적 조건이 되고 있다. 휴머니티와 자유 개념을 인간의 목표로 설정하면서, 헤르더는 자신의 민족주의를 자유주의적 경향, 또 세계주의적 시각과 동시에 연결하여 발전시켜 나가고 있는 것이다. 휴머니티 공동체에 대한 헤르더의 갈망은 프랑스 대혁명 이후 자유의 상실로 가는 듯이 보이던 비극의 역사 속에서 극적인 전환점을 이루고 있다. 헤르더는 어떠한 상황에서도 인간이 휴머니티와 자유를 회복해낼 수 있다는 인류의 잠재적 가능성을 우리에게 확신시켰던 것이다.

처음부터 끝까지, 헤르더는 자연, 자유, 개인성의 옹호자였다. 인간의 목적은 휴머니티의 달성이며, 이를 위하여 각 개별 민족의 문화적 가치는 그 나름대로의 독자적 기준에 따라 평가되어야 하는 것이다. 다양한 문화공동체의 존재가 인간의 자유와 휴머니티를 달성하는 데 하등의 장애물이 될 수 없는 것이다. 오히려 이러한 다양한 민족의 존재로 인하여 인간은 자유와 휴머니티를 제대로 추구할 수 있는 것이다. 이는 마치 정원에 만발한 각종 다양한 꽃들의 존재가 각 존재를 부정함 없이 자신의 고유한 아름다움을 간직한 채 정원의 자연스러운 아름다움의 발현에 각자의 역할을 담당하고 있음과 마찬가지이다. 민족도 이와 같이 자신의 독특성과 고유함에 바탕을 둔 자신의 문화를 여타 민족의 민족성에 배치됨이 없이 발전시킬 수 있다는 것이다. 헤르더는 이렇게 설명한다: "개인의 자아를 추구하라. 그리하면 인간 집단의 조화는 달성된다. 각 민족의 개별성을 추구하라. 그러면 휴머니티는 달성된다." 이렇게 헤르더는 개별 민족의 특수성과 인간의 휴머니티 추구라는 보편성을 역설적이면서도 무리 없이 결합시킨다. 즉, 문화다원주의의 기반 위에서 제시된 정치공동체야말로 진정한 자유와 휴머니티를 가능케 한다는 것이다.

그의 문제의식이 직접적인 정치적 문제로부터 출발하지 않았음에도, 헤르더는 정치공동체의 정당한 토대로서의 문화공동체라는 논점을 제시하는데 이는 민족주의와 관련하여 중요한 정치적 주장이다. 이와 관련하여 프레드릭 바나드F. M. Barnard는 헤르더가 제기한 정치공동체의 토대로서의 문화공동체 관념은 정치공동체에 새로운 차원의 정치적 정당성이 제시된 것이라고 평가한다.[37] 문화적 요소가 가지는 정치적 의미를 헤르더가 지적했다는 점이 그것이다. 헤르더의 민족주의는 단순히 이상주의적 관점에서 민족주의에 있어서 문화적 요소를 부각시켜 민족주의의 정치적 측면을 새로운 차원으로 전환시킨 것이었다. 즉, 민족주의에 있어서 문화적 요인이 가지는 정치적 의미를 밝혀냄으로써 민족

37 F. M. Barnard, ed., *J. G. Herder on Social and Political Culture*, pp. 277-181.

주의의 정치적 성격이 재조명된 것이다. 이제 문화는 단순히 비정치적 차원의 문제가 아니라 정치적 조직 원리의 유기적 구성부분이다. 따라서 정당한 정치공동체는 문화적 기반 위에서 형성되어야 한다. 물론 이 명제가 역으로 전환되어 강요되었던 역사를 우리는 이미 경험한 바 있다. 즉, 단일한 정치공동체의 단일한 문화적 기반을 인위적으로 형성하기 위하여 민족국가의 발전에 있어서 자생적인 지역 문화공동체를 인위적으로 말살시키고 억압하는 결과를 낳기도 하였다.

그러나 보다 중요한 것은 역사적 사실을 넘어선 새로운 지평의 등장에 있다. 헤르더에 나타난 문화공동체와 정치공동체의 결합으로 근대 민족주의의 새로운 지평 — 열린 민족주의의 가능성이 배태된 — 이 열린 것이다. 이제 정치에 필수적인 요소로서의 문화의 등장으로 문화민족주의가 단순히 문화적 차원에만 머물러 있을 수는 없게 된 것이다. 이렇게 하여 민족주의는 또한 문화적 가치에 호소하지 않고서는 관념될 수도 없게 된다. 다시 말하여, 문화적 요소들 — 언어, 춤, 민요, 희극, 전설 등 — 이 정치적 성격을 획득함으로써 변화하게 되고, 문화적 요소들이 정치적 영역으로 투입됨으로써 정치의 성격도 변화하는 이중적 전환과정이 드러나게 되는 것이다. 한마디로, 문화라는 관점에서 제시되는 헤르더의 정치적 비전은 문화적 다원주의의 기반 위에 선 정치공동체의 형성을 제시하는 것으로 이것이 진정한 휴머니티 공동체 Humanität를 달성시켜 열린 민족주의로 나아가게 된다는 것이다.

제5장 민족주의와 자유주의

-'자유' 이념과 '민족'* 가치의 조화-

1. 자유주의와 민족주의의 가능성

1) 민족주의의 목표

민족주의는 군주정, 귀족정등에 대항하는 공화주의와 민주주의를 향한 일반적 사회운동의 일환이다. 이러한 측면에서 민족 또는 민족국가는 그로 인하여 인간이 자유를 얻을 수 있고 행복을 추구하는 도구적인 개념으로 등장하였다고 볼 수 있다.[1]

---

* "민족(nation)"은 사실상 한마디로 정의하기 지극히 어려운 개념이다. 따라서 민족과 차별화 되어 사용되고 있는 "국가(state)"와의 개념 비교를 통하여 접근하는 것이 비교적 용이한 설명이라 하겠다. 많은 학자들이 "국가"는 제도적인 영역으로, "민족"은 제도의 형성과 활동에 참여하는 집단의 성원으로서의 개인이라는 측면에서 설명하고자 한다. 즉, "민족"이란 그 성원들이 공통의 연대의식과 문화의식, 나아가서는 민족의식으로 결속되어 있는 사람들의 공동체를 지칭하는 것이며, "국가"는 시민에게 복종과 충성을 요구할 수 있는 강권을 보유한 법적, 정치적 조직체라고 할 수 있겠다. 역사적으로 민족과 국가는 불가피하게 연관되어 왔으나, 이념적으로는 필연적으로 연계되어야 할 개념은 아닌 것이다. 바로 여기에 민족주의가 자유주의와 조화될 수 있는 사상적 가능성이 존재하는 것이다.

1 Boyd Shafer, *Nationalism : Myth and Reality*, pp. 114-115.

역사는 궁극적으로 휴머니티의 고양을 그 목표로 하는 것이 아닐까 생각해 본다. 보다 나은 인간의 삶을 가능케 하는 보다 나은 사회의 설정을 의미한다고 하겠다. 휴머니티humanity를 인간의 본질적 조건 그 자체로 이해할 때, 인간의 자유 또한 거론되지 않을 수 없다. 사실상 휴머니티 자체는 '자기실현'으로서의 자유 이념에 관한 사고의 기반이 되고 있다. 자유를 '자기실현self-realization'으로 이해하면서, 토마스 그린T. H. Green은 이렇게 분석한다: 보편적 도덕으로서의 자기실현은 타인의 동시적 실현이라는 바탕 위에서만 가능하다. 즉, 개인의 자유란 단순히 일 개인이라는 추상적, 독립적 실체의 덕목으로만 이해되는 것이 아니라, 그 사회와의 연계 속에서 복합적으로 이해되어야 한다는 것이다. 특히 휴머니티란 모든 인간의 공동선의 이해에 기반을 둔 하나의 생활방식a way of life이라는 사고에 기인하는 것이다.

위와 같은 인류의 이상을 대전제로 하고, 본 연구에서는 계몽시대 이후 프랑스 혁명과 낭만주의 시대를 위요하여 대주된 휴머니티와 자유 이념과 민족주의 이념의 사상적 제휴의 역사를 더듬어 그 현대적 가능성을 타진하고자 한다. 이는 인간의 이상으로서의 휴머니티와 자유라는 시각에서 민족주의 이념을 재구성해보려는 하나의 시론적 연구라고도 할 수 있겠다. 본 연구에 따르면, 자유주의적 민족주의liberal nationalism에 나타난 민족주의 이념은 국가의 방어 이데올로기가 아니라, 자기결정self-determination이라는 자유의 본질적 개념에 기반을 둔 자기 성찰을 통한 인간 노력의 외부적 결정체라는 것이다. 즉, 개인의 자율성과 선택의 자유 존중이라는 자유주의의 전통과 집단에의 귀속감, 충성심, 연대의식 등을 강조하는 민족주의의 전통이 상호 조화될 수 있다는 데에 대한 긍정적 판단이 그 저변에 흐르고 있다고 하겠다. 사실상 위의 두 이념은 상호 배타적인 것으로 인식되어 왔던 것이 20세기 이후의 역사적 현실이었다.

또한 20세기 후반부에 들어선 요즈음 혹자는 민족주의의 종식을 선언하면서 후기민족주의postnationalism 시대의 도래를 성급하게 예언하기도 한다. 과연 그들의 예측대로 21세기 초에 인류는 민족주의의 사멸을 목도할 것인가? 필자는 이에 동의하지 않는다. 오히려 20세기의 위대한 승자인 '자유주의'는 '민족주의'와 그 영광을 공유하게 되리라는 것이 필자의 관측이다. 바로 이 시점에서 루소Rousseau와 헤르더Herder, 동시에 이들을 계승한 피히테Fichte와 마찌니Mazzini의 부활이 절실히 요구되는 것이다. 자유 이념과 유리되어 표류해 온 20세기 이후의 민족주의는 이제 이들의 자유주의적 민족주의를 통하여 구제될 수 있는 것이 아닌가 한다. 자유주의는 그 도덕적 원칙들과 더불어 집단에의 소속감이나 문화적 유대와 친화의 중요성을 인식하게 될 것이며, 민족주의도 또한 민족을 위요한 사회정의 원칙뿐만 아니라 개인의 자율성과 인간의 권리와 자유 등의 가치를 인정하게 될 것이다. 궁극적으로 본 연구에서 필자는 인간의 자유를 위한 제도적 장치로서 '자유주의적 민족주의'의 가능성을 그 이전의 역사에서 도출, 제시해 보고자 한다.

2) 자유주의의 승리와 민족주의의 등장

19세기에 인류는 프랑스 대혁명을 통한 자유주의와 민족주의의 밀월을 경험하였다. 프랑스 대혁명은 그 규모에서뿐만 아니라,

자유를 향한 열정이라는 측면에서도 인류의 역사에 한 획을 긋는 사건이었다. 인간의 이상을 현실에 구현시키려는 시도와 더불어 보편적 만민법을 제정하려는 시도가 이 프랑스 대혁명을 가능케 했다. 프랑스 대혁명 초기 유럽에는 정치적 낙관주의와 이상주의가 팽배해 있었으며, 또한 윤리의식도 고양되고 있었다. 게다가 당대 유럽을 풍미한 낭만주의와의 접목으로, 프랑스 대혁명은 인간 세계에서의 자유의 중요성을 더욱 강조하기에 이른다. 물론 이러한 낙관론에의 반동도 있었음은, 역사가 증언하는 바처럼 부인할 수 없는 사실이다. 사실상 자유주의와 민족주의의 밀월에 의한 인간 이상 실현의 가능성은 비극적으로 그 종말을 맺었음을 우리는 이미 목도한 바 있다.

낭만주의 시대 일시적으로 역사를 풍미했던 자유주의적 민족주의는 반동적 충격으로서의 현실주의의 도전을 받게 되었다. 일련의 혁명과 반 혁명의 과정을 종식시켰던 1848년, 전제정치에 대항하여 자유를 위하여 투쟁하는 민족 개념이 그 의미를 상실하게되고, 민족주의와 자유주의의 밀월은 상호 결별로 종결지어졌다. 배타성을 강하게 띠면서 민족주의는 그 절대적 목적을 위하여 강력한 이데올로기 체제로 변형되었다. 자유주의적 민족주의가 지녔던 혁신적 추진력을 상실하고 이 배타적 민족주의는 자민족의 자유뿐만 아니라, 타 민족의 자유까지도 모든 자신의 목적 그 자체를 위하여 종속시켜버린 것이다. 결국 자신의 번영과 영광이라는 미명하에 자신의 존립기반인 타(他)의 존재마저 부정해버리는 자가당착적 결론에 도달했던 것이다. 그러나 이러한 역사적 현실 속에서도 인간의 자유를 위한 이념으로서의 자유주의적 민족주의라는 가능성은 여전히 그 설명력을 잃지 않고 있음을 필자는 강조하고자 한다. 이는 특히 루소와 헤르더의 사상에 잘 드러나 있다. 계몽의 이성과 낭만주의의 감정을 공유하고 있었던 루소와 헤르더는 민족주의가 자유와 더불어, 국민을 위한 삶의 양태이며 보다 나은 삶을 위한 가능성을 제시한다는 데에 의견을 같이하고 있다. 역사를 움직이는 역동적인 힘으로써의 민족주의는 개인과 그의 권리를 강조하고 계몽사상의 인도주의적 측면에 적극 관여한다는 측면에서 그 시대의 정신을 표방한다고 하겠다. 루소와 헤르더에게 민족주의는 그 자체가 투쟁과 생존의 수단이자 목적이기 이전에 인간을 위하여 존재하는 것이며, 또한 인간 존재의 조건을 규정하는 것이기도 하였다. 이렇게 그들의 민족주의는 개인의 자유라는 개념과 불가피하게 연결되어 있었다. 계몽시대를 지나 프랑스 대혁명과 낭만주의 시대의 격랑을 겪으면서, 루소와 헤르더의 사상은 피히테와 마찌니를 통하여 현실과 만나게 된다. '자유' 이념과 '민족' 가치는 동전의 양면과 같이 조화를 이루며 인류의 이상을 향하여 접근해가는 것이다. 개인의 자유와 민족의 독립이나 결속은 결코 배치되지 않는 명제이며, 인간의 자유는 동질적인 민족국가 내에서 가장 효과적으로 이행될 수 있다는 신념이 모두 이들의 영향으로 형성된 것이다.

위에서 언급한 바와 같이 프랑스 대혁명 이후, 자유주의와 민족주의는 그 발생과 발전에 있어 사상적 궤를 같이하고 있다. 민족주의는 프랑스 대혁명과 나폴레옹 전쟁을 통하여 세계로 확산되어 갔으며 이 과정 속에서 자유라는 이념은 아직 정치적으로 독립하지 못한 인민들에까지도 민족을 위한 투쟁을 하는데 있어 중요한 개념으로 - 정신적인 지주로 - 등장하게 되었다. 프랑스 대혁명 이후 나타난 자유주의와 민족주의의 동시적 발전에 관하여는 로버트 팔머Robert Palmer가 가장 적절하게 분석해 내고 있다고 하겠다.

> 계몽사상과 프랑스 대혁명을 사상적 배경으로 하고, 자유주의적 제도와 대의제도의 성장을 경험하는 가운데 그 위대한 부산물이라 할 수 있는 민족정서의 성장도 또한 괄목할 만한 사건이었다. 이러한 민족정서의 대두는 인민이 자유와 자치정부 - 즉, 민주제도 -를 향하여 나아가는 데 있어서 필수적인 중대한 사건이었던 것이다.[2]

프랑스 대혁명 이후 인류는 휴머니티와 자유를 위한 역사의 대장정에서 민족주의로 무장한 민족국가라는 존재에 직면하게 된다. 여기서 자유보장을 위한 내부적 장치로서의 민주주의와 외부적 장치로서의 민족주의가 민족국가의 안과 박에서 발견되는 것이다. 기도 드 루기에로Guido de Ruggiero는 다음과 같이 설파한다: "개인 못지않게 민족도 자유로 인하여 그 존재가 가능하다. 절대주의라는 정치적 경험으로, 강압이란 폭동만 유발시키며 압제자에 대항하여 자신의 입지를 고양시키려는 민족적 감정만 야기시킬 뿐이라는 자명한 진리를 개인, 민족 모두 터득하게 되었다."[3]

일부 학자들은 민족과 국가를 명확히 구별하고 있는데, 바로

2 Robert R. Palmer, "The National Idea in France before the Revolution," *Journal of the History of Ideas*, Vol. I, No. 1, p. 95.

3 Guido de Ruggiero, *The History of European Liberalism*, pp. 407-409. 그는 또한 이렇게 주장한다: "19C에 자유주의와 민족주의는 동시적으로 발생 전개되었다. 아직 정치적으로 통일되지 못한 인민들에게까지 민족주의를 고취시키려는 노력과 이에 우호적인 국제 정책을 자유이념이 주도하여 왔던 것이다."

이점이 민족주의가 휴머니티와 자유라는 인류의 이상으로의 길에서 탈선하는 가장 중요한 원인인 것이다. 아담 뮬러Adam Müller는 저서 『정치학의 제요소Elements of Politics』에서 국가는 민족의 내적, 외적 에너지의 완벽한 결집으로 생성된 공동체라고 설파한다. 그에 따르면, 국가란 민족에 의하여 생성된 인류의 이상을 실현하기 위한 제도적 장치라는 것이다. 민족은 이론적 수준에서, 국가는 실제적 바탕 위에서 그 사상이 전개된다는 이원론이다. 그러나 프랑스 대혁명 이후 자유 이념은 국가라기보다는 민족 중심으로 발전되어 왔다. 사실상 민족주의가 민족이 아니라 민족에서 분리된 개념으로서의 국가로부터 출발할 때 그 민족주의는 너무나도 쉽사리 제국주의의 길로 달려갔던 역사적 경험을 우리 인류는 기억하고 있다. 그 민족주의는 결국 인류의 이상인 자유 그 자체마저도 위협하는 집단주의, 전체주의로 변형될 수밖에 없었다.

한 민족의 존재는 곧 타 민족의 존재를 상정한다. 타 민족의 존재 없이 한 민족이 자신을 규정할 수 없는 것은 인간이 가지는 태생적 사회성에 근거한다고 하겠다. 각 개인이 민족 내에서 유기적으로 상호 연계되어 있는 것처럼, 민족들 자체 또한 인간 세계에서 유기적으로 연계되어 있는 것이다. 따라서 민족주의는 민족의 존재에 앞서 개인의 존재부터 상정하고 형성되는 개념이다. 민족은 개인의 존재 없이는 근본적으로 불가능하고, 개인 또한 민족 없이는 자신의 위상 정립이 불가능하다. 사회 속에서의 개인의 존재가 타인과의 관계 속에서 보다 명확히 드러나듯이, 민족 또한 각 민족의 네트워크 즉 국제관계 속에서 보다 확실하게 그 성격이 규정될 수 있는 것이다. 다시 말하여 자기 민족 구성원 개인 하나 하나 또는 타 민족을 존중하지 않는 민족은 자체의 존립 근거를 부정하는 셈이다.

> 민족의식은 대중주권론에 실질적인 정치적 파워를 부여하는 감정적 결속력을 민중에게 부여하였다. 따라서 인민 주권은 곧 민족 주권이 되었고, 민족주의라는 열정에 의하여 인민과 강력히 접목된 정부가 형성 되게 되었다. 이 과정에서 계몽사상의 합리적, 개인주의적, 공리적 이상은 일단 지나간 시대의 사상이 되고 말았다.[4]

2. 자유 그리고 민족주의: 그 사상의 소용돌이

루소는 그의 『에밀Emile』에서 "외적 강제 없는, 그러나 자율적인 내부적 규제 下"라고 자유를 규정한다. 이것이 바로 루소의 "자기 - 부과적 명령self-imposed commands" 개념으로서, 칸트의 자율적 또는 자기 결정적 자유 개념과 헤르더의 자의에 따른 선택의 자유 개념도 그 영향을 받은 바 크다고 하겠다. 그들 모두는 또한 진정으로 자유하기 위하여 인간은 자신들의 이기적 열정으로부터 해방되어야 한다는 점에 의견의 일치를 보이고 있다. 사실상 인간이란, 인간으로서 존재한다는 그 자체로서가 아니라, 전체라는 구도 내에서의 어떤 특정한 시간과 공간 구조 속에서 자신의 실체를 보다 명확하게 관찰해낼 수 있다고 본다. 다라서 개인의 자유는 사회 속에서 개인의 자기실현 능력으로써, 개인과 그 개인의 존재에 구체적 양태를 부여해주는 사회와의 합일을 가

4 Alfred Cobban, *In Search of Humanity*, p. 210.

능케 하는 것이다. 그러므로 개인의 자율성이 자유를 위하여 제고될 때, 민족과 같이 개인을 아우르는 전체 구도의 자율성 개념도 같은 맥락에서 이해되어야 할 것이다.

휴머니티와 자유의 제고를 향한 역사의 가도에서, 인류는 프랑스 대혁명 이후 국가의 방어 이데올로기로서의 민족주의로 무장한 민족국가의 등장에 직면하게 된다. 사실상 프랑스 대혁명은 개인과 공동체의 구조적 변형을 시도했다는 점에서 자유의 역사에서도 극적 전환점을 이루는데, 당시의 민족주의는 실제로 계몽시대의 극단적 세계주의 사상에 대한 반동적 사상 동향의 일환이었다고 하겠다. 개인의 자유를 최고의 가치로 내건 프랑스 대혁명은 궁극적으로 자유주의와 민족주의의 밀월을 성사시키기도 한 인류사상사에 있어서의 기념비적인 사건이었던 것이다. 한마디로 프랑스 대혁명을 위요한 역사의 소용돌이는 자유주의와 민족주의를 제휴시키는 방향으로 움직여 갔던 것이다. 로버트 팔머는 이를 다음과 같이 요약한다. “민족감정의 고조는 자유와 자치를 향한 인민의 노력의 제1단계라고 생각된다.”

여기서 자유는 아직 정치적으로 통일되지 않은 인민들에게까지 민족주의 감정을 고취시키는데 중요한 역할을 하게 된다. 바로 이 점으로 인하여 민족주의와 자유의 연계가 가능해지는 것이다. 역사의 견인차로서의 민족주의는 개인과 그 권리를 강조하고 계몽시대의 인도주의 정신을 저변에 깔고 있다는 측면에서 당대의 시대정신을 표방한다고 하겠다.

1) 루소: 일반의지, 애국주의, 그리고 새로운 공동체

근대 민족주의 개념의 창시자라 할 수 있는 루소는 당시 지배

계급의 주장을 부정하면서 인민을 민족 또는 국가와 동일시하였다. 루소는 계몽주의의 극렬한 비판자이자 낭만주의의 주창자이기도 하다. 알프레드 코반Alfred Cobban은 이렇게 말한다: "루소의 인민은 인위적인 개인들의 집합체이며 도덕적 집단이다. 낭만주의 운동과 함께 인민의 개념에는 역사성이 도입되었으며, 유기적 단일체의 표징을 띠게 되었다. 바로 이것이 민족이다" 이는 또한 프랑스 대혁명 이후 보수 반동의 파고를 헤쳐 나왔던 낭만적인 자유민족주의 이념의 중심 사상이기도 한 것이다. 루소의 민족주의에 낭만주의적 요소를 더하여, 헤르더는 인류의 사상과 문화에 다양한 가능성을 제시하였다. 이성과 지성에 대신한 감정과 신념의 역할을 강조하면서, 헤르더는 민족주의의 주관적 측면을 중시하였던 것이다.

이렇게 낭만주의가 특히 인간 열정Passion의 해방과 함께 발생한 민족주의 개념의 성장에 자연스럽게 영향을 끼쳤다는 사실에 특히 주목할 필요가 있다. 이후 헤르더, 피히테, 마찌니 등 주요 학자의 민족주의 이상은 루소에 영향 받은 바 크다.

루소는 고대 그리스 공화국 개념에서 연원한 애국주의 개념으로 자신의 민족주의 이론을 시작한다. 루소는 애국주의를 고대로부터 가장 영웅적인 시민의 미덕으로 칭송한다. 루소는 '조국Patrie이 없는 곳에 시민이 없다'[5]고 하며, 또한 조국이 없는 곳에는 자유도 없다고 천명한다. 그에게 있어 시민citizenship의 본질은 자유였기 때문이다. 여기서 루소가 애국주의를 공화주의적 미덕

5 조국이 없는 곳에는 시민도 존재하지 않으므로, 거기에는 어떠한 공공제도도 존재할 수 없다고 루소는 그의 『에밀(Emile)』에서 주장한다. Book I, p. 40.

과 연결시키고 있음에 주목할 필요가 있다: "조국은 자유없이 존재할 수 없으며, 자유는 미덕 없이 존재할 수 없고, 미덕은 또한 시민이 아니면 지킬 수 없다."[6] 자신의 『정치경제론』에서 루소는 다음과 같이 재삼 강조한다.

> 로마에서는 시민 상호간의 사랑과 로마인이라는 이름 자체에의 자부심이 시민에게 용기를 고취하고, 그 자체가 미덕이었다. 이렇게 로마는 덕이 지배하는 국가가 되었고, 세계를 지배하기까지 되었던 것이다. 따라서 당신 동료 시민들을 존중하라. 그리하면 당신도 존중받을 것이다. 자유를 존중하라. 당신의 영향력이 날로 증대될 것이다.[7]

여기에서 코반Cobban은 고대적 이상으로서의 애국주의로부터 근대적인 민족주의 개념으로의 루소의 개념적 발전에 주목한다. 영국 왕립 국제문제 연구소Royal Institute of International Affairs 보고서는 루소의 민족주의를 다음과 같이 요약한다.

> 루소 자신은 이를 애국주의라 명명하였다. 그러나 그것은 일반적으로 인식되는 것과는 종류가 다른 애국주의였다. 더 이상 지역에 얽매인 지역적 향토애는 아니었기 때문이다. 인간이 습관적으로 자신의 환경에 바치는 충성심이나 애정이 이제는 보다 추상적인 실체 - 즉, 정치적 공동체 - 에로 확산되어야 한다는 것이 루소 사상의 요체인 것이다.[8]

---

6 Rousseau, *Discourse on Political Economy*, p. 222.

7 *ibid.*, p. 221.

8 Royal Institute of International Affairs, *Nationalism*, p. 28.

자결주의self-determination라든가 공동이익에 근거한 개인과 사회 간의 윤리적 관계를 강조하면서 루소는 개인의 자유와 평등문제에도 직접적으로 접근하고 있다. 이 자유와 평등이라는 민주주의의 기본 개념 없이 루소가 의미하는 민족주의는 발전될 수 없기 때문이다. 이렇게 루소에 있어 민주주의와 민족주의는 서로 밀접하게 연관되어 있는 것이었다. 자유와 평등은 그 자체로서 귀중한 미덕이며, 자신들이 속한 민족에 대하여 애정과 충성심을 가지고 있는 인민들에 의해서만 달성될 수 있는 것이다. 이렇게 민족주의가 민주주의의 기본 개념들을 유도해 내는 한편으로, 자유와 평등 개념 자체가 또한 민족주의 개념을 유발시키기도 한다. 이러한 의미에서 루소가 말하는 애국주의가 가장 중요한 공동체의 미덕임을 이해할 수 있는 것이다. 그러므로 애국주의는 자유 개념이 동반된 공동체의 존재와 그 발전과 역사를 같이한다고 하겠다. 한마디로 루소에게 애국주의 - 나아가서 민족주의 -는 휴머니티와 자유의 고양을 위한 효율적인 제드이기도 하였다.

이성의 절대성의 기치를 내건 계몽주의에 반기를 들고 루소는 감정을 인간의 기본적 능력faculty으로 그 지위를 회복시킨다. 무엇보다도 루소에게 급선무였던 것은 인간이 구체적인 시간과 공간 내에 자유롭게 존재한다는 사실의 확인이었다. 이는 당시에 팽배했던 계몽사상과 우주론적 세계주의 사고 속에서의 추상성에 정면으로 배치되는 사고였던 것이다. 이렇게 각개인의 특수성을 보편성에 우선시키면서, 인간은 타인과의 대치에 앞서 자신을 우선 정비하고 규정하는 작업을 시도하게 되었다. 이러한 사고의 연장선상에서 민족도 또한 국제사회에서 자신을 우선적으로 규정할 당위성을 가지게 된다. 따라서 루소는 세계주의적 이상보다는 우선적으로 애국주의를 인민의 가슴속에 심어 두는 작업을 더욱 중요시하게 되었다.

루소는 현재의 가치에 의심을 품은 채, 인류의 변화와 발전에 대하여 보다 의욕적으로 자신의 사상을 접근시킨다. 루소에게 이성과 문명은 휴머니티를 위하여는 오히려 저주에 가까운 것이었다. 루소는 인간이 그들의 진정한 인성으로 돌아가야 한다고 외치면서, 인류의 무한한 잠재적 가능성을 개발시키고자 그 가능성을 모색하였다. 이에 루소는 그의 정치사상에 이성을 넘어선 인간의 감정영역을 포함시킨다. 루소에게 인간은 합리적 존재이자 감정적 존재로 인식되었던 것이다.

이성과 문명의 영향으로 사회에서 상실된 자유를 회복하기 위하여 루소는 개인과 사회가 완전히 합일된 새로운 공동체 결성을 추구하였다. 그 수단으로 채택된 것은 "자유를 위한 강제forced to be free"라는 역설적인 방법이었다. 루소는 이성과 감정이라는 인간의 기본적인 정신 자산이 그의 정치공동체에서 일반의지General will와 애국주의Patriotism의 기반을 이룬다고 파악한다. 이성의 구현체로서의 일반의지 개념은 궁극적으로 그 성원의 자유를 위한 민주주의 원칙으로서 대내적으로 작동하며, 감성적인 측면을 강조하는 루소의 애국주의 사상은 각 민족의 자기 확인이라는 과정을 통하여 대외 영역에서 작동하게 된다는 것이다. 다시 말하여 루소에 있어서 일반의지는 인간의 이상인 자유를 고양시켜 가는 과정 속에서 대내적 필요조건이며, 애국주의는 그 대외적 요건이었다.

사실상 루소의 애국주의 사상은 공동체 유지에 필수적인 제 덕성의 구현에 무엇보다도 효율적이라고 하겠다. 이러한 맥락에서 루소는 다음과 같은 자문자답을 하고 있다: "인민의 덕성이 사회에 필수적이라면 어떻게 그것을 달성하여야 하는가?", "우선적으로 조국 사랑으로부터 시작하자"[9] 정치공동체의 결속을 다지기 위한 힘과 에너지로서의 애국주의를 루소는 애국주의 사상을 장래에 구현될 새로운 공동체의 보편적 대원칙으로서 고려하기도 하였다. 루소에게 애국주의는 개인과 공동체를 합일시켜 주며, 또한 시민들로 하여금 자신의 조국을 사랑하게끔 하는 이데올로기였다고 하겠다.

이렇게 루소는 그 애국주의 논의에 있어 개인과 공동체간 감정적 합일에 우선적으로 초점을 맞추고 있다. 개인과 공동체의 조화로운 통합이라는 측면에서 루소의 '집산적 자아Mci-Commun' 개념이 이를 구현한 것이라고 하겠다. Moi-Commun은 각 개인의 개별적 자아Moi를 합리적으로 통합할 수 있는 민주적 과정을 거치게 된다. Moi-Commun에 개인이 공동체와 유기적으로 연합하는 시점에서 Moi도 또한 자유로워야 한다. 따라서 위에 언급한 바와 같이 집산적 자아에 내포된 애국주의 사상이 개인과 공동체를 통합시키는 하나의 원칙으로 대두하게 된 것이다. 근대국가에서 성원간의 감정적 결속에 근거한 루소의 애국주의 사상은 궁극적으로 근대 민족주의 사상과 그 개념적 기반을 같이하고 있다고 하겠다. 알프레드 코반이 주장한 바와 같이 루소의 애국주의는 비호전적이며 비독선적인 근린 애국주의Patriotisme de clocher[10] 였다. 루소의 애국주의는 다시 말하여 국가 내부에서의 자유와 시

9 Rousseau, *On Political Economy*, p. 219.

10 Alfred Cobban, *Rousseau and the Modern State*, p. 185.

민 정신의 함양에 그 의의가 있다고 하겠다. 앞서 언급한 바와 같이 루소의 일반의지와 애국주의 원칙은 자유 이념에 근거한 민족 개념의 확립에 이론적 기초를 제공하였다고 볼 수 있는 것이다. 이리하여 루소는 근대 민족주의 기초를 이론적으로 다지고 궁극적으로는 휴머니티와 자유 이념의 기초도 확립하고 있다고 본다. 바로 이점에서 루소와 헤르더의 공통된 관심사가 발견된다.

2) 헤르더: 문화민족주의와 휴머니티 공동체Humanität[11]

헤르더는 주장한다: "보다 정의로운 국가일수록, 그 안에서 휴머니티와 자유이념이 더욱 더 진작되고 고양된다" 헤르더는 국가란 휴머니티의 고양을 위해 존재하는 것이라고 보았다. 이러한 기본 개념 하에서 헤르더의 논의는 루소와 달리 전체로서의 인간이라는 측면에서 시작된다. 즉, 루소가 자유, 평등상태의 개인을 강조하며 논의를 전재한 반면에 헤르더는 인류의 발전 문제를 "민족적 개별성national individuality"이라는 기초 개념 위에서 다루고 있다. 헤르더의 "민족적 개별성"이란 전체주의적 발상이 아니라, 오히려 개인에 대한 심도 깊은 이해로부터 출발한 개념이다. 에른스트 카시러Ernst Cassirer는 이를 다음과 같이 이해한다.

> 개인주의란 실제로 낭만주의 운동의 가장 특징적인 양상이었다. 낭만주의자들에게는 개인과 민족의 삶을 규정짓는 수많은 미묘한 차이점과 개별성들에 대한 존중이 뿌리 깊이 박혀 있

11 이에 대하여는 『한국정치학회보』 최근호 (제29집 1호, 1995)에 실린 나의 논문(拙稿) "헤르더의 문화민족주의"에서 보다 상세히 논의되고 있음을 밝혀둔다.

었다. 낭만주의자들의 민족주의는 단순히 특수한 양상에 대한 존중이 아니었던 것이다.[12]

라인홀드 아리스Reinhold Aris도 이렇게 헤르더를 평가한다: "헤르더의 민족주의는 계몽시대의 세계주의cosmopolitanism와 근대 민족주의의 사이에 위치하며, 양자를 상호 접맥시켜 준다" 한마디로 말해서, 헤르더의 민족주의는 그의 휴머니즘에서부터 발견된다. 헤르더는 문화민족주의cultural nationalism[13]를 피력하면서 인류의 형제애와 그로 인한 전 인류의 결속도 또한 강조하고 있다. 아리스는 헤르더 민족주의의 요체를 다음과 같이 정리한다:

> 헤르더는 각 민족 단위체에서 휴머니티의 표상을 발견한다. 헤르더의 사상은 계몽시대의 산물로서 휴머니티의 추구를 그 목표로 하였다. 그러나 이 휴머니티 개념에서 헤르더는 계몽시대의 특징인 합리성을 분리해 내었다. 휴머니티는 다양한 국면을 내포하고 있으며, 각 민족은 이들 중 적어도 하나를 대표하는 것이라고 헤르더는 보았다.
>
> 이렇게 헤르더의 민족주의는 그의 휴머니즘에서 연원하고 있으며, 또한 휴머니즘으로 인하여 제한 받기도 한다. 헤르더

12 Ernst Cassirer, *Myth of the State*, pp. 184-185.

13 문화민족주의에 관한 플라므나츠(Plamenatz)의 견해를 빌려본다.
"민족주의는 한 민족이 민족적·문화적 동일성을 보존 또는 고양시키려는 욕구이며, 그러한 의식을 생성 또는 변형시키려는 의지도 이에 포함된다. 한 민족을 타 민족과 구별짓는 기준은 각자에게 특수하다고 생각되어지는 사고·감정·행위체계 등이다. 따라서 민족주의는, 이따금씩 정치적 형태를 취할지라도, 원천적으로 문화적 현상이다. "In Two Types of Nationalism," *Nationalism: The Nature and Evolution of an Idea*, ed. by Eugene Kamenka, pp. 23-24.

에게 민족이란 각자의 영역에서 인류문명에 공헌하는 지역문명 창출집단을 의미하는 것이기도 하였다. 헤르더는 역사를 다음과 같이 이해하는 듯하다. 즉, 역사란 각자의 목소리를 높이려는 잠재적인 경향을 공통으로 보유하는 제민족 유기체의 이합집산과 그 반복이다.[14]

로버트 에르강Robert R. Ergang[15]도 헤르더가 휴머니티의 고양을 위한 일련의 역사적 흐름 속에서 민족성을 본질적 요소로 고려했음을 인정한다. 헤르더는 개인의 복지가 집단의 복지와 분리될 수 없이 상호 밀접하게 연결된 문제라고 생각했었던 것이다. 그러나 이러한 사실을 개인이 전체로서의 집단 내에서만 자기 발전을 완성시킬 수 있다는 전체주의적 발상으로 이해한다는 것은 너무나도 성급한 판단이라고 아니할 수 없다. 헤르더의 역사철학 전체 구도에서 보면, 결정인자는 역시 개인이지 집단으로서의 민족은 아닌 것이다.

개인을 중심으로 논의를 전개하면서 헤르더는 인간의 행복을 인간이 추구하는 최고의 선이라고 파악한다. 인간이 행복과 자유를 추구한다는 측면에서 헤르더의 민족주의는 기본적으로 인도주의적humanitarian이다. 이는 또한 인류의 본질적 동일성 개념에도 근거하는 것이었다. 카시러가 이를 정확하게 요약한다: "헤르더에게 각 민족은 조화를 이룬 범세계라는 심포니 내에 존재하는 개별 악기의 소리이다."[16] 즉 헤르더가 각 개인에게 촉구한 것은

---

14 Reinhold Aris, *The History of Political Thought in Germany from 1789-1815*, pp. 241-243.

15 에르강(Ergang)은 헤르더의 민족주의론을 논함에 있어 그의 민족의 개인에 대한 우위에 중점을 두었다.

인간 자체로서의 행복이지, 국가의 성원으로서 국가 내에서의 행복은 아니었던 것이다. 따라서 개인이 국가의 의지에 자신의 의지를 맹종시킨다거나, 국가를 통하여서만 각 개인이 자신의 자유를 발견할 수 있다는 에르강의 분석은 마치 말과 마차의 위치를 바꾸어 놓은 듯한 것이다. 어디까지나 헤르더는 개인으로서의 인간을 우선적으로 고려하면서 집단 내에서의 그의 위치까지도 심도 깊게 연구했던 것이다.

자유와 휴머니티를 최고의 가치로 추구했다는 점에서 보아 헤르더의 문화민족주의cultural nationalism는 반독재적이며, 개인의 가치와 개별 민족 문화의 가치에 대한 인식에 기초를 둔 개념이었다. 사실상, 자아나 민족과 같은 도덕적 실체(헤르더적 개념으로는 Volk)에 대하여 적용되는 칸트적 자율성 개념을 고려할 때 민족주의는 각 민족의 자유의지에 바탕을 둔 민족자결주의national self-determination라고도 할 수 있다. 엘리 케두리Elie Kedourie가 설파한 바와 같이 민족주의는 자유이념의 본질인 "자기결정self-determination" 개념과 함께 역사적으로 생동하게 되는 것이다. 이는 또한 루소의 일반의지에 구현된 개인주의의 본질을 예시해주기도 한다. 한마디로 루소와 헤르더의 민족주의는 인간의 생존을 위한 고귀한 이념인 자유구현을 위하여 필수적인 이념이었다. 인간의 지고한 이념 '자유'와 '민족' 가치가 이들의 자유주의적 민족주의에서 절묘하게 조화되고 있는 것이다. 또한 외부세계에 대한 자기 민족의 자아확인이라는 의미에서, 민족주의는 또한 자유고양을 위한 내부 질서를 다지는 민주주의라는 대내적 등가물이

16 Ernst Cassirer, *Myth of the State*, p. 185.

있어야 비로소 인간의 자유와 휴머니티를 제대로 발전시켜 나갈 수 있게 되는 것이다. 이렇게 민주주의나 민족주의나 모두 자유가 인간의 최고 가치라는 견지에서 인간을 위하여 전개되어온 이념으로 드러난다.

3) 피히테와 마찌니 : 루소와 헤르더의 사상적 영향과 현실정치Realpolitik

사상에 있어서의 세계주의자 괴테에서 민족주의자 헤르더로의 전이는 정치학에서의 프리드리히 대왕에서 나폴레옹으로의 변화와 그 궤를 같이한다. 계몽시대의 세계주의를 대체한 낭만적 민족주의는 민족 자체에 앞서 인민이 보다 중요시된다는 새로운 사상을 우리에게 고취시켰다. 소위 민족의 인간화 작업Humanization이라 할 수 있겠다. 이는 또한 인류의 최고 가치로서의 휴머니티 개념을 거의 신격화시키기까지 하였다. 계몽주의의 세계주의 사상으로부터 19세기 민족주의로의 전이과정에 있어서 피히테의 민족주의 이론을 제외시킬 수 없다. 피히테는 자유주의자, 개인주의자이자 자연법과 휴머니티 이념에 충실한 사상가로서 자신의 사상 역정을 시작하였으며, 프랑스 대혁명을 인간사에 있어서의 자유 이념의 완성으로 칭송하기도 하였다. 헤르더와 마찬가지로, 피히테에게도 민족은 단순한 개인의 집적이 아니었으며 개인과의 유기적 관계에 놓인 역동성 있는 집단이었다.

피히테가 활동하던 당시의 지적인 흐름은 모든 정치적 명제를 초월하는 인간의 이상으로서의 휴머니티에 대한 헌신으로 집약되고 있었다. 당대 지식인들 간에 팽배했던 세계주의 사상 속에서 피히테는 일찌기 쉴러, 레싱, 괴테 등에 의하여 유아적이고 미성숙한 조야한 열정의 소산으로 규정된 애국주의 정신을 그들과는 다른 각도에서 이해하게 되었다. 세계주의 사상을 위대한 인류의 이상으로 간고하면서도, 여전히 민족주의의 필요성을, 피히테는 헤르더의 영향아래 재고찰하지 않을 수 없었다. 민족 개념 위에 민족이 추구하는 인류의 이상과 함께 우주가 존재함을 부인하는 것은 아니나, 이 속에 나타난 민족의 존재 자체에 대한 중요성 또한 부인될 수 없었다. 피히테에 나타난 민족주의와 세계주의의 관계를 프레드릭 허쯔Frederick Hertz는 다음과 같이 정리한다.

> 휴머니티라는 이상은 말할 나위 없이 최상의 이념이다. 그러나 우리는 우리의 지역적 한계성에 의하여 우리의 발로 밟을 수 있는 조국의 영역 내에서만 그 이상을 의해 노력할 수 있다. 따라서 애국주의는 우선적으로 자민족내에서 달성되어야 하며, 그 이후에야 전 인류에게 코스모폴리타니즘이라는 단계로까지 확산될 수 있는 것이다.[17]

여기서 우리는 민족주의와 세계주의의 합일 가능성도 파악할 수 있겠다. 본질상, 이념으로서의 민족주의는 실제 현실 정치의 장에서 펼쳐지듯이 폐쇄적이고 배타적인 이데올로기가 아니었다. 국가와 민족의 목표가 인류의 도덕정신의 함양에 있다는 사실이 단순한 환상에 그치는 문제는 아니었던 것이다. 대내적으로 민족은 자유이념과 휴머니티의 고양을 위한 민주주의제도 창출에 힘썼으며, 대외적으로는 민족주의가 그 역할을 감당하여 왔다. 즉,

17 Frederick Hertz, *Nationality in History and Politics*, p. 339.

민족주의가 국제정치의 장에서 자유 이념을 위한 긍정적인 노력을 경주하여 왔다는 것이다. 피히테에 와서 민족주의와 세계주의는 상호 교정작용을 거쳐 절충하는 방향으로 나아가게 되었다. 민족주의가 세계주의에 의하여 영향 받은 부분은 민족의 문화적 가치를 최고의 가치로 인정하게 되었다는 데 있다. 인민을 민족과 결속시키는 것은 언어와 문화라는 의견을 피히테는 견지하는데 바로 이점이 피히테를 헤르더와 연결시켜주는 가교이다. 다시 말하여 피히테의 세계주의가 문화민족주의를 창조했다는 사실에 주목함과 더불어 피히테의 민족주의는 또한 일종의 맹아적 형태의 세계주의를 조성하였음에도 주의를 기울일 필요가 있다.

자비에르 레옹Xavier Leon은 이렇게 피히테를 평가한다: "피히테는 이상주의자이자 합리주의자이며 혁명가이기도 하다. 그는 실질적 효율성에 따른 과학적 이론화 작업에 의한 도덕론을 정당화하면서 당대의 비극적 상황에 자신의 사상과 행동을 적응시켜 나갔다. 그는 또한 왕권의 추락 이후 민주주의로의 독일 자유화 가능성을 예견한 바 있다."[18] 독일 민족주의의 역사와 발전에서 보아 피히테가 활동하던 시대는 세계주의로부터 민족주의로 그 대세가 옮겨오던 시기였다.

피히테의 민족주의는 헤르더로부터 문화적 양상을 루소로부터 정치적 국면을 유산으로 물려받아 취합, 형성된 것이었다. 피히테는 진정한 민족은 자연스러워야 한다는 헤르더의 견해를 견지한다. 이는 민족 결정에 있어서의 인위적인 요소는 배제되어야 한다는 사실을 의미한다. 사실상 헤르더는 인간의 최고선은 자신에

18 Xavier Leon, *Fichte et son temps*, Vol. II in 2 vols, p. 519.

대한 주체의식의 함양에 있다고 보았다. 프랑스 대혁명의 옹호자로서의 피히테는 상층계급의 이기주의와 구세대의 정신적 부적응성을 공격하면서, 상대적으로 보다 순수한 하층계급과 젊은 세대에 그의 모든 희망을 걸었다는 점에서 루소나 마찌니와 견해를 같이하고 있다. 여기서 우리는 피히테의 민족주의를 향한 열망을 파악해 낼 수 있는 것이다. 자민족에 대한 애정이 휴머니티에 대한 애정에 반하지 않는다는 피히테의 주장에서, 피히테 민족주의 개념의 종교적 측면을 엿보게 된다. 또한 인민에 민족성이 결부될 때 비로소 국민이 된다는 그의 주장으로 집단주의에 대한 주관적 이상주의를 피히테는 우위에 놓았음을 알 수 있겠다. 아리스Aris는 이렇게 기술한다:

> 개인이 복종하는 대상으로서의 전체는 단순히 민족국가가 아니라 인류의 궁극적 목표, 자유 그리고 도덕법에 의한 통치등제 원칙에 대한 합의가 이루어진 이상적인 문명 상태인 것이다. 국가는 이러한 이상상태로 가기 위한 초석에 불과하며 또한 인간이 위에 언급한 도덕법의 지배에 자발적으로 복종하려하지 않으려 하기 때문에 국가의 존재는 불가피한 것이다.[19]

헤겔이 국가에서 이상을 보았다면, 피히테는 오직 그 잠재적인 가능성만 보았을 따름이었다. 국가란 신의 구현체가 아니라, 인간의 도덕적 의무 완성을 위한 불가피한 조직이었던 것이다. 인간으로 하여금 휴머니티와 자유이념을 실현케 하려는데 피히테는 그 목표를 두었다. 다시 말하여 개인의 자유는 국가의 존재를 필

---

19 Reinhold Aris, *op.cit.*, p. 350.

요로 하고 국가는 목적 그 자체가 아니었으며, 인간의 자기실현을 위한 수단이었다. 즉 피히테는 개인의 자유와 개인이 공동체 내에 존재한다는 사실의 조화를 시도한 것이다.

허쯔는 이 피히테와 이태리의 민족주의자 마찌니 사이에 일련의 사상적 연계성을 중요시한다: "피히테의 기본 사상구조는 권력과 위신의 민족주의 개념에 정면으로 배치되는 것이다" 또한 "마찌니는 타 국가를 희생시키면서 달성되는 민족의 세력이나 지배력 확장은 증오하였다. 이러한 현상은 민족주의가 왜곡된 것으로서 폐쇄적인 타락한 민족주의의 특징적 양상이었다.[20] 피히테와 마찌니는 이렇게 민족주의 개념의 많은 부분을 공유하고 있었다. 이는 사실상 그들이 사상을 전개할 당시, 자신들의 조국 - 즉, 독일과 이태리 - 이 처한 역사적 상황의 유사성에도 그 원인이 있다. 사실상 마찌니의 민족주의에 대한 열정은 헤르더와 비코Vico가 발동을 걸었고, 그 이론적 발전은 피히테의 영향을 받은 바 크다.

마찌니에게, 휴머니티 개념은 신이 이 세상을 위하여 인간에게 내린 축복이었고 민족은 개인들의 이상적 결집 형태였던 것이다.

> 휴머니티는 신의 생동력있는 계시이다. 시대가 지남에 따라 신의 정신은 개인, 나아가서는 인민들에 의하여 더욱 더 순수하고 활동적으로 구현되고 결실 맺게 되는 것이다. 신은 휴머니티 개념 속에 자신을 실어 이 세상에 성공적으로 그 자태를 드러내는 것이다. 인간의 양심의 소리가 휴머니티의 요구와 상응할 때가 바로 당신이 추구하는 진실이며, 신의 길인 것이다.[21]

20 Frederick Hertz, *op.cit.*, p. 344 & 388.

이렇게 헤르더와 비코 그리고 피히테의 영향을 받은 마찌니에게도 민족성은 하나의 종교에 가까운 것이었다. 이상주의자로서 마찌니는 역사와 사회에 대한 경험적 연구보다는 추상적 추론을 시도하게 되었다. 또한 낭만주의자로서 마찌니는 인간의 직관과 상상력을 이성보다 우선하였다. 자신의 이태리를 위하여 제시한 바 있는 새로운 종교라는 구조 속에서 휴머니티와 민족주의는 서로 조화를 이루는 개념이었다. 마찌니는 이렇게 설파한다. 휴머니티의 진보는 인류 최고의 이상이자 목표이며, 민족주의는 휴머니티를 위하여 신이 제시한 방법이다. 민족주의란 원칙은 휴머니티라는 이상과 그에 대한 의무라는 인식 하에서 고려되어야 하는 것이다.

> 그 보조를 휴머니티의 발전에 맞추고: 그 출발점은 인민이며; 논리적으로 추론된 기본 원칙을 초석으로 삼고; 인민의 힘을 그 추진력으로 이용하면서; 상황의 개선과 최대 다수의 최대 행복을 그 목적으로 하고; 신이 창조한 이 세상에 내린 과제의 달성을 그 최종 목표로 하는 것; 그것이 바로 민족주의이다.[22]

마찌니는 그의 민족주의론에서 각 민족의 개별성을 보존, 발전시키기 위하여 모든 사람의 자유 보장을 우선적인 과제로 들고 있다. 이런 의미에서 그의 민족주의론이 세계적 의미를 갖는 것이라고 하겠다. 실제로 마찌니는 여타 도든 국가의 자유가 자유

21 C, Mazzini, *Duties of Man*, Chapter Ⅲ, pp. 32–40.

22 G. Mazzini, ibid., cited in C. Hayes, *Historical Evolution of Modern Nationalism*, p. 156.

이태리를 위한 필수조건이라고 믿었다. 따라서 그가 창도한 청년 이태리당Young Italy은 개념적으로 청년 유럽Young Europe이라는 보다 큰 목표의 일부분이었던 것이다. 다시 말하여, 마찌니는 세계주의의 시각 속에서 각 민족의 개별 민족주의 이념을 제시하였던 것이다.

마찌니는 민족의 영속성에 관한 확실한 신뢰가 있었다. 각 민족이 자신들의 역사적 임무를 달성하는 것이 그들의 존재 의의이며, 기필코 달성되리라는 확신이 있었다. 마찌니의 '민족'은 상호협동관계를 이루어 나가는 자유롭고 평등한 개인들의 공동체이며, 전 인류의 도덕, 윤리의식 고양을 위해서 타 민족들과도 협조해 나가는 집단이었다. 민족에 대한 마찌니 자신의 해설을 인용해 본다:

> 언어, 공통의 특정한 지리적 조건, 역사적인 역할 등에 의하여 형성된 하나의 단체를 구성하는 인간 결사. 동일한 원칙을 인식하고 동일한 법의 지배를 인정하며, 동일한 목표를 추구해 나가는 인간들의 집단.... 민족주의란 휴머니티 고양을 위해 신이 각 민족에게 할당한 역할을 지칭한다: 그들이 지상에서 달성해야 하는 임무와 과제는 바로 신의 목표 달성과 그 궤를 같이하는 것이다.[23]

이러한 민족 개념 속에서 각 개인은 자유와 조화를 이룬다. 또한 자신의 이기주의적 목적보다는 만인의 선을 추구하게 되는 것이다.

---

23 *ibid.*, pp. 221-247.

한마디로 말하여, 민족이야말로 우리 사회에 나타나 있는 자연스럽고 진실한 실재이다. 루소는 코르시카가 인위적이지 않은 건전한 국가라고 선언하고, 헤르더가 민족적 다양성은 자연과 세상을 위한 신의 안배라고 설파한 것 모두 그러한 인식의 자연스러운 결과였다. 마찌니의 경우도 마찬가지이다. 마찌니의 민족은 특정한 도덕적 임무수행을 위하여 민족을 구성하는 인민의 의지 자체라고도 볼 수 있는 것이었다. 마찌니에게 민족은 외부 권력과는 독립되어 있으며 내부적으로는 자유로 충만한 실재였던 것이다. 이렇게 마찌니도 인간의 자유를 위한 불가피한 제도적, 이념적 장치로서의 민족주의와 민주주의를 더불어 제시하고 있다. 이는 마찌니에 대한 허쯔의 다음과 같은 평가에서 명백히 드러난다:

> 모든 자유 민족은 그들의 자유를 완성하기 위하여 피압박 민족을 구제해야할 의무가 있다. …모든 민족이 자유로울 때 평화달성이 가능해지며, 대단위 지역연합이나 국제연맹도 활성화되는 것이다. … 마찌니가 이태리를 강대국으로 만들고자 하는 목적은 정복이나 지배에 있지 않다. 그는 다만 민족적 독립을 확보하고자 하는 것이며, 대다수 인민의 상황을 개선시키는 방향으로만 국가의 힘을 사용하도록 견제도 한다. 마찌니는 집단의 이익을 위하여 개인을 희생시키려 하지 않는다. 공사의 삶 모두에 동일한 도덕법칙을 적용시키고자 한다. 인민의 의지는 그것이 인간의 기본적 자유와 일치하는 한 신성하게 고려될 것이다.[24]

24 Frederick Hertz, *op.cit.*, pp. 387-388.

3. 자유주의적 민족주의: 열린 사회, 열린 민족주의[25]를 위하여

봉건주의와의 결별로 그 이후의 사상가들은 국가와 민족에 대한 개념을 재정비하기에 이른다. 그들에게 국가란 개인의 자유 보장을 위한 법적, 제도적 장치가 갖추어진 곳이었다. 홉스나 헤겔 같은 사상가들은 국가를 통해야만 개인의 이익이 제대로 구현되고 보호된다고 주장하였다. 반면에 루소, 헤르더 그리고 피히테의 일부 사상에 나타난 국가 개념은 이와 대조적이다. 즉, 국가는 개인으로 하여금 자신들의 개인적 이익만을 추구하는 상태를 초월할 수 있게 하는 제도였으며, 인간의 덕성이 제대로 작동할 수 있는 영역이기도 하였던 것이다.

인간의 행복 문제를 국가와 연계시키는 과정에서 루소와 헤르더는 행복을 그 유기적인 측면과 함께 관습, 전통, 관행의 산물인 개인적 선으로 이해한다. 행복을 추구하는 개인에게 그 자신의 성찰이 우선적으로 요구되며 건강한 육체와 건전한 정신을 획득, 유지하기 위하여 루소적 의미의 야만인들이 시작했던 바로 그 시점에서 현대의 개인도 다시 시작할 필요가 있다고 하겠다. '자연

---

25 계몽의 '이성'을 근간으로 한 근대의 사고를 넘어서 탈근대적 사고를 지향하는, 또한 21세기 국제사회에 절대적으로 필요한 인류의 공조체제를 가능케 하는 사상적 제안이다. 세계는 지금 개인, 계급, 국가 등 상호 배타성으로 선점의 원칙을 국제정치의 근간으로 삼던 시대로부터, 인류라는 집단의 유일성을 기본으로 한 '공유하는 지구'라는 개념이 지배하는 시대로 변화하고 있다. 열린 사회로 나아가는 것이다. 이에 열린 사회를 위한 새로운 대안들이 인류의 행복과 번영을 위하여 절대적으로 요청되고 있다. 열린 민족주의가 바로 그 대안의 하나일 것이다.

으로 돌아가라'는 루소의 외침의 현대적 우상이 여기에 있는 것이다. 이러한 견지에서 루소와 헤르더는 동시적으로 자유로운 개인, 제도, 민족 등 제 개념의 부활이라는 문제에 대한 관심을 보인다. 그들은 전 인류의 동포애라는 가능성에 비교적 낙관적이며, 국가와 민족을 휴머니티 개념의 고양에 공헌하는 인간 집단으로 보는 점에 있어서도 공감대를 형성한다.

계몽시대로부터 낭만주의로의 역사적 사조의 움직임과 발맞추어 민족주의는 자체의 내부적 한계를 벗어나 그 국제적 가능성을 보이며 세계주의로의 개념적 발전을 보이게 된다. 사실상, 계몽시대 사상가Philosophes들을 중심으로 하여 이루어진 이성에 의한 인간성의 해방, 진리의 추구, 지식의 증진 등은 루소와 헤르더에 의한 감성의 낭만적 부활이 없이는 완성될 수 없는 한계에 부딪혀 있었다. 이성에 의한 구조물의 해체와 재건 작업이 낭만주의의 핵심이었다고 하겠다. 무한한 인간의 가능성에 초점을 맞추면서 현실에 비판을 가한다는 점에서, 낭만주의는 철학적으로 혁명적인 개념이다. 낭만주의는 인간 지성의 지평을 확대시킨다. 낭만주의는 유사성의 추구에서 특수성의 발견으로 우리의 시각을 이동시킨다. 바로 이 사실이 낭만주의와 민족주의를 연계시키는 계기가 되는 것이다. 단선적 역사관의 복선화도 이의 공헌 중의 하나인 것이다. 루소와 헤르더는 이성의 압도적 흐름 속에서도 프랑스 대혁명으로 형성된 반이성의 세력을 간파해냈던 것이다.

이는 단순히 인간 이상의 단순한 변환이 아니라 두 개념 사이에 헤겔적 의미의 변증법적 지양aufhebung이 있었던 것이다. 이것이 인민과 연계된 '민족'의 새로운 개념화 작업에도 강력한 영향을 주었던 것도 또한 사실이다. 굳이 표현하자면 이 현상은 국내정치영역에서는 민주화 과정, 국제적 상황에서는 민족주의화 과정이라고 명명될 수도 있겠다. 알프레드 코반에 따르면, 위와 같은 민주주의와 민족주의간의 결합은 자유 개념이 선행되어 있는 민족자결주의 이론에 이미 개념적으로 전제되어 있다는 것이었다. 또한 케두리Kedourie는 칸트의 자율성이론을 도입하여 이렇게 분석한다. "자기결정self-determination이라는 문제는 민족주의의 개념적 전제이자 또한 그 원천적 활력소이기도 하다."[26]

이러한 환상적이기까지한 이론에 배치되는 비극적 현실은 우리에게 구차한 변명을 강요한 것도 또한 사실이다. 헤이즈C. J. H. Hayes는 민족주의의 역사를 다음과 같이 요약한다.

> 결국 지금까지의 역사는 국가로 끝나있다. 그 국가는 민족에 대한 지나친 강조와 효율성을 우선하는 정책으로 독재적 경향도 다수 보였다. 루소, 헤르더, 마찌니로부터 모라스, 히틀러, 무솔리니로 가는 길이 먼 듯도 했으나, 언제나 순환적으로 돌고 도는 역사의 필연적 양상인 듯했다. 전자의 자유주의 이론가들은 후자의 독재적 인물들이 역설했던 바로 그 문제들에 대하여 절대적인 반대의 입장을 취해 왔다. 또한 후자의 독재는 전자의 자유주의 이론에서 도출되었다고 보는 것에 무리가 있을는지....[27]

여기서 유념해야할 것이 있다. 즉, 우리가 오랫동안 경험했던 배타적이고 폐쇄적인 민족주의 이론은 루소나 헤르더의 민족 개

26 Elie Kedourie, *Nationalism*, p. 31.

27 C. Hayes, *op.cit.*, p. 308.

념에 근거하지 아니하고, 도구적인 국가 개념에 의거해 형성되어 왔다는 것이다. 바로 이점으로 인하여 역사는 일탈된 방향으로 전개되고 자유에 기반을 두어야 하는 민족주의 개념은 왜곡되어 왔던 것이다. 이는 피히테의 주관적 이상주의나 마찌니의 민중주의와도 거리가 멀고, 루소와 헤르더의 자유주의적 민족주의, 인도주의적 민족주의와도 동떨어진 개념이 되어 버렸다. 이러한 의미에서 다음과 같은 허쯔의 분석에 귀를 기울일 필요가 있겠다: "한때 풍요한 민족 정서의 포용으로 생동감과 활력이 넘쳤던 국가the state는 마지막 순간에 그 민족the nation을 억압하는 방향으로 나아감으로써 자체의 존립근거를 부정한 바 있던, 이러한 독선적 민족주의의 위험성을 인식한다는 것은 우리 인간의 장래를 위하여 매우 중대한 일이다. 그러나 이 과정에서 휴머니티와 자유 이념을 위한 민족주의의 긍정적 측면까지 간과되어서는 안될 것이다."[28] 민족주의는 민주주의로의 기대와 개인의 자유에 대한 열망을 불러일으키는 제반 사회의 지적, 도덕적 혁명의 일부로 주목되어야 한다고 까지 케두리는 분석한다.[29]

물론 모든 이데올로기가 그러하듯이 민족주의에도 자체의 기본 모순이 내재한다. 민족주의는 전제군주가 향유했던 만큼의 자유를 요구한다. 이만큼 민족주의는 진보적이며 또한 독립과 해방도 필연적으로 요구된다. 이러한 경향이 민족주의라는 이름아래 자칫 전쟁을 지지하는 쪽으로 여론을 몰아가기도 한다. 역사적 경험에 따르면 민족주의는 이성을 파괴하고 반이성적인 절대 지

28 F. Hertz, *op.cit.*, p. 416.

29 Elie Kedourie, *op.cit.*, p. 36.

배를 합리화시키는 비합리적 도구로 이용되기도 하였던 것이 사실이다. 그러나 이는 결과적으로 반민족주의로 귀착되고 마는 것이 그 논리적 귀결인 것이다. 민족주의가 국가를 수호하고 방어하는 폐쇄적 개념으로 동원되는 바로 그 순간이 인간의 자유 보장을 위한 제도로서의 민족주의의 긍정적 양상은 사멸되어 가기 시작하는 시점이기도 한 것이다.

민족주의가 합리성과는 상당히 동떨어진 개념이기는 하나 이 민족주의가 민족 정서를 자극시켜 활성화시킨다는 사실은 너무나도 합리적인 귀결점이다. 다시 말하여, 민족주의는 그 민족에게 자기 비판능력을 부여한다는 것이다. 이 자기비판을 통하여 민족주의는 Civitas Maxima의 중심사상으로 자리잡으며, 또한 세계정치와 세계국가의 논리구조에 한 몫을 담당하게 되는 것이다. 개인의 자유가 국가에 의하여 확보되듯이 민족국가의 자유는 자발적으로 채택한 법치주의 원칙 하에서 보장될 수 있는 것이다. 민족주의는 민족적 자기 의식을 일깨우고 발전시켜 활성화시키기 위한 이념이며, 또한 이를 위하여 건설적 비판을 수행하기도 한다. 합리적인 자의식 활동을 통하여 민족개념을 정립시키는 작업에서 이미 역사적으로 경험한 것과 같은 모든 이데올로기적 병폐를 제거해 낼 수 있다면 현실정치realpolitik는 우리에게 희망을 제시하며 궁극적으로 승리를 안겨 주리라 믿는 바이다.

결론적으로 프랑스 대혁명 이후 민족주의와 자유주의의 제휴를 가능케 한 낭만주의 운동의 영향으로 역사의 범위는 개인에서 민족으로 또 세계로 확대되어 나갔다. 사실상 감정적 결속력으로서의 민족주의와 정치체제로서의 민주주의가 자유라는 이념을 바탕으로 전개되면서 서로 연결될 수 있는 가능성이 계몽시대의 사상가philosophes들에 의하여 이미 제시된 바 있다. 그들이 민족 개념을 초월하는 방향으로 자신들의 사상을 전개하는 과정에서 역설적으로 민족주의의 실질적 역량을 강화시키고 자유민주주의의 발전에도 공헌하게 되었다. 이는 그들이 충실하고자 했던 자유 이념의 당연한 귀결이었다. 이렇게 자유주의적 민족주의는 당시 지성들의 공동 작품이었던 것이다. 사실상 계몽시대 이후의 자유주의와 프랑스 대혁명으로 고취된 민족주의 열정은 이론상 서로 합치될 수 없는 상호 모순적 개념이었다. 그러나 역사는 낭만주의의 상상력imagination을 동원하여 이 모순적 개념들을 합치시키고야 말았다. 또한 이를 가능케 한 것은 "휴머니티와 인간의 자유"라는 인류의 대명제였다고 하겠다.

언제나 반동적으로 작용하던 현실주의의 강력한 힘이 이 자유주의적 민족주의를 강타했을 때에도 인류의 이상으로서의 휴머니티와 자유이념은 여전히 이를 역전시킬 수 있는 잠재력의 보유자로 자리잡고 있었다. 비극적 실패를 영광스러운 개선으로 이끌 수 있었던 - 즉, 열린 사회의 열린 민족주의를 향한 자유주의적 민족주의의 - 가능성이 루소와 헤르더를 비롯하여 피히테와 마찌니에서 발견되는 것이다. 이들에게 있어서 민족주의는 인간의 존립근거였으며 인간 생존의 기본 조건이기도 하였던 것이다. 그들의 민족주의 이념은 개인의 자유와의 관계에서 전개되었는데, 바로 이 점이 역사의 소용돌이 속에서 그 사상적 승리를 유도한 중요한 원인이었던 것이다.

고대 이후 민족주의는 자유 이념과의 연관 속에서 전개되어 왔으며, 계몽시대의 세계주의적 시각이 가미되기에 이른다. 루소가 민족에 대한 사랑이 곧 자유와 법에의 사랑임을 설파한 것도 이러한 맥락에서 이해되어야 한다. 이렇게 볼 때 민족주의가 인도주의적이거나 세계주의적 견해에 본질적으로 배치되는 개념이라는 주장은 타당치 않다고 하겠다. 현재와 같은 범세계적 국제사회에서의 이상적인 국가는 그것을 파괴시키려는 갖은 노력을 이겨낸 자유주의적 민족주의를 기본 이념으로 채택하여 일국의 이익과 개인의 이익 나아가서는 인류의 이익을 조화시켜 나아가야 한다. 즉, 민족주의란 국내에서는 인간의 자유를 국제적으로는 휴머니티의 고양을 그 기치로 삼고 있다고 볼 수 있겠다.

간단히 말하자면, 민족주의와 세계주의나 국제주의의 문제는 생존을 위한 제로섬Zero Sum게임이 아니다. 인류에게 보다 나은 삶을 보장하기 위하여 어떻게 협조하여 궁극적으로는 현실 정치에서 어떻게 휴머니티를 최대로 실현시킬 것인가 하는 것으로서 우리의 생존을 위한 당면과제라고 하겠다. 일반 의지로 구현된 루소의 새로운 공동체와 헤르더의 휴머니티 공동체Humanität개념 속에 이에 대한 해답이 있지 않을까 하는 것이 필자가 본 논문을 작성하게된 기본 동기인 것이다. 사실상 논의의 초점은 민족주의냐 세계주의냐가 아니라, 휴머니티의 고양과 자유 이념의 확보에 있었다. 여기에 열린 민족주의의 존립의 여지가 있는 것이다.

자유주의적 민족주의 - 나아가서는 열린 민족주의 - 가 자유로운 인간의 생활양식이자 인간에게 보다 나은 삶에의 희망을 제시한다는 사실을 본 연구는 밝히고 있다. 공동체 내에서의 인간의 행복 문제를 다루면서, 루소와 헤르더는 행복을 선으로 규정하고 행복을 위하여 개인이 추구해야할 자아성찰을 강조하면서, 루소와 헤르더, 피히테와 마찌니는 이미 문명화된 인간사회에서 자유로운 실체로서의 개인, 제도, 민족의 활성화에 논의의 초점을 맞추고 있다. 그들은 또한 인류에게서 형제애의 가능성과 휴머니티를 위한 제도적 장치로서의 민족의 개념적 가능성에도 의견의 일치를 보이고 있다.

순수 이념으로서의 민족주의는 인간의 최대의 윤리적 자산인 자유를 위하여 불가피하며 또한 당위적인 것으로 루소와 헤르더는 주장한다. 또 민족을 내부적으로 자유 이념 우에 결속시켜주는 민주주의와 결부되었을 때, 민족주의의 효율성이 극대화되는 것이 아닌가 한다. 루소와 헤르더 이후의 역사가 위와 같은 그들의 구상과는 정 반대의 길로 들어서기도 했으나, 여전히 그들의 이상은 간단없이 우리에게 유전되어 오고 역사의 장에서 모라스, 히틀러, 무솔리니의 대두가 루소와 헤르더의 이상 또 그들로부터 이어받은 마찌니와 피히테의 비젼vision을 절멸시킬 수 없었던 것이다. 어쩌면 역사는 여기에서도 격세유전적 경향을 노여주는 것이나 아닌지 하는 생각도 해보는 바이다.

제6장 열린 사회의 민족주의

- 민족주의와 민주주의의 만남 -

1. 민족주의에 대한 비관적 시각

20세기말, 민족주의 시대를 이제 끝났다는 사고가 팽배했다. 그러나 민족주의 운동은 다시 활발해지고 있으며, 한때 흡수되고 사라지는 듯했던 민족은 지금 다시금 역사에 그 모습을 드러내고 있다. 지도에서 사라졌던 나라들이 민족의 이름으로 10여 년 전부터 다시 역사에 등장하고 있다.

21세기로 들어서기 직전 10년 간에 발생한 구소련과 동유럽 공산주의의 붕괴는 자유주의 민주주의의 극적인 승리와 동시에 민족주의의 재기로 이어졌다. 민족주의를 기본적으로 반민주주의적이라고 생각하는 사람들에게, 이러한 현상은 매우 이례적이었다. 이는 현상에 대한 피상적인 인식에 기인하는 것이라고 생각한다. 어쨌든 20세기말 반공산주의 혁명이라는 경험을 통하여 우리는 이제 민족주의와 민주주의의 관계뿐만 아니라, 근대 문명의 근간이 되는 많은 사상구조까지 재검토해 볼 필요가 있음을 알게 되었다.

21세기에도 민족주의는 사라지지 않을 것이다. 20세기의 승자라고 할 수 있는 자유민주주의는 민족주의와 결국 그 승리를 나누게 될 것이다. 이제 자유주의와 민주주의는 그 가치, 규칙 행위 방식, 사회 정의에 대한 개념, 현실 정책의 범위 등의 사고체계 내에서 민족적 확신이라는 감정이 어떠한 역할을 하고 있음을 인식해야만 한다. 실제로 많은 곳에서 민족주의는 민주주의와 같이 나아가고 있으며, 실제로 자유와 평등의 가치를 공유하면서 민족 갈등의 해결에도 공헌하고 있음을 본다.

이러한 사상적 재고 작업은 1989년 출판된 프랜시스 후쿠야마의 "역사의 종언"[1]에서 극명하게 드러난다. 당시 공산주의 사회의 해체를 계기로 자유민주주의만이 유일하게 살아남게 되었다는 것이 후쿠야마의 판단이자 생각이었다.[2] 즉, 인류발전의 새로운 시대가 열린 것이며, 자유민주주의의 지배에 어떠한 장애도 없다는 것이 그의 결론이었다.

후쿠야마의 생각에 기본적으로 동의는 하고 있으나. 필자는 자유민주주의의 도래, 확장과 승리과정에서 민족주의의 역할에 대한 그의 부정적 평가에는 이의를 제기하고 싶다. 간단히 말해서, 후쿠야마는 민주주의와 민족주의는 상호 적대적이라는 서구의 지배적 시각에 동의하고 있다.[3] 어느 한 쪽이 승리한다면 다른 쪽은

1 Fukuyama, Francis, "The End of History?" *The Nationalism Interest* 16 (Summer 1989), 3-18.

2 Fukuyama, Francis, 1992. *The End of History and the Last Man*. New York: Free Press.

3 앞의 책, xix, 201-2. 후쿠야마의 민족주의에 대한 생각은 다양하게 나타나는데, 37, 215, 272 쪽에 잘 나타나 있다. 사실상 그의 생각은 다음 3가지로 분류된다. 1) 민족주의는 자유민주주의와 배치된다. 2) 민족주의는 민주주의와 배치되지 않는다. 3) 민주주의는 민족주의를 필요로 한다.

쇠하게 되는 일종의 제로 섬 게임적 사고의 전형이다. 게다가 민주주의는 "선", "문명", "진보", "합리성" 등의 긍정적인 개념과 연계된 이데올로기지만, 반면에 민족주의는 "후진성", "미숙성", "야만성", "비합리성" 등 부정적인 개념과 연계되어 있는 이데올로기였다. 이러한 기본 개념 구조와 함께, 비합리적 민족주의는 민주주의에 대한 대안이 되지 못하며, 그리하여 역사는 안정적이 될 것이라는 생각은 후쿠야마가 대단한 낙관주의자임을 보여주고 있다. 다른 한편으로 솔로모 아비네리 같은 비관주의자는 자유민주주의가 아니라 민족주의가 공산주의의 진정한 계승 이데올로기라고 하면서 역사는 계속될 것이라고 생각하고 있다.[4]

이들의 사고는 모두 민족주의와 민주주의는 별개의 이데올로기라는 생각에서 출발하고 있다. 그러나 민족주의와 민주주의가 2개의 별개 이론이 아니라면 어떤 결론이 나올는지 의문이다. 만약 민족주의가 소위 "자유 민주주의"라 불리는 보다 복합적 구조의 한 요소라면 어떻게 될 것인가? 기본적으로 필자는 민족주의란 사상적으로 민주주의 없이는 불가능하고 또한 민주주의도 민족주의 없이 존재할 수 없다는 생각에서 이러한 질문은 던지게 되었다. 양자는 상대 없이는 존재할 수 없으며, 복합적으로 결합되어 있다. 그러나 양자의 관계에서 영원한 긴장 상태가 존재하고 있음도 또한 부인할 수 없다. 양자 간의 분리 현상은 20세기에 나타난 유럽 민족주의에 기인한 서구 자유주의자들의 공포의 논리적 결과였다. 그러나 현실 정치를 되돌아보게 되면, 이러한

4 Avineri, Shlomo, "The Return to History: The Breakup of the Soviet Union," *Brookings Review* 10 (Spring 1992), 30–33.

분리 현상은 그저 사상가들의 요망사항에 지나지 않았음이 드러나고 있다.

공산주의의 붕괴와 소련의 해체 방식을 살펴보면 이러한 필자의 생각이 단순한 반론이 아님을 알 수 있다. 오히려 공산주의 붕괴 이후 동유럽 정치상황의 진행에 대한 주류 서구 정치학적 대응의 실패는 민족주의와 민주주의의 관계에 대한 서구의 일방적 이해방식에 부분적으로 기인하고 있다고 볼 수 있다.

이와 같은 이론의 일방성은 경제결정론과 가치 부가적 판단이라는 서구 사회과학의 일반적 경향에 기인하고 있다. 경제적 조건을 살펴보지 않는다면 사회 발전을 과학적으로 설명할 수 없다는 가정은 결국 민족과 민족주의는 산업화와 자신의 경제적 이익을 추구하는 엘리트에 의한 대중 조작의 결과에 불과하다는 근대도구주의자들의 사고와 만나게 된다. 그러나 이러한 과학적 태도로 인하여 민족주의와 민주주의는 서술적이라기보다 평가적 용어로 분석되게 된다. 여기서 민주주의는 영웅이고, 사악한 민족주의와는 아무 관계없는 것이라는 생각이 나타난다.

물론 가치 중립성을 완벽하게 담지해낸 사회과학은 있을 수 없다. 예를 들어 필자도 민주주의는 한 가지만 빼면(다른 모든 것은 더 나쁜) 무척 나쁜 정치체제라는 윈스톤 처칠의 말에 어느 정도 동의하고 있다. 그럼에도 불구하고 가치 중립적이지 못한 태도는 이론적 태도와 어울릴 수 없는 것은 당연하다. 사상가로서 필자는 민족주의가 좋은 것인지 나쁜 것인지에 대하여는 관심이 없다. 무엇보다 중요한 것은 이것이 존재하고 있다는 사실이다. 한편으로 사회적 현실은 객관적 자료에만 의존하지 않는다는 것도 또한 사실이다. 즉, 환원론으로 모든 시도를 돌려보려는 인간의 주관적 태도가 존재할 수 있고, 존재하고 있다는 것이다. 민주주의와 민족주의의 관계를 이해하는데 있어 명심해야 할 것은 바로 이러한 사실이다.

민주주의와 민족주의를 분석하는데 있어 가장 중요한 것은 바로 각 용어를 어떻게 규정하느냐 하는데 있다. 첫째, '민주주의'는 '자유민주주의'와 상호 교차적으로 사용되고 있지만, 실제로 자유민주주의는 자유주의와 민주주의라는 별개의 두 개념으로 구성되어 있으며 오늘날 서구에서도 그 양립성이 명백히 인정받고 있는 것 같지는 않다. 자유주의와 민주주의 개념 사이에는 약간의 차이가 있으며, 일종의 긴장감까지도 존재하는 것이 현실이다. 이 결과 자유주의와 민주주의의 민족주의에 대한 태도도 각기 달라질 수밖에 없다.

둘째, 신흥 민주주의 국가와 독립적인 국가 주권의 역사가 길고 상대적으로 잘 확립되어 왔던 기존 민주주의 체제의 차이점을 간과할 수 없다. 각각의 경우에 민족주의는 달리 작동한다. 이상 두 가지 차이점을 포괄해서 말하자면, 성숙한 민주주의는 자유주의와 민주주의가 얼마나 잘 혼합되어 있는지에 달려있다고 할 수 있다. 신흥 민주주의 체제가 겪는 갈등과 혼란이 바로 그러한 타협점에 이르기 위한 노력의 증거이기도 하다.

세 번째로, 필자는 자유 민주주의가 자생적인가 외생적인가 하는 점을 중요한 차이로 들고 싶다. 근대 민주주의는 북서부 유럽과 북아메리카에서 먼저 자리 잡았다. 이후 세계로 전파되기 시작한 민주주의는 20세기 말 공산주의를 패퇴시킨 후 거의 전 세계에서 정당한 정치체제로 인정받고 있다. 그러나 민주주의의 발전을 설명하는 역사적 전제조건과 역사적 구도가 이러한 전 세계적 전파 현상까지 제대로 설명해내고 있는 것 같지는 않다. 자유주의 원칙과 민주주의 원칙간의 관계도 토착적 민주주의와 외생적 민주주의의 관계와 같은 것인지도 확실하지 않다. 각각의 경우에 민족주의의 역할을 또 어떤 것인지도 의문이다. 여기서 다만 확실한 것은 각각의 경우에 있어 민족주의의 역할이 결코 동일하지는 않다는 사실이다.

마지막으로, 공산주의에서 자유 민주주의로의 이행이라는 역사에 유례가 없는 상황이 발생했음을 기억해야 한다. 이전의 모든 체제 이행은 대체로 전통 사회로부터 시작하였다. 민주주의 사회로의 이행 과정에서의 민족주의의 역할에 이것이 영향을 미치고 있다고 필자는 생각한다.

2. 민주주의의 원리

민주주의의 기본 원리는 국민주권 원칙인 바, 정부의 정통성은 정부를 통치하는 사람들에 의해서만 가능하다는 원칙이다. 이러한 일반 원칙은 사람들의 진정으로 원하는 것이 무엇인지를 식별해 내는 장치라고 볼 수 있는 민주적 절차와는 다른 개념이다. 물론 가장 중요한 것은 선거라고 할 수 있다. 다른 절차 중 중요한 것은 피선된 통치자들의 권한을 제한하여 민주주의의 안전성을 담지해내는 것으로 권력 분산, 재선 제한 규정, 헌법 수정에 대한 특별 조항 등이 그것이다.

민주주의는 지극히 합리적인 제도이다. 합리주의적 철학의 전통은 사회계약론 개념에서 쉽게 찾아볼 수 있다. 사회계약론에서 사회는 자유롭고 합리적 계산을 하는 개인들이 자신의 이익을 극대화하기 위하여 고안한 인위적 구조물로 그려진다. 민주주의는 인민의 의지가 정통성의 원천이 되는 통치체계이다. 인민은 대체로 자신에게 가장 이익이 되는 선택을 하는 존재로 설정되어 있다.

따라서 비합리적인 철학이든 비합리적 인간의 감정이든 별로 합리적이지 않다고 생각되는 것은 일반적으로 민주주의 이념에 배치되는 것으로 이해된다. 민족주의는 아마도 민주주의적 조직과 반대되는 "비합리적" 현상의 거의 유일한 사례일 것이다. 민족주의와 민주주의 간에 필연적이고 긍정적인 연계관계가 존재한다는 필자의 주장이 이러한 일반적 이해와 다른 것임은 두말할 나위도 없다.

민족주의와 같은 비합리적인 현상이 민주 정체에 어떻게 활력을 불어넣는지를 보기 위해서, 민주 정체를 하나의 게임으로 비교해 보도록 하자. 일반 게임과 마찬가지로 민주주의도 몇 가지 규칙으로 구성되어 있으며, 그 규칙의 타당성은 이를 준수하고자 하는 공동체의 의지에 전적으로 의존하고 있다. 이는 이미 언급한 바 있는 민주주의의 두 가지 양상(인민주권의 원칙과 이러한 주권은 헌법이나 법률과 같은 일정 규칙 하에서만 의미 있게 작동한다는 사실)에 상응한다. 인민주권은 "우리, 인민"이 자유롭게 선택한 규칙 하에서만 작동한다는 주장이다. 게임의 규칙과 달리, 이 규칙은 대체로 독립적인 도덕적 가치를 가지고 있으며, 이는 또한 일종의 종교적 신념에 근거하고 있다. 보편적 가치 또는 신의 뜻을 해석하는 태도는 "우리, 인민"이라는 개인의 신념에 의거하는 것이다. 따라서 민주주의는 지배 엘리트가 신의 의지(이에 상응하는 것 또는 마르크스의 역사발전 법칙과 같은)를 해석하고 규칙을 만들어내는 전통적인 정치체제와 원칙상 다른 것이다.

이렇게 볼 때, 민주주의는 지극히 합리적으로 보인다. 그러나 이 비유를 더 밀고 나가 보면, 민주주의의 비합리적 측면이 드러나게 된다. 게임에는 규칙이외에도 행위자 집단과 행위의 장field이 필요하다. 게임에서 이러한 모든 것들은 지극히 관습적이고 임의적이다. 그러나 민주주의 체제에서는 그렇지 않다. 민주적 법률은 합리적 정책 결정의 산물일 수 있지만, 그러한 법률이 힘을 가지는 정체(행위자와 행위의 장)의 구성과 영역은 그렇게 결정되지 않는다는 것이다. 물론 민주주의에는 행위자와 행위의 장을 규정짓는 일반적 기준(시민이나 국경 등)이 있다. 그러나 누가 시민인지 경계선이 어디인지를 결정짓는 기준은 민주주의 정체 내에 존재하는 것이 아니다.

민주주의의 성공을 위해서는 민주주의적인 합리적 행동 논리가 민주주의의 내부적 자산인지 아닌지 하는 문제를 해결해야 한다. 민주주의적 자기결정론과 민주적 투표 과정 연구를 통하여 이러한 문제의 해결에 한발 더 나아갈 수 있다는 것은 사실이지만, 민주주의 그 자체는 개인의 투표를 가름하거나 사람과 영토가 정체 내에 포함되어 있는지를 확인할 수 있는 특정한 기준을 제공해주지 않는다. 특정한 인간 집단이 특정 지역에서 보다 큰 정치 집단에 종속되어야 하는 것인지 또는 거기에서 분리되어야 하는 것인지에 관한 답을 민주주의는 제공하지 못한다.

민주주의 이념은 보편적이기 때문에, 인민주권 원칙이 전 세계의 정치체제에서 구현되는 것은 지극히 논리적이다. 이는 또한 민주적 체제전환은 우선 세계적 현상이며 사람들이 원하는 것이라는 점을 전제한다. 그러나 실상 역사에서 이러한 가정 그 어느 것도 증명된 바 없다. 민주주의는 언제나 독특한 곳에서 발생해 왔다. 자유롭고, 독립적이며 계산할 수 있는 개인들이 자발적으로 민주적 사회 계약을 수행했다는 기록은 어디에도 없다. 우리가 어떻게 생각하든 간에, 민족주의는 민주주의 정부를 위한 정치단위를 제공해온 역사적 힘이다. "민족"은 "우리, 인민"의 또 다른 이름인 셈이다.

3. 민족의 형성

전통적 유럽 민족주의는 인민 집단이 "자기 결정권"을 가지게 되는 합리적 근거로 민족이라는 객관적 기준을 설정하려 하였다. 여기에는 언어, 공통적 혈통, 국가 형성의 역사적 전통 등이 포함되며, 동시에 전적으로 합리적 기반 위에 민주주의라는 건축물을 세울 수 있게 되었던 것이다. 이리하여 인민들 사이에 영토의 정당한 분배를 위한 보편 타당한 기준도 존재하게 된다. 따라서 기존 민족과의 일체감이 약한 집단이나 개인은 일체감의 부족을 해소하기 위해서 정당하고 불편 부당한 기준을 찾아내려는 시도를 하였다. 그러나 한스 콘이나 에른스트 겔너의 사상적 비판은 차치하고라도, 민족주의의 현실에서 그러한 객관적이고 보편적 기준이 제정된 적은 없었다.[5] 전근대적 인종 공동체에서 근대 민족

5 Kohn, Hans, 1944. *The Idea of Nationalism: A Study in Its Origins and Background*. New Yofk : Macmillan.
Gellner, Ernest, 1983. *Nations and Nationalism*, Ithaca: Cornell University Press.

국가로의 발전에서 역사적 우연성과 의식적인 정치적 노력은 복합적으로 나타난다. 하나님의 설정하신 또는 자연적으로 미리 결정된 민족 경계는 발견되지 않는다.

이러한 문제가 보편 타당한 합리적 기준을 제시하려는 민족주의의 주장을 아무리 훼손할지라도, 민주적 또는 자기 결정적 정치 공동체를 형성하는 민족주의의 기능까지 소멸시킬 수는 없었다. 민족을 구별하는 기준은 보편적 객관적 타당성 원칙이라고 할 수는 없겠으나, 민주주의를 위해 필요한 정치적 응집력은 "민족"임을 내세우는 인민 없이는 달성될 수 없었음은 분명하다.

합리성이 결여되어 있을 경우, 민족주의 원칙은 민주주의의 근간을 흔들기도 하고 때로는 유혈 참사를 일으키기도 한다. 민족에 관한 보편 타당한 기준이 없는 상태에서는 언제나 공정하고 합리적 해결이 어려운 갈등에 봉착하기가 십상이다. 인접 국가와 영토 분쟁이 전혀 없었던 나라는 섬나라의 경우에도 찾아보기 어려운 것이 현실이다. 그러한 갈등을 해결하는 전형적 방법은 바로 전쟁이다. 많은 나라에서 소수 인종은 잠재적 배신자로 여겨지고, 따라서 다수자는 대체적으로 억압자로 대립하게 되는 것이다. 물론 이러한 문제를 해결하는 또 다른 수단도 있다. 대량학살이나 추방과 같은 극단적 조치, 동화 정책과 같은 점진적 해결책, 또는 연방 국가 내에서 허용되는 지방자치나 공동체 자치 등과 같은 합의적 방법 등이 그것이다. 이러한 것들 중에서 어느 것도 고통과 폭력을 동반하지 않은 것은 거의 없다. 바로 여기에 많은 근대 민주주의자들이 민족주의 원칙을 회피하려하는 이유가 있다. 그러나 요망사항은 현실이 아니다. 피한다고 하여 다가오는 현실이 사라지는 것은 아니기 때문이다.

민족주의라는 현실과 그 중요성을 부인하려는 시도는 때로 합리성의 요체인 민주주의 체제가 불가피하에 비합리적인 기초에 근거하고 있다는 사실을 인정하지 않으려는 데 기인하는 것이기도 하다. 민주주의 건설의 초기단계는 소속감을 결정짓는 정치적 결정이라는 비합리적 행위가 합리적 정치 행태의 필연적 전제조건이라는 사실을 명백히 보여준다. 이를 인정하지 않음으로 하여 대부분의 서구 지성인들은 소련의 개혁/개방 시기의 상황을 정확히 이해할 수 없었다. 민주주의적 개혁에 대한 주요 장애물로서 민족주의의 위험성을 경고하면서, 서구 사상가들은 모든 민주주의 운동은 동시에 민족주의 운동임을 인식하지 못하고 있었다. 따라서 독립을 원하는 각 공화국은 주권을 경제적 번영의 수단으로 보기보다는 그 자체 목적으로 생각하고 있었음에도, 서구 지도자들은 대체로 이들이 독립을 통하여 얻는 것이 무엇인가에만 주목하고 있었다.

민주주의와 민족주의의 상호관계는 다른 데서도 드러난다. 근대 국가 못지않게, 근대 민주주의 체제도 인위적 구조물이다. 고대 민주주의는 도시국가 폴리스와 직결되어 있었다. 고대 민주주의는 다시 말하여 인간성과 연결된 개념이라 할 수 있다. 민주주의를 실시하는 지역이 작았고, 시민들끼리는 상호간 직접 소통이 가능했다. 근대민주주의에서는 그 지역이 훨씬 넓어져 일상적 공동체를 넘어서게 되었다. 따라서 시민들에게는 공동체의식이 의도적으로 부과되었다. 이러한 공동체 의식은 시민의 즉각적인 감각이라기보다는 인간의 정신 또는 상상력에 보다 많이 의존하게 되었다.[6] 대체로 근대 민족국가와 근대 민주주의는 모두 "상상력"의 발동 없이는 불가능할 정도로 너무 확대되었다고 하겠다.

유진 웨버Eugene Weber는 자신의 저서 *Peasants into Frenchmen*[7]에서 근대적 의미의 프랑스의 개념적 기원이 되는 프랑스 혁명 당시 주체로서의 자각이 거의 없었던 구체제ancien regime의 농촌 사회의 농민이 어떻게 “프랑스인”(실제로 불어를 할 줄 모르는 사람들도 많았다)이 되어가는지를 잘 보여주고 있다. 이러한 국가적 통합은 매우 계획적이고, 중앙집권적이며, 때로는 매우 격렬한 정치적 노력의 결과로 달성된 것이었다. 결과적으로 프랑스는 자연적이라기보다는 인위적으로 형성된 국가라는 것이다. 이 책의 제목은 또한 *Peasants into Citizens*라고 볼 수도 있는데, 농촌에 사는 농민들을 시민으로 거듭나게 하는데 많은 모순이 존재하고 있음을 보여주고 있다. 여기서 발생하는 모순이란 근대 민주주의 자체의 모순이기도 한다. 민주주의 자체가 처음부터 도시에서 발생한 도시적 현상이기 때문에 민주주의의 변방에 존재하고 있었던 지방으로 확산되는 것은 불가피했다. 이는 중앙집권화된 관료, 문화 엘리트 등 지식인들의 의식적인 정치적 노력을 통하여 가능했다. 사실상, 농민이 프랑스인이 되었다는 것과 시민이 되었다는 것은 결국 같은 의미를 가지고 있었다. 농민이 프랑스인이 되기 위해서는 시민이 되어야 했고, 시민이 되기 위해서는 프랑스인이 되어야 했던 것이다. 이론적으로는 다른 이야기일 수 있겠으나, 실제적으로는 마찬가지이다.[8]

---

6 Anderson, Benedict, 1983. *Imagined Communities: Reflections on the Origins and Spread of Nationalism*, London: Verso Press.

7 Weber, Eugene, 1976. *Peasants into Frenchmen: The Modernization of Rural France, 1870–1914*. Stanford, CA: Stanford University Press)

8 민주주의와 민족주의의 긍정적 관계를 인정하지 않는 에릭 홉스봄(Eric Hobsbawm)도 “신민을 시민으로 전환시키는 민주화 정치 현상이 대중의 의

결국 민주화 요구는 이미 존재하고 있는 인종적 요소와 함께 민족을 만들어내는 기폭제로 작동하게 된다. 어네스트 겔너Ernest Gellner의 "민족주의가 민족을 위태롭게 한다"라는 말은 또한 민주주의적 전환이(산업화나 자본주의가 아니라) 민족을 위태롭게 한다는 것을 의미한다.[9] 신흥민주주의 국가에서 민주화 운동과 독립운동이 동일한 현상으로 나타나는 것도 이러한 이유에서이다. 두 가지 운동 모두 "자기결정self-determination"의 이름으로 행동한다. 자기결정론의 주장은 다음과 같다. "우리, 인민"(즉, 민족)이 우리의 운명을 결정한다. 우리는 오직 우리가 만든 법에만 복종한다. 우리는 우리의 동의 없이는 절대군주이든, 찬탈자이든, 외국의 세력이든 그 누구의 통치도 받지 않는다.

이러한 논지는 민족주의가 민주화의 진행을 촉진시키는데 필요한 신흥민주주의 국가의 경우를 특히 잘 설명하고 있으며, 민주화 사업을 유지시키는데 들어있는 민족 감정의 역할은 모두 상이하다. 민주주의가 일단 국내에서 안정적으로 궤도에 진입하게 되면, 민족감정은 그 강도와 중요성에서 점차 약화되게 된다.

4. 민주주의와 자유주의: 자기결정론과 통합력

민주주의의 이름으로 민족주의를 비난하는 것은 실제로 자유

식을 고양시키는 경향이 있는바, 여기서 대중의 의식은 어떤 측면에서는 민족적이거나 쇼비니스트적인 애국주의와 구별하기 힘들다"라는 사실을 인정하고 있다. Hobsbawm, Eric, 1990. *Nations and Nationalism Since 1780: Programme, Myth, Reality*. Cambridge : Cambridge University Press, 88.

9 Gellner, 앞의 책, 55.

주의의 이름으로 민족주의를 비난하는 것과 같다. 여기서 자유주의란 개별 인간의 자유를 최고의 정치적 가치로 브는 이념을 말한다. 한편 민족주의는 인종, 문화, 등 기타 공동체적 가치에 근거한 집단적 동질성을 우선한다. 자유주의는 사람들의 선택할 권리를 최우선에 놓는 반면, 민족주의는 개인적 선택에 의존하지 않는 그 무엇을 우선한다.

여기서 문제가 되는 것은 가치 선호를 넘어서는 그 무엇이다. 민족주의에 대한 자유주의의 비판의 핵심은 구체적 현 실태 인간의 존재에 반하여 "민족은 비현실적이며, 상상의 산물이며, 인위적 구조물"이라는 점에 있다. 이러한 생각과 밀접하게 연관된 것으로, 양도 불가능한 권리의 소유자 개인은 합리적이고 민족은 비합리적이라는 주장도 있다. 민족이 비합리적이고 비현실적인 이유는 앞서 언급한 바와 같이 민족을 가름하는 보편타당한 객관적 기준이 없다는 데 있다. 후쿠야마는 이러한 차이의 근거를 다음과 같이 제시한다.

> 인간과 비인간의 차이는 전적으로 합리적인 것이다. 오직 인간만이 자유롭고, 순전히 명분뿐인 전장에서 인정받기 위해 투쟁을 벌인다. 이러한 차이는 본능 에 근거하고 있으며, 또한 자연과 자유 영역간의 근본적인 분리점이 이를 잘 보여주기도 한다. 한편, 인간 집단 간의 차이는 우연적이고 임의적인 인간역사의 부산물이다.[10]

위 인용문은 합리성에 근거하고 있다는 자유주의의 주장이 얼

10 Fukuyama, 앞의 책, 201.

마나 근거 없는 것인지를 잘 보여준다. 자연적 용어로 설명되어 있다는 의미에서 인간과 비인간의 차이가 합리성인 것은 사실이다. 그러나 문제가 되는 것은 인간을 인간으로 인정하는 보편적 승인이라는 문제는 인간과 비인간 영역의 분기점에만 근거하고 있는 것 같지는 않다는 사실이다. 인간의 존엄성의 논리적 근거는 인간이 다르다는 사실뿐만 아니라 이러한 차이 속에 절대적 가치와 같은 무엇인가가 있다는 생각이다. 그러나 이러한 가치도 경험적으로 명백하다거나 자연스러운 것은 아니다. 후쿠야마 자신도, 헤겔과 마찬가지로, 보편적 개인의 존재에 대한 인정은 자신이 '노예도덕'(주인만 인정하는 '주인도덕'이 아니라)이라고 비판하는 기독교에 근거하고 있음을 인정하고 있다.[11] 인간의 영혼에 일종의 초월적 가치를 부여해준 것은 바로 기독교이다. 그러나 만약 기독교가 단순히 잘못될 가능성이 있는 "이데올로기"라고 한다면, 그때 '인간에 대한 보편적 승인'은 잘못된 전제에 의거하고 있다는 말이 되고, 따라서 자연적이라거나 합리적이라고 할 수 없게 된다. 물론 존엄성 있는 인간이 되기 위하여 기독교인이 될 필요가 있는 것은 아니며, 나의 개인적 자유라는 가치를 승인받기 위한 나의 요구가 일정 수준 합리적인(과학적으로 추정 가능한) 고려에 근거해야 한다는 주장이 불가피한 것도 아니다.

과학적 합리성의 발전이 자유민주주의에 많은 공헌을 한 것은 사실이지만, 민주주의 원칙도 자유주의 원칙도 합리적 기초 위에서 있는 것은 아니다. 오히려 양자 모두 "무합리적nonrational" 또는 "전 합리적prerational"(이는 반드시 통상적으로 합리성의 반대 개

11 위의 책, 196-198.

념인 "비합리적irrational"인 것은 아니다)로 설명될 수 있다. 이런 경우 가치 선호는 궁극적으로 합리적 지식보다는 믿음(많은 경우에 기독교 신앙)에 의거하는 경우가 많다.

민족의 우연성을 강조하는 근대 도구주의자들이 민족주의자들의 민족 신화를 초월적이고 자연적 질서에 근거한 비역사적인 설화로 치부한 것은 사실이다. 그러나 그 어떤 것도 구체적 사회, 문화와 국가에서 태어나 정신적이고 실존적일 뿐만 아니라 정치, 사회적 공간 위에서 구체적 선택을 하며 살아온 보통 사람들이 민족을 '비현실적' 실체로 인식할만한 이유가 되지는 못한다. 민족이란 "현실적"이 되기 위해서 반드시 "합리적"일 필요는 없는 것이다.

여전히 자유주의와 민족주의가 상호 배타적인 원칙이라는 통상적 사고를 번복할만한 근거는 제시되지 않고 있다. 이제 민족성과 개인성 개념 간에, 그리고 자유주의와 민족주의 간에 긍정적 관계는 없는지 알아볼 필요가 있다. 자유주의나 민족주의 모두 근대적 사고라는 것은 우연이 아니다. 이들의 관계는 근대화의 객관적 체계로 성립된다고 볼 수 있다. 즉, 이들 간의 직접적 관계는 자유주의 이데올로기의 근거인 근대 사상구조에서 그 연원을 발견할 수 있게 되는 것이다.

근대성의 핵심에서는 자율적인 인간이라는 개념이 자리 잡고 있다. 독특하고 초월적 가치의 소유자(칸트의 용어로 말하자면, 언제나 목적이며 수단이 되어서는 안 되는 인간)는 오직 자신이 결정한 규칙만을 따르게 되어 있다. 물론 이는 때로 무신론적이라 주장되기도 하지만, 여전히 기독교 전통에서도 면면히 내려오고 있다. 게다가 원칙적으로 자율적인 인간이라야 절대적인 신적 질서의 존재를 인식할 수 있다. 물론 신적 질서의 해석과 특별한 계율의 적용은 공동체나 제도의 생각이라기보다는 궁극적으로 개인의 이성과 도덕적 양심에 속하는 것이라는 주장도 이와 연관되어 있다.

민족성 개념은 또한 개별성 개념과 본질적으로 연관되어 있으며, 바로 이것이 근대 자의식적 민족주의와 원시적 인종주의를 구별하는 근거이기도 하다. 인종주의의 본질은 가족의 개념을 거시 사회적 수준으로 확장시키는 연장선상에 놓여 있다. 공동체는 동일한 조상으로부터 연원하는 대가족으로 "상상된" 조직이다. 그러나 민족이 민족 자체를 상상으로 형성했다고 할 때, 이는 가족이 아니라 어떤 특성을 지닌 독특한 인성을 의미하는 것이다.

1) 자기결정론Self-Determination

민족의식은 두 가지 측면에서 개별적 인간성의 복사판이다. 우선, 민족은 자기결정론이라는 개념을 중심으로 결집된 사람들의 공동체이다. 근대 자의식적 개인과 같이(고대의 인종집단이 아니라) 근대 민족은 외부 세력에 의해 강제된 법은 거부하고 자신이 제정한 법에만 복종한다. 둘째, 개인 못지않게 민족도 상호성과 상호 인정 형식을 필요로 한다. 즉, 민족은 다른 민족을 필요로 한다. 민족은 인간성의 역사 속에서만 자신을 이해하고 인식할 수 있게 되는데, 이는 고대 그리스와 같이 가장 진보된 사회에서도 생각할 수 없었던 측면이다. 민족성 개념은 인본성의 일원이라는 개념이며, "민족의 총화"로서의 인본성 개념은 자유민족주의의 근간이다.

민족성과 개인성간의 개념적 연관성은 다음과 같은 중요한 추론을 가능케 한다. 민족은 배타적 특권으로서가 아니라, 각 민족이 자신만의 국가를 가져야 한다는 일반 명제를 실현하는 방법으로 자기 결정권을 필요로 한다. 후쿠야마가 왜 자유주의적 개인주의는 "isothymic"(동등한 상호승인이 필요)으로, 민족주의는 "megalothymic"(보다 더 큰 승인이 필요)으로 정의했는지 필자는 이해하기 어렵다. 후쿠야마의 주장처럼, 민족주의는 실제로 기존 민족이나 인종 집단의 성원의 승인만 필요로 하는 것은 아니다.[12] 거기에 맞는 용어는 민족주의가 아니라 인종주의나 쇼비니즘이다. 민족주의는 또한 해당 민족이나 인종 집단 성원을 위해서만 승인을 요구하는 것도 아니다. 민족주의가 요구하는 것은 민족 그 자체로서 승인 받는 것이며, 이는 곧 민족성에 관한 일반적 보증을 획득하는 일인 것이다. 나아가서 이는 독립국가로서의 법적 지위(개인의 경우 시민의 법적 지위와 유사하다)와 민족 집단의 동등한 구성원으로서 받아들여지는 것을 의미하는 것이기도 하다. 개인과 마찬가지로 민족이 megalothymic에도 불구하고, 민족주의 개념은 최소한 개인주의 개념과 마찬가지로 isothymic하다.

2) 사회 통합력

자유주의와 민족주의의 또 다른 유사점은 양자 모두 분열적이라고 비판받는다는 사실이다. 자유주의와 연계된 원자적 개인주의는 공동체를 분열시키고, 민족주의는 인간을 분열시킨다. 이는 실제로 정확한 평가이기도 하지만, 또한 자유주의와 민족주의가

12 Fukuyama, 앞의 책, 266.

역사상 가장 효과적인 사회통합력을 발휘하고 있다는 기록을 간과하고 있다.

자유주의적 개인주의는 감정적으로 분열적인 것은 사실이다. 그러나 열광적인 공동체적 이데올로기가 때로 유혈참사를 촉발시켜온 반면, 자유 사회만이 안정된 시민적 평화를 구현해왔던 것도 또한 사실이다. 기독교 사상(여기서 필자는 정치적 파워로서의 기독교를 말한다)이나 공산주의와 같이 보편주의의 이름으로 세계를 통합하려는 시도는 결국 국제적 적대감만 양산한 채 끝나 버렸음은 역사의 또 다른 교훈이다. "민족의 이익"이라는 미명 하에 많은 피를 흘리기도 하는 와중에서도, 전 세계를 포괄하는 최초의 조직은 카톨릭 교회나 세계 공산주의동맹이 아니라 국제연합이며, 이는 민족의 주권과 국경의 불가침성을 존중하는 isothymic 민족주의에 근거를 두고 있다. 일반적 민족주의 원칙은 실제로 자유주의나 다른 이데올로기 원칙보다 더 광범위하게 퍼져 있다.[13] 민족주의를 생성시켰던 세계의 일부인 서유럽은 이제 새로운 방식으로 국제적 통합을 형성하는데 어느 지역보다도 앞서 있다. 유럽은 민족주의를 간과하지 않고 오히려 그 isothymic 양상을 개발함으로써 유례 없는 국제적 통합사회 형성에 성공했다. 주권이 존중되고 있는 사실이 명백하기에, 주권국가가 자신의 주권을 자발적으로 양보하게 된 것이라 할 수 있다. megalothymia

13 "민족주의는 19세기와 20세기의 역사를 동시에 포괄하고 있으며, 자체로서 지속적인 위기의 일부이기도 하였다. 민족주의는 또한 아시아, 아프리카, 태평양의 역사를 유럽적 역사와 지속적으로 연계시키면서 이들의 역사를 보편역사의 일부로 인식시켰다." E. Kamenka, "Political Nationalism: The Evolution of the Idea," in E. Kamenka and J. Plamenatz, eds., 1973. *Nationalism: The Nature and Evolution of the Idea*. London: Edward Arnold. 3.

에서 isothymia로의 움직임은 개인뿐만 아니라 민족적 수준에서도 가능한 것이다.

5. 자유의 딜레마

2차대전 이후 대부분의 자유주의자들은 민족주의를 야만의 습성으로 간주하고 포기하였음에도 불구하고, 19세기의 고전적 자유주의자들은 보다 복합적인 태도를 보였다. 사상적 차원에서 볼 때, 자유주의가 민족주의를 반드시 수용해야하는 것은 아니다. 진정한 자유주의자에게 자율적 인간은 결정적 분석 단위이기 때문이다. 그러나 실제로 민족주의에 대한 자유주의의 반응은 국가에 대한 자유주의의 반응으로 나타난다.

모든 국가는 불가피하에 자유주의가 혐오하는 지배와 억압, 통제를 포함하게 된다. 자유주의자는 국가를 필요악으로 간주해 왔다. 그들에게 있어, 국가는 그 부재 시 개인의 삶이 더 악화될 가능성이 있는 경우에만 존재를 인정할 수 있는 그러나 존재였다. 따라서 만인의 만인에 대한 투쟁을 방지하고 개인의 권리를 보장할 수 있는 유일한 힘으로써의 국가와 자유주의자들은 나름대로의 평화를 구축할 수 있었다.

이제 문제가 되는 것은 과연 어떤 종류의 국가이냐 하는 것이다. 자유주의자들이 민주주의 국가를 선호하리라는 것은 현재 매우 당연한 듯이 보인다. 그러나 그러한 결론이 그리 당연해 보이지는 않는다. 실제로 왜 이들이 계몽군주제를 택하지 않았는지 그리 명확하지 않지만, 자유주의의 지적 기반은 언제나 엘리트적이고, 귀족적이었다. 자유주의자들은 언제나 민중을 자유에의 잠재적 위협 요인으로 생각하고 있었다.[14] 다수의 전제와 평범의 독재는 민주주의의 잠재적 위험요소였던 것이다. 그러나 결국 자유주의자들은 개인적 영혼의 통제와 왕조적 통치자의 자의성을 혐오하고, 민주주의를 포용하게 되었다. 이렇게 함으로써, 그들은 어느 정도까지 일반의지를 존중하게 되었던 것이다. 앞서 살펴보았듯이, 일반의지는 다소간 민족주의적이 되지 않을 수 없었다.

이러한 딜렘마가 바로 19세기의 위대한 자유주의자 존 스튜어트 밀J. S. Mill과 액튼 경Lord Acton의 저술에 명백히 드러나 있다. 밀은 감정적 민족주의자라기보다는 오히려 민주주의적 자유주의의 강력한 주창자였다. "자유 기업은 민족 구성이 다원적인 국가에서는 거의 불가능하다... 일반적으로 정권의 경계가 민족의 경계와 일치하는 것이 자유 기업의 필수적 조건이다."[15] 민주주의를 지지하면서, 밀은 결국 민족주의를 지지하지 않을 수 없었음을 알 수 있다.

한편 액튼 경은 민족주의가 개인의 자유와 양립할 수 없다면서 강한 반대를 표명하였다. 밀과 대조적으로, 액튼 경은 "한 국가 내에 다양한 민족이 조화를 이루고 있다는 것은 사회에서 남녀와 조화롭게 살아가듯이 문명사회의 필수조건"이라고 생각하였다.[16] 이러한 견해는 자동적으로 인종주의와 제국주의적 통치를 조건부

14 "미국의 건국자들은 그들이 가장 중요하게 생각하는 자유에 민주주의가 위협이 된다고 생각하였다." Hofstadter, Richard, 1954. *The American Political Tradition*. New York: Vintage Books. 10.

15 Mill, J. S., 1958(1861). *Considerations on Representative Government*. New York: Liberal Arts Press. 230, 232-233.

16 Lord Acton, 1948. *Essays on Freedom and Power*. Boston: Beacon Press. 186.

로 수용하는 쪽으로 움직였다.[17] 액튼 경은 또한 루소의 평등 원칙을 공산주의나 민족주의만큼이나 잘못된 것으로 비난하면서, 결국 민주주의까지도 거부하게 되었던 것이다.[18] 액튼경과 같은 귀족주의적 자유주의자의 불만과 비난에도 불구하고, 사람들은 언제나 독립적 민족 국가를 형성하면서 민주주의를 발전시켜 왔다. 실제로 민족국가는 구체제에서 보다 개인적 자유에는 별로 도움이 되지 않았을지도 모른다.

현재 중산계층으로 편입된 사람들은 이제 더 이상 위험한 집단이 아니다. 그런데 여전히 자유주의자들은 민족주의를 이전보다 더 강하게 거부한다. 그 이유는 무엇일까? 물론 여기에는 여러 가지 이유가 있다. 20세기의 양차 세계대전에서 민족주의적 극단론자들의 역할은 매우 강력했다. 전후 세계의 탈식민화 과정에서 "민족자결주의"가 제3세계의 압도적인 현상으로 등장하였다. 이 결과 민족주의를 후진성과 연계시킨 자유주의 사상이 더욱 탄력을 받게 된다.

과거에서 연원하고, 낡은 고통과 야망에 매여 있는 민족주의를 견제할 수 있는 것은 역시 민족주의인 바, 이는 동등하고 고귀한 성원으로 문명세계에 참여하는 것이 민족의 명예라는 점을 설파할 수 있는 민족주의적 감정에 대한 대안적 설명이다. 국제사회에서의 고립은 그 어떤 구체적인 제재보다 훨씬 더 고통스러울

17 "영국이나 오스트리아 제국과 같이 다양한 민족을 구성되어 있으되 그들을 억압하지 않는 그러한 국가가 실질적으로 가장 완벽한 국가라는 결론에 도달한다." 앞의 책, 193. "열등한 인종은 지적으로 우수한 인종과의 정치적 연합을 통하여 생활수준의 향상을 기할 수 있다." 앞의 책, 186.

18 앞의 책, 168.

수 있다. 문명세계는 역동적인 시장경제의 모델뿐만 아니라, 민주주의, 자유주의, 그리고 민족주의 간에 적절하고 현실적인 균형을 이루는 체제의 적절한 모델이 되고 있다. 탈 공산주의 세계의 민주주의의 성공에는 이러한 힘들의 작용이 있었음을 간과해서는 안될 것이다.

6. 민족주의의 양면성

민족주의가 민주주의와 자유주의와 가지는 이론적 연관성에도 불구하고, 현실에서 민족주의가 때로는 반자유적이고 반민주적이기도 하다는 사실을 부정하기는 어렵다. 동전의 양면과도 같은 민족주의의 이중성이 바로 여기에 드러난다. 정치적인 민족주의와 인종적인 민족주의가 바로 그것이다. 하나는 좋은 것이고 다른 하나는 나쁜 것이라는 선악의 이분법으로 이 두 가지를 평가하려는 시도가 대부분이었다.[19] 그러나 이러한 구분법은 이상형에서만 가능할 뿐, 실제로 민족주의는 언제나 동시에 정치적이고 인종적이다. 한 가지 요소가 지배하는 경우는 있어도 명확하게 구분되는 법은 거의 없다. 민족 개념은 정치적이고, 정치적 요인이 배제된 민족주의는 존재하지 않는다. 그러나 그 본질은 또한

19 액튼 경은 실제로 나쁜 민족성(프랑스의 경우)과 좋은 민족성(영국의 경우)을 구분하고 있다. 전자에서는 국가와 민족이 일치한다. 후자에서 민족성은 국가로부터 나온다. 앞의 책, 183-184, 187. 안토니 스미스(Anthony D. Smith)는 정치적 민족주의와 인종적 민족주의에 상응하는 "영토적" 민족과 "인종적" 민족으로 구분한다. Smith, Anthony D., 1986. *The Ethnic Origins of Nations*. Oxford: Basil Blackwell, 134-138.

지극히 인종적이다. 양자의 관계는 인종이라는 신체에 활력을 불어넣는 정치적 영혼이라고 설명될 수 있을 것이다.

인종의 반자유주의적 실체가 전적으로 부정될 수는 없으나, 합리적으로 길들여질 수는 있다고 본다. 공동의 조상, 영광스러운 역사, 위대한 전통, 공통의 언어, 고귀한 문화 등에 대해 가지는 인종적 자부심은 인종적이 아니고 민주적인 "우리" 개념으로 형성된 제도와 성과에 대한 애국적 자부심으로 승화될 수 있는 것이다. UN은 이러한 승화의 한 양식을 다음과 같이 제시한 바 있다. 미국의 예를 들어, 민족적 자부심은 미국적 생활양식, 미국의 자유롭고 안정된 제도, 자유세계의 지도국으로서의 미국의 역할 등에 초점을 맞추어도 살아날 수 있다는 것이다. 이러한 것들에 대한 애국주의적 찬사는 개인주의적 자유주의자들의 심기를 건드릴 수는 있겠으나, 소수인종에게 위협이 되지는 않는다. 오히려, 미국인들이나 장구한 민주주의의 역사를 가진 나라의 시민들이 보여줄 수 있다는 측면에서 소수자에 대한 관용이 민족적 자부심의 한 요소가 될 수도 있다.

민족주의의 인종적 실체를 다스리지 못하면 이는 바로 쇼비니즘이나 인종주의, 파시즘으로 진행하게 된다. 그러나 이렇게 민족주의의 추악한 측면이 발현되는 이유는 과도한 인종주의가 아니라 오히려 건전한 민족감정의 정치적 표현이 부족한데 있는 것이다. 자부심을 느낄만한 정치적이거나 제도적인 성과가 없을 때, 사람들은 자신의 인종적, 언어적, 문화적 동질성에서 그 단서를 찾게 된다.

이렇게 볼 때, 자생적 민주주의 사회의 민족주의와 외생적 민주주의 사회에서의 민족주의 역할이 다르다는 사실에 주목하게 된다. 주지하다시피 민주주의 체제는 정치체를 지탱하고 유지시켜주는 어떠한 원칙을 필요로 하는데, 민족주의가 바로 그 원칙이 될 수 있기 때문이다. 그러나 실제로 민주주의의 종주국이라 할 수 있는 서유럽과 북아메리카에서, 자유로운 시민정부 제도는 문화, 사회, 사상과 경제가 장구한 세월에 걸쳐 점진적으로 발전해온 결과로서 형성된 것이다. 자유주의적 사상과 그 사회경제와 문화적인 코드의 상호관계는 정치적 민주주의 이전에 이미 정립된 바 있다. 정치적 민주주의는 그 자체가 목적이라기보다는 권력을 제한하려는 수단으로 각광을 받았다. 인종적 공통성은 새로운 민주주의 질서가 자리잡을 수 있는 도덕적이고 문화적 합의를 강화시키는 역할을 하였다.

모든 나라가 안정적인 민주주의를 달성하기 위해서 모두 동일한 과정을 거쳐야 하는 것일까? 개별국가가 독립적으로 추구하는 민주주의로의 전환과정에서 거치는 공통적인 구도가 존재하는 것일까? 후쿠야마는 이에 대해서 긍정적으로 생각하며, "과학적 합리성과 자본주의 경제에 기초한 산업적 진보"가 바로 그것이라고 제시한다. 이를 통하여 우리는 자유 민주주의라는 약속의 땅의 입구에 도달하게 되지만, 그 안으로까지 들여놓아 주지는 않는다는 것이 후쿠야마의 주장이다. 이 마지막 단계는 "전적으로 비경제적인 노력인 '승인을 위한 투쟁struggle for recognition' 또는 인간의 존엄성"을 통하여 달성된다고 한다.[20] 경제적 번영은 인간의 존엄성에 대한 동등한 존중이라는 조건 없이도 달성될 수 있을지도 모른다. 그러나 인민들은 궁극적으로 이 문제에 봉착하게 되

20 Fukuyama, 앞의 책, 134-135.

고, 민주주의적 개혁을 위해서 자신들의 능력과 자산을 투입하게 될 것이다. 따라서 민족적 단합이라는 강력한 감정을 포함한 사회경제적 조건이 성숙한 민주주의를 위한 전제가 되고, 여기서 개인의 평등성에 대한 인식을 통하여 민주주의는 결실을 맺게 된다.[21]

후쿠야마의 말대로, 산업발전과 자유기업은 안정적이고 균형 잡힌 민주주의를 위해서 필수적이다. 그러나 그렇다고 해서 모든 국가가 그러한 성숙한 조건을 갖출 때까지 기다려야 하는 것은 아니다. 비록 드물기는 해도, 동아시아나 칠레에서와 같이 권위주의 체제가 소멸되기 전에 민주주의를 위한 사회경제적 조건이 형성되는 경우도 있었다. 비합리적이기는 하지만, 전염병이나 유행이 확산되듯이 민주주의가 확산되는 경우도 볼 수 있다. 지구상의 어떤 지역에 일단 민주주의가 확립되면, 그 자체로서 점차 다른 나라 국민의 관심을 끌게 되는 것이다.

민족주의는 이러한 민주주의의 확산에 매우 중요한 두 가지 역할을 하는데, 각기 정치적이고 인종적인 성격을 지닌다. 후쿠야마가 "티모스적 자부심"이라고 지칭하는 것과 특히 그 isothymic 성격은 자유민주주의 달성에 매우 결정적인 작용을 하게 된다. 그런데 이는 또한 개인의 존엄성만큼이나 민족적 존엄성에도 근거하고 있다. 자유민주주의 정치체의 형성은 정치적 성숙도의 척도가 된다. 여기서 실패하면, 이는 곧 민족적 치욕이 되는 셈이다. 오직 안정적이고 자유민주주의 정부를 형성한 주권국가만이 "선진국" 또는 "근대국가"라는 국제사회의 성원이 될 수 있는 것이

21 위의 책, 216.

다. 그렇지 않을 경우, 구소련과 같이 두려움의 대상이 될 뿐, 국제사회의 일원으로 존중받지는 못하게 된다.

민족적 치욕을 어떻게 느끼느냐 하는 것도 사회 계층에 따라 다양하게 나타나는데, 자유주의를 보다 정상적이고 문명적 질서라고 받아들이는 계층은 대체로 전형적인 보편주의적 엘리트층이다. 그러나 국제적 통신망의 발달과 함께, 보다 많은 대중이 정치적 후진성에 대해서 민감하게 반응하게 된 것은 사실이다. 결국 이는 1987년 대한민국을 비롯하여, 1989년 독일과 1991년 구소련에서 대중들을 움직이게 한 힘이 되었다.

우호적인 사회, 경제, 정신, 문화적 조건이 부족한 민주주의 수입국에서 자유주의 엘리트와 다수 대중간의 간격이 발생한 것은 지극히 당연하다. 자유주의 엘리트는 전환 운동을 이끌기에는 숫적으로 너무 열세이고 약하며, 주변 지원세력으로서의 중간 계층의 힘도 그리 강력하지 못하다. 게다가 정치적 청사진에서 근대로의 변화는 인민을 위한 것임을 밝혀 그들을 정치적 행동으로 이끌어내야 한다. 그러나 실제로 고전적 자유주의라는 수입품은 대중을 동원할 수 있는 여력이 부족하다. 정치변화 과정이 가속될수록 대중에게 즉각적으로 먹혀 들어갈 수 있는 이데올로기를 필요로 하게 된다.

서구 자유주의에서 출발하여 이러한 요구를 충족시킨 이데올로기가 바로 사회주의와 민족주의이다. 전자는 계급으로, 후자는 민족으로 인민의 신성성을 설명하면서, 양자 모두 나름대로의 근대화 비전을 제시했다. 후진국에서 나타나는 사회주의와 인종적 민족주의라는 대중주의적이고 반 개인주의적인 경향은 서구의 정치문화에서 발견되는 강력한 시민사회, 고도화된 대중의 지식수준, 관용의 전통, 확립된 법치주의 시스템 등의 부재로 인하여 더 확산되어 가는 경향도 보인다. 이러한 상황 속에서, 공정성이라는 사회주의적 이상은 얄팍한 선망의 대상이 되고, 민족주의는 "피와 땅"이라는 협소한 개념으로 퇴행되어버린 것이다.

앞서 언급한 바 있는 민족주의 정치학의 내재적 어려움과 함께 이미 예견된 정치적 실패로 민족주의는 민주주의와 연계되지 못하고 오히려 인종주의와 파시즘적 경향을 띠게 된다. 파시즘이 될 가능성이 있다고 해서 모든 민족주의를 포기하는 것은 광신이 될 가능성이 있다고 해서 모든 종교를 포기하는 것만큼이나 말이 되지 않는다. 이렇게 민족주의와 연관되어 발생하는 문제는 민족주의 이론 자체의 결함이 아니라, 민주주의로의 전환과정에서 발생하는 일반적 문제이다. 극단적 민족주의는 궁극적으르 근대화를 가속시키는데 필요한 수단이 되었던 것이다.

제7장 자발적 민족주의의 가능성

- 미국적 예외주의를 중심으로* -

1. 민족은 상상의 공동체인가? 현실의 실체인가?

민족주의가 자연 발생적 인간 집단의 감정인지, 인위적으로 결집력을 끌어내기 위한 이데올로기인지에 대해서는 논란의 여지가 많다. 그렇다 할지라도, 미국의 민족적 동질성 개념은 상당히 독특하다. 우선 미국은 그 형성기원에 있어 지극히 인위적이라고 하겠다. 즉, 구성원 개개인이 자의식적인 인위적 구조물(국가)의 행위에 편입되어 있음을 인식하고 있는 사람들의 집단이라는 것이다. 『인민의 발명*Inventing the People*』[1]이라는 저서에서 에드먼드 모건Edmund Morgan은 미국에서의 대중 주권론을 설파하면서 알렉산더 해밀턴Alexander Hamilton의 주장을 반복하고 있다. 해밀턴은

* 이 글은 Benjamin Barber가 1989년 한나 아렌트 심포지엄에서 "American Exceptionalism" 이라는 제목으로 발표한 논문을 필자가 번역하면서 소제목을 추가하여 가필한 것이다.

1 Edmund S. Morgan, *Inventing the People: The Rise of Popular Sovereignty in England and America*: 사실상 모건은 민족성의 형성보다는 17세기 중반부터 시작되었다고 주장하는 대중 주권 개념의 형성에 보다 큰 관심을 보이고 있다. 그러나 미국에서 이 두 가지는 불가분하게 연결되어 있는 문제이다.

새로운 미국 헌법의 비판자들에게 보내는 공개서한에서, “모든 민족 중에서 미국은 운명적으로 인간사회가 자신의 심사숙고와 선택을 통하여 훌륭한 정부를 설립할 수 있을 것인지, 또는 인간사회는 영원히 우연과 힘의 논리로 정치적 선택을 할 수밖에 없는 것인지를 결정하도록 선택되었다”라고 역설한다.[2]

해밀턴과 마찬가지로, 테오도르 루스벨트Theodore Roosevelt는 “아메리카니즘Americanism이란 출생지, 신념 또는 조상과 후손의 문제가 아니라, 원칙과 이상의 문제”[3]라고 설파하면서, 역사적 결정론을 당당하게 거부하고 나선다. 많은 사람이 여전히 위와 같은 생각을 고수하고 있는 듯하다. 즉, 아메리카니즘이란 피와 땅의 애국주의가 아니라, 가치의 애국주의이며, 그 가치란 곧 자유와 인본성을 의미한다는 것이다.[4] 해밀턴과 루스벨트 양자의 주장은 명백히 다른 두 가지 민족주의 유형을 대비시키고 있다: 공동사회 즉, 게마인샤프트Gemeinschaft를 중심으로 형성되고 혈연과 사랑으로 연결된 집단적 공동체 의식(이는 인간의 의식적인 선택과 전혀 무관한 것이다)과 이보다 취약한 이익사회 즉, 게젤샤프트Gesellschaft에서 형성되는 집단적 공동체 의식이 그것인 바, 후자는 어느 정도의 자발성과 이성적이고 비교적 확실한 자신의 선택으로 형성되는 결속력을 의미한다.

게마인샤프트적인 민족주의 개념은 전통적으로 민족을 혈연적 종족 집단(프랑스의 gens 또는 독일의 volk: 공통 종교, 언어, 역사뿐만 아니라 단일 문화권을 형성하고 있는 공통 인종 집단을 의미)과 연

---

2 Alexander Hamilton, *The Federalist Papers.* no. 1.

3 Recited in *Newsweek*, January, 1989. Letters to Editor.

4 Jack Beatty, *The New Republic,* July 4/11, 1981. “Fourth of July essay.”

관시키고 있다. 이러한 관심에서, 국가와 민족, 지역공동체와 민족, 국민과 민족 개념은 상호 중복되어 있으며, 또한 종족적으로, 종교적으로, 신화적으로 함께 연결되어 있음을 인하여 상호 간에 서로 결정적 영향을 미치기도 한다. 지난날 나치NAZIS의 슬로건인 "우리의 땅! 우리 조국! 우리 민족!Ein Land! Ein Reich! Ein Volk!"은 바로 그러한 혈연적 유대감을 상징적으로 표현한 것이라고 할 수 있겠다.

현대에 와서 일부 국가는 역사적으로 확인 가능한 민중 집단gens에서 자신의 실제적 민족성을 찾아내기도 한다. 그러나 이들이 좁은 의미에서 민족으로 간주될 수 있는 것인지는 사뭇 의심스럽다. 에드먼드 버크Edmund Burke는 200여 년 전에 이미 민족에 관한 혁신적인 새로운 개념을 제시한 바 있다: "민족은 지역적 경계라거나 개인의 결집 상황만을 의미하는 것이 아니라, 시간과 공간 속에서 확장되는 계속성의 개념을 내포한 개념이다."[5] 무엇보다도 민족주의는 우선적 관념이라고 주장한 한스 콘Hans Kohn과 엘리 케두리Elie Kedourie 등 현대 민족주의 사가는 민족주의를 계몽주의적 개념과 연결시켜 이해했다. 그들은 계몽사상을 산재한 인간집단을 근대국가의 테두리 내에 결집시킬 수 있었던 추상적인 통합법칙으로서 역사를 움직여 왔던 개념으로 이해하고 있다.[6] 사실상, 대부분의 근대국가에는 여러 가지 종류의 민중 집단이 혼재하고 있다고 할 수 있겠다. 근대국가는 대체로 문화적 통일성을 표방하고는 있으나, 사실은 결집하고 있음을 의미할 뿐

5 Edmund Burke, 1790. *Refections on the French Revolution*.

6 Hans Kohn, *Nationalism* & Elie Kedourie, *Nationalism* 을 참조하라.

불안한 연합과 제휴로 단순 결집된 여전히 차별적인 언어, 인종, 종교 집단을 안고 있는 상태이다.

그러한 혼성체hybrid는 복합 민족으로 되어 있으며, 여러 가지로 골치 아픈 존재일 수밖에 없다. 일례로, 캐나다는 '세 가지 문명, 두 종류의 문화, 그리고 하나의 국가'로 표현되는 절충적 민족 개념으로 많은 혼란을 겪고 있다. 반면에 벨기에와 스위스는 명백히 혼합된 문화의 존재에도 불구하고 하나의 민족임을 주장하는 복합 민족의 또 다른 일례인 것이다. 또한, 우리는 식민 문화의 유산으로 다문화성을 물려받아 단일 문화 전통이 소멸되어 버린 다수의 피식민 국가들도 고려해 보지 않을 수 없다. 식민지 행정당국이나 제국주의 전쟁이라는 외적 요인으로, 국경조차도 변경되지 않을 수 없어 때로는 하나의 민족으로 생각하기조차 어려운 상황이었던 것이다. 특히, 영국은 나이지리아나 인도에 불행한 유산을 남겨주고 말았다. 당시 세계주의적 제국주의자 영국은 이들 신생국가로부터 민족과 국가를 고려한 경계 설정 능력을 빼앗아 버렸던 것이다. 따라서 이들은 명목상으로만 하나의 국가로 존재하고 있을 뿐, 단일한 민족 전통과는 거리가 먼 국가가 되어 버렸다.

2. 미국의 '자체형성적 민족self-constituted nation'[7]: 제3의 민족 개념

콘과 케두리에 의하면, 민족 개념은 역사적으로 전승된 구체적

7 이는 혈연적 근본이 민족의 유일한 기원이 되지 않고, 사회적 근본도 중요

문화와 계몽 사상적 전통인 합리주의, 중앙집권적 행정체계와 일원화된 법률계통과 같은 추상적 개념과 연계되어 있는 것이다. 프랑스의 구체제 하에서 형성된 이러한 류의 민족주의는, 토크빌이 언급한 바와 같이, 프랑스 대혁명의 중앙집권적 경향과 나폴레옹식 관료적 법치주의와 더불어 오히려 강화되어 가고 있었다. 그럼에도 불구하고, 민족 개념은 제국주의적 전통과 여전히 갈등하고 있었던 것도 사실이다. 그리스, 로마 시대 이래, 제국주의는 전통적으로 권력이나 법 또는 다른 형태의 초문화적 지배에 근거한 통치체제를 선호하면서, 혈족 집단의 배타성에 근거한 문화적 동질성 주장이나 지역적으로 경계 구분하는 일을 경시하여 왔던 것이다.

힘으로 유럽을 정복하려다 실패한 나폴레옹은 '나폴레옹 법전'을 통하여 보다 효과적으로 유럽의 통일을 이루어냈다. 행정체계가 어떻게 문화적 차이를 초월하고 극복할 수 있는지에 관한 실례를 제공하는 것이 바로 이 나폴레옹 법전이었다. 나폴레옹 제국의 영속성을 프랑스군이 이룩한 유럽 지배가 아니라, 비엔나 협정 이후 프랑스의 지배를 받지 않았던 지역에서까지 지속되었던 로마법의 지배에서 드러난다. 스위스의 중재법은 나폴레옹 군이 결코 이루지 못했던 제 민족에 대한 나폴레옹의 영향력을 보여주는 바로 그 사례인 것이다.[8]

시되어 형성된 민족을 의미한다. 따라서 성원의 자발성이라든가 참여 정신이 사회를 유지시켜 나간다고 할 수 있겠다. 이러한 점에서 이 개념 또한 미국을 여타 구대륙의 국가/민족과 차별화시키는 미국적 예외주의의 한 양상이자, 역으로 미국적 예외주의를 구성하는 일 요인이라고도 할 수 있다.

8 Benjamin R. Barber, *Death of Communal Liberty*.

엄격히 말해서, 제국주의 시대와 그 이후의 대부분의 민족 구조는 다문화적 체제를 유지한다. 즉, 단일한 통일 정부 하에 다양한 민족이 살아서 움직이고 있는 다민족국가를 의미한다. 이와 같은 다민족 체제의 경우에, 민족적 성격은 역사적/문화적 단일성에서가 아니라 개념적인 공통요소에서 발견된다고 할 수 있겠다. 예를 들자면, 중립과 함께 독립을 표방하는 이념체로서의 스위스 민족이 있고, 유대인의 고토 회복 운동인 시오니즘Zionism도 있다. 특히, 후자인 시오니즘은 유대 민족의 이산을 막아주고, 지리적으로뿐만 아니라 언어, 문화, 종족적으로도 분열을 막아주는 이념이 되고 있다: 여기서 과연 어느 민족이 국가를 대표한다고 할 수 있을까?: 독일계 스위스인인가? 레토로만Rhaeto-Romansch어를 사용하는 종족인가? 또는 자신 있게 '스위스인'이라고 할 수 있는가? 흑인의 피가 섞인 에티오피아계 유대인인가? 스페인이나 포르투갈계의 유대인인가? 또는 당당한 '이스라엘인'인가? 스위스의 경우, 민족 언어는 네 가지이고, 공식언어는 세 가지인데, 이것을 어떻게 설명할 수 있을까? 민족의식이 이것을 해결할 수 있을 것 같지는 않다.

혈족적인 게마인샤프트에 근거하고 인종적으로 단일한 민족과 법과 행정체계로 통합되어 있는 다문화공동체가 존재하고 있는 현실에서, 필자는 미주 지역에서 독특하게 존재하는 제3의 유형을 발견한다. 미국의 민족의식은 단일한 것도 복합적인 것도 아닌 혼성물이라 할 수 있는데, 이는 다양한 문화의 순수한 혼합의 결과로서 새롭고 통합적인 동일체 의식으로 생성된 의식으로 형성된 것이다. 민족이 혼재한다는 현실과 그 결과로 형성된 혼성체를 원칙과 법에 따라 정교하게 이론화시킨 정당화 작업으로 미국은 참신하고 합법적인 새로운 실체로 등장하게 되었던 것이다.

민족과 문화의 혼합을 통하여 새로운 문화를 생성시켜 나가고 있다는 점에서, 아메리카합중국United Stated of America (미국)보다는 오히려 아메리카의 인민 연합United peoples of America이라고 하는 편이 보다 적절한 표현이 아닐까 한다. 이는 미국에서만 특유하게 나타날 수 있는 자발적 민족주의voluntarist nationalism의 가능성을 의미하는 것이다. 이제까지 언급된 유형을 집약하여 보면, 다음과 같은 3가지 민족 유형이 드러난다.

1) 순수한 자연적 민족형pure nation: 이는 단일한 문화 유형을 보유한 민족을 의미하는 것으로, 우리가 지니고 있는 기본적 민족 개념이 바로 이것이다. (스웨덴, 스코틀랜드 또는, 한국과 일본 등이 그 사례이다.)

2) 다문화 공존의 제국형multicultural imperium: 독특하고 다양하지만, 법률과 행정체계로 연결된 여러 문화를 조각조각 엮어 하나의 통일된 조직으로 만들어낸 민족 유형으로, 인도, 스위스, 또는 소련 등 연방 국가가 국가연합이 이에 속한다.

3) 하나로 동화된 혼성형assimilationist hybrid: 이는 다양한 색깔의 씨줄/날줄이 전혀 다른 새로운 색조와도 창조적으로 섞여 들어가 새로운 하나의 통합된 색깔을 보여주는 민족형이라 할 수 있다. 가장 비근한 사례로 미국을 들 수 있다. 감정에 근거한 태생적 선택 1)과 현실에 대한 이성적 판단이 앞서는 현재적 선택 2)가 개인 내부에서 융합된 상태라고 표현할 수 있을 것이다.

이와 같은 3가지 유형은 각기 창의력의 정도 차이를 반영하는 것이며, 또한 각기 나름대로 단일성과 다양성의 균형을 취하고 있다. 게다기 이들은 모두 인간의 필요에 따라 사회적으로 만들어진 유형이라고 할 수 있는 것이며, 나름대로 이데올로기와 작동원리를 가지고 있다. 이를 통하여 때로는 '태생적' 동일체 의식인양 드러나기도 한다. 그러나 대부분의 경우 혈통을 강조하던 순수한 인종 유형이 현재의 상황을 중시하는 혼합형으로 대체되어 가고 있는 오늘날, 과연 종교나 문화, 인종이 진정으로 태생적이거나 자연적일 수 있는 것인지도 의문이다. 사실상, 사회계약론에서 인간은 가설적 자연상태 뒤에 가려져 있는 사회적 구조물에 지나지 않는 존재였던 것이다.

실제로 역사에 등장하는 대부분의 민족은 순수 형태의 복합체로 나타난다.: 그 순수형은 하나의 기본 모델로서 복합도를 측정하는데 사용되고 있을 뿐이다. 진정으로 순수한 민족국가는 거의 존재하지 않는다고도 할 수 있겠다. 민족의 순수성은 때로 실제적이라기보다는 그렇기를 바라는 열망에서 이데올로기로서 주장되기도 한다. 혼성체 모델에서 특정한 집단이 강한 통일성을 가진 채 국가에 편입되어 있는 경우, 동화assimilation가 때로는 불완전하기도 하다. 한국계 민국인, 중국계 미국인, 흑인 등 미국 내에 존재하는 소수 인종 집단들이 이에 속한다. 다양한 문화가 혼재하는 국가는 때로 단일 문화권을 지향하는 소동이 벌어지기도 하면서, 점차 동화된 혼성형으로 다가서게 되기도 한다. 또한, 단일 부족이나 종족이 명목상으로 다문화적 실체를 유지한 채 주도권을 장악하기도 한다. 캐나다 퀘벡주의 분리운동은 전자의 경우이고, 캐나다의 앵글로 색슨계, 소련의 러시아 등은 후자의 사례라고 하겠다.

형태상으로 미합중국은 '동화된 혼성민족'의 전형적 사례를 보여준다고 인식되고 있으나, 실제로는 앞에서 언급한 3가지 형태를 모두 지니고 있다. 와스프WASP; white Angle-Saxon Protestant가 문화를 지배하고 있다는 측면에서, 미국은 순수한 자연적 민족형의 모습을 갖추고 있다. 실제로 그 지배적 문화에 소속된 사람들이 누구냐 하는 것은 논란이 있겠으나, 와스프가 여전히 많은 미국인들이 열망하는 아메리카인의 모델이 되고 있음은 부인할 수 없다.

미국은 또한 다문화가 공존하는 제국이기도 하다. 인디언, 유대인, 흑인, 스페인계를 비롯하여 수많은 소수 민족들이 제멋대로 뒤섞여 있으나, 각 집단은 자기 고유의 문화적 특성을 어느 정도까지는 지속적으로 보유하고 있다. 이는 각자의 현실과 동떨어진 듯한 '아메리칸'이라는 신개념과 병행하여 각 집단의 소속감을 살리는 역할을 하고 있다. 따라서 신세계에서의 교육, 고용, 정치적 참여를 위하여 추상적 민족성을 인정하고 살아가면서도, 각 소수 민족은 적어도 일 년에 한 번은 조상을 기념하기 위한 퍼레이드를 펼쳐 다양한 문화의 존재를 각인시키고 있다. 미국에서 매년 벌어지는 그리스, 이탈리아, 아일랜드와 코리안 퍼레이드 등이 그것이다.

그렇다고 해서 미국을 특정한 부족이나 민족의 국가로 이해하는 사람은 아무도 없다. '아메리칸'이라는 용어 앞에 수식어가 붙게 되는 소수 민족(예를 들어, 코리안 아메리칸, 차이니즈 아메리칸)에게서, '아메리칸'이라는 단어는 '코리안'이라는 수식에서도 드러나는 집단적 이기성의 가능성을 상쇄시키는 역할을 하고 있다. 소수 민족 집단의 특성을 상정하면서, 또한 편파성에 치우치지 않는 정의를 구현하는 새로운 용어를 찾아내는 것은 상당히 중요한 일이 되었다. 수십 년 동안, 미국 유색인종을 지칭하는 용어는 계속 변화되어 왔다 : "유색인colored(백인들의 시각에서 이렇게 명명되어 왔다)으로부터 검둥이negores, 흑인blscks, 그리고 아프리카계 미국인afro-american"까지 미국인임과 자신들의 집단적 특성을 통시에 만족스럽게 표현해줄 수 있는 용어를 찾아다녔던 것이다. 또한 이러한 수식어 붙은 미국인들에게서, 미국인으로서의 시민의식상에 있어서의 문제점은 아직 발견된 바 없다. 실제로 미합중국은 이렇게 명명naming에 관한 미국적 습관을 초기의 이민들을 적응시켜 왔던 것이다. 바로 이러한 미국식 개명 작업이 '아메리카니즘'의 초기 양태라고 할 수 있는 것이다. 때로 이민국 관리들이 발음할 수 없는 이름에 대하여 민감한 반응을 보인 탓도 있고, 동시에 명성과 부를 찾아 신천지에 도착한 이민들이 미국적 이름을 자신해서 채택하여 행복과 번영을 추구하는 '진정한 아메리칸'이 되어갔던 것이다.[9]

대부분의 미국인들이 자기 민족을 철저하게 동화된 인간 집단의 결집체로 간주하는 것은 그리 놀라운 일이 아니다. 여전히 뿌리에 대한 경외심을 지니고는 있으면서도, 이러한 새로운 총체적 동일 의식은 근본적으로 미래지향적이다. 이주로 떠나간 사람들이 특정한 역사를 지닌 특정 집단으로서 동일 의식은 과거에 관한 것이지만, 유입 이주민들이 공통적으로 직면하는 것은 미래 바로 그것이기 때문이다. 미국은 바로 과거로부터의 탈출구인 셈

9 Scott Berg, *Goldwyn*: 예를 들어, 러시아계 Sammy Goldishinski는 미국 뉴욕에서 가장 흔한 'wyn'이라는 어미를 이용하여 Sam Goldwyn으로 개명하였다.

이다. 이러한 영향으로 인하여, 미국은 처음부터 문화보다는 원칙을 세우는 데 주력하여 미국적 동일체 의식 형성으로 나아갔다. 200여 년 전, 토마스 제퍼슨Thomas Jefferson은 다음과 같이 설파한다: “자! 이것이 미국임을 의미하는 독특한 징표이다. 공동 행동을 취하는 데 있어서, 이제 우리는 특정 개인이나 집단의 기치 아래 모이지 아니하고 법률이라는 기준을 채용하게 된 것이다.”10

추상적 개념으로부터 통일성을 유도해낸 ‘자체형성적 민족self-constituted nation 또는 자기 창안적 민족self-invented nation’으로서의 미국은 시인의 열정적 가슴을 벅차오르게 했던 것이다. 시인의 찬양을 들어보자: “아름다운 미국! 새로운 땅, 언덕 위의 도성City upon the Hill이자 제2의 에덴동산; 새로운 시작과 약속의 땅, 선택된 땅, 자유와 자유를 추구하는 자의 영토!; 신비로운 미국, 시간과 역사에서 면제되어 있는 미국, 거의 모든 인간사회를 규정하고 있는 생사의 굴레를 넘어선 미국!; 역사의 부담으로부터 자유로와진 미국, 유럽의 사슬, 유럽의 과거로부터 자유로와진 미국!.” 이렇게 자기 환상에 빠진 듯한 일방적 찬양 속에서 우리가 발견해 낼 수 있는 것은 제3의 길에 대한 가능성이다. 미국이라는 예외적 양태가 인류에게 제시해주는 새로운 길; 즉, 제한적 공간과 시간 개념에서 벗어난 자유로운 인간이 현실에 뿌리를 내릴 수 있었던 그 구체적 가능성을 보자는 것이지, 구체적으로 미국이라는 집단이 그 이상을 달성했다는 주장은 절대로 아니다.

10 Michael Kammen의 *People of Paradox*. p. 31에서 인용.

3. 미국적 예외주의American Exceptionalism와 자발적 민족주의Voluntarist Nationalism

[미국] 자신에 대한 엄청난 찬사에 나타난 오만한 자기과시는 근대 민족주의의 한 결과라고 할 수 있다. 인종의 도가니탕이라는 신화로 야기된 열망이 현실에서 결실을 보기 이전에, 두 가지 또 다른 신화가 그 저변에 깔려 있는바, 계몽사상과 미국적 예외주의라는 신화가 그것이다. 계몽사상은 이성 능력을 보유한 자연적 인간으로 하여금 자연 결정주의의 사슬과 인간의 굴레를 충분히 벗어날 수 있는 잠재력을 계발시켜 주었다. 또한, 미국적 예외주의는 선택된 민족이라는 칼뱅적이고 유대적 사고에 기반을 두고 있으며, 동시에 백지상태tabula rasa라는 계몽주의적 개념에도 기원을 두고 있다. 미국의 유럽인들은 로크가 인간의 역사 기술시에 적용하였던 백지상태라는 기준을 그대로 적용하는 방법을 터득하였던 것이다. 이는 또한 인간으로 하여금 역사를 다시 기술할 수 있는 제 2의 기회를 제공하였으며, 이번에는 인간의 범죄, 실수와 어리석음에 대한 단순한 기술이 아니라 '정의의 역사'로서의 역사 기록을 담을 수 있게 되었다. 이는 로크가 자신의 『시민정부2론*Two Treaties of Government*』의 제2계약에서 사회계약에 불만스러워했던 사람들에게 추천한 바 있던 바다 한가운데 있는 무주공간locii vacuii(無主空間) 개념이 적용된 것으로, 미국이라는 신세계를 무주공간으로 간주한 데에 기인한 것이라고 하겠다. 한마디로, 이념으로서의 계몽사상은 유럽에서 태어났으나 미국이라는 신세계에서 영원한 안식처를 발견하게 되었던 것이다.[11]

미국인들이 가지고 있는 또 다른 신화는 '선민의식'이다. 그러나 선택된 민족이라는 고대 귀족의 선별적 의식은 선택 능력을 가진 민족이라는 새로운 민주적 신념으로 변형되었다. 미국의 선남선녀는 배타적 친족 공동체의 혈연적 결속을 거부할 수 있게 되고, 법률에 근거하고 개인의 선택 능력을 기반으로 한 포용력 있는 자발적 공동체를 선호하게 되었던 것이다. 이렇게 자발성에 근거한 새로운 유형의 결속방식으로 미국은 고대로부터 공화주의 사회의 성쇠를 좌우했던 제반 규제로부터 벗어날 수 있었다.

계몽사상과 미국적 예외주의로 미국은 헤겔이 언급한 바와 같이 '미래의 땅'이 되었다. '미래의 땅'은 자유로운 정신 속에서만 살아갈 수 있는 것이며, 역사가 없는 국가에 얼마든지 새로운 규약을 새겨넣을 수 있으며, 또한 자신의 운명을 선택하고자 하는 사람들이 그 규약을 백지상태의 자신의 땅에 아로새길 수 있는 기회 그 자체를 의미하는 것이다.[12]

1) 미국적 예외주의와 그 영향력: 새로운 사회체제의 도래

신세계의 제1세대가 구 종족에 대한 세속적이거나 종교적인 저항을 계속하며 계급과 특권을 법으로 규제할 필요성을 느끼고 있었다면, 이미 미국이 고향인 제2세대는 문자 그대로 자연적으로 주어진 평등 속으로 태어난 것이라 할 수 있겠다. 이들에게 미국을 유럽의 박해와 불관용에 대한 반동으로 형성된 국가라기보다는 모두 함께 역사의 굴곡을 앞질러가기 위한 기술적 대안이기

---

11 Bernard Bailyn, *Ideological Origins of the American Revolution*. 독립혁명 이전 미국에서의 계몽사상의 힘과 영향력이 잘 분석되어 있는 책이다.

12 Hegel, *The Philosophy of History*, trans by J. Sibree. p. 86 & 114.

도 하였다. 하츠L. Hartz가 언급하듯이, 미국인은 이론적으로만 평등을 외치고 있지는 않다. 또한, 혁명을 합법화시키기 의한 도구로서 평등을 이용하고 있는 것도 아니다. 그들이 믿고 있는 미국적 예외주의의 결과로서 구체적이고 실제적으로 그들은 평등하게 태어난 것이다. "평등하게 태어난 사람들이 그렇지 않은 지역의 사람들을 이해할 수 있는가"에 대하여 하츠가 의문을 가질 정도였다.[13]

미국적 예외주의는 새로움과 고결함으로 그 시작에 찬사를 보내려는 근대의 수식어와 혼동되어서는 안 된다. 최근 이러한 예외주의라는 용어로 자국의 과거를 설명하고 조명하려는 국가들이 다수 존재한다.[14] 그러나 미국의 경우 예외주의는 독립을 쟁취하기 전부터 사용되어 왔다. 예외주의는 수정주의의 한 실천강령이 아니며, 혁명이 정당화된 원칙의 하나인 미국의 건국 정신과 일치하는 것이었다. 오브라이언Connor Cruise O'Brien이 자신의 에세이 『신의 땅*Godland*』에서 이를 명쾌하게 상기시키고, 개척 초기에 코튼J. Cotton은, 보스톤으로부터 미국을 출항시키기 위하여, 미국 땅에 정착한 순례자들에게 예외주의를 설교한 바 있다. 독립하기 100여 년 전의 일로써, 구약성서의 예언서인 사무엘서를 인용하고 있다. "이제 내가 한 곳을 정하여, 거기에 내 백성 이스라엘을 심어, 그들이 자기의 땅에서 자리 잡고 살면서, 다시는 옮겨 다닐 필요가 없도록 하고, 이전과 같이 악한 사람들에게 억압을 받는 일도 없도록 하겠다."[15]

13 Louis Hartz, *The Liberal Tradition in America*.

14 스위스는 '예외적 스위스인(Sonderfall Schweiz)'이라는 용어를 사용한다.

15 다음을 참조하라: 구약성서 <사무엘 하> 7장 10절; Conor Cruise O'Brien,

18세기 미국에서는 예외주의의 신화가 미국인들의 마음을 사로잡게 되었다. 특히, 종교적 영향력과 또 그 종교에 도전하면서 전개되어 온 계몽사상의 영향으로 예외주의는 더욱더 강한 힘을 얻어가고 있었다. 1787년 헌법제정 회의the Constitutional Convention 직전에 발간된 『미국 농부의 편지*Letters from an American Farmer*』[16]에서, 크레브쇄르Crevecœur는 유럽으로부터의 유입 이민들을 '위대한 미국이라는 피난처'로 탈출해 나오는 빈곤 집단으로 묘사한 바 있다. 그는 이렇게 말한다: "미국의 모든 것은 그들을 새롭게 할 것이었다: 새로운 법체계, 새로운 삶의 양식, 새로운 사회체계 등 모든 것이...; 여기에서야 그들은 인간이 되는 것이다: 유럽에서 그들은 사용할 데 없는 쓰레기에 불과했던 것이다... 미국에서 그들은 뿌리를 내리고 번성할 수 있게 된 것이다."[17] 이러한 경이로운 변용을 일으키는 힘은 과연 무엇이겠냐는 질문을 제기하면서, 그는 '법의 힘'이라고 당당하게 답변한다. 수년 후에 토마스 페인Thomas Paine도 동일한 논의를 전개하게 된다: "미국의 상황은 그 자체로서 새로운 세계의 시작으로 제시되고 있다... 마치 우리가 태초에 살고 있었을 때처럼, 우리는 지금 정부가 시작되는 시점에 와 있는 것이다."[18] 처음부터 예외주의는 미국의 일반적인 자기규정 작업이었다.

위에서 예외주의를 서술함에 있어서, '신화'라는 용어를 사용한

Godland.

16 미국 독립 당시에 출간된 책으로 미국의 자존심과 자부심을 한껏 고취시키고 있다.

17 St. John de Crevecœur, Letters from an American Farmer, pp. 68-69.

18 Thomas Paine, *The Rights of Man*.

바 있는데, 이는 민족 정체성을 제외한 모든 자기 정체성 규정은 필연적으로 신화적 성격을 띠고 있기 때문이다. 사실상 건국 설화는 엄격한 의미에서 역사적인 것일 수만은 없다. 그러나 예외주의는 미국에서 단순한 신화 그 이상의 것이었다. 미국적 예외주의는 전통적인 정치사상의 모순을 극복하기 위한 새로운 헌법 체계를 현실로 적용하는데 결정적인 역할을 하게 된 그도의 개념이라고 할 수 있겠다. 미국의 의도는 정치적 성쇠에 관한 유럽적 방법을 무조건적으로 무력화시키려는 것은 아니었다. 미국은 명백히 거기에 대체되는 새로운 정치체제를 실험하고 있었던 것이다.

공화정부는 일반적으로 제한된 영토와 인구를 보유한 국가에 적절한 정치체제이며, 따라서 전 대륙을 당라하는 미국과 같은 대륙 국가에서는 새로운 정치체제가 적용되어야 할 것이라 제임스 매디슨James Madison이 우려를 표명한 바 있다. 대표성, 연방주의, 권력분립, 사법심사권과 제반 권리 보장 등과 같은 제도적 장치는 계몽사상이라는 추상적 개념에 제도적 형태를 부여하게 되면서 새로운 국면으로 접어들게 되었던 것이다. 즉, 지나친 갈등을 제어하기 위한 '권력에 의한 권력의 규제'; 수평적 권력 균형 못지 않게 효과적인 수직적 권력 균형을 유지시키는 연방주의; 국가와 시민의 권리를 확보하기 위한 독립적인 사법권; 정부를 개인의 사적 이익과 지방의 편파적 이익으로부터 보호하기 위하여 채택된 대의제도 등이 바로 그것이다.

또한, 이러한 제도로 인하여, 새로운 미국 시민이라는 정체성은 정치 영역의 자율성과 정치적 주권에 의하여만 가능케 된 것이다. 즉, 미국 시민을 미국으로부터 분리시킬 수 있는 것은 전통과 문화 등이 아니라 정치적 성격 그 자체일 뿐이었다. 이리하여 각 이민 집단에 존재하는 역사적 차이점을 간과하지 않으면서도 지배적이고 획일적인 하나의 민족 문화를 추구하지 않는, 사적인 영역에 존재하는 다양한 개별 문화라는 복수적 인식이 가능하게 되었다. 또한 각 종교는, 하나의 확립된 정치적 유형으로 변형되지 않으면서, 그 사회적 결합 기능을 다할 수 있게 되었다. 따라서 다양성이 억압되지도, 자유와 사회의 관용성이 침해되지도 않았던 것이다. 나아가서 미국은 이민과 여타 국외자(뿐만 아니라, 불평등 사회관계와 경제적 종속관계로 인하여 사회의 국외자가 되어버린 내부 시민도 포함하여)들의 통합을 가능케 한 새로운 정치체제로 진행될 수 있었다.

2) 미국적 예외주의에 대한 비판과 '아메리카니즘'

미국의 새로운 정치체제는 국외자들로 하여금 사회체제에 대항하기보다는 그 체제를 통하여 시민권과 법적 지위를 주장하고 취득할 수 있게 하였던 것이다. 이로 인하여 미국은 불안이라는 불가피한 혁명의 속성으로부터 벗어날 수 있었다. 즉, 외부로 표출되어 갈등을 유발할 수 있는 요소들이 체제 내에서 소화될 여건이 정비되었던 것이라고 할 수 있겠다. 한마디로, 바로 이것이 아메리칸 드림을 가능케 했던 것이다. 오늘날에도 수백만의 이민자들을 매료시키고 있는 것이기는 하지만, 사실로 믿기에는 너무도 환상적인 것이다. 아메리칸 드림을 길바닥에 금덩이가 굴러다니는 것으로 이해하고 싶어하는 미국인에게 이는 때로 엄청난 속임수와도 같은 것일 수도 있겠다. 이리하여 요술과도 같이, 미국은 계급과 종교에 근거하여 압제와 부정을 행하는 여타의 대륙과 차별적으로 드러나게 된다. 그러나 사실상 예외주의 신화에도 불구하고 미국에도 압제와 부정은 마찬가지로 존재하고 있다.

미국적 예외주의에 대한 회의(懷疑)의 양태는 다음 3가지로 구분된다: 결국 '신화' 이외에 아무것도 아닌 예외주의의 우화적 성격에 관한 의문; 아메리카니즘이라는 정치적 개념의 사회경제적 순수성에 관한 냉소적 태도; 마지막으로 현실적인 문화적/ 종교적 합의가 부족한, 분열된 사회에서 전적으로 추상적인 법률적 원칙에 의존하고 있는 잠정적인 합의의 지속성에 관한 회의 등이 있다.

미국적 예외주의와 그 사상적 기반이 되는 계몽사상에 대한 비판자들은 우선 거의 신화적인 추상적 사호와 결부된 민족 정체성을 예의 주시하고 있다. 미국은 사실상 문화 엘리트의 지배하에 결속되어 있는 여러 민족으로 구성되어 있는 경우, 한 민족으로 보이고 싶어하는 인간 집단의 전형적 양태로 등장한다. 국가를 통합하고 있는 듯한 자연권이나 법인격체 등의 용어는 다만 출생이나 생활하고 있는 주거 지역에 의하여 미국인임을 구별해내는 불평등성을 교묘히 감추고 있는데 불과한 것이다. 미국에서 모든 인간이 평등하게 태어났다는 것이 자명하다면, 이는 미국적 표현으로 '백인 남성이 아닌 수많은 인간'이 존재하고 있기 때문에 의미를 가지는 명제라고 할 수 있다. 즉, 일부 국가에서 해방된 흑인들이 시민권을 보유하고 있고, 투표권은 없더라도 권리를 보유한 시민으로 간주되는 여성도 있기는 하지만, 여성이나 아메리카 원주민인 인디안과 흑인 노예 등이 그 집단에 속한다. 대체로, 미국적 예외주의의 위와 같은 문제 의식은 그 저변에 정치 논리에 관한 트라시마코스스적 회의론을 깔고 있다; 즉, 기존 권력의 편에서서 인간관계의 현실을 합리화시키려는 언어의 정통성에 대한 회의가 바로 그것이다. 대체로 권익이 감추고자 하는 것을 신화는 밝혀내려고 한다. 구체적 명칭은 부정확하고, 표현은 대체로 모호하고 애매하다.

그러나 위와 같은 여러 비난의 소리는 대동소이하여 차별성이 별반 드러나지 않는다. 알다시피 신화적 기원을 가지지 않고 민족 정체성이 형성되는 경우는 거의 없으며, 그 신화란 또한 이름과 여타의 추상적 단어의 연결에 불과한 것이다. 따라서 어떤 경우에도 민족 정체성은 어느 정도 신화에 기반을 두게 되어 있다. 원칙의 신화가 아니라면, 피의 신화; 권리가 아니라면, 종족의 신화; 공통의 관습법이 아니라면, 공통의 역사라는 신화 등등의 실례가 있다. 역사학자 르낭Renan이 주장하듯이, 공동체로서의 인간을 규정하려는 모든 노력은 대체로 '공통의 집단적 오해'에 의존하는 바 크다고 할 수 있다. '집단적 오해'는 공동체 내의 집단적 기억으로 형성되고 저지되는 공유된 이야기이다. 사회적 공동체는 힘으로 형성된 사회적 구조물이다; 그중 일부는 다른 것보다 오래 지속되기도 하고, 일부의 사회적 응집력은 다른 사회에서보다 견실한 사회관계를 형성하기도 한다. 일반적으로 동포애는 법률적 평등보다 감정적으로 효과적인 개념이고, 친족 관계는 자연상태보다 강한 결속력으로 인간사회를 유지시킨다. 이 모두가 인위적인 구조물이거나 개념인 것이다. 언어와 사물이나, 주체와 객체로 구분될 수 있는 것은 아니다. 다만 일부 언어가 다른 것보다 사회적으로 효과적이고, 일부 개념이 보다 정치적으로 생동력 있는 경우가 있을 뿐이다. 과연 어느 것이 보다 확실한 정치적 정통성의 기원이 될 수 있겠는가? 아르고스Argos의 신 탄탈로스Tantalus인가? 테베Thebe의 아버지 카드무스Cadmus인가? 늑대의 품에서 성장하여 로마를 건국하였다는 쌍둥이 로물루스Romulus와 레무스Remus인가? 스위스의 궁사 윌리엄 텔과 제퍼슨과 매디슨 등 미국 건국 아버지들의 역할은 과연 어떠한 것인가? 이들이 특정한 역사의식과 그 의식이 초래한 개념이나 사상적 구조물 등과 어느 정도 밀접하게 연결되어 있는지 하는 것과 이들의 정치적 잠재력은 별로 상관관계가 크지 않다. 오히려 이들의 대중 설득력이 정치적으로 보다 중요한 것이라고 할 수 있겠다. 사실관계보다는 신념체계(특히, 주체와 객체 간에 상호 확인된 공동 신념체계)가 인간을 공동체로 연합시키고, 그들로 하여금 자신들을 종족, 민족, 또는 국가로까지 생각할 수 있게 한다. 혈연관계와 마찬가지로 법률체계도 더 이상 신화라거나 사회관계의 상징체계라고 할 수 없다. 다만 구체적인 구조물보다 혈연관계가 신화의 기본적 기능인 사회적 결속체의 역할을 보다 효과적으로 수행하고 있는 것이라고 하겠다.

미국이 민족으로서의 자기 인식에 관한 두 번째 문제점은 미국이 본질적으로 정치적으로 설정된 국가라는 점이다. 따라서 문화와 경제 등 그 결과로도 용이하게 적용되지 않게 된다는 것이다. 유럽적 역사의 부담과 유럽적 지배 문화라는 현실이 바로 미국이 벗어나려고 하는 당면 문제였다. 새로운 역사 법칙으로 접어들고자 하는 것이다. 인디언이나 흑인 또는 여성은 진정한 의미에서 미국인이 될 수 없었다. 그렇다면, '미국인'이란 과연 무엇을 의미하는 것인가? 인종과 종교가 미국인을 구분하는 기준이 되고, 부와 계급에 의한 암울한 압제가 합리화된 고상한 제도로 감추어진다면 신대륙 미국이 구대륙 유럽과 다른 것이 무엇이겠는가? 여기서 미국적 예외성을 찾아볼 수는 없는 일이다. 미국 사회의 발전 과정에서 문화와 경제의 우월성을 간과하는 민족 개념이 존재한다면, 이는 정치성을 곧이곧대로 받아들이고 있는 것이라고 할 수 있겠다.

이는 해밀턴에서 비어드Beard에 이르는 미국의 진보주의자들이 제기한 문제점들이다. 진보주의자는 대체로 미국의 지배적 현실로서 계급 투쟁을 정치적 통합보다 심각한 것으로 인식하고 있다. 이들은 미국을 정치선동가들이 구별해내려고 했던 유럽의 발전 상황과 동일시하고 있다.[19] 국가의 기본적인 제도적 기초와 관련된 체계적이고 조직적인 위선적 신념체계의 위험성을 진보주의자는 비난한다.

그러나 미국의 예외주의자들이 자화상을 그리고 있다고 해서 실제의 역사적 현장과의 거리가 있다고 할 수는 없다. 이는 다만 신화가 얼마나 계급적 편견을 감추어 줄 수 있는지, 또 어느 정도까지 이를 극복해낼 수 있는지를 의미하는 것이다. 아메리카니즘의 공통적 시금석으로서의 보편적 시민권이라는 개념 - 특히, 헌법에 구체적/명시적으로 규정되어 있는 개념 - 은 사실상 도처에서 편견, 차별, 경제적 불평등 등과 갈등을 일으키고 있다. 그럼에도 불구하고, 그러한 보편성 원칙으로 원 사회계약에서 제외

19 V. Parrington, *Main Currents in American Thoughts*.와 C. Beard, *The Economic Interpretation of the Constitution of the United States*.를 참조하라. 진보주의자들은 유럽의 정치경제에 뿌리를 둔 유럽적 계급 투쟁 구조에서 미국을 그려내면서, 미국이 유럽과 같은 상황을 보여주는 것은 지극히 당연함을 지적한다.

되어 있었던 다수 집단에까지 선거권이 보장되게 되었던 것이다. 불법적이고 정당하지 못한 제도로부터 역사를 바로 세우는데, 혁명적 방법조차도 많은 어려움을 느끼기는 하지만, 남북전쟁전 노예폐지론자antebellum abolitionists와 1950/60년대의 자유기사단Freedom Riders은 잘못된 역사와 싸우기 위하여 헌법 등 구체적인 법률체계를 사용하고 있다. 따라서 미국은 건국의 기본 원칙을 지키면서, 정의를 위한 투쟁을 계속해나갈 수 있었다.

한편 바로 이러한 미국적 정체성 인식 부분에서 미국의 문제점을 발견해내려는 시도는 대체로 지지를 받지 못하였다. 개혁론자의 시도는 실패했고, 비판자들의 주장도 많은 비난을 면치 못했다. 사실상 진보주의자는 정치가보다 진솔하게 역사를 기술하는 것 같다. 진보주의자는 미국의 실패를 보다 많이 서술하며, 성공 측면에 관해서는 별로 관심을 기울이지 않는다. 진보주의자가 서슴지 않고 밝히는 것 중의 하나로서, 미국의 이민 정책은 때로 상당히 배타적이었다. 특히, 1920년대까지의 이민 정책이 대표적이다. 그러나 건국 정신의 기조로서, '모든 것을 섞는다는 개념idea of melting pot과 '자유liberty'라는 대원칙은 위와 같은 정책을 때로 혼란스럽게 하기도 하였다. 이는 미국적 민족주의의 자랑스러운 징표라기 보다는 오히려 많은 정치적 논란을 불러일으키고 있었던 것이다. '아메리칸 드림'의 도덕적 문제점을 충분히 인지하고 있었던 링컨Abraham Lincoln은 미국의 운명적인 예외주의에 관하여 보다 정확히 지적하고 있다. 그는 미국에 관해 '선택된 민족The Chosen People'이라기보다는 '거의 선택되었다고 볼 수 있는 이 민족this almost chosen people'이라는 용어를 사용한다.

3) 자체형성민족의 필수 기제: 종교

미국적 예외주의의 민족 정체성에 대한 3가지 비판 중에서, 가장 중요한 것이 이제 다루어질 것이다. 이는 신화가 아니라 그 효율성에 대한 비난이다. 자연적 평등이라는 신화가 미국에서 정치적으로 달성되었음을 인정하면서도, 거기에 대해 너무나 많은 비용이 지불되었다는 주장이 그 요체이다. 자발적인voluntary 민족 정체성이 민족 정체성의 본질을 희생시켜 자원주의voluntarism를 지속시켜 왔다고 주장하며, 자유는 공동체를 희생시켜 얻어진 것이고, 유럽의 압제적이고 위계질서적 감정적 유대로부터 벗어나는 과정에서 미국은 어느 사이엔가 혼돈의 와중으로 밀려나 주변적 위기 상황에 처하게 되었다는 것이다.

알렉시스 드 토크빌Alexis de Tocqueville은 그의 『미국의 민주주의*Democracy in America*』에서 바로 이러한 비판을 최초로 개진한 바 있다. 루소Rousseau와 몽테스키외Montesquieu에서 그 사상적 기원을 엿볼 수 있는 토크빌의 통찰력은 바로 여기에 있다: 즉, 종교적 일치와 도덕적 합의가 없는 상태에서 관념적 합의ideational consensus만으로는 결코 민족적 단합을 끝까지 유지할 수 없다. 게다가 미국과 같은 자발적 참여 사회는 필연적으로 종교적/도덕적 합의를 침해하게 마련인 것이다. 공식 종교라든가 상호 간으로부터 사회적/심리적 안정감을 찾는 사적 영역에서 관습적 도덕관념mœurs을 제거한다면, 자유 국가는 사회의 통합 능력을 상실하게 되고 마는 이유가 바로 여기에 있다. 토크빌의 완곡한 표현을 빌려 보자.

전제정치는 신념체계 없이도 통치가 가능하다. 그러나 자유는 그럴 수 없다. 종교는 왕정에서보다 공화국에서 보다 더 필요한 것이다; 다른 어떤 체제보다도 민주주의 공화국은 이를(종교) 절실하게 필요로 한다. 정치적 유대가 약화되어 가면서 그만큼 도덕적 결속이 강화되어 가지 않을 경우, 붕괴되지 않을 정치사회가 과연 있겠는가?[20]

그러나 바로 여기에 역설이 존재한다. 정치적 자유를 진작시키는 힘은 대체로 종교의 능력을 박탈하고 공동의 신념체계를 침해하고 만다는 것이다. 미국은 일반적으로 시간의 흐름 밖으로 뛰쳐나오면서 유럽의 박해를 벗어나게 되었다: 그러나 토크빌이 우리에게 상기시키는 것처럼, 과거는 더 이상 미래를 밝혀주는 빛이 될 수 없었다. 즉, "인간의 정신은 아무것도 보이지 않는 어둠속에서 방황하고 있었던 것이다."[21] 시간과 역사의 흐름 밖에 서서, 미국은 역사에서 어떠한 단서도 얻지 못한 채 자기 정체성을 찾아내야만 했다. 무(無)에서 무엇인가 새로운 것을 창조해내야 했던 것이다.

토크빌의 통찰력은 이 작업의 어려움을 이미 꿰뚫고 있었다. 종교와 국가를 동시에 보호하기 위해 양자의 분리를 택한 자체형성self-constituted 민족에게서는 이미 효과적인 자제 형성에 필수적인 기제를 찾아볼 수는 없었을 것이다. 근대 민족의 형성에 있어서 민족과 종교는 서로 별개의 문제가 아니기 때문이다. 아일랜드와 가톨릭, 이스라엘과 유대교, 인도와 힌두교, 파키스탄과

---

20 Alexis de Tocqueville, *Democracy in America*, ed. P. Bradley. vol.II, p. 318.

21 토크빌의 이 말을 부르스 스미스(Bruce Smith)가 다시금 강조한다. Bruce Smith, *Politics and Resemblance: Republican Themes in Machiavelli, Burke and Tocqueville*. pp. 318–319.

이슬람교가 상호 연계되어 연상되듯이, 민족과 종교는 결국 동전의 앞뒷면과 마찬가지로 서로 떼려야 뗄 수 없게 되었다. 민족 형성에 있어서의 세속적 실험은 이렇게 역설의 연속인 것이다. 혼성hybrid 민족으로서의 미국은 사회적 통합을 위하여 충분한 통일성도 또한 요구하게 되는데, 통일성을 위하여 종교의 필요성이 대두된다. 종교는 사회에서 각 개인 간의 유대를 공고히 하는 사회적 결속제 역할을 담당하게 된다. 그러한 또한 유연성의 여지 없이 지나치게 견고하여 오히려 인간을 얽매는 질곡으로까지 발전하기도 한다. 근대 미국의 근본주의자foundationalist는 정신과 영혼을 모두 질곡에서 해방시키려는 자유를 오히려 두려워한다. 반면에, 자유의지론자libertarian는 영혼과 정신을 괴롭히고 상처 주는 종교를 두려워하고 있다.

미국은 기본적으로 정치와 종교를 분리시키려는 제도적 관행을 가지고 있다. 어떠한 공식적 도그마dogma도 지배할 수 없는 '사적 영역'에서 종교를 보장하려는 시도이기도 하다. 국가를 종교로부터 보호하면서 종교도 또한 국가로부터 보호될 수 있다는 것이다. 사실상 그 의도는 문화에 있어서의 종교의 뿌리를 침해하기보다는 보호하기 위한 것이었다. 1830년경, 토크빌이 미국에서 발견한 것이 있다면, 바로 이것이다; "미국인들에게 기독교와 자유 개념은 처음부터 밀접하게 연관되어 있는 것이었다. 이는 또한 그들의 실제 사고와 행동에도 직접 영향을 미치게 된다. 결론적으로 기독교와 자유 개념은 서로 불가분하게 연계되어 있다."[22]

그럼에도 불구하고, 이러한 신중하고 지혜로운 미국의 제도는

22 Tocqueville, 위의 책, II. p. 317.

시민 문화의 결속제로서의 종교를 대중과 유리시키고 때로는 불법적으로까지 만들어 버리는 결과를 초래하게 되었다. 종교 국가나 혈족 국가와 다른 형태의 조직이 18세기 무렵부터 점차 드러나게 되었는데, 20세기 미국에 이르러 어떠한 종교적/문화적 통합과도 거리가 먼 새로운 짜임의 사회라는 역설적 상황이 역사에 나타나게 된 것이다. 새로운 체계는 종교의 지나친 간섭이나 그 잠재적 가능성을 효과적으로 타도하여, 종교는 더 이상 사회적 기능을 수행해나갈 수 없게 되었던 것이다.

확실히 전통 종교는 수 세기 동안 이성을 억눌러왔다. 이러한 이성이 미국의 예외주의적 사고나 그에 따른 국가와 교회의 분리와는 거의 관계가 없다는 것은 사실이다. 세속적으로 타락한 자아 개념이나 공인된 종교에 대한 반감이 없는 상태에서도, 미국의 물질주의적 타락은 여전히 계속되고 있는 것 같다. 종교와 사회의 합일이 근대화의 압력으로 수세에 몰리고 있는 한편으로, 미래 사회를 위한 민족적 통일 위하여는 애국적 열광 상태나 시민종교 등과 같은 종교적 등가물이 있어야 한다는 것은 이미 토크빌뿐만 아니라 루소의 저작에도 잘 나타나 있다. 우리가 잘 알고 있는 프랑스 대혁명도 사실은, 비록 성공적이지는 못하였지만, 후기 전통사회에서 그러한 새로운 종교적 등가물을 찾기 위한 노력의 하나였던 것이다.

4. 제3의 가능성: 자발적 참여를 통한 헌정 민족주의constitutional nationalism?

현대 근본주의자가 종교로 회귀하는 시도는 사회 유지를 위한 문화적 합의를 주입하려는데 목적을 두고 있는 것은 아니다. 오히려 이는 자유주의 제도에 치명적인 새로운 권위를 창출해내려는 시도라고 보는 것이 보다 적절한 것 같다. 때로, 시민종교 실험은 사실상 종교를 파괴하려는 시도에 지나지 않는 듯하다. 불관용과 권위 등 종교가 지니는 사회적 악이 없이 과연 문화적 합일이라는 종교의 사회적 덕목이 가능할는지는 생각해볼 문제인 것이다.

공동의 종교적/도덕적 규율이 없는 민족이 어떻게 자유 제도를 허용하면서 오랫동안 충분한 단합성을 과시할 수 있는지에 대한 토크빌의 의문에 답하는 일은 그리 쉬운 일이 아니다. 자유 제도는 때에 따라서는 민족을 분해시키고, 궁극적으로는 파멸시키기도 하기 때문이다. 자유 제도는 시민들을 혼돈과 허무에 빠뜨리기도 하며, 계급적 소비 행태와 물질주의에 젖어 들게도 하는 원인을 제공한다. 확실히 윤리와 종교의 연계가 약해지면서, 미국의 윤리는 표류하게 되었다. '윤리와 상업,' 또는 '윤리와 의학'과 같은 주제에 붙어있는 용어처럼, 이제는 윤리도 이윤을 추구하는 직업이 되고 있는 것이다. 미국의 예외주의는 역사적 현실에 근거하고 있다. 때때로 타 국가의 경우와 구별되는 특수한 도전에 직면하게 된다는 사실로부터 미국의 예외성은 확실한 것 같다. 사실상, 자체구성적 민족self-constructed nation이 이러한 도전을 극복할 수 있는 충분한 결집력과 충실도를 지니고 있느냐 하는 것은 다가오는 미국의 미래에 대하여 제기되는 첫 번째 문제점이라고 할 수 있겠다.

미국을 자체적으로 형성한 민족으로 보거나, 째깍째깍하는 유럽의 역사 시계로부터 벗어나 휴머니티를 위한 제2의 기회로서 인류에게 부여된 기회로 파악하는 것도 역시 문제는 있다. 그러나 연합국가라는 형태로 제시된 '새로운 질서'는 혈연과 혈족 관계의 권위적이고 억압적인 위계질서로부터 벗어나 자유의지로 묶여진 새로운 희망의 공동체라는 한가지만으로도 미국은 우리에게 미래의 가능성을 제시해주는 것이 아닐까 한다.

자유주의 민족주의자의 동맹 관계가 얼마나 취약한 것이었던가. 비합리주의와 외국인 혐오증으로 이어질 때 민족주의가 어떻게 진행되어 가는가에 대한 적나라한 증거가 바로 20세기의 정치 현실이었다. 이탈리아의 가리발디Garivaldi와 피히테Fichte, 헤르더Herder를 비롯한 독일 민족주의의 혁명적 선구자들은 열광적인 애국주의가 냉철한 이성에 추동력을, 계몽사상에 게마인샤프트적 유인을 제공한 것이라고 주장하고 있다. 이후 전개된 이탈리아와 독일의 역사는 위와 같은 자유주의와 민족주의의 동맹에 대한 환상을 적나라하게 파괴해 버렸다. 재기하던 이슬람 세력은 계몽사상을 벗어던지고, 그에 대한 투쟁을 선포하기도 하였다. 상업이나 물질주의 등 근대의 명백한 병폐에 대해서 뿐만 아니라, 자유, 다원주의, 관용성 등을 근대가 보유한 잠재적인 암적 요소로 간주하면서 이에 대한 투쟁을 의미하는 것이었다.

이러한 비극의 역사 속에서, 미국의 혼성체hybrid – 비록, 위선의 덩어리일 가능성도 다분하지만 –가 인류의 마지막 희망으로 대두되면서, 근대의 위기는 해결의 국면으로 접어들 가능성을 보이고 있는 것도 사실이다. 정치의 자율성, 이성 주권, 보편적 시민권과 남/여성의 평등한 잠재력 등에 근거하여 민족을 형성하여 나가려는 의식이야말로 기존의 국가 종교와 혈연적 민족주의에 대한 유일한 대안일 수 있기 때문이다. 토크빌이 주장하듯이, 종교는 희망의 또 다른 형태일는지도 모른다. 토크빌에게 있어서, 무신론은 언제나 재난이고, "신앙이야말로 인류의 영원한 정신상태"를 의미하는 것이었기 때문이다.[23] 그러나 우리에게 없어서는 안 될 것이 있다면, 종교보다는 희망이 아닐까? 종교 없이도 자체 형성 민족이라는 이상은 여전히 우리에게 희망을 주고 있기 때문이다. 그 힘은 중용적이고 불완전하며 때로는 결정적인 결함도 존재하는 민주주의의 달성에 있는 것이 아니라, 그 기본 정신에 있는 것이다. 우리는 위험하고 절망적인 세계에서도 계속 회의(懷疑)를 해야만 살아갈 수 있다. 때로는 어찌할 수 없는 우리의 실제 상황에 대하여 조심스러운 경외심이 없이 우리는 또한 살아갈 수 없다는 것이다. 그러나 미국이 알려주는 또 다른 진실이 있다. 우리는 희망 없는 세계에서 살아갈 수 없다. 희망은, 비록 취약하기는 하지만, 현재로부터 영속적으로 존재할 것만 같은 공포와 부정의로부터의 정치적 구원을 약속해주는 것이기 때문이다.

23 앞의 책. p. 321.

3

한국의 민족주의: 가능성과 기회구조

제8장 한국민족주의의 전개

- 예외성과 특수성 -

1. 한국민족주의의 예외성과 특수성

현대세계를 대표하는 전형적인 정치단위가 민족국가라는 사실을 부정하기는 어렵다. 민족이라는 동질성을 가진 공동체와 국가라는 정치적 권력의 조직을 하나로 묶으려는 계획이야말로 프랑스 대혁명 이후 현재까지 전세계적으로 확산된 보편 현상이라고 할 수 있다. 이제 지구상에 민족국가의 주권이 미치지 않는 영역은 거의 존재하지 않는다.

대한민국에서 민족주의는 하나의 이념이나 이데올로기가 아니라, 우리가 원래부터 가지고 있던 것으로서, '우리'라는 존재의 근간을 형성하는 개념으로 인식되어 왔다. 역사적 현실에서 존재하기 매우 어려운 단일 민족이라는 관념이 우리에게는 오래전부터 이미 각인되어 온 것이 사실이다. 민족에서 국가로 움직였는지, 국가에서 민족으로 움직였는지에 대한 학술적 논의는 다양하지만, 중요한 것은 21세기 대한민국에서도 현실적으로 국가와 민족 양자가 엄존하고 있으며 모든 이념의 근저에 자리 잡고 있어, 모든 이데올로기의 동선에 영향을 미치고 있다는 사실이다.

20세기말 탈냉전과 탈근대를 경험하면서 도래한 세계화 현상은 민족과 국가의 경계에 대한 정면도전으로 받아들여지면서, 민족주의 시대는 이제 끝났다는 사고가 팽배했다. 그러나 민족주의 운동은 다시 활발해지고 있으며, 한때 흡수되고 사라지는 듯 했던 민족은 지금 다시금 역사에 그 모습을 드러내면서, 지도에서 사라졌던 나라들이 민족의 이름으로 다시 역사에 등장한지도 이미 20여년이 되어가고 있다.

21세기로 들어서기 직전 10년간에 발생한 소련과 동유럽 공산주의의 붕괴는 자유민주주의의 극적인 승리와 동시에 민족주의의 재기로 이어졌다. 민족주의를 기본적으로 반민주주의적이라고 생각하는 사람들에게, 이러한 현상은 매우 이례적이었다. 이는 현상에 대한 피상적인 인식에 기인하는 것이라고 생각한다. 어쨌든 20세기말 반공산주의 혁명이라는 경험을 통하여 우리는 이제 민족주의와 민주주의의 관계뿐만 아니라, 근대 문명의 근간이 되는 많은 사상구조 까지 재검토해 볼 필요가 있음을 알게 되었다.

이러한 민족과 민족주의의 근대적 개념을 대한민국의 상황에 적용해 보는 것이 이 글의 목적이다. 민족과 민족주의의 개념이 정치적으로 강력한 힘을 가지고 있는 대한민국의 현실에서 정부수립이후 민족주의는 어떠한 양상을 보이면서 전개되어 왔는지, 현실의 민주주의 정치체제와 어떠한 관계를 형성하고 있는지를 살펴보면서, 과거로부터 오는 과정에 대한 분석과 현실에의 적용을 통해서 드러나는 한국민족주의의 예외성과 특수성을 통해 근대국가의 완성이라는 미완의 과제를 달성해낼 수 있는 방도를 찾아보는 것에 글의 초점을 맞출 것이다.

이 글은 1948년 대한민국 정부수립 이후 한국민족주의의 전개

양상과 특성, 한계 등을 고찰하면서 궁극적으로 한국민족주의의 21세기적 역량과 비전을 제시하는데 그 목표를 두고 있다. 21세기에 민족과 민족주의를 논하는 것에 대한 적실성을 제시한다는 차원에서, 필자는 2장에서 민족과 민족주의의 현대적 의미를 찾아본다. 이어지는 3장에서는 이제 보다 구체적으로 대한민국 정부수립이후 한국민족주의의 전개양상에 대해 살펴보기로 한다. 한국에서의 민족과 민족의식의 등장과 전개방식을 통해 전술한 예외성과 특수성을 시대적 개관을 설명하면서 개진해나갈 것이다. 4장에서는 국토 분단의 현실과 분열된 사회상이라는 21세기 대한민국이라는 장에서 한국민족주의가 가지는 역량과 미래 비전을 살펴볼 것이다.

2. 민족과 민족주의의 현대적 의미

1) 민족, 국가, 국민의 관계

민족주의의 개념을 살펴본다는 의미에서 언어 자체를 분석하자면, 영어표현인 '내셔널리즘Nationalism'브터 찾아들어가야 할 것이다. 알다시피 '내셔널리즘nationalism'의 어원은 '네이션nation'이고, '네이션nation'의 의미를 사전에서 찾아보면 '민족,' '국가,' '국민'[1]이라는 세 가지로 번역이 나와 있음을 알 수 있다. 이렇게 보

1 민족은 "역사의 깊은 분규의 결과로 생긴 정신적 원칙이며 영적인 가족으로서의 집단" (르낭 2008: 79)라고 르낭(Renan)의 개념규정에서 문화적 공통성에 기초한 민족과 정치적 의지로 구성된 민족이라는 민족의 객관적 지표와 주관적 지표가 모순적으로 공존하고 있음을 알 수 있다. (장문석 2011:

면 '내셔널리즘nationalism'은 민족주의만이 아니라, 국가주의, 국민주의의 의미도 담고 있다는 추론이 가능하다.

대한민국의 특수성과 예외성은 바로 여기서 발견된다. 민족, 국가, 국민이라는 각기 다른 범주로 살펴볼 때, 대한민국은 이 세 가지가 일치하는 매우 드문 사례이다. 지구상에 많은 나라가 있지만, 민족, 국가, 국민의 범주가 일치하는 나라는 흔치 않다. 두 가지 정도의 일치는 많은 나라에서 발견되고 있지만, 흔치 않은 세 가지 범주의 일치 현상으로부터 대한민국의 민족주의는 일상적 해석과 적용으로부터 벗어나고 있는 것이다.

여기서, 필자는 한국민족주의의 예외성과 특수성을 논점의 출발점으로 제시한다. 21세기로 이어지는 상황에서도 여전히 이산가족의 애끓는 마음과 분단의 현실에 가슴아파하는 많은 대한민국 사람들의 현실은 한국민족주의의 예외성을 반영하는 것이며, 동시에 역사적 과제로서의 통일로 가는 길목에서 중요한 역할을 하면서, 사회통합의 기제로서도 작동하는 한국민족주의의 특수성이 발견되기도 한다.

민족과 민족주의 담론이 과거 기억의 창고에 사장되어 있는 구시대의 유물이 아니라, 어제로부터 이어지는 오늘과, 오늘에서 진행되어갈 내일로 가는 길목 등 모든 장면에 산재해 있는 것이 바로 우리의 민족주의임을 제시하고자 한다. 인간이 개인으로 사회에 존재하나, 공동체를 이루고 살아가는 현실에서 민족주의는 무시할 수 없는 존재이자, 그 자체로서 역사적 힘을 가지고 있음을

44-45 참조) 문화적, 역사적 민족에서 정치적 국가로 이어지는 현실적 연결고리가 여기서 발견되고 민족의 구성원이 국가의 국민으로 자리매김하게 되면서, 민족, 국가, 국민의 삼각 구조가 형성된다.

인정하는 데서 이 글은 출발한다. '상상의 공동체'[2]라는 개념으로부터 연상되는 민족주의는 반역이라거나 민족주의는 허구라는 명제는 오히려 민족주의의 존재가 부인될 수 없음을 역설적으로 매우 강력하게 드러내고 있다. 산은 산이고, 물은 물이라는 성철 스님의 말씀처럼, 있는 것은 있는 것이고, 없는 것은 없는 것이다. 있는 것이 없음을 증명해 내기위해 투여되는 에너지를 전향적으로 있는 것에 대한 분석에 투여한다면 우리의 정신세계와 역사는 보다 건설적 방향으로 자리잡을 것이다.

민족을 역사적 맥락에서 형성된 집단으로 파악하면서 헤이스Hayes, 콘Kohn, 카Carr 등은 민족주의를 역사, 정치적 개념으로 포착한다. 오늘날 우리가 알고 있는 민족주의는 프랑스 혁명이후 서유럽에서 출현하였으며 그것은 민족국가의 정치적 명분으로 민족국가와 불가분의 관계에 있다는 것이 바로 그러한 인식의 출발점이었다. 이렇게 서유럽에서 시작된 민족주의는 자유주의와 국민주권의 원리를 필수적 구성요소로 하고 있었으나, 전세계로 확장되는 과정에서 저항이 강조되고 자유주의적 요소가 희석되었다고 볼 수 있다. 이는 민족주의의 양면성이 역사적 사건 속에서 상징적으로 드러난 양상이라고 할 수 있을 것이다. 민족주의는 19세기 전반에 근대 민족국가의 통일 원리로 제시되었고, 20세기에는 공격적, 침략적 시민주의 또는 선민주의로, 그리고 현대에 와서는 반식민주의와 민족해방의 논리로 주장되기도 하였다. 이렇게 민족주의는 자체의 개념이 그대로 전달되기 보다는 당시의 정

2 앤더슨(Anderson)은 자신의 저서 *Imagined Community*에서 민족을 이렇게 정의한다 : "민족은 본래 제한되고 주권을 가진 것으로 상상되는 공동체이다."(앤더슨 1996: 21)

치적, 사회적 상황논리에 따라 이데올로기적 변경을 넘나들었다고 볼 수 있다.

여기에 사회학적, 인류학적 연구가 가세하면서, 민족주의 이론은 진일보하게 되는 바, 민족주의에 선행하며 다양한 집단의 의식적인 선택에 영향을 미치는 집단정체성을 고려하게 된다. 이리하여 민족공동체를 포함한 모든 공동체는 문화적으로 구성된 것이라는 데에 생각이 미치게 된다. 이렇게 문화적으로 규정되는 민족과 정치 단위로서의 국가를 하나로 통합하는 체제는 당연하거나 자연스럽고 보편적인 것은 아니었다. 유대민족의 사례를 통해 민족의 고대성을 주장하는 스미스Smith는 민족주의가 의도적으로 형성된 개념이라는 것만 가지고 그 역사적 지속성을 설명할 수는 없으리라고 판단하면서, 민족주의에 있어서 전근대적인 종족적 유대를 강조하고 있다. 민족주의가 근대의 산물임을 부인하는 것은 아니지만, 민족의 형성은 경제적 통합, 행정적 통제, 문화적 결합이라는 세 가지 측면이 모두 고려되어 이루어지는 것이라고 보았다. 한마디로 시민적 요소와 종족적 요소는 근본적으로 근대 민족의 상호의존적인 구성요소라는 것이다. (박의경 1998: 59-60)

그러나 또한 이러한 민족의 고대적 기원에 대한 설명은 예외적이기도 하다. 실제로 그리스는 하나의 문명권을 형성했지만 정치적으로는 도시라는 보다 작은 단위를 중심으로 구성되었다. 로마는 제국이라는 거대한 정치 집단을 형성했고, 그 안에는 다양한 규모와 성격의 문화공동체들이 공존했다. 그래서 앤더슨B. Anderson은 인쇄자본주의를 통해서 모국어가 수립, 확산, 강요, 재생산되는 역사적 과정을 분석하고, 모국어 뿐만 아니라 지도와 박물관,

문학 등 민족공동체를 표상함으로써 대규모 집합의 사상을 가능하게 하는 다양한 기제에 주목했다. 비슷한 근대주의적 맥락에서 겔너E. Gellner는 오히려 민족주의가 민족을 만들어낸다고 주장하면서, 농경사회에서 산업사회로 이행하는 과정에서 기능적 필요에 따라 특정 국가 내에 상호 교환 가능한 유사한 개인의 집단인 민족이 필요하게 되었다고 설명한다. 이렇듯 민족과 국가가 일치되어야 한다는 발상은 그 자체로 근대적이었다. 결국 현대 세계를 구성하는 각 민족국가는 고유의 역사적 과정을 통해 개별적으로 형성되었다고 볼 수 있지만, 서구의 민족주의 전형들이 소개되기 이전에 어떤 공동체가 존재했든, 상상했든, 인민주권을 비롯한 근대적 민족 담론은 인류의 정치, 역사적 환경을 크게 변화시켜 온 것이 사실이다.

2) 민족주의의 과거, 현재, 미래

단일민족이라는 종족에 대한 배타적 담론을 가진 채, 근대에 합류한 한국의 경우 민족주의의 전개에 있어 전근대, 근대, 탈근대적 사고가 동시적으로 중첩되고 있는 매우 특수한 양상을 띤다. 전통적 가족제도와 근대의 사회경제제도는 부정합적 통합을 이루고 있어, 언제라도 균열의 가능성을 가지고 있으면서 동시에 60여 년 동안 유지되어 온 기형적이지만 나름대로 공고한 구조를 형성하고 있다. 이승만, 장준하, 박정희, 박현채 등의 민족주의는 당대의 정치적 상황에 따라 다양한 길을 걸어온 것이 사실이다. 또한 한국의 민족주의에서는 민족, 국가, 국민이라는 3가지 요소가 합일되어 있는 매우 예외적인 통일적 양상을 발견하기도 한다. 이러한 예외성과 특수성은 한국으로 하여금 민족주의와 민주주의라는 두 가지의 합일이 자연스러운 모습으로 드러나게 되는 이유가 되기도 한다.

민족주의가 가지는 배타적 역량이 오히려 개방적으로 갈 수 있는 가능성도 바로 이러한 한국적 예외성과 특수성에서 찾아볼 수 있을 것이다. 한국민족주의의 사례를 통해 동북아시아에서의 민족주의의 향배와 미래로의 길을 찾아볼 수 있는 방법이 모색될 수 있기를 바란다. 실제로 20세기 초 동아시아에서의 일본의 모습에서 우리는 민족주의 이데올로기의 이중성을 발견하기도 한다. 끈끈한 민족적 유대감으로 결속하여 밝은 미래를 지향해가는 긍정적 의미의 민족주의와 대외팽창을 추구하며 구성원들 내부적으로도 극우적, 파시즘적 모습을 보여주는 민족주의의 두 얼굴이 공존하는 것이다. 급속한 경제발전과 함께 동북공정이라는 작업을 통해 투영된 중국의 민족주의도 또한 마찬가지이다. 이에 대응하는 한국의 경우도 별반 다르지 않다. 동북공정에 대응해 고구려와 발해의 역사를 복원하려는 작업이나, 일본의 독도 관련 조처에 대한 한국의 대응을 통해서 보는 한국의 민족주의적 양상을 보면 그러한 상황이 잘 드러난다.

중국, 일본, 한국 등 동북아시아에 있어서 비교적 굳건한 민족주의를 견지해 왔던 국가들은 세계화와 세계시민주의라는 거대한 시대적 흐름에 직면해 있으면서도, 각자 자신의 영토주권, 영공의 확대, 영해의 확보를 위해 군사력 동원도 불사할 자세가 되어 있음은 최근 동아시아에서 발생한 일련의 사태를 통해서 잘 드러난다. 각국의 근대화 과정에서 많은 역할을 했던 민족주의 담론은 21세기에서 여전히 유효한 듯이 새로운 진용을 갖춰나가고 있다.

그러나 동시에 21세기의 민족주의는 과거의 민족주의와 같을 수는 없을 것이다. 21세기 글로벌시대에 맞추어 개방 사회적 특성에 걸맞은 민족주의 개념에 대한 논의와 함께 동북아시아 지역의 협력구도의 필요성과 그에 따른 한국민족주의의 모습을 그리면서 미래 동아시아 사회의 큰 그림을 그려나가는데 도움이 될 것을 이 글은 궁극적 목표로 설정하고 있다.

단일민족이라는 종족적 속성을 여전히 가지고 있는 한국민족주의의 전개는 통일이라는 미완의 과제의 달성을 통한 근대국가의 완성이라는 가볍지 않은 문제 거리를 안고 있기에 설명하기에 그리 용이한 주제는 아니다. 민족과 민족주의 담론이 이미 과거로부터 시작되어 온 결과로서의 현재 시점에서 미래로 가는 과정에 놓여있다는 점에서, 한국의 민족주의는 여전히 진행 중이고, 아직 통일국가를 달성하지 못한 미완의 과제이다. 모든 목표는 달성하거나 도달하기 직전에 가장 큰 힘을 발휘할 수 있다. 통일이 목전에 와 있다는 것은 현재사회의 통합을 향한 에너지가 어느 정도 집약되어 있는가에 따라 미루어 짐작할 수 있을 것이다. 따라서 정부수립이후 한국의 민족주의를 논하는 과정에서 중요한 요소는 한국민족주의가 가지는 힘에서 발견되고, 그 힘의 근저에는 한국민족주의가 가지는 예외성과 특수성이 존재한다. 따라서 이 글은 일단 한국민족주의가 보여주는 예외성과 특수성에 대해서 조명하면서, 양자의 특성에서 기인하는 미래로 가는 동력의 근거를 찾아볼 것이다.

3. 한국민족주의의 전개양상 : 대한민국 정부 수립 이후[3]

1) 한국에서의 민족과 민족주의의 등장과 전개

한국에서의 민족과 민족의식의 등장과 전개방식을 통해 전술한 예외성과 특수성을 시대적 개관을 설명하면서 개진해나갈 것이다. 이어서 그 예외성과 특수성으로부터 연원한 저항적, 통합적, 문화적인 한국민족주의의 특성을 적시하고, 전개과정으로부터 드러나는 한계와 문제점을 제시한다. 예외성과 특수성이 이성에 근거하여 자체의 긍정적 특성으로 자리 잡지 못하고, 비합리적 감성에 근거한 배타적이고 폐쇄적인 부정적 성향으로 변모되어가는 상황에서 한국민족주의는 대한민국의 정치현실, 즉, 민주주의의 전개상황과 무관치 않음을 엿볼 수 있다. 이렇게 볼 때 한국민족주의는 한국 민주주의의 전개와 연동되어 움직이며, 그 성패 또한 연관되어 있음을 인정하지 않을 수 없을 것이다.

따라서 필자는 여기서 정부수립이후 한국에서의 민족담론에서 드러나는 이승만의 일민주의, 박정희의 민족주의와 조국근대화 전략, 김구와 장준하의 통일 민족주의, 김대중의 대중경제론에 나

3 3장은 대한민국 정부수립이후 한국민족주의의 전개양상을 설명하는 내용이다. 3장 논의의 초입부터 이승만에서 박정희로 이어지는 국가중심적, 통합적 민족주의와 김구와 장준하의 통일 민족주의, 박현채의 민족경제론 부분에 대해서는 "한국민족주의의 두 얼굴: 국가로의 통합과 민족의 통일"(『한국/동양정치사상사연구』 제14권 1호, 2015: pp. 1-25)의 내용을 근간으로하여 간략히 요약 정리하였고, 3장 후반에서는 '김대중의 대중경제론'과 1990년대 이후 다문화주의를 추가하면서 민족주의에 관련된 현대의 다양한 담론을 포함하여 한국민족주의의 현대적 상황을 검토 분석하였다.

타난 박현채의 민족경제론과 함께 김대중의 평화통일 3단계 전략 등을 살펴보고, 21세기를 전후하여 나타나는 세계화 현상 속에서 신자유주의와 다문화주의 등 다양한 이념과의 연대와 균열을 살펴보면서 한국현대사 속에 투영된 민족주의의 성격과 특성을 추적하고, 동시에 그 한계와 문제점도 살펴보기로 한다. 이들 작업은 기본적으로 문헌연구를 통해서 이루어질 것이며, 궁극적으로 분단이라는 현실이 주는 통일이라는 역사적 과업의 중압감이 한국민족주의에 드리운 명암과 함께 존재하는 사회통합적 전망을 통해서 민족주의와 민주주의의 동시적 달성과 병행적 완성이라는 궁극적 목적지에 이를 수 있으리라 생각한다.

(1) 이승만의 일민주의와 박정희의 국가민족주의 : 정치적 통합의 시도와 조국근대화 전략

이승만은 1945년 귀국 후부터 "뭉치면 살고 흩어지면 죽는다"라는 민족 대동단결을 외쳐왔던 터라, 1948년 정부수립 후 정당 결성 과정에서 일민주의[4]를 제시하는데, 이는 이승만이 내세우고 있던 반공, 국토통일, 민족대단결, 국제평화 등 여러 정치이념을 아우르는 것이었다. 일민주의 자체가 하나의 이념으로 독립성을 가진 것이 아니기에, 통합을 목표로 제시되었던 일민주의가 한민당과의 관계, 대한국민당의 결성, 여순사건 등을 계기로 반공이라

4 이승만이 제시하는 일민주의의 출발점은 한민족, 한백성으로, 이승만의 말을 빌리면 다음과 같다. "하나인 민족으로서 무엇에고 또 어느 때고 둘이 있을 수 없다. 계급이 없어져야 하며 차등이 없어야 한다. 하나이거나 지역이란 무엇이며 남녀란 무엇이냐. 우리 민족은 하나다. 국토도 하나요 정신도 하나요, 생활에도 하나요, 대우에도 하나요, 문화상 무엇에고 하나다. (이승만 1949: 8-9)

는 목표로 선회하는 것은 당시의 상황으로 보아 어쩌면 당연한 과정이었는지도 모른다. 실제로 일민주의는 구호로서의 한민족, 한백성을 주장하지만, 그 구체적 내용에 대해서는 별로 명확하게 제시되는 것이 없는 사실상 내용이 채워지지 않은 채 시작된 이데올로기였다고 할 수 있다.

일민주의는 해방직후 좌우대립의 상황에서 미국의 지원으로 대한민국 초대정부의 수반이 된 이승만이 분열되어 있었던 대한민국의 사회적, 정치적 통합을 시도하는 과정에서 형성된 정치적 개념이었다. 이는 민족이나 인종을 담아내면서 정교하게 개념화된 이데올로기가 아니라, 이승만 정부의 정치적 안정을 위해 국내의 정치적 통합을 시도하는 과정에서 국민을 교육해내는 효율적 수단으로 제시된 것으로, 하나의 이념 이라기보다는 정치적 교착상태의 타결과 돌파를 위한 정치적 책략이라고 할 수 있는 것이었다.

이승만은 일민주의를 하나의 정당을 위한 강령이 아니라, 전 국민이 따르고 신봉하며, 이루어나가야 할 신조로 만들고자 하였다. 따라서 일민주의는 그 내용과 함께, 전 국민에 대한 보급과 교육에 초점을 맞추게 되면서, 일민주의 보급회, 일민주의 연구회 등 일민주의의 사상적 위상정리와 함께 체계화를 시도하고 조직적으로 보급하게 된다. 이승만은 자신을 대한국민당의 총재가 아닌 국부로서의 위치를 확고히 다지고자 하였다. 사심과 당파성을 비난하고 하나가 될 것을 강조하는 일민주의에서 그 '하나'가 가리키는 지점에 바로 국부 이승만이 위치하게 되면서, 일민주의는 일상의 정치를 초월하는 위치에 서 있는 영도자에 의한 일당정치로 움직일 수 있는 동력을 확보하게 되는 것이다.

통합을 강조하는 일민주의를 지탱하는 또 다른 이념 축은 반공이데올로기라고 할 수 있는데, 이는 국내적으로는 1949년 여순사건의 발발과 함께 정적으로서의 좌파의 건재에 대한 불안과 공포가 투영되었다고도 볼 수 있다. 일민주의에서 일민의 동일성과 통일성이 생명이고, 일민주의가 추구하는 목적은 바로 민족의 동일성과 통일성이었다는 점에서, 반공주의는 단일하고 통일된 '일민'을 형성하는데 매우 중요한 이념적 도구 역할을 하게 된다.[5] 즉, 이념으로서의 반공주의를 민족의 이름으로 덮어버리는 민족주의의 과잉 현상이 존재하게 되고, 이승만의 일민주의는 이를 정권의 유지라는 차원에서 적극적으로 활용하였다. 통합과 통일이라는 양대 과제를 동시적으로 추구해야 하는 대한민국의 현실로부터, 민족주의가 때로는 모든 이데올로기 논쟁의 저변에 존재하는 근본적 흐름으로, 때로는 그 모든 논쟁의 상위에 존재하는 포괄적 이념으로 나타나는 중층적 구조를 가지게 되는 근거를 찾아볼 수 있다.

이승만의 일민주의가 혈통과 종족의 원리에 기초하여 반공과 결합되면서 권력을 정당화하고 정권에 대한 저항을 무력하려는 시도를 그 저변에 깔고 있었다면, 박정희 역시 민족이라는 이름을 통한 통합과 반공이라는 기초 이념으로 민족주의를 시작하였

5 안호상이 설명하는 일민(一民)의 의미는 다음과 같다. "일민의 일(一)은 한 일자로서 하나라는 뜻이며, 또 민(民)은 백성 민자로서 백가지 성씨들이란 말인데, 그것은 곧 여러 사람들 혹은 뭇 사람들이 모이어 뭉쳤다는 의미다. 뭇사람들의 무리로서의 백성은 아무런 서로관계가 없는 사람들의 떼와 무리가 아니라, 도리어 그것은 벌써 일정한 땅의에서 혹은 지역 안에서 모여 살며 뭉쳐 사는 사람들의 떼요 무리인 것이다. 또 이 일민의 '민'은 일가와 친척과 같이 같은 한겨레요, 한민족이라는 뜻까지 갖고 있다." (안호상 1952 上: 99)

고, 그 위에 국가를 민족과 동일시하면서 국가주의를 덧칠하고, 국가주의의 지속성을 위한 발전을 강조하는 조국근대화 전략을 추가한다. 결국 통합과 반공이 일민주의의 양대축이었다면, 박정희 민족주의의 양대 축은 조국근대화를 내세운 자립경제 구축과 반공을 양대 이념축으로 설정하고, 민족주의의 가치 구현을 장기적 목적으로 내세운다. 민족의 중흥과 번영, 민족의 통일이라는 목표는 정권의 목표이자, 국가의 목표, 그리고 민족의 목표로서 권력은 민족을 앞세우면서 국가와의 강고한 결합상태를 여전히 유지한다.

박정희의 시각에서 사회정의는 민족이, 전체가, 나아가서 국가가 규정하고 나아가는 길이고, 이에 민족 구성원인 개인은 자신을 죽이고 희생하면서 따라야 하는 것이다. 민족적 양심이 부활해야 사회정의가 실현될 수 있다는 박정희의 시각에서 민주주의는 민족이 자리잡고 민족정신이 바로 설 때에야 가능할 수 있는 것이었다. 개인의 자유와 번영을 위해서도, 공동체의 정의로 제시되는 민족적 양심의 소리가 필요하게 되고, 이를 인지하고 주장하는 자가 바로 국가의 지도자가 되는 것이다. 민족의 소리는 국가를 통해서 드러나기 마련이고, 여기에 자신을 포함한 정치지도자들의 역사적 소명의식과 사명감에 대한 강조도 또한 포함되어 있다.

박정희는 민족을 개인에 앞서는 인격체나 생명체로 생각했고, 그 민족의 구체적 모습이 바로 국가라고 생각했다는 점에서[6], 박

6 이러한 내용은 박정희의 연설문에서 잘 드러난다. "... 조국 근대화나 민족 중흥이란 말도 그 속에 나오는 조국, 민족이라 하는 것은 '나'를 확대한 '대아'가 조국이요 또 민족인 것이며, 조국 근대화와 민족 중흥에 우리가 흔연

정희의 민족주의는 국가와 민족의 강력한 결합을 통한 전체주의적 속성을 드러내면서 박정희 시대 국가주의와 민족주의의 결합은 권력적 속성에서 시너지 효과를 발위하면서 절대적 통치 권력의 절정으로 치닫는다. 이러한 측면에서 강정인은 박정희의 민족주의를 국가민족주의라 지칭한다.[7]

민족이라는 추상적 실체의 현실적 모습을 자신을 정점으로 하는 국가체제 속에서 재현해나가는 과정에서, 박정희는 한 손에는 반공과 국가안보를 다른 한 손에는 근대화를 내세운다. 박정희는 근대화를 한국민족주의의 과제로 제시했으며, 근대화의 요체는 경제개발이었다. 봉건적, 식민지 잔재로부터의 진정한 해방을 지향하면서 박정희가 제시한 근대화는 곧 빈곤으로부터의 해방을 의미하고 경제개발의 길로 들어서게 된다. 박정희는 빈곤이 퇴치되지 않고서는 자유민주주의도 이룩할 수 없는 것이며, 빈곤과 기아야말로 민주주의로 가는 길에서 반드시 넘어서야 할 도전임을 명백히 한다.

근대화를 목표로 하는 박정희의 경제개발 정책은 이제 민족주의와 민주주의의 완성을 위한 수단으로 자리잡게 되었다. 결국 박정희의 경제발전 전략은 "자립경제와 경제적 풍요의 달성은 물

히 참여해서 봉사하는 것은 남을 위해서 하는 것이 아니라, 나 자신을 위해서 하는 것이고, 우리 후손들을 위해서 하는 일이다."(박정희대통령연설문집 3: 688)

7 강정인은 이렇게 말한다. "각각 단일불가분적이고 신성한 실체로 인식된 국가와 민족이 다시 불가분적으로 탄생한 국가민족주의는, 박정희에 의해 그 구성요소인 개인과 시민사회의 자율성을 철저히 부정하고 동시에 개인과 시민사회를 초월하는 엄청난 무게와 신성성을 획득하게 되었다."(강정인. 2014: 273)

론 국력과 민주 역량의 배양 및 승공통일을 위한 필수적 전제조건으로서, 민족의 독립과 번영 및 통일이라는 민족주의의 다양한 과제를 충족시키는데 필수적인 만병통치약이었다."(강정인 2014: 296) 즉, 박정희의 민족주의의 방점이 경제발전으로 옮겨지게 되면서, 경제적 민족주의의 달성이라는 목표를 설정한 박정희의 경제 담론은 한편으로는 민주주의, 다른 한편으로는 통일 담론까지 모두 삼켜버린 거대한 이념의 용광로가 되었다.

박정희의 민족주의에는 경제발전, 근대화, 민주주의, 민족의 평화통일 등 다양한 요소들이 모두 포함되어 있어, 이 모든 것들의 동시적 전개는 불가능한 상황이었다. 박정희가 명시적으로 경제발전과 근대화에 우선순위를 두고 민족의 자립경제 달성을 최종목표로 설정한 것은 분명한 사실이다. 자연스럽게 통일과 민주주의는 차순위로 밀려나게 되는 과정에서, 통일의 우선적 달성을 주장하는 장준하 등 통일 민족주의자들과 대립하게 되고, 자유민주주의의 시급한 달성을 추구하는 민주화 세력과도 충돌하게 된다. 경제발전과 근대화를 앞세운 박정희의 민족주의는 적극적 통일론자인 이승만과 달린 평화로운 방법에 의한 점진적 통일을 제시하면서 시간상 통일과 멀어지게 되고, 한국적 민주주의를 주장하면서 자유민주주의와도 거리를 두게 된다. 근대화 전략을 중심으로 한 박정희의 경제적 민족주의는 다른 모든 이념의 위에 존재하면서 각 개별 이념의 존재 이유와 가치를 결정하는 역할을 하게 된다. 여기에 민족과 결합된 국가의 역할이, 나아가서는 국가 지도자의 역할이 절대적 위치를 차지하게 되는 파시즘적 현상이 나타나면서 민족에 대한 존중 그 자체도 약화되고 마는 역전 현상이 드러난다.[8]

(2) 김구와 장준하의 통일 민족주의

자립경제와 근대화 전략이 민족주의의 달성에 필수적인 요건으로 자리 잡게 되면서, '선건설 후통일(先建設 後統一)'이라는 단계가 정립되고, 통일은 경제건설 이후에 점진적으로 준비해야 한다는 박정희 정권의 민족주의 담론에 대항하여, 민족주의의 달성을 위해서는 통일이 우선해야 한다는 통일 민족주의는 민족의 통일을 근대화를 비롯한 모든 것의 선결조건으로 생각했던 김구의 통일 우선주의와 맥을 같이 하고 있다.[9]

김구는 <백범일지>에 수록된 '나의 소원'에서 민족은 혈통에 근거하는 것으로 혈통에 기초한 민족은 영원하고, 이념투쟁은 일시적인 풍파에 불과하다고 주장한다. 따라서 우리 민족의 임무는 우선 완전한 자주독립의 나라를 세우는 일이며, 다음으로 지구상의 인류가 평화와 복락을 누릴 수 있도록 해야 하는 것이라고 역설한다. (김구 1997: 365-367) 김구의 민족주의 개념은 다음과 같은 그의 말에서 잘 드러난다.

---

8 이에 대해 박찬승은 다음과 같이 평가한다: "근대화와 반공을 내걸고 등장한 박정희 정권은 자신의 정통성을 마련하기 위해, 근대화(경제 개발) 이데올로기와 민족주의 이념을 결합시키려 하였다.. 그러나 그들이 내세운 내셔널리즘은 개인의 인권이나 자유보다는 경제개발에 동원될 대상으로서의 국민을 강조하는 국가주의적인 것이었다. 그리고 1972년 이른바 10월 유신을 단행하면서 박정희 정권은 파시즘 체제로 이행하였고, 결국 그들이 내세운 민족주의도 파시즘의 하위 이데올로기로 전락하고 말았다." (박찬승 2010: 233-234)

9 김구는 김규식등 상해임시정부세력과 함께, 시종일관 민족의 주체성과 독자성을 강조하면서 신탁통치 반대, 남북한 단독정부 수립반대, 남북협상 시도하였으나 결국 실패한다. 결국 분단된 민족의 통일은 이룩되어야 할 지상과제로 남게 되고, 이는 이후 대한민국의 정치지형과 민족주의 담론 구성에 지대한 영향을 끼치게 된다.

산에 한 가지 나무만 나지 않고, 들에 한 가지 곶만 피지 않는다. 여러 가지 나무가 어울려서 위대한 삼림의 아름다움을 이루고 백 가지 꽃이 섞여 피어서 봄들의 풍성한 경치를 이루는 것이다. 우리가 세우는 나라에는 유교도 성하고 불교도 예수교도 자유로 발달하고, 또 철학으로 보더라도 인류의 위대한 사상이 다 들어와서 꽃이 피고 열매를 맺게 할 것이니 이러하고야만 비로소 자유의 나라라 할 것이요, 이러한 자유의 나라에서만 인류의 가장 크고 가장 높은 문화가 발생할 것이다. (김구 1997: 370)

"공원의 꽃을 꺾는 자유가 아니라 공원에 꽃을 심는 자유"(김구 1997: 374)와 같이 김구는 자유를 말하되 공동체에 기여하는 자유를 언급하였고 다양한 문화적 차이도 인정하고 있으며 그 존재 가치도 인정하고 있다.[10] 이에 근거하는 김구의 민족 통일론은 자유주의적이고, 문화적이론에 기반을 두고 있다. 이러한 김구의 민족통일론은 해방직후 냉전의 시작과 함께 남북협상의 실패로, 분단이 고착화되는 과정에서, 이승만의 일민주의와, 박정희의 자립경제 근대화론에 현실적으로는 밀리지만 여전히 성취해야할 민

10 이는 휴머니즘에 기반을 둔 문화민족주의를 주장했던 헤르더의 사상에서 연원하고 있다. 헤르더의 말에 따르면, "개인의 자아를 추구하라. 그리하면 인간 집단의 조화는 달성된다. 각 민족의 개별성을 추구하라. 그러면 휴머니티는 달성된다." (박의경 1995b: 350) 김구가 헤르더를 읽었는지는 알 수 없으나, 장미가 피는데, 국화가 방해가 되지 않고, 벚꽃이 피는데, 채송화도 장애가 되지 않으면서 자신의 고유한 아름다움을 간직한 채 정원의 자연스러운 아름다움의 발현에 각자의 역할을 담당하는 것처럼, 민족도 이와 같이 자신의 독특성과 고유함에 바탕을 둔 자신의 문화를 여타 민족의 민족성에 배치됨이 없이 발전시킬 수 있다는 헤르더의 설명과 김구의 민족주의는 거의 동일한 개념이라고 할 수 있다.

족과 국가의 궁극적 목표로 설정되어 있었고, 여전히 사회의 모든 이념 논쟁의 정점에 위치하고 있었다.

이승만과 박정희 정권을 통해서 지속되어 왔던 반공이라는 한 축의 존재는 실제로 통일 민족주의 담론을 활성화시키는데 결정적 문제점으로 작동하게 된다. 또한 사사건건 박정희 정권과 대립하던 장준하가 1972년 7.4공동성명을 지지하게 된 이유가 역설적으로 통일 민족주의의 기본 정신에 기인한다. 통일 민족주의 담론에 통일은 지상과제이자, 궁극의 명령이다. 그 어떤 이념도, 그 어떤 체제도, 그 어떤 정치지도자의 입지도 문제가 되지 않는다. 그저 하나이어야 하는 것이 하나가 되어야 한다는 매우 단순한 논리로부터 통일 민족주의는 출발하고, 그 사상적 기초에는 혈통에 근거한 민족 개념이 자리잡고 있다.11

장준하에게 민족주의자의 길은 민족적 양심에 따라 자신의 개인적인 삶을 바치는 것이었다. 장준하의 말에 따르면, "민족적인 생명과 존재와는 따로 있는 자기, 민족의 생명이 끊어진 뒤에도 살아있는 자기, 민족이 눌리고 헐벗고 있을 때 그렇지 않은 자기는 이미 자기도 인간도 아닌 자기이며 그렇기에 진정한 자기의 생명을 실현하는 인간이 아닌 것이다." (박경수 2003: 375) 민족이 하나가 되어야 한다는 일념으로 통일이 우선되어야, 자유와 평등

11 장준하의 말을 인용하면 다음과 같다. "민족의 양심에 살려는 사람 앞에 갈라진 민족, 둘로 나누어진 자기를 다시 하나로 통일하는 것 이상의 명제는 없다. 이를 위한 안팎의 조건을 만들어가는 일 이상의 절실한 과제는 없다.... 모든 통일은 좋은가? 그렇다. 통일 이상의 지상명령은 없다. 통일이 갈라진 민족이 하나가 되는 것이라면, 그것이 민족사의 전진이라면 당연히 모든 가치 있는 것은 그 속에서 실현될 것이다... 모든 진리, 모든 도덕, 모든 선이 통일과 대립하는 것일 때는 그것은 거짓 명분이지 진실이 아니다." (장준하 1972, <민족주의자의 길>; 박경수 2003: 375에서 재인용)

을 비롯한 여타의 모든 가치도 달성될 것이라는 통일 민족주의는 경제근대화론에 압도되어 국가의 기본 정책의 우선순위에서 멀어져갔다. 이는 경제근대화론에 우선순위가 밀린 또다른 국가의 목표 민주주의와 함께, 진보 민주세력이 기본적으로 채택하는 강령이 되었다. 한마디로 통일 민족주의 입장에서 볼 때, 자립경제를 근간으로 하는 경제근대화론은 경제우선정책으로서 분단을 고착화시킬 뿐만 아니라, 경제개발을 국가주도형으로 이끌어가는 과정에서 권위주의적 체제가 강고하게 자리잡는데 결정적 공헌을 하였다. 이러한 과정에서 민주주의의 핵심인 국민의 자유와 평등, 권리 등은 국가와 일체화된 민족의 이름으로 그 해결이 차후로 미뤄지게 되었다. 민주주의를 위한 투쟁에서도, 국가의 발전을 위한 투쟁에서도 민족주의는 절대적 가치로서 여전히 존재하는 가운데, 자립경제 근대화론과 통일 민족주의 담론에서도 민족이란 그 자체로서 궁극적 상징이자 최고의 가치로 남는다.

(3) 박현채의 민족경제론과 김대중의 대중경제론: 민족경제의 달성과 평화통일을 위한 3단계 전략

경제자립과 근대화의 기치를 높이 든 박정희 정권 18년 동안 남한의 거주민들은 '민족'의 구성원 이라기보다는 대한민국의 '국민'으로 보다 철저하게 사회화 되었다. 국기와 애국가에 대한 신봉, 국민교육헌장의 제정, 국민징병제의 확립과 예비군 창설 등을 통해 국가는 국민을 체계적으로 동원해낼 수 있는 파시즘적 체제로 이행되었던 것이다. 민족에 대한 숭배와 가치는 남한과 북한에 모두 강력한 국가 건설과 숭배로 귀착되고 있었다. 민족성은 국가성에 압도당하게 되었고, 그 결과는 민족분단의 고착화를 통한 분단국가의 영속적 가능성이었다. 그러나 한반도에서 민족은 여전히 지고의 가치이자 강력한 힘으로 존재하고 있었고, 여기에 민족분단 상황의 타개와 극복을 통한 민족의 통일, 나아가서는 근대국가의 완성이라는 목표는 여전히 정치, 경제, 사회적 측면 등 모든 성향의 민족주의에서도 제일의 목표로 존재하고 있었다.

박현채는 정치적이 아닌 경제적 측면에서 체계적으로 접근하여 한국의 민족주의를 경제이론적, 경제사적으로 설명한 학자이다. 모두가 추상적 실체로서의 민족 개념을 최상위에 두고, 그 추상체를 설명하거나 접근하는 방법으로는 정치를 사용해왔던 것에 비하면, 박현채는 한국 사회가 당시에 당면하고 있는 문제의 본질을 한국에서 진행되어온 자본주의 자체에서 찾고 있다. 여기에 박현채의 '민족경제론'을 민족주의 담론을 다루는 글에서 논의하는 이유가 존재한다. 박정희 정권이 국가주도적 산업화를 주도하면서 줄곧 내세웠던 자립경제의 달성이 곧 민족주의로의 길이라는데 박현채도 분명히 동의하고 있다. 문제는 자립경제란 과연 어떤 것인가에 대한 개념 규정에서부터 발생한다. "국민경제의 재생산 조건을 스스로의 힘으로 장악하는 것이어야 한다"는 박현채의 자립경제에 대한 정의[12]는, 자본의 드입과 확대를 통한 국민총생산의 증가를 자립경제로 보고, 경제적 민족주의가 확립될 것이라고 역설해 왔던 박정희 정권시대 산업화 논리를 정면으로 반박하는 것이다. 이는 곧 자립경제를 위해 다른 많은 권리를 상당기간 유보할 수도 있다는 생각을 가지고 있는 국가주도적 경제개

12 박현채는 이어서 주장한다. "이와 같은 조건의 충족만이 경제의 성장을 민족적 자결에 대한 경제적 기초로서의 경제적 민족주의의 실현으로 되게 하는 것이다." (박현채 1978: 203)

발 논리의 설득력을 위축시키고 약화시키는 논리로서 정권의 입장에서 이는 매우 위험하기까지 한 생각이기도 했다.

박현채의 민족경제론이 당시의 경제정책을 비판하면서 이론에 머물러 있었다면, 김대중의 대중경제론은 민족경제론이 드디어 현실의 옷을 입고 세상에 구체적으로 모습을 드러내고, 현실에서 전개되어가는 모습을 보여준다. 김대중의 <대중경제론>의 영문 제목은 Mass-Participatory Economy로서 '대중참여경제'로 번역되는데, 여기서 우리는 민족경제론이 지속적으로 말하고 있는 민족 구성원의 민주적 참여가 대중경제론에서 접목되고 있음을 알 수 있다.

민족경제론을 현실에서 실현하자는 차원에서 대중경제론은 그 영문 제목에서 나타나는 바와 같이 대중의 참여, 특히 민주적 참여에 초점을 맞추면서, 시장경제와 민주주의 그리고 사회정의의 양립가능성을 모색해나가는데 그 구체적 실행계획의 목적이 설정되고 있다. 결국 대중경제론은 경제개발론에서 후순위로 밀려 현실에서는 배제되어 있는 민주주의의 발전을 이론의 전면으로 부상시킨다. 국가와 합일된 민족이 아니라, 시민으로 성장한 민족의 등장이 민주주의를 발전시킬 수 있으며, 민주시민의 참여를 통해서 민족경제는 대중경제로 형상화 되고, 경제개발의 핵심으로 등장하게 되면서, 대중경제론은 경제개발론이 넘어서지 못한 문제를 해결해 나갈 수 있는 대안으로 자리매김하게 된다.

김대중 정권의 민족주의를 논할 때, 대중경제론과 함께 또 다른 축을 형성하는 것이 바로 평화통일 3단계 전략이다. 박정희의 경제우선정책에서 후순위로 밀린 개념이 민족경제론과 대중경제론이라면, 경제적 민족주의 전략으로 인해 후순위로 밀린 개념이 바로 통일 민족주의 담론이라고 할 수 있다. 따라서 민족경제론이나 통일 민족주의 담론은 당시 박정희 정권의 정책 기조와는 시기적으로 어긋나는 개념으로 민주화운동 차원에서 그 이론적 명맥을 유지하고 있었다. 김대중도 수차례의 연설과 여러 문헌을 통해 통일관련 생각과 정책을 언급한 바 있으며, 통일관련 논의를 공식화해야 한다고 주장하였다.

북한을 정부로 인정하는 문제는 분단의 고착화와 한반도의 2정부, 1민족 2국가라는 비판의 파고를 넘어서야 하는 문제지만, 김대중은 상대의 인정만이 통일로, 민족의 회복으로 나아갈 수 있는 길임을 역설적으로 설파한다. 김대중도 역시 '한민족은 통일신라 이래의 단일민족'이라는 일반적 인식에 동조하고 있다. 분단은 반드시 해체되어야 하며 통일을 통해 민족의 동질성 회복과 함께, 근대민족국가의 완성이 대한민국의 미래를 위해 절대적으로 필요하다는데 대해 김대중도 역시 이의를 제기하지 않는다.

'단일민족'이라는 말에서 알 수 있듯이, 고도로 단일한 혈통, 언어, 문화적 전통을 가진 민족주의 기반 위에 자유주의 세력이 근대화와 민족해방운동에서 주변적 역할에 머물러 있었던데 기인하여, 한국의 민족주의는 개방적이라기보다는 폐쇄적이고 배타적인 성격을 명백하게 드러낸다. 따라서 여기서 말하는 '열린 민족주의'[13]의 내용에 대해서는 이론이 있을 수 있겠지만, 우리에게 통

---

13 김대중의 말에 따르면, '열린 민족주의'는 자기 민족만의 이익을 위해 다른 민족을 탄압하고 수탈하는 외연적 민족주의(外延的 民族主義)를 반대한다. 대신 자기 민족을 식민지적 속박으로부터 해방시켜 자유와 독립 그리고 생존의 길을 열어주고자 하는 내포적 민족주의(內包的 民族主義)를 수용한다. 단, 일부 제3세계의 민족주의에서 보듯이, 무조건 반외세자주화로 치닫는 폐쇄적 민족주의는 경계한다. 이런 점에서 '열린 민족주의'는 북한이 강조

일이란 분단된 민족의 재결합이자 근대적 민족국가의 건설을 의미하는 것이기에 민족주의는 김대중에게도 통일의 이념적 기반이자 미래로 가는 동력의 근원이었음은 분명하다.

김대중은 통일 민족주의 노선의 특징을 보이고는 있으나, 매우 현실적인 제안이 주류를 이루고 있으며, 이러한 내용이 현실에 적용되는 것은 1987년 민주화이후 노태우정부의 북방정책에서 보다 구체화된다. 노태우정권에서 남북한 유엔 동시가입이 이루어지고, 김영삼의 정권에서도 이어지는 한민족공동체 통일방안은 화해, 협력단계와 남북연합단계를 거쳐 1민족 1국가 통일국가 완성이라는 통일 로드맵을 정부 차원에서 공식화하였다. 김영삼 정권의 뒤를 이어 김대중 정권에서 이미 기술한 바 있는 김대중의 통일방안은 실체적 힘을 얻어 실행되는 단계로 들어가, 1998년 남북정상회담을 성사시키고 6.15 공동선언을 발표한다. 6.15 공동선언은 총 5항으로 구성되어 있으며, 그 요체는 통일문제에 대한 자주적 해결과 경제협력, 각 분야에서의 협력과 교류였다. 김대중 정권의 통일정책은 이른바 '햇볕정책'으로 남북 교류 협력에 중점을 두고, 교류 협력에서 정부보다 민간의 역할을 보다 중요시하고 있음이 특징으로 부각된다. 민주화과정을 통해 북한에 대한 남한 국민들의 인식이 유연하게 변화하게 되면서, 적이 아니

하는 반제국주의적 '우리 민족 제일주의' 와는 근본적으로 궤를 달리한다. (아태평화재단 1995: 32-33)

김동춘은 이에 대해 다음과 같이 비판한다. "1980년대 한국의 민족주의는 새로운 형태의 민족주의라기보다는 구민족주의의 불꽃이었으며,... 변화된 사회상황에 대한 인식에 바탕을 둔 것은 아니었기 때문에 학생, 지식인 외의 생활인들에게 그 영향력을 확대시키는 전진적인 이데올로기의 힘은 갖지 못하고 있다. 나아가 100여년의 한국민족주의가 그러했듯이 열린 민족주의가 아니라 폐쇄적인 민족주의의 전통 속에 있다."(김동춘 2000: 370)

라 동반자로서의 북한이라는 생각이 민간교류를 활성화시키는 계기가 된다. 물론 여기에 20세기말부터 형성된 세계화와 신자유주의의 사조, 다문화주의의 영향도 지대한 역할을 한 것은 분명하다.

(4) 1990년대 이후 민족주의 담론과 다양한 이념의 연대와 균열 그리고 조화: 세계화, 신자유주의 그리고 다문화주의

김대중의 3단계 통일론의 사상적 기조에서 보듯이 열린 민족주의 개념이 드러나기도 하지만, 대체로 한국민족주의의 실상은 폐쇄적이고 배타적인 것이 사실이다. 단일민족이라는 신성화된 민족 개념 속에서 개방성과 융합성은 어쩌면 민족성이라는 추상적 실체에 접근하지 못하는 개념으로, 민족주의와는 근본적으로 조화될 수 없는 개념인지도 모른다. 그러나 20세기말인 1990년대부터 21세기 초에 대한민국에서는 아직 냉전의 잔재인 분단이 회복되지 않고, 근대민족국가의 건설이 완결되지 않은 상태에서, 국제정치의 현장에서는 냉전이 해체되고, 다극화를 넘어 다원화로 이행되는 역사의 엇박자를 우리는 경험한다. 우리는 아직 전근대와, 냉전의 소용돌이 속에 있음에도 불구하고, 소용돌이의 외곽에서는 세계화와 신자유주의, 그리고 다원주의, 다문화의 물결이 우리 사회 내부로의 진입을 지속적으로 시도한다.

80년대 군부정치의 회귀와 함께 촉발된 5.18광주 민중항쟁을 시작으로 민주화의 요구가 거세지면서, 도시의 중산층이 아니라 도시노동자와 빈민층이 중심이 되어 사회개혁의 새로운 주체로 '민중'이 등장하고 이들을 중심으로 한 민중민족주의가 자리잡게 되지만, 90년대 후반의 탈냉전과 세계화의 물결은 우리 사회에 오히려 탈민족주의적 요구를 표출시키게 된다. 민족주의란 시대착오적 이데올로기이며, 지구촌공동체를 논하는 상황에서 오히려 자유, 평등, 인권과 같은 민주주의의 보편적 가치를 보편적으로 누리게 하는데 장애가 될 수 있다는 사고에서 출발하며 자유를 그 근간으로 제시하는 것이 바로 탈민족주의[14]의 논리라고 할 수 있다.

동시에 세계화의 진행과 함께 민족의 정체성이 보다 중요해지고, 특히 남북한의 상황에서 민족주의는 서로의 이념을 뛰어넘어 교류할 수 있는 공통의 기반을 제공하고 있다는 점에서 더욱 절실하다는 주장도 존재한다. 다만 민족주의도 오랜 생명을 지닌 이념이기에 시대와 상황에 따른 변화와 포용, 수용이 필요하다는 점을 이들은 역설한다. 여기서 열린 민족주의, 개방적 민족주의, 지구적 민족주의 등 일견 형용모순으로 느껴질 수도 있는 전향적 민족주의 개념이 등장하고, 이를 위해서는 자유와 평등, 인권과 민주주의등을 기본 가치로 하는 시민적 민족주의가 설정되어야 한다고 역설하기도 한다. (박찬승 2010: 236)

그러나 실제로 1990년대의 세계정세는 이전과는 전혀 다른 상황으로 전개된 바 있다. 국내적으로는 87년 민주화와 함께, 앞서 언급한 바와 같이 그동안 억압되어 왔던 통일 민족주의 담론의 폭발현상이 나타나고 있었던 상황에서, 세계적으로는 냉전의 상

14 특히, 한국의 민족주의는 국가주의적이고 집단주의적 성향을 보이면서, 개인의 자유와 개성을 무시하고 여성과 소수자들을 억압하거나 배제하는 파시즘적 속성을 지닌다는 것이 민족주의에 대한 탈민족주의의 비판이다.(임지현 2003: 350-355) 탈민족주의는 인간의 보편적 가치가 민족의 경계 안에 제한되지 아니하고 보편적으로 인정받아야 한다는데 초점을 맞춘다.

징인 소련의 해체와 독일의 통일로 억눌려 있었던 동유럽 민족주의가 재등장하면서 양극이라는 구심점이 사라진 다원화 사회로 들어서게 된다. 당시 유럽의 소수민족의 발흥은 제2차 세계대전 이후 지도에서 사라졌던 나라들이 독립국가로 재등장하게 되는 계기가 되었다. 이러한 국제정세하에서 대한민국 정부는 세계화를 적극적으로 추진하게 된다. 세계화는 국내시장에 대한 개방압력으로 작용하였고, 당시 김영삼 정부는 국가경쟁력 강화, 일류국가 등을 모토로 내세우며 세계화를 이용하는 동시에 민족주의 담론도 세계화 전략의 일환으로 활용하게 된다. 세계화와 민족주의라는 일견 어울리지 않는 한쌍은 국가의 경쟁력 강화와 맞물리면서, 경쟁력 강화를 위한 전통과 민족문화의 우수성 강조라는 역설적 현상으로 이어진다. '우리 것이 좋은 것이여,' '국내적인 것이 국제적인 것'이라는 역설적 언설은 한국의 민족주의가 가지는 배타성과 방어적 기제를 폐쇄적 성향으로부터 이끌어내어, 국제사회에서 우리를 타인과 비교, 인식할 수 있는 기회가 되었고, 민족주의도 타국을 적으로 전제하면서 자신 만에 함몰되어 있었던 저항성, 배타성에서 벗어나, 타국과의 공존 가능성을 전향적으로 고려할 수 있는 개방성과 포용성을 가질 수 있게 된다.[15]

15 이에 대해 강정인은 다음과 같이 설명한다. "한국의 민족주의는 19세기 말 이래 자본주의 침투에 저항하면서 외세의 압력을 막아내는 과정에서 형성, 발전했기 때문에 '외부세계'에 대한 저항적, 방어적, 배타적 성격이 강했다고 할 수 있다. 그러나 이와 같은 한국민족주의의 성격은 1987년 민주화의 진행과 함께 시민의식이 성장하면서 변화의 단초들이 만들어지기 시작했다. 그리고 세계화가 진행되는 과정에서 한국의 민족주의는 그러하든 그렇지 않든 간에 세계의 국가들과 관계를 맺으며 보다 유연하고, 개방적인 성격으로의 변화를 요청받고 있다. 특히 이주노동자와 국제결혼 이민자가 증가하고 있는 현실에서 한국민족주의는 외부세계 및 외부인에 대한 폐쇄성

이러한 내용은 2000년 이후 다문화 사회의 등장과 이에 대한 인식이 사회에서 확대되면서, 비로소 민족이란 과연 무엇을 의미하는 것인가에 대한 논의가 필요하다는 인식이 형성되기 시작한다. 한국인이란 법적 개념은 혈통에 기반을 두고 있는바, 한국인과 결혼한 외국인은 한국인인지, 그 사이에서 출생한 자녀는 한국인인지에 대한 문제는 실상 기존의 민족 개념에 대한도전으로 간주될 수도 있는 문제이다. 실제로 한국에서 태어나 한국어를 하고 한국 학교에서 교육받는 학생의 정체성을 부와 모의 혈통을 통해 규정하는 것이 과연 그 학생에게 정당한 처사인지에 대한 논의는 인권의 문제로도 이어지게 되는 것이다. 여기에 한국의 민족주의 담론에서 그동안 회피되어 왔던 민족 개념에 대한 전향적 사고의 필요성이 존재한다.

글로벌 사회는 경제로부터 시작하여, 사회 각 분야로 스며들기 시작한지 이미 오래되었다. 인터넷과 스마트 폰의 등장은 이러한 경향을 더욱 촉진시켰다. 이러한 상황에서도 인위적 경계를 강고하게 고수하고 있는 국가를 중심으로 한 민족 개념은 여전히 존재하고 있다. 야심차게 출발한 유럽의 통합국가, EU도 내부적으로는 여전히 각국 중심으로 체제가 유지되고 있다. 경제와 달리, 정치적 수준에서는 민족의 경계가 그리 쉽게 허물어지지 않고 있음을 반증한다. 민족주의가 과연 무엇인가를 담는 그릇일 뿐이라면, 지구상에서 국가와 민족은 사라지고 이미 세계국가, 세계정부라는 글로벌 체제가 등장하였을 지도 모른다. 국가가 건재하고,

---

의 외피를 벗고 열린 민족주의를 지향하며 나아가야 하는 상황에 놓여 있다고 할 수 있다."(강정인 2009: 255-256)

민족 담론이 여전히 사람들의 마음을 흔드는 현실에서 민족주의를 단순히 그릇이라고 하기에는 무리가 있다. 특히 한국의 민족주의는 대내적으로는 민족의 통합, 대외적으로는 강건한 민족국가의 수립에 그 목표를 두고 있는 이념으로, 세계화, 신자유주의, 다문화주의까지 담아낼 수 있는 매우 포괄적이고 역동적인 이념이라고 할 수 있다.

2) 한국민족주의의 특성과 한계

(1) 한국민족주의의 특성

일반적으로 민족주의는 단일성에 초점을 맞추는 이념으로 이해되고 있다. 따라서 민족주의는 다양한 개인의 소리를 중요시하는 민주화의 진행과 개인별 부의 증진을 목표로 하는 산업화 과정을 통과하면서 상대적으로 약화되기 마련이다. 특히 민주화 과정에서의 다원성의 확대, 산업화 과정에서 수반되는 전 사회의 자본주의화를 통한 개인주의의 확산은 21세기 국가 사회 조직 내에서의 민족주의의 입지를 좁히면서 약화시켜 왔다. 그러나 한국민족주의는 이러한 일반적 현상에 역행하는 모습을 보여주었다. 실제로 민주주의나 산업화의 진행과 함께 약화되기 보다는 오히려 강화되어 온 것이 한국민족주의의 모습이다. 대한민국 정부수립이후 한국민족주의의 전개 양상은 근대이전부터 면면히 이어내려온 '민족' 개념을, 시대나 상황 변화에 따른 '민족' 개념에 대한 토론이나 논쟁없이, 있는 그대로 유지하면서 진행되었다. 특히 해방직후 냉전적 분단으로 물리적 현상으로서의 민족의 독립이 완결되지 못한 상황으로부터, 우리에게 '민족'이라는 개념은 일종의 성역으로 그에 대한 개념적 논쟁은 처음부터 토론이나 논쟁의 대상이 되지 못했다. 민족은 우리의 출발점이었고, 민족 그 자체가 바로 우리의 목적지이기도 했다.

우리에게 민족은 시작이자 끝이었고, 그 자체로서 독립적 이념을 구성하는 개념이었던 것이다. 이것이 한국민족주의의 장점이자 단점으로 드러나기도 한다. 민족 그 자체만으로 역사를 움직일 수 있는 역동성을 가진다는 점에서 한국민족주의의 힘이 나타나기도 하지만, '민족' 개념에 들어서는 곳에는 다른 이념이나 개념이 살아남을 수 없는 어쩌면 '이념의 죽은 공간'이 되어버리는 치명적 문제점을 드러내기도 한다. '민족'을 일인칭으로 인식하게 되면서, 자민족 중심주의적 사고를 극복하지 못한 유아적, 소아병적 민족주의는 역사와 시대의 변화에 따라 명멸하는 여러 이념들의 존재가 제대로 된 특성을 가지고 발휘되지 못하게 하는 역사의 퇴행현상을 초래하게 된다. 19세기 구한말에서 드러났던 위정척사를 바탕으로한 수구파의 등장은 바로 이러한 저차원적 민족주의가 보다 높은 단계로 성장하지 못한데서 그 연원을 찾아볼 수 있으며, 20세기말 대한민국의 현실도 이와 그리 다르지 않다. 한 세기가 지났어도 동일한 원인은 유사한 현상을 반복해서 연출하는 것은 바로 역사의 아이러니라고 할 수 있을 것이다.

"한국민족주의의 두얼굴"에서 필자는 한국의 민족주의의 특성을 다음과 같이 정리한다. "한국의 민족주의는 그 출발에서는 저항적이었으며, 전개과정에서는 체제 순응적으로 발전하는 모습을 보여준다. 그러나 또한 체제 순응적이면서도 민족주의의 생명력을 다른 모든 것을 넘어선다. 민족개념에 대한 시대적 변용도 없었고, 민족을 내세우는데 대해 어떠한 저항도 있을 수 없는 것이 바로 모든 위정자들이 지금까지 민족을 내세우면서 정권을 잡으려하고 있다는 데서 잘 드러난다. 어떻게 보면, 정권이나 체제가 민족주의를 장악했다기보다는 모든 정권이 민족주의라는 최상위 개념 아래에서 작동하고 있다는 생각도 든다.... 오랜 역사 속에서 민족과 국가, 국민이 엄밀하게 구분되지 않고 하나의 뭉뚱그려진 개념으로 존재해 온 상황에서, 한국민족주의는 모든 이념을 압도하면서 체제와의 연동성이 매우 높은 국가 이데올로기로서 작동해 온 것은 이미 기술한 바와 같다. 국가와 연합한 민족, 국민과 연동되어 움직이는 민족 개념은 근대화, 산업화의 상황에서도 새로운 논쟁을 필요로 하지 않는다. 국가와 국민으로 민족이 자연스럽게 녹아들어가는 장면은 한국이 아닌 다른 곳에서는 잘 찾아볼 수 없는 것으로, 민족주의가 대한민국에서 가지는 잠재력과 역동성을 보여준다." (박의경 2015: 22)

(2) 한국민족주의의 한계와 문제점

한국민족주의의 특성과 장점으로부터 한계와 문제점은 도출된다. 민족이라는 추상성을 한반도라는 영토에 실재하는 실체적 존재로 인식하고 있는 상황에서, 더구나 동일한 언어를 사용하고 있는 구체적 민족의 존재는 한국민족주의의 커다란 힘이 되는 것은 사실이다. 그러나 바로 이러한 사실로부터 한국민족주의의 한계가 드러나고 문제점이 도출된다. 동일한 지역에서 동일한 언어를 사용하는 집단이 모두 인식하고 있는 민족에 대해 논의의 필요성도 논쟁의 의미도 찾을 수 없었다는 사실은 민족을 정의하고 규정하는데 한국민족주의는 그리 어렵지 않았음을 말해주는 것도 사실이지만, 이것은 곧 국제사회의 등장과 함께 단일이라고 생각되는 민족사회가 맞닥뜨리는 어려움을 드러내기도 한다.

언어의 용례에서도 우리는 '우리'라는 단어를 매우 포괄적이고 광범위하게 사용하고 있음을 알 수 있다. 여기서 '우리'는 바로 민족을 의미하는 것이며, 우리가 아닌 자들은 민족이 될 수 없는 것이다. 정치에 적용될 수 있는 '우적(友敵)' 개념이 한국민족주주의의 근본 개념 '민족'을 통해 그 태생적 배타성을 드러내는 것이다. 서로 논의할 필요 없는 모두가 동의하는 '민족' 개념의 존재가 사회의 통합과 국가의 단결을 이루어내는 힘이 되기도 하지만, 실제로 사회가 이동하고 있는 신유목적 상황에서 이러한 상황은 대외적 배타성으로 국제사회에 적응하는데 어려움을 초래한다. 한국어에서 '우리'의 개념이 포괄적이듯, '민족'의 개념도 일반적이고 포괄적이며 보편적이기까지 한다. 보편화 되어버린 '민족' 개념은 '민족'이라는 개념 자체에 대한 논의를 뛰어넘어 버렸다. 우리의 생각 속에서 하나라는 생각이 들게 되는 집단이 바로 '민족'이라는 일견 인간적이지만, 매우 추상적인 개념으로 서게 되면서 실제로는 모호하게 되어 버린다. 모호성이란 그것이 의미하는 바가 과연 무엇인지에 대한 명확성이 존재하지 않는 상태를 의미한다. 민족이라는 구체적인 실체가 구체적이지 않고 모호해져 버리는 매우 역설적 개념 전도 현상이 발생하는 것이다.

이러한 개념 전도 현상은 한국민족주의의 전개양상에서 드러나듯이 모든 이념을 녹여버리는 '이념의 도가니탕melting pot of ideologies'으로 요약될 수 있다. 이념의 도가니탕은 모든 이념을 녹여버리는 용광로와 같아서, 이 용광로에 들어가는 이념은 그 자체로서의 개념을 가지고 이 땅에서 살 수 없게 되어버린다. 한국민족주의의 용광로를 통과하게 되면, 민주주의도, 자본주의도,

사회주의도, 파시즘마저도 '한국적'이라는 수식어에 걸맞는 한국적 이념으로 재탄생하게 되는 이유가 바로 여기에 있다. 한국민족주의의 이념적 흡인력은 모든 것을 통합하여 하나로 만들어내는 마력(魔力)까지 드러낸다.

흔히 미국을 '인종의 도가니탕(molting pot of race)'이라고 하는데, 여기서 미국이 표방하는 'e pluribus unum(one from many; 여럿이 모여 하나됨)[16]'이라는 가치와 달리, 한국에서 볼 수 있는 '이념의 도가니탕'은 다양한 모든 것은 하나로 만들어버리는 것을 의미한다. 여기서 전자가 다양성 속의 통일성을 의미한다면, 후자는 사라진 다양성과 결과적으로 드러난 획일성을 지향한다. 모든 것이 하나를 통해서, 하나를 향해서, 하나의 방법으로 가야한다는 전체주의적 사고의 모습을 한국민족주의에서 찾아보기가 그리 어렵지 않은 것이 현실이다.

민족주의가 가진 통합성이 단일성으로, 그 단일성이 전체주의적 방향으로 움직일 수 있는 가능성은 어디에나 존재하는 것이지만, 한국적 상황에서 민족이라는 하나에서 출발한 민족지상적 민족주의, 국가와 통합된 국가주의적 요소를 가진 국가민족주의, 통일이라는 목표를 향해 달리는 목표지향적 통일 민족주의 등의 개념은 그 구성원에 대한 개념보다는 민족, 국가라는 집단중심적으로 움직이면서 개인의 자유와 평등, 인권에 대한 민주주의적 사

16 미국의 독립전쟁에 참여한 피에르 드 시미티에르(Pierre de Simitiere, 1737-1784)가 제시한 미국 건국의 신조로서, "하나는 모든 것으로 이루어져 있고, 모든 것은 하나로부터 나온다"라는 그리스 철학자 헤라클레이토스(Heracleitos)의 글에서 연원한다. 1776년 건국 때부터 미국은 이 문구를 국가 인장에 넣어서 사용하고 있다.

고와 자연스럽게 대척점으로 움직일 수 있게 된다. 이러한 상황은 생각이 다른 자들의 존재를 친구 또는 적으로 구분하여 각기 다른 대응체계를 적용하게 되면서, 민족주의는 적을 향한 무기로 활용될 수 있게 되는 것이다.

우리를 위한 민족주의가 우리의 울타리를 넘어서 있다고 규정된 자들을 찌르는 무기가 되고, 이것이 정치적으로 이용될 때 이제 민족주의는 민족의 순수 이념에서 출발한 이데올로기가 아니라 만병통치적 정치수단으로서 '양 날이 선 칼'로서 자리매김하게 된다. 양 날이 선 칼이란 어느 쪽으로 휘둘러도 상처가 날 수밖에 없는 매우 위험한 무기를 의미하는 것이다. 민족이 정치적 수단으로 활용될 때, 민족 구성원의 물리적 생명 뿐만 아니라 사회적 생명까지도 위협당할 수 있는 바, 이는 매우 위험한 지경이기도 하지만, 보다 중요한 문제는 이에 대적할 수 있는 해결책이 존재하지 않는다는 사실이다. 인간의 존재와 생명을 위한 이념 민족주의가 역으로 그것을 위협하는 도구가 되어버린 역전현상을 돌이킬만한 이념이 현재까지는 존재하지 않는 것이 한국민족주의가 당면한 현실이다. 민족주의로 귀착될 때 모든 문제는 끝에 이르고, 민족의 파고를 넘어서지 못하는 모든 사안은, 그 이념의 진위나 우열에 관계없이, 우리 사회에서 생명력을 이어가기 어렵다는 사실은 실상 모든 면에서 이념대결을 벌이고 있는 21세기 대한민국의 현실이라는 민낯을 그대로 보여주고 있다.

민족의 이름으로 살리고, 민족의 이름으로 처단한다. 민족의 이름으로 만들고, 민족의 이름으로 없앤다.[17] 대한민국도 민족을

17 1974년의 인혁당 사건이나 민청학련 사건등도 가해자나 피해자 모두 민족

지고의 가치로 두고, 북한도 민족의 이름으로 작업을 수행한다. 정권 투쟁에서 승리한 자도 민족을 부르고, 패배한 측에서도 민족을 지칭한다. 민족은 우리에게 편집증의 원인제공자이자 그 질병을 치료하는 유일한 치료제이기도 하다. 민족이라는 함정에 걸리면 누구도 빠져나오기 어렵고, 민족을 내세우면 누구도 반대하기 어려운 것이 현실이기에, 대한민국에서 민족주의 담론을 누가 장악하느냐가 정권의 향배에 결정적 영향을 미쳐왔다. 이렇게 볼 때, 우리에게 민족은 최고의 약이자 치명적 독이기도 하다. 약을 어떻게 사용하는가와 독을 어떻게 관리하는가에 의학의 비밀이 있고, 건강의 비법이 존재하는 것처럼, 민족주의라는 약을 유리하게 사용하고, 그 독성을 지혜롭게 관리할 때 민족과 결합되어 있는 국가의 안전과 밝은 미래를 조망할 수 있다. 한마디로 한국의 민족주의는 이념중의 이념이자, 이데올로기 중의 이데올로기로서 강력한 현실적 힘을 가지고 역동적으로 살아 움직이는 현실의 이념이다.

4. 한국민족주의의 역량과 비전

한국민족주의의 현실적 역량과 미래 비전을 통해, 통일에 대한 염원과 민주주의의 완성이라는 가치는 국토의 분단과 사회의 분

을 앞세우고 있다는 점에서 이념의 대척점에서 보여주는 역설적 공통점을 찾아볼 수 있다. 2014년 12월 헌법재판소의 판결에 따른 통합진보당의 해산사건을 이러한 사례를 극명하게 보여준다. 통합진보당은 민족의 이름으로 이해를 구했고, 헌법재판소는 통합진보당을 민족과 결부된 국가의 이해에 반하는 집단으로 규정했다.

열상을 치유할 수 있는 유일한 치료제이며, 이를 위한 중요한 기제가 바로 제대로 된 한국민족주의의 정립과 발현에 있음을 제시하고자 한다. 이 글의 궁극적 목표는 모든 사람이 다 같이 평화롭게 살아가는 대동사회의 건설이며, 이는 결국 열린사회를 의미하는 것이다. 민족주의를 통해 열린사회를 달성해나가자는 목표는 일견 모순적이거나 역설적으로 보일 수도 있으나, 양자는 현실의 역사 속에서 개념의 이중적 전환을 통해 변증법적으로 만나고 있다. 21세기에 한국민족주의는 분단극복을 위해 통일에 매진하는 과정 또는 사회통합과 민주주의의 완성을 위해 나아가는 도상에서 매우 중요한 길잡이 역할을 하고 있다는 데서 그 가치를 인정하지 않을 수 없다.

1) 분단의 현실과 역사적 과제 – 통일의 달성으로

분단이라는 정치적 현실 속에서 한국의 민족주의는 민족의 통합을 제일의 가치로 제시하고 통일의 달성을 국가가 달성해야 할 최종 목표로 설정해 왔다. 세계사의 진행과정에서 서구 제국(諸國)이 민족을 중심으로 한 근대국가 형성으로 이행되어 왔듯이, 한국도 민족의 통합을 이루어내야 비로소 근대국가 단계로 들어설 수 있다는 생각이 한국민족주의의 저변에 흐르고 있다. 따라서 한국이 발전하기 위해서 근대화를 향해 나아가려면, 그 기본조건으로 근대국가가 형성되어야 하고, 근대국가는 분단된 민족이 아니라 통합된 민족과 함께 가능하기에 하나된 민족국가의 달성이 한국민족주의의 목표가 되는 것은 자명한 귀결이다. 역으로 분단된 민족이라는 현실에서는 근대국가가 형성되기 어렵고, 근대국가가 형성되지 않은 상태에서 근대적 정치사회의 발전이 이루어지기 어렵다는 순환적 논리가 형성된다. 이렇게 볼대 한국의 민족주의는 통일 담론을 통해 힘을 얻는 이데올로기이자 통일을 향해 나아가면서 역동성이 살아나는 민족 이념인 것이다. 여기에 통일을 위한 동력과 견인차로서 국제정치의 현장에서 작동하는 한국민족주의의 적실성이 존재한다.

사실상 한반도에서 통일이 제일의 과제라는 데에 이의를 제기하는 개인이나 집단은 존재하지 않는다. 심지어 북한도 통일은 우리 민족의 최고의 목표이자 가야할 길이라고 설정하고 있다. 대한민국과 북한이 서로를 통일의 적대세력이라는 생각을 강력하게 하면 남북관계가 경색되면서 통일 논의는 후퇴하게 되지만, 서로에게 통일로 가는 동반자의 자격을 부여하게 되면 통일 논의는 전혀 다른 경로를 채택하게 된다. 여기서 통일과 통합을 향한 작은 가능성이 발견되는 것이다. 역경이나 고난에서 협력이 강화되듯이, 분단이라는 현실은 민족 개념을 더욱 간절하고 절실하게 하면서 그 존재성을 강화시킨다. 세계화의 진행과 함께 각 개별 국가에 대한 원심력이 작동하는 상황에서, 한국민족주의는 분단의 현실을 안고 민족이라는 핵을 중심으로 하는 가동되는 구심력을 강화시키고 있다. 여기서 우리는 20세기에 자리잡은 한민족의 분단이 한국민족주의에 주는 동력의 근원을 찾아볼 수 있다. 또한 여기서 우리는 21세기 국제정치의 현장에서 한국민족주의가 가지는 역설적 힘을 찾아볼 수 있는 것이다. 한국민족주의의 역설적 힘이란 과거에서 얻어지는 역사의 추진력을 통해 미래로 가는 역량을 의미한다.

한국의 민족주의는 또한 국제정세, 특히 동북아 국제정세와의 관련하여 매우 유동적으로 움직여 왔던 것이 사실이다. 한국과 북한 주변의 일본과 중국, 그리고 러시아와 미국 등 4강의 이익이 서로 교차하면서 동북아 지역의 평화를 위협하는 요인으로 각국의 민족주의를 들고 있지만, 이는 실제와 다르다. 지역 평화에 대한 실제적 위협 요인은 북한에서 촉발된 핵위기, 각국의 근대화 과정과 근대국가 형성과정에서의 격차로 인한 갈등 등으로, 이러한 갈등이 증폭되면서 민족주의의 모습으로 드러나고 있는 것이다. 이렇게 볼 때, 민족주의는 동북아 지역 평화에 대한 위협의 원인이 아니라, 결과라고 할 수 있다. 결과로서의 민족주의의 문제는 원인에 대한 분석과 진단을 통해 원인치료부터 해결의 단초를 찾아볼 수 있는 것이다. 한국의 민족주의에서 통일에 대한 담론과 접근이 중요한 이유가 바로 여기에 있다. 한국에서의 통일담론의 모습은 민족국가의 달성을 통한 민주주의의 달성과 성취라는데 그 궁극적 텔로스를 두고 있다.

민족주의의 모습을 한 갈등 해결을 위해 민족주의의 해체를 논하는 것은 갈등의 실제적 원인에 대한 분석이 치밀하지 못한데 기인한다. 실제로 한국을 포함한 동북아시아 각국의 민족주의는 국민국가 형성의 중요한 기제이기에 사회질서에 매우 중요한 힘이라 할 수 있으며, 문제가 되는 것은 이러한 민족주의 발흥 양상이다. 각국에 이미 상존하고 있는 갈등에서부터 민족주의가 강화되고 발현되는 것이다. 여기서 드러난 민족주의만 공격해서는 문제의 근본이 해결되지 않는다. 역사에서 존재하는 것을 없애려는 인위적 노력이 성공한 적은 없으며, 그 가능성도 그리 높지 않다. 민족주의 자체가 문제가 아니라 발현양식에 문제가 있다면, 그 발현양식에 초점을 맞추어야 한다. 여기에 국민들이 자신의 공동체에 대해 가지는 감정으로서의 민족주의와 합리적 참여를 말하는 민주주의와의 연계를 언급할 필요성이 존재한다.

2) 사회통합의 기제 – 민주주의의 완성을 위하여

한국의 민족주의는 과거의 이데올로기가 아니라 현재 살아있는 이념으로 우리의 미래를 조명하는 미래비전이기도 하다. 살아있는 이념으로서의 민족주의는 우리 사회의 변화의 모습을 그대로 담아내면서 변화하는 놀라운 적응력을 드러낸다. 민족주의와 함께 민주주의는 해방이후 한국의 중추적 이념으로 지속적으로 자리잡고 있다. 근대국가의 기점을 민족의 통일을 통한 민족국가의 달성으로 잡으면서, 이를 위해서 대한민국 정부는 민주주의의 확립과 발전을 예비적 목표로 설정하여 왔다. 실제로 민주주의는 이념적으로 민족주의와 동행하기도 하고 결별하기도 하는 과정을 반복해 왔다. 보이드 셰이퍼Boyd Schafer에 따르면, "민족주의는 군주정, 귀족정 등에 대항하는 공화주의와 민주주의를 향한 일반적 사회운동의 일환이다. 이러한 측면에서 민족 또는 민족국가는 그로 인하여 인간이 자유를 얻을 수 있고 행복을 추구하는 도구적인 개념으로 등장하였다."(Schafer 1955: 114-115) 무엇이 먼저인가라는 목표로서의 선후관계를 설정하는 과정에서는 상호 반목과 갈등의 원인이 되기도 하지만, 민주주의를 통한 사회발전과 이어지는 민족의 발전이라는 궁극적 텔로스telos(목적지)에서는 부인할 수 없는 의견의 합일에 이른다.

실제로 민족주의와 민주주의의 기본 정신은 피상적으로는 상충할 것 같지만, 내용적으로 보다 깊이 들어가게 되면 상호 일치하고 접맥되는 부분이 많이 있음을 알 수 있다. 민주주의의 기본 정신이 자유와 평등이라는 것은 주지의 사실이고, 민족주의는 민족의 자주와 독립을 기반으로 하고 있다는 점에서 민족 자결 - 즉, 민족의 자기 결정의 자유 - 과, 민족간의 동등한 권리와 의무를 규정하고 있다는 점에서 (민족 간의) 평등이 중요한 요소로 드러난다. 알프레드 코반Alfred Cobban에 따르면, 위와 같은 민주주의와 민족주의의 결합은 자유 개념이 선행되어 있는 민족자결주의 이론에 이미 개념적으로 전제되어 있다는 것이었다.(박의경 1995a: 255) 이렇게 볼 때, 자유와 평등의 민주주의는 민족자결주의와 민족간의 평등을 기본으로 하는 민족주의와 그 기본 정신에서 일치하고 있음이 발견되고, 차이점이 있다면 민주주의에서 자유와 평등의 주체가 개인이라면, 민족주의에서 그 주체는 바로 민족이라는데 있다. 민족주의와 민주주의의 관계에 대해 케두리Kedourie는 다음과 같이 설명한다.

> 자기결정self-determination이라는 문제는 민족주의의 개념적 전제이자 또한 그 원천적 활력소이기도 하다... 민족주의는 민주주의로의 기대와 개인의 자유에 대한 열망을 불러일으키는 제반 사회의 지적, 도덕적 혁명의 일부로 주목되어야 한다. (Kedourie 1960: 31-36)

민족주의는 이제 감정으로만 머물 것이 아니라 정치이념으로 정치화되어 현실적 정치이념인 민주주의와 연계되어야 한다. 자기결정의 원칙과 상호적 평등이라는 두 가지 내용에서 민족주의와 민주주의는 서로 용인할 수 있는 합일점을 형성한다. 민주주의의 주창자 루소도 민주주의 정치체제가 제대로 유지되기 위해서는 시민들을 결속시켜주는 사회적 결합체를 중요하게 제시하고 있는데, 이것이 바로 시민종교와 민족주의(루소의 표현으로는 애국주의patriotism)이다. 자신이 소속되어 있는 공동체를 사랑하는 자야말로 민주주의를 가능케 하는 미덕과 일반의지를 지니게 된다는 것이다. 따라서 민족주의는 민주주의의 확립을 위해 절대적으로 필요한 민주시민의 양성을 위한 기본 조건이 되는 것이다. 결국 민족주의는 민주주의 존립에 필요조건이고 민주주의는 민족주의가 지속적으로 발현되기 위한 충분조건이 되는 것이다.

이러한 민족주의와 민주주의의 관계는 1990년대 이후부터 한국사회에 외국인의 내국인화 현상이 급격히 증가하기 시작하면서 발생한 다문화사회 문제에서 극명하게 드러난다. 개인적 정체성을 중심으로 하는 민주주의의 기본이념과 집단적 정체성을 기반으로 하는 민족주의 정신은 21세기 다문화 현상 속에서 긴장속의 균형을 이루고 있다. 집단적 정체성은 개개인의 개별 정체성에서 시작되며, 개인의 정체성 또한 집단으로부터 그 힘을 충전받고 역량을 보강받고 있다는 점에서 개인과 집단의 관계, 민주주의와 민족주의의 관계는 갈등의 유인을 가지고 있으면서 동시에 합일의 가능성을 보유한 이중적 정체성을 가진 복합적 개념이라 할 수 있다. 이렇게 국제화, 세계화, 지구화를 논하는 현대사회의 다문화사회 현상 속에서도 여전히 역동적으로 살아 움직이는 민족주의의 생생함 속에 한국민족주의가 가지는 특수성과 예외성이 드러난다.

5. 열린사회를 향하여

민족주의라는 용어 자체는 과제나 주제로서의 참신성을 가지기는 어렵다고 볼 수 있지만, 역으로 그러기에 오히려 창의적일 수 있고, 미래를 위한 도전에 필요한 주제가 될 수도 있다고 본다. 오래전부터 우리 안에 내재되어 왔고, 우리를 규정해 왔지만, 그것에 앞으로의 미래에 어떻게 작동해야 하는지에 대한 설정과 예단이 필요한 시점이 지금이 아닌가 생각한다. 민족주의가 힘을 받고 사회를 주도해나가던 시대에서 민족주의는 허구이고, 반역이라는 반동적 시대를 거쳐, 민족주의는 사멸 직전까지 갔던 것이 최근의 현실이다. 그러나 존재하는 것의 존재성에 눈을 감는다고 해서 사라지는 것이 아니듯이, 민족주의는 우리가 존재한다고 생각하는 것이기에 이미 우리 안에 우리와 함께 존재하는 것이다.

이러한 상황에서 우리에게 주어진 선택지는 있는 것에 대한 활용책이다. 현대사회의 문제를 문제의 핵심으로 파고들어 해결책을 바로 거기서 찾는 매우 적극적 사고방식이 필요한 시점이 바로 지금이다. 과제로서의 통일이 이제 현실로서 다가서고 있는 상황에서 민족주의와 민족 통합, 그리고 그 과정, 방법에 대한 논의는 지금 바로 시작해야 한다. 한국민족주의가 가지는 예외성과 특수성은 통일의 달성과 사회통합의 기제로 작동할 수 있는 역량을 충분히 가지고 있다는 점에 착안하여 민족주의를 통한 민주주의의 달성이, 민주주의를 동반한 민족주의의 세련화가 가능할 수 있는 기반형성에 이러한 연구는 기여할 수 있는 여지가 충분하다고 생각한다.

현재 대한민국의 현안문제로서 대두하고 있는 북한과의 관계에서도 한국의 민족주의는 통일이라는 과제를 놓고 다시 정립되어야 할 필요를 가진다. 동북아 정치정세를 살펴보아도 동일한 상황임이 드러난다. 중국의 영토수호의지와 영해, 영공 방위에 대한 확장적 의도, 일본의 독도 관련 공세의 적극화와 평화헌법 개정을 위한 의지와 미국의 방위비 분담을 포괄하는 동아시아 전략이라는 차원에서 보아, 현재 우리의 정세는 100여 년 전 서양세력이 밀려들어오던 시기 구한말의 상황과의 유사성을 논하는 이도 적지 않다. 바로 여기에 진부한 듯이 보이는 민족주의에 대한 새로운 개념 정립과 새로운 국제전략에 대한 논의가 필요한 이유가 있다. 이제 한반도는 새로운 세계 갈등의 핵으로 다시 등장하고 있고, 여기에 북한의 핵무기전력은 매우 중요한 변수로 등장했다. 이러한 갈등의 고리를 풀 수 있는 것은 단순한 대화가 아니고 무력도 물론 아니다. 한국의 민족주의가 가지는 특수한 속성으로부터 나오는 통일을 위한 열정과 노력이 민족의 역동성을 불러일으킬 것이고, 이로부터 사회통합을 의한 민주역량의 결집도 가능할 것이다. 결론적으로 한국민족주의의 예외성과 특수성은 지금까지 간과해왔던 우리 속의 민족적 힘의 결집을 통한 민주사회의 진전으로 이어질 수 있는 가능성을 제시하는 우리의 속성이자 힘이다.

분단역사 70여 년 동안 민족주의를 줄곧 견지하면서도 통일문제에 있어서는 하드웨어적인 통일방법에만 치중하였던 과거를 지나 이제 통일 이후 한반도 내의 소프트웨어적 통합과 결합에 대한 논의라는 진일보한 담론지형이 형성되고 있는 것이 21세기의 상황이다. 분단시대의 논리와 대결을 끝내고, 통일시대를 위한 논의와 정책으로 전환하기 위해서 우선적으로 필요한 것이 바로 우리의 민족담론과 민족주의에 대한 체계적 정리라고 할 수 있을 것이다. 정부수립 70주년도 지난 시점에서, 이제 시작이라는 생각으로 민족에 대한 개념부터 전향적으로 규정하면서 민족주의를 정립해나갈 때 통일된 현대국가 대한민국 100년의 비전이 비상할 수 있을 것이다.

제9장 한국민족주의의 두 얼굴

- 국가로의 통합과 민족의 통일 -

이 글은 대한민국 정부 수립이후 한국에서의 민족과 민족의식의 등장과 전개방식을 통해 한국민족주의의 두 가지 흐름을 개진해나갈 것이다. 이어서 저항적, 통합적, 문화적인 한국민족주의의 특성을 적시하고, 전개과정으로부터 드러나는 한계와 문제점을 제시한다. 한국민족주의가 가지는 예외성과 특수성이 이성에 근거하여 자체의 긍정적 특성으로 자리 잡지 못하고 비합리적 감성에 근거한 배타적이고 폐쇄적인 부정적 성향으로 변모되어가는 상황에서 한국민족주의는 대한민국의 정치현실, 즉, 민주주의의 전개상황과 무관치 않음을 엿볼 수 있다. 이렇게 볼 때 한국민족주의는 한국 민주주의의 전개와 연동되어 움직이며, 그 성패 또한 연관되어 있음을 인정하지 않을 수 없을 것이다.

따라서 이 글은 정부수립이후 한국에서의 민족담론에서 드러나는 한국민족주의의 두 모습에 초점을 맞춘다. 국가통합이라는 정권의 당면목표와 분단의 회복이라는 정치적 과제는 때로는 같은 방향으로 때로는 서로 다른 곳을 향하기도 하면서 현재까지 지속되어 오고 있다. 이 글에서는 이승만의 일민주의, 박정희의 민족주의와 조국근대화 전략, 장준하의 통일 민족주의, 박현채의 민족경제론을 살펴보면서 한국현대사 속에 투영된 민족주의의 성격과 특성을 추적하면서, 국가의 통합과 민족의 통일이라는 한국 민족주의의 부인할 수 없는 두 가지 모습을 살펴보기로 한다. 이들 작업은 기본적으로 문헌연구를 통해서 이루어질 것이며, 궁극적으로 분단이라는 현실이 주는 통일이라는 역사적 과업의 중압감이 한국민족주의에 드리운 명암과 함께 존재하는 사회 통합적 전망을 통해서 민족주의와 민주주의의 동시적 달성과 병행적 완성이라는 궁극적 목적지에 이룰 수 있으리라 생각한다.

1. 이승만의 일민주의

> 하나인 민족으로서 무엇에고 또 어느 때고 둘이 있을 수 없다. 계급이 없어져야 하며 차등이 없어야 한다. 하나이거나 지역이란 무엇이며 남녀란 무엇이냐. 우리 민족은 하나다. 국토도 하나요 정신도 하나요, 생활에도 하나요, 대우에도 하나요, 문화상 무엇에고 하나다. (이승만 1949: 8-9)

일민주의는 해방직후 좌우대립의 상황에서 미국의 지원으로 대한민국 초대정부의 수반이 된 이승만이 분열되어 있었던 대한민국의 사회적, 정치적 통합을 시도하는 과정에서 형성된 정치적 개념이었다. 이는 민족이나 인종을 담아내면서 정교하게 개념화된 이데올로기가 아니라, 이승만 정부의 정치적 안정을 위해 국내의 정치적 통합을 시도하는 과정에서 국민을 교육해내는 효율적 수단으로 제시된 것으로, 하나의 이념이라기보다는 정치적 교착상태의 타결과 돌파를 위한 정치적 책략이라고 할 수 있는 것이었다.

이승만은 1945년 귀국 후부터 "뭉치면 살고 흩어지면 죽는다"는 민족 대동단결을 외쳐왔던 터라, 1948년 정부수립 후 정당 결성 과정에서 일민주의를 제시하는데, 이는 이승만이 내세우고 있던 반공, 국토통일, 민족대단결, 국제평화 등 여러 정치이념을 아우르는 것이었다. 일민주의 자체가 하나의 이념으로 독립성을 가진 것이 아니기에, 통합을 목표로 제시되었던 일민주의가 한민당과의 관계, 대한국민당의 결성, 여순사건 등을 계기로 반공이라는 목표로 선회하는 것은 당시의 상황으로 보아 어쩌면 당연한 과정이었는지도 모른다. 실제로 일민주의는 구호로서의 한긴족, 한백성을 주장하지만, 그 구체적 내용에 대해서는 별로 명확하게 제시되는 것이 없는 사실상 내용이 채워지지 않은 채 시작된 이데올로기였다고 할 수 있다.

"나는 일민주의를 제창한다. 이로써 신흥국가의 국시를 명시하고자 한다"는 말은 이승만이 <일민주의 개술>에서 명시적으로 밝히고 있는 내용이다. 이승만의 일민주의는 특히 대한국민당의 창당과정에서 구체적으로 드러나는데, 1948년 10월 9일 발기인 총회를 가진 대한국민당의 정강에서 다음과 같은 내용을 천명하고 있다: "1. 우리는 계급과 지역과 성별을 초월하여 민족 완전통일로 자주독립의 국권 신장을 기함. 1. 우리는 정치 경제 교육 등 각 방면에 있어 국민 균등의 복리 증진을 기함."(자유신문 1948. 10.11; 서중석 1997: 159에서 재인용) 이와 같은 정강을 가지고 대한국민당은 전당대회에서 다음과 같은 선서문을 채택하고 있다.

> 우리는 일민주의로 당시로 하고, 그 단을 충실히 준수하며 단일 민족국가로서의 힘을 합하여 38선 문제 민생둔제 기타 모

든 문제가 해결될 것을 굳게 믿고 현 정부에 대하여 시시비비로 대처할 것을 결의함. (서중석 1997: 160에서 재인용)

대한국민당의 창당과 함께 일민주의는 정당의 대표이념으로 처음 제시되었고, 정강을 통해서 일민주의의 내용이 계급, 지역, 성별을 초월한 평등사상과 연관되어 있음을 알 수 있다. 대한국민당 창당 이후 이승만은 <일민주의 개술>을 저술하여 일민주의를 국시로 할 것을 제창하고, 한민족의 통합과 균등함을 강조하였다.(김수자 2004: 448) 대한국민당을 창당하면서 대한민국을 하나로 통합하겠다는 의지는 이후 정치사의 균열을 통해서 또 다른 방향으로 확대되어 나가게 된다.

1949년 여순사건의 발발은 남한 내에서의 좌익세력의 존재를 드러냄과 동시에, 이승만을 비롯한 우익세력의 우경화와 단결에 대한 촉진제 역할을 하게 된다. 여순사건은 이승만으로 하여금 정당 활동보다는 전국적으로 조직되어 있는 국민운동단체의 강화와 그 단체들을 통한 반공사상 계몽 활동에 중점을 두게 만들었다. 이에 이승만은 정당운동과 국민운동을 병행시켰으며, 나아가 정당운동에 적극적이었던 태도에서 한발 물러났다.(김수자 2004: 449-450) 결과적으로 여순사건은 이승만의 일민주의를 통합 일변도에서 통합과 반공을 결합시키는 형태로 그 외연을 확대시키게 되는 계기가 된다.

이후 1949년 12월 이승만과 국회와의 갈등이 극심했던 시기에, 이승만은 일민주의에 대한 특별교서를 발표하게 되는데, 여기서 이승만은 공산주의 타도를 역설하고 민주주의를 발전시키기 위해 파당을 억제하고 분열을 통제하면서 통합을 강조한다.

공산당을 타도하고 일부 동족간의 투쟁을 하는 것은 우리 동포 마음속에 민주주의 정신을 확립하여 국가의 득립과 국민의 자유를 확보하는 동시에 그 토대를 영구히 지속하는 데 의의가 있다는 것과 일민주의는 이 목적을 달성하는데 있어 근원이 되는 것으로서, 차후에 영웅주의를 가진 자가 나선다거나 또는 외국에서 침입을 할지라도 그것을 배제할 수 있도록 국민에게 민주주의 정신을 지시하는 것이다.

한국은 일민주의 이념 하에서 수립되었고 앞으로도 계속 발전시킨다면 더욱 공고하여질 것이다. 지난번 필리핀의 선거를 보면 파당적 혈전으로 민중이 분열되어 여러 가지 비평이 있는데 우리는 이러한 점을 생각하고 미국의 민주제도를 참고로 하여 민주정체의 통일사상을 확립하여야 되겠다...

우리로는 아직 정당 제도를 침식시켜서 민주정체의 통일 사상이 충분히 뿌리박힌 뒤에 시작하는 것이 좋을 것 같이 생각되므로 우리 일반 애국동포들은 전국민이 다 하나가 되어 함께 뭉쳐서 같이 살자는 주의를 확실히 붙잡고 나아가야만 될 것이니 사람마다 각각 사심을 버리고 공익을 위해서 민주정부를 영구히 요동 없도록 만들기에 전력을 다하기를 바라는 바이다. (서울신문 1949. 12. 20; 김수자 2004: 453-454에서 재인용)

이승만은 일민주의를 하나의 정당을 위한 강령이 아니라, 전국민이 따르고 신봉하며, 이루어나가야 할 신조로 만들고자 하였다. 따라서 일민주의는 그 내용과 함께, 전 국민에 대한 보급과 교육에 초점을 맞추게 되면서, 일민주의 보급회, 일민주의 연구회 등 일민주의의 사상적 위상정리와 함께 체계화를 시도하고 조직적으로 보급하게 된다. 일민주의 보급회의 주요 구성원으로 당시의 정부 관료들로서, 당시 국무총리 이범석, 전 내무장관 윤치영, 서울시장 이기붕, 문교부장관 안호상 등이 그들이었다.[1] 이승만은 일민주의 보급회가 일민주의를 정치운동에 한정할 것이 아니라 민족사상, 계몽운동으로 확대시킬 것을 강조하였다. 여기서 이승만은 자신을 대한국민당의 총재가 아닌 국부로서의 위치를 확고히 다지고자 하였다. 사심과 당파성을 비난하고 하나가 될 것을 강조하는 일민주의에서 그 '하나'가 가리키는 지점에 바로 국부 이승만이 위치하게 되면서, 일민주의는 일상의 정치를 초월하는 위치에 서 있는 영도자에 의한 일당정치로 움직일 수 있는 동력을 확보하게 되는 것이다.

> 하나가 미처 되지 못한 바 있으면 하나를 만들어야 하고 하나를 만드는 데에 장애가 있으면 이를 제거하여야 한다. 누구든지 독자의 일념이 일어날 때 이 하나에 위반 되는 바 있거든 곧 버리라. 이 일념에서 민족이 깨어진다. 행여 분열을 가지고 일체에 더하려 말라. (이승만 1949: 9-10)

민족의 통합을 지향점으로 하는 일민주의가 도착한 지점은 일인의 지도자에 의한 일당정치의 현장이었다. 통합이 다양성이나 다원성보다는 단일로 귀착되는 것은 자연스러운 현상일 수도 있으나, 민족의 통합이 곧 모든 민족 구성원의 단일한 생각과 행보를 전제로 하게 되면서 일민주의는 유기체적 민족과 국가를 강조

1 일민주의 보급회의 조직에 관해서는 다음을 참조하라. (김수자 2004: 450-455)

하는 파시즘적 요소를 드러내게 된다. 이러한 일민주의적 성격을 가장 잘 설명하는 이가 바로 당시 문교장관이었던 안호상이다. 안호상은 이승만 당시 문교장관을 역임하면서, 일민주의의 전제로서 한민족, 한백성이라는 점을 강조하면서 단군의 홍익인간 개념을 국민교육의 근본이념으로 도입하고, 이를 바탕으로 학생들을 교육하기 위해 학도호국단을 창설하기도 한다. 안호상에 의하면, 이승만의 일민주의는 단군시대부터 내려온 이념이고, 이들을 이승만이 현대사상에 접목시켜 새로이 만든 것이라고 한다. 안호상은 일민(一民)의 의미를 다음과 같이 설명한다.

> 일민의 일(一)은 한일자로서 하나라는 뜻이며, 또 민(民)은 백성 민자로서 백가지 성씨들이란 말인데, 그것은 곧 여러 사람들 혹은 뭇 사람들이 모이어 뭉쳤다는 의미다. 뭇사람들의 무리로서의 백성은 아무런 서로관계가 없는 사람들의 떼와 무리가 아니라, 도리어 그것은 벌써 일정한 땅위에서 혹은 지역안에서 모여 살며 뭉쳐 사는 사람들의 떼요 무리인 것이다. 또 이 일민의 '민'은 일가와 친척과 같이 같은 한 겨레요, 한민족이라는 뜻까지 갖고 있다. (안호상 1952 上: 99)

이렇게 볼 때, 안호상의 한민족, 한백성 즉, 일민은 개인에 대한 사고를 중심으로 하는 서양근대의 민족주의 개념과는 그 출발부터 다르다고 할 수 있다. 집단의 유기체성과 집단성 자체에 의미를 부여하면서, 개인의 집단을 위한 희생은 자신의 존재를 위해 당연한 것일 뿐만 아니라, 도덕적으로도 훌륭한 일이라는 평가가 내려진다. 따라서 한겨레, 한백성, 한민족이라는 사고의 연장선상에서, 일민주의는 국가의 독립을 위한 노력의 바탕이 되었으며, 현재로서는 분단된 국가의 통일이 우리 민족의 역사적 의무로 등장하게 되는 것이다. 국가의 통합을 바탕으로 하는 일민주의는 민주주의로 나아가는 데에 중요한 역할을 하게 된다는 점을 안호상은 지속적으로 강조하면서, 이러한 방향으로 전 국민을 교육해야 한다는 점을 역설한다.

통합을 강조하는 일민주의를 지탱하는 또 다른 이념 축은 반공이데올로기라고 할 수 있는데, 이는 국내적으로는 1949년 여순사건의 발발과 함께 정적으로서의 좌파의 건재에 대한 불안과 공포가 투영되었다고도 볼 수 있다. 이승만이 반공주의가 본격화된 것은 해방이후 신탁통치 논쟁에서 좌익이 찬탁으로 돌아서면서 시작되었다고 볼 수 있고, 정부수립이후 이승만 정권에서 반공이 정권의 기본 이념으로 자리 잡기 시작한 시기는 1949년으로, 이 시기는 여순사건 이외에도 반민특위 습격사건, 국회프락치 사건, 김구 암살사건 등의 중요한 사건들이 포진하고 있다.

안호상이 강조하듯이 일민주의에서 일민의 동일성과 통일성이 생명이고, 일민주의가 추구하는 목적은 바로 민족의 동일성과 통일성이었다는 점에서, 반공주의는 단일하고 통일된 '일민'을 형성하는데 매우 중요한 이념적 도구 역할을 하게 된다. 즉, 이념으로서의 반공주의를 민족의 이름으로 덮어버리는 민족주의의 과잉 현상이 존재하게 되고, 이승만의 일민주의는 이를 정권의 유지라는 차원에서 적극적으로 활용하였다.

식민지의 경험으로 인해 민족의 완성이라는 데 열광적으로 반응하면서, 사회적으로는 여전히 전근대적 속성을 벗어나지 못하고 있었던 대한민국 초기의 상황에서, 근대적 개인은 형성되지 못했고, 해방된 국가는 분단된 모습을 드러냈다. 민족주의도 민주주의도 모두 미완의 상태에서 이승만 정권이 제시하는 일민주의는 민족의 통합과 반공이라는 기치를 들고, 민족주의와 민주주의라는 당시 대한민국의 양대 과제를 향해 나아가는 초기적 모습을 보여준다. 통합과 통일이라는 양대 과제를 동시적으로 추구해야 하는 대한민국의 현실로부터, 민족주의가 때로는 모든 이데올로기 논쟁의 저변에 존재하는 근본적 흐름으로, 때로는 그 모든 논쟁의 상위에 존재하는 포괄적 이념으로 나타나는 중층적 구조를 가지게 되는 근거를 찾아볼 수 있다.

2. 박정희의 경제적 민족주의

서구의 민족주의는 개인을 주체로 하는 자유주의 시대를 통과하면서 정치적 이데올로기로 형성되어 온 반면에, 한국의 민족주의는 서구적 근대 시민혁명 시기를 통과하지 않은 상태에서 민족은 개별 구성원의 존재근거로, 개인의 가치를 초월하는 실체로서, 유기체적 국가관에 비견되는 유기체적 민족 개념을 그 기반으로 하고 있다. 이러한 기반위에서 이승만의 통합과 반공이라는 양날을 가진 일민주의가 작동했고, 이어지는 정권에서도 그러한 양상은 지속되었다.

이승만의 일민주의가 혈통과 종족의 원리에 기초하여 반공과 결합되면서 권력을 정당화하고 정권에 대한 저항을 무력하려는 시도를 그 저변에 깔고 있었다면, 박정희 역시 민족이라는 이름을 통한 통합과 반공이라는 기초 이념으로 민족주의를 시작하였고, 그 위에 국가를 민족과 동일시하면서 국가주의를 덧칠하였고,

국가주의의 지속성을 위한 발전을 강조하는 조국근대화 전략을 추가한다. 결국 통합과 반공이 일민주의의 양대 축이었다면, 박정희 민족주의의 양대 축은 조국근대화를 내세운 자립경제 구축과 반공을 양대 이념 축으로 설정하고, 민족주의의 가치 구현을 장기적 목적으로 내세운다. 민족의 중흥과 번영, 민족의 통일이라는 목표는 정권의 목표이자, 국가의 목표, 그리고 민족의 목표로서 권력은 민족을 앞세우면서 국가와의 강고한 결합상태를 여전히 유지한다.

4.19 혁명 이후 장면정부나 5.16 쿠데타 이후 박정희 혁명정부도 '민족혼,' '민족정신,' '민족정기' 등의 용어를 사용하면서 민족이란 영과 혼을 담은 실체로서 개인과 비견하여 우월한 지위를 점하는 인격체로서 설명하고 있다. 또한 유한한 개인에 비해 민족은 영원한 생명체라는 사고를 가지고 있었다. 민족혼이나 민족적 양심이라는 말도 바로 여기서 연원하는 것으로, 개인의 판단이나 가치보다 언제나 우월한 위치에 놓여 있음을 강조하고, 개인은 전체를 위해 희생할 준비가 되어 있어야 하며, 바로 그것을 정의(正義)라 할 수 있다는 것이다.

> 그러나 개인과 전체의 이익은 조화되기보다 오히려 상반되기 쉽다. 이러한 상반과 대립을 적절하게 조절하는 데서 '형평의 원리' 즉 사회의 정의가 회복되는 것이다. 전체의 이익과 개인의 이익이 상반 대립할 때는 개인의 희생과 통제로서 합치점을 발견하지 않으면 안될 것이다. 개인과 전체의 이익이 상반 대립할 때, 거기서 자기를 통제하고 억제하면서 전체와 개인의 합치점을 모색하고 발견하는 것이 소위 '양식(良識)'이요, 이것을 민족적 견지에서 본다면 '민족적 양심'이라 할 수 있

다. 양식이 회복되고 민족적 양심이 부활됨으로써 앞으로 우리 민족 전체가 번영할 수 있는 사회정의가 실현될 것이다. (박정희 1962: 29)

박정희의 시각에서 사회정의는 민족이, 전체가, 나아가서 국가가 규정하고 나아가는 길이고, 이에 민족 구성원인 개인은 자신을 죽이고 희생하면서 따라야 하는 것이다. 민족적 양심이 부활해야 사회정의가 실현될 수 있다는 박정희의 시각에서 민주주의는 민족이 자리 잡고 민족정신이 바로 설 때에야 가능할 수 있는 것이었다. 개인의 자유와 번영을 위해서도, 공동체의 정의로 제시되는 민족적 양심의 소리가 필요하게 되고, 이를 인지하고 주장하는 자가 바로 국가의 지도자가 되는 것이다. 민족의 소리는 국가를 통해서 드러나기 마련이고, 여기에 자신을 포함한 정치지도자들의 역사적 소명의식과 사명감에 대한 강조도 또한 포함되어 있다.

... 조국근대화나 민족중흥이란 말도 그 속에 나오는 조국, 민족이라 하는 것은 '나'를 확대한 '대아'가 조국이요 또 민족인 것이며, 조국 근대화와 민족중흥에 우리가 흔연히 참여해서 봉사하는 것은 남을 위해서 하는 것이 아니라, 나 자신을 위해서 하는 것이고, 우리 후손들을 위해서 하는 일이다. (박정희 대통령연설문집 3: 688)

즉, 박정희는 민족을 개인에 앞서는 인격체나 생명체로 생각했고, 그 민족의 구체적 모습이 바로 국가라고 생각했다는 점에서, 박정희의 민족주의는 국가와 민족의 강력한 결합을 통한 전체주의적 속성을 드러내면서 박정희 시대 국가주의와 민족주의의 결합은 권력적 속성에서 시너지 효과를 발위하면서 절대적 통치 권력의 절정으로 치닫는다. 이러한 측면에서 강정인은 박정희의 민족주의를 국가민족주의라 지칭한다.

> 각각 단일 불가분적이고 신성한 실체로 인식된 국가와 민족이 다시 불가분적으로 탄생한 국가민족주의는, 박정희에 의해 그 구성요소인 개인과 시민사회의 자율성을 철저히 부정하고 동시에 개인과 시민사회를 초월하는 엄청난 무게와 신성성을 획득하게 되었다. (강정인 2014: 273)

내부의 혼란과 무질서, 공산주의라는 외부의 도전으로 파멸의 위기에 봉착한 민족을 구해낸 역사적 사건으로, 5.16을 혁명으로, 특히 국민혁명이자 민족혁명으로 발전시켜 나가야 함을 <우리 민족의 나갈길>에서 역설하면서, 민족의식의 발현과 개인과 파당의 이익을 넘어서 민족의 공동이익에 매진할 것을 주창한다. 여기에 박정희가 제시하는 혁명의 목적이 있고, 민족의 이익은 국가의 이익을 통해 드러난다는데 박정희 국가민족주의의 방점이 찍힌다.

> 혁명은 이제부터 시작이다. 우리가 이 혁명을 국민혁명, 민족혁명으로 이끌어 나가기 위해서는 먼저 왜 우리 민족이 오늘날 이와 같이 절박한 위기에 직면하지 않을 수 없었던가를 깨닫지 않으면 안 될 것이다… 공산주의의 도전에서 우리 민족을 수호하고, 주권자로서 다시는 실정과 부패를 되풀이 하지 않기 위해서는 일대 민족적인 각성이 요구되는 것이다. 혁명

> 은 민족적 각성에서 출발하지 않으면 안 될 것이다.
>
> …….<살아도 같이 살고 죽어도 같이 죽는다>는 운명 공동체로서의 민족적 자의식이 너무도 결여되었던 것이 아닌가 생각한다. 민족의식이 결여되었기 때문에 민족애가 없고 민족적 이익에 대해서는 조금도 생각지 않았던 것이다. 민족의식이 없었기 때문에 공산주의자들은 자본가니 노동자니 떠들면서 민족분열을 획책했고 국내의 정치가와 국민들은 자파와 사적 이익의 추구에만 급급한 나머지 민족전체는 언제나 버림받았던 것이다.
>
> .. 우리는 한 민족, 한 동포이면서도 이 기애와 파당에의 충성과 정열은 지나칠 정도로 강렬하였지만 민족에 대한 정열은 너무나 냉랭했다. 이기와 당리가 민족적 이익이나 국가이익보다 우선하였고, 투표와 선거가 이기와 당리를 위해 희생이 되었던 것이다. (박정희 1962. 16-17)

민족이라는 추상적 실체의 현실적 모습을 자신을 정점으로 하는 국가체제 속에서 재현해나가는 과정에서, 박정희는 한 손에는 반공과 국가안보를 다른 한 손에는 근대화를 내세운다. 박정희는 근대화를 한국민족주의의 과제로 제시했으며, 근대화의 요체는 경제개발이었다. 봉건적, 식민지 잔재로부터의 진정한 해방을 지향하면서 박정희가 제시한 근대화는 곧 빈곤으로부터의 해방을 의미하고 경제개발의 길로 들어서게 된다. 박정희는 빈곤이 퇴치되지 않고서는 자유민주주의도 이룩할 수 없는 것이며, 빈곤과 기아야말로 민주주의로 가는 길에서 반드시 넘어서야 할 도전임을 명백히 한다.

> 그러나 경제문제는 우리 민족의 최대의 고민이기 때문에, 또 이것이 자유민주주의의 기초이기 때문에……. 그러므로 동포의 일부가 굶주리고 헐벗고 있는데 자기만 잘 입고 잘 먹으면 된다는 이기중심의 생각은 반민족적인 태도라 하지 않을 수 없을 것이다. 우리가 사회의 구성원이라는 것과 민족공동체의 일원이라는 것을 부인할 수 없고, 또 여기서 벗어날 수도 없는 이상, 동포가 못하는데 자기만이 잘 살 수 있으리라는 생각은 참으로 위험하고 어리석기 짝이 없는 망상이라 하겠다... 그러나 경제활동의 자유 속에서도 민족의 공동운명을 강렬하게 의식하고 '경제적인 민족애'를 앙양하고 발휘해야 할 것이다.
>
> 그런데 이러한 민족의 공동운명에 대한 의식과 경제적 민족애는 정부의 경제계획의 실행에 적극적으로 협력하는데서 발휘될 것이다. (박정희 1962: 32-34)

근대화를 목표로 하는 박정희의 경제개발 정책은 이제 민족주의와 민주주의의 완성을 위한 수단으로 자리 잡게 되었다. 결국 박정희의 경제발전 전략은 "자립경제와 경제적 풍요의 달성은 물론 국력과 민주 역량의 배양 및 승공통일을 위한 필수적 전제조건으로서, 민족의 독립과 번영 및 통일이라는 민족주의의 다양한 과제를 충족시키는데 필수적인 만병통치약이었다."(강정인 2014: 296) 즉, 박정희의 민족주의의 방점이 경제발전으로 옮겨지게 되면서, 경제적 민족주의의 달성이라는 목표를 설정한 박정희의 경제 담론은 한편으로는 민주주의, 다른 한편으로는 통일 담론까지 모두 삼켜버린 거대한 이념의 용광로가 되었다. 1966년 "6.25 제16주년 담화문"에서 박정희는 "조국 근대화 작업과 자립경제 건설이야말로 통일을 위한 진취적인 계획이며 통일을 향한 전진적인 노력"이라고 하면서, "국토 통일은 자립과 근대화가 달성된 연후에 가능하다"고 강조했다.(박정희대통령연설문집 2: 712) 1966년 <대통령 취임 제3주년 기자회견>에서 박정희는 보다 구체적으로 경제발전과 통일, 민주주의에 대해 우선순위가 있음을 다음과 같이 밝힌다: "우리 정부가 1970년대 후반기에 가서 통일문제를 다루자 하는 얘기는, 앞으로 한 10년 동안 우리의 국력을 더 축적해 가지고 1970년대 후반기쯤 가서 통일문제를 우리가 보다 더 본격적으로, 대담하게 다루어보자."(1966. 12/17)

박정희의 민족주의에는 경제발전, 근대화, 민주주의, 민족의 평화통일 등 다양한 요소들이 모두 포함되어 있어, 이 모든 것들의 동시적 전개는 불가능한 상황이었다. 박정희가 명시적으로 경제발전과 근대화에 우선순위를 두고 민족의 자립경제 달성을 최종목표로 설정한 것은 분명한 사실이다. 자연스럽게 통일과 민주주의는 차순 위로 밀려나게 되는 과정에서, 통일의 우선적 달성을 주장하는 장준하 등 통일 민족주의자들과 대립하게 되고, 자유민주주의의 시급한 달성을 추구하는 민주화 세력과도 충돌하게 된다. 경제발전과 근대화를 앞세운 박정희의 민족주의는 적극적 통일론자인 이승만과 달리 평화로운 방법에 의한 점진적 통일을 제시하면서 시간상 통일과 멀어지게 되고, 한국적 민주주의를 주장하면서 자유민주주의와도 거리를 두게 된다. 근대화 전략을 중심으로 한 박정희의 경제적 민족주의는 다른 모든 이념의 위에 존재하면서 각 개별 이념의 존재 이유와 가치를 결정하는 역할을 하게 된다. 여기에 민족과 결합된 국가의 역할이, 나아가서는 국가 지도자의 역할이 절대적 위치를 차지하게 되는 파시즘적 현상

이 나타나면서 민족에 대한 존중 그 자체도 약화되고 마는 역전 현상이 드러난다.[2]

3. 통일 민족주의와 민족경제론

1) 장준하의 통일 민족주의

자립경제와 근대화 전략이 민족주의의 달성에 필수적인 요건으로 자리 잡게 되면서, '선 건설 후통일(先建設 後統一)'이라는 단계가 정립되고, 통일은 경제건설 이후에 점진적으로 준비해야 한다는 박정희 정권의 민족주의 담론에 대항하여, 민족주의의 달성을 위해서는 통일이 우선해야 한다는 통일 민족주의는 민족의 통일을 근대화를 비롯한 모든 것의 선결조건으로 생각했던 김구의 통일 우선주의와 맥을 같이 하고 있다.[3]

김구는 <백범일지>에 수록된 '나의 소원'에서 민족은 혈통에

---

2 이에 대해 박찬승은 다음과 같이 평가한다: "근대화와 반공을 내걸고 등장한 박정희 정권은 자신의 정통성을 마련하기 위해, 근대화(경제 개발) 이데올로기와 민족주의 이념을 결합시키려 하였다... 그러나 그들이 내세운 내셔널리즘은 개인의 인권이나 자유보다는 경제개발에 동원될 대상으로서의 국민을 강조하는 국가주의적인 것이었다. 그리고 1972년 이른바 10월 유신을 단행하면서 박정히 정권은 파시즘 체제로 이행하였고, 결국 그들이 내세운 민족주의도 파시즘의 하위 이데올로기로 전락하고 말았다."(박찬승 2010. 233-234)

3 김구는 김규식 등 상해임시정부세력과 함께, 시종일관 민족의 주체성과 독자성을 강조하면서 신탁통치 반대, 남북한 단독정부 수립반대, 남북협상 시도하였으나 결국 실패한다. 결국 분단된 민족의 통일은 이룩되어야 할 지상과제로 남게 되고, 이는 이후 대한민국의 정치지형과 민족주의 담론 구성에 지대한 영향을 끼치게 된다.

근거하는 것으로 혈통에 기초한 민족은 영원하고, 이념투쟁은 일시적인 풍파에 불과하다고 주장한다. 따라서 우리 민족의 임무는 우선 완전한 자주독립의 나라를 세우는 일이며, 다음으로 지구상의 인류가 평화와 복락을 누릴 수 있도록 해야 하는 것이라고 역설한다. (김구 1997: 365-367) 김구의 민족주의 개념은 다음과 같은 그의 말에서 잘 드러난다.

> 산에 한 가지 나무만 나지 않고, 들에 한 가지 살쾡이만 피지 않는다. 여러 가지 나무가 어울려서 위대한 삼림의 아름다움을 이루고 백 가지 꽃이 섞여 피어서 봄들의 풍성한 경치를 이루는 것이다. 우리가 세우는 나라에는 유교도 성하고 불교도 예수교도 자유로 발달하고, 또 철학으로 보더라도 인류의 위대한 사상이 다 들어와서 꽃이 피고 열매를 맺게 할 것이니 이러하고야만 비로소 자유의 나라라 할 것이요, 이러한 자유의 나라에서만 인류의 가장 크고 가장 높은 문화가 발생할 것이다. (김구 1997: 370)

이렇게 볼 때, 김구의 민족주의는 자유주의와 문화적 다원주의에 기초하고 있음을 알 수 있다. 이는 휴머니즘에 기반을 둔 문화민족주의를 주장했던 헤르더의 사상에서 연원하고 있다. 헤르더의 말에 따르면, “개인의 자아를 추구하라. 그리하면 인간 집단의 조화는 달성된다. 각 민족의 개별성을 추구하라. 그러면 휴머니티는 달성된다.” (박의경 1995b: 350) 헤르더를 읽었는지는 알 수 없으나, 장미가 피는데, 국화가 방해가 되지 않고, 벚꽃이 피는데, 채송화도 장애가 되지 않으면서 자신의 고유한 아름다움을 간직한 채 정원의 자연스러운 아름다움의 발현에 각자의 역할을 담당하는 것처럼, 민족도 이와 같이 자신의 독특성과 고유함에 바탕을 둔 자신의 문화를 여타 민족의 민족성에 배치됨이 없이 발전시킬 수 있다는 헤르더의 설명과 김구의 민족주의는 거의 동일한 개념이라고 할 수 있다.

"공원의 꽃을 꺾는 자유가 아니라 공원에 꽃을 심는 자유"(김구 1997: 374)와 같이 김구는 자유를 말하되 공동체에 기여하는 자유를 언급하였고 다양한 문화적 차이도 인정하고 있으며 그 존재 가치도 인정하고 있다. 이에 근거하는 김구의 민족 통일론은 자유주의적이고, 문화적 이론에 기반을 두고 있다. 이러한 김구의 민족통일론은 해방직후 냉전의 시작과 함께 남북협상의 실패로, 분단이 고착화되는 과정에서, 이승만의 일민주의와, 박정희의 자립경제 근대화론에 현실적으로는 밀리지만 여전히 성취해야할 민족과 국가의 궁극적 목표로 설정되어 있었고, 여전히 사회의 모든 이념 논쟁의 정점에 위치하고 있었다.

이승만과 박정희 정권을 통해서 지속되어 왔던 반공이라는 한 축의 존재는 실제로 통일 민족주의 담론을 활성화시키는데 결정적 문제점으로 작동하게 된다. 또한 사사건건 박정희 정권과 대립하던 장준하가 1972년 7.4공동성명을 지지하게 된 이유가 역설적으로 통일 민족주의의 기본 정신에 기인한다. 통일 민족주의 담론에 통일은 지상과제이자, 궁극의 명령이다. 그 어떤 이념도, 그 어떤 체제도, 그 어떤 정치지도자의 입지도 문제가 되지 않는다. 그저 하나이어야 하는 것이 하나가 되어야 한다는 매우 단순한 논리로부터 통일 민족주의는 출발하고, 그 사상적 기초에는 혈통에 근거한 민족 개념이 자리 잡고 있다.

> 민족의 양심에 살려는 사람 앞에 갈라진 민족, 둘르 나느어진 자기를 다시 하나로 통일하는 것 이상의 명제는 없다. 이를 위한 안팎의 조건을 만들어가는 일 이상의 절실한 과제는 없다…….
>
> 모든 통일은 좋은가? 그렇다. 통일 이상의 지상명령은 없다. 통일이 갈라진 민족이 하나가 되는 것이라면, 그것이 민족사의 전진이라면 당연히 모든 가치 있는 것은 그 속에서 실현될 것이다. 공산주의는 물론 민족주의, 평등, 자유, 번영, 복지 이 모든 것에 이르기까지 통일과 대립하는 개념이 되는 동안은 그 진정한 실체를 획득할 수 없다. 모든 진리, 모든 도덕, 모든 선이 통일과 대립하는 것일 때는 그것은 거짓 명분이지 진실이 아니다. (장준하 1972, <민족주의자의 길>; 박경수 2003: 375에서 재인용)

장준하에게 민족주의자의 길은 민족적 양심에 따라 자신의 개인적인 삶을 바치는 것이었다. 장준하의 말에 따르면, "민족적인 생명과 존재와는 따로 있는 자기, 민족의 생명이 끊어진 뒤에도 살아있는 자기, 민족이 눌리고 헐벗고 있을 때 그렇지 않은 자기는 이미 자기도 인간도 아닌 자기이며 그렇기에 진정한 자기의 생명을 실현하는 인간이 아닌 것이다." (박경수 2003: 375) 민족이 하나가 되어야 한다는 일념으로 통일이 우선되어야, 자유와 평등을 비롯한 여타의 모든 가치도 달성될 것이라는 통일 민족주의는 경제근대화론에 압도되어 국가의 기본 정책의 우선순위에서 멀어져갔다. 이는 경제근대화론에 우선순위가 밀린 또 다른 국가의 목표 민주주의와 함께, 진보 민주세력이 기본적으로 채택하는 강령이 되었다. 한마디로 통일 민족주의 입장에서 볼 때, 자립경제를 근간으로 하는 경제근대화론은 경제우선정책으로서 분단을 고착화시킬 뿐만 아니라, 경제개발을 국가주도형으로 이끌어가는 과정에서 권위주의적 체제가 강고하게 자리 잡는데 결정적 공헌을 하였다. 이러한 과정에서 민주주의의 핵심인 국민의 자유와 평등, 권리 등은 국가와 일체화된 민족의 이름으로 그 해결이 차후로 미뤄지게 되었다. 민주주의를 위한 투쟁에서도, 국가의 발전을 위한 투쟁에서도 민족주의는 절대적 가치로서 여전히 존재하는 가운데, 자립경제 근대화론과 통일 민족주의 담론에서도 민족이란 그 자체로서 궁극적 상징이자 최고의 가치로 남는다.

2) 박현채의 민족경제론

경제자립과 근대화의 기치를 높이 든 박정희 정권 18년 동안 남한의 거주민들은 '민족'의 구성원이라기보다는 대한민국의 '국민'으로 보다 철저하게 사회화 되었다. 국기와 애국가에 대한 신봉, 국민교육헌장의 제정, 국민징병제의 확립과 예비군 창설 등을 통해 국가는 국민을 체계적으로 동원해낼 수 있는 파시즘적 체제로 이행되었던 것이다. 민족에 대한 숭배와 가치는 남한과 북한에 모두 강력한 국가 건설과 숭배로 귀착되고 있었다. 민족성은 국가성에 압도당하게 되었고, 그 결과는 민족분단의 고착화를 통한 분단국가의 영속적 가능성이었다. 그러나 한반도에서 민족은 여전히 지고의 가치이자 강력한 힘으로 존재하고 있었고, 여기에 민족분단 상황의 타개와 극복을 통한 민족의 통일, 나아가서는 근대국가의 완성이라는 목표는 여전히 정치, 경제, 사회적 측면 등 모든 성향의 민족주의에서도 제일의 목표로 존재하고 있었다.

박정희 정권의 자립경제 달성과 조국근대화 전략은 자본주의적 산업화과정을 거치면서 한국 자본주의의 토양에서 자라난 '재벌'이라는 매우 한국적인 부르주아 집단을 성장시켰다. 박정희의 수출입국 정책과 전략적 기업 육성책은 대기업중심으로 움직이면서, 국가 전체적으로 평균적 소득수준을 증가시켰으나, 실제로 국가내적으로 소득격차와 빈부격차 등 사회적 차별화가 급격하게 진행되고 있었다. 이 시기는 19세기 초기 자본주의 시대를 거쳤던 영국을 비롯한 선진국에서 경험했던 자본가와 노동자, 즉, 부르주아지와 프롤레타리아트의 대립이 드러나게 되는 시기로서, 1971년 전태일 분신사건을 계기로 초기적 형태의 노동운동이 민주화운동과 결합하게 되는 상황에 이르게 된다. 1963년부터의 급격한 산업화의 길을 달려온 박정희 정권이 점차적으로 드러나는 산업화의 모순을 간과한 채 사회의 피억압자들의 점증하는 요구를 억압으로 일관하게 되자, 노동현장에서의 노동운동, 민주화 운동의 산업사회운동 등이 불붙게 되었던 시기가 1970년대 중반이었다.

박현채는 정치적이 아닌 경제적 측면에서 체계적으로 접근하여 한국의 민족주의를 경제이론적, 경제사적으로 설명한 학자이다. 모두가 추상적 실체로서의 민족 개념을 최상위에 두고, 그 추상체를 설명하거나 접근하는 방법으로는 정치를 사용해왔던 것에 비하면, 박현채는 한국 사회가 당시에 당면하고 있는 문제의 본질을 한국에서 진행되어온 자본주의 자체에서 찾고 있다. <자본주의 이행논쟁>으로 유명한 모리스 돕Maurice Dcbb의 정치경제학적 전통에서, 한국의 농업사회가 산업화를 거쳐 자본주의로 이행하는 과정에서 발생한 모순을 체계적으르, 그리고 현실적으로 분석하는 것이 그의 근본 논제였다. 여기에 박현채의 '민족경제론'을 민족주의 담론을 다루는 글에서 논의하는 이유가 존재한다.

박정희 정권이 국가 주도적 산업화를 주도하면서 줄곧 내세웠던 자립경제의 달성이 곧 민족주의로의 길이라는데 박현채도 분명히 동의하고 있다. 문제는 자립경제란 과연 어떤 것인가에 대한 개념 규정에서부터 발생한다. "국민경제의 재생산 조건을 스스로의 힘으로 장악하는 것이어야 한다"는 박현채의 자립경제에 대한 정의[4]는, 자본의 도입과 확대를 통한 국민총생산의 증가를 자립경제로 보고, 경제적 민족주의가 확립될 것이라고 역설해 왔던 박정희 정권시대 산업화 논리를 정면으로 반박하는 것이다.

> 그간의 경제개발계획 과정은 설정된 성장모형이 외자와 수출에 의존하는 외연적 성장 모형이었던 데서 국민경제의 대외의존을 심화시켜 국민경제의 재생산 조건을 스스로 장악하는데 실패하고 있다…
>
> 공업구조는 고도화되었다고는 하나 그것은 국내적 분업관련 없는 공업 간의 양적 대비이고, 중화학 공업을 주로 구성하고 있는 것은 국민경제의 선도 산업으로서의 및 기계공업이 아닌데서 국민경제의 자립의 표현으로 되는 자기 완결적인 국민 경제 구조를 실현시키지 못하고 있다. (박현채 1978: 203)

이는 곧 자립경제를 위해 다른 많은 권리를 상당기간 유보할 수도 있다는 생각을 가지고 있는 국가 주도적 경제개발 논리의

4 박현채는 이어서 주장한다. "이와 같은 조건의 충족만이 경제의 성장을 민족적 자결에 대한 경제적 기초로서의 경제적 민족주의의 실현으로 되게 하는 것이다." (박현채 1978: 203)

설득력을 위축시키고 약화시키는 논리로서 정권의 입장에서 이는 매우 위험하기까지 한 생각이기도 했다. 선건설 후분배, 선건설 후통일의 기조를 가지고 계획경제를 통해 국가주도의 강력한 근대화 정책은 경제수치로 보아 발전과 성장이라는 점을 부인할 수는 없겠으나, 근대화가 경제 수치상의 상승만 가지고는 국가경제의 발전을 논할 수는 있을지언정, 민족경제의 발전이라고 말할 수 있는가에 대한 본질적인 문제를 박현채는 제기하고 있다. 민족을 국가와 일체시키면서, 강력한 국가주도형 경제개발 장기 계획을 가지고 자본의 차입과 대기업을 중심으로 한 효율적 산업 육성책등이 단기적으로 효과를 발휘하고 있다고 생각하는 박정희 정권의 차원에서 이러한 분배에 대한 문제 제기는 사실상 경제 드라이브를 통해 정권을 유지하고 있는 박정희 정권에서 매우 아프기도 하려니와 정권의 존망에 관련될 수 있는 사안으로 생각되지 않을 수 없었다.[5] 박현채는 1977년 신동아에 실린 "경제개발 15년의 득과 실"이라는 제하의 글에서 박정희의 경제민족주의를 다음과 같이 평가절하한다.

> 경제적 자립의 기초는 자기의 정치적 영역 내에서 완결적인 재생산 구조의 확보에서 주어진다. 그러나 그간의 경제성장은 우리 경제를 국제적 분업체제의 일환으로 정립 한데서 이와 같은 상대적 자급자족 체제와는 역의 방향에서 이루어졌다. 그리고 이것을 우리 경제를 산업간 기업 간 분업관련 없이 고

5 실제로 박정희 정권은 박현채의 <민족경제론>이 민주화운동투쟁을 위한 이론적 틀을 제공하는 글로 널리 사용되게 되자, 이를 불온서적으로 간주하여 소지하거나 읽는 것을 금지하였다.

> 립적으로 존재케 함으로써 국민경제의 재생산기반의 취약화를 가져오고 경제의 자립화가 아니라 종속화를 심화 시키는 것으로 하고 있다…
>
> 다음으로 그간의 경제개발계획은 경제적 자유를 실현하고 이를 전 국민적 차원에서 생활권의 보장으로 전환시키는데 성공하고 있지 못하다…
>
> 경제개발계획과정에 있어서 급격한 성장에의 요구는 생산활동의 담당주체가 되는 자본축적에의 요구로 되었고, 이것은 경제에의 국가개입과 결합하여 우리나라 자본주의의 성격을 관료자본주의적인 것으로 정착화 시키게 된다…
>
> 그간 근로자의 생존권의 실현을 위한 요구는 선경제건설, 후분배라는 명분 밑에 억제되어 왔다. 이로부터 최저생활수준에도 미치지 못하는 광범한 저임금취업자군을 형성시키기에 이르렀으며 사회적 불균형을 확대시키는 것으로 되었다…
>
> 어쨌든 그간의 경제개발 계획은 그 양적 성과에도 불구하고 경제성장이 그 내용으로 해야 하고 우리가 경제계획을 수행하는데 있어서 중요한 목표로 해야 할 국민의 경제적 자유의 실현, 그리고 국민의 생활권의 보장이라는 요구에 충분히 부응하지 못했다고 주장할 수 있다. (박현채 1978: 204-206)

박현채의 민족경제론은 정치적 독립은 했으나, 경제자립의 실패로 타국 경제에의 예속성과 종속성을 벗어나지 못하는 후진국형 발전 모델로 제시되면서, 박정희 정권의 수출 지향적 경제정책과, 선건설 후분배 정책을 전면적으로 비판하고 나선다. 민족주의가 바로 서기 위해서는 민족의 자립이 필요하며, 민족의 자립은 경제자립을 통해서 이루어진다, 경제자립은 민족구성원의 경제적 자유가 우선적으로 확보되어야 한다는 것이 민족경제론의 요체이다. 외부의 자본을 유치하여 국가가 주도적으로 그 자본은 기업에 분배하고, 친기업적 정책기조를 형성하여 수출입국을 목표로 하게 되면, 민족자본의 형성이나 민중들의 생존권, 생활권 확대를 통한 경제적 자유의 진작이라는 민족경제론의 궁극적 목표는 자연스럽게 후순위로 밀리게 된다. 또한 외자 도입과 분배에 경도되면서 토착산업에 대해 무관심하게 되고 그 결과 민족자본의 형성은 멀어져 가고, 매판에 가까운 자본들이 국가경제를 장악하면서 민족의 경제적 자유를 통한 민족주의의 달성이라는 민족경제론의 근간도 흔들리고 만다.

선건설 후분배를 외치는 박정희의 경제민족주의와 대척점에서 박현채의 민족경제론은 현시점에서 민족 구성원의 생존을 위해 노력해야 하면, 자본의 구조를 변혁하고 경제정책의 방향을 조정해야 함을 역설한다. 경제민족주의의 입장에서 민족경제론은 경제 인프라가 너무나도 부족한 한국의 현실을 제대로 평가하지 못한 이상주의적 사고이고, 민족경제론의 입장에서 경제민족주의는 민족이 아니라 국가의 입장에서 잘못 적용된 자본주의의 전형이었다. 여기서도 민족은 있는 그 자체로서 운위되고, 민족이 과연 무엇인지, 누구인지에 대해서는 아무도 언급하지 않는다. 한국의 민족은 누구도 그 개념에 대해 논할 수 없는 상위의 개념이자 실제로 구체적 논의가 불가능한 추상체로서, 누군가 어떤 모습으로 어떤 옷을 입히느냐에 따라 구체성을 띠게 되어 있는 개념이기에, 민족을 어느 진영에서 선점하는가에 따라 그 모습은 전혀 다르게 나타난다.

4. 한국민족주의의 가능성

한국의 민족주의는 그 출발에서는 저항적이었으며, 전개과정에서는 체제 순응적으로 발전하는 모습을 보여준다. 그러나 또한 체제 순응적이면서도 민족주의의 생명력을 다른 모든 것을 넘어선다. 민족개념에 대한 시대적 변용도 없었고, 민족을 내세우는데 대해 어떠한 저항도 있을 수 없는 것이 바로 모든 위정자들이 지금까지 민족을 내세우면서 정권을 잡으려하고 있다는 데서 잘 드러난다. 어떻게 보면, 정권이나 체제가 민족주의를 장악했다고 보다는 모든 정권이 민족주의라는 최상위 개념 아래에서 작동하고 있다는 생각도 든다. 대한민국 정부수립 이후 한국의 민족주의는 민족이라는 하나에서 출발한 민족지상적 민족주의라는 개념적 전제의 기반위에서 국가와 통합된 국가주의적 요소를 가진 국가민족주의, 통일이라는 목표를 향해 달리는 목표 지향적 통일 민족주의의 두 가지 모습이 정권의 변화와 함께 교차되고 있음을 알 수 있다.

오랜 역사 속에서 민족과 국가, 국민이 엄밀하게 구분되지 않고 하나의 뭉뚱그려진 개념으로 존재해 온 상황에서, 한국민족주의는 모든 이념을 압도하면서 체제와의 연동성이 매우 높은 국가이데올로기로서 작동해 온 것은 이미 기술한 바와 같다. 국가와 연합한 민족, 국민과 연동되어 움직이는 민족 개념은 근대화, 산업화의 상황에서도 새로운 논쟁을 필요로 하지 않는다. 국가와 국민으로 민족이 자연스럽게 녹아들어가는 장면은 한국이 아닌 다른 곳에서는 잘 찾아볼 수 없는 것으로, 민족주의가 대한민국에서 가지는 잠재력과 역동성을 드러낸다.

제10장 한국민족주의와 민주주의

- 상호보완성과 역동성을 중심으로* -

1. 시민과 국민

18세기 사람들은 고대 그리스 아테네의 민주주의를 기억해내면서 왕정으로부터 근대 민주주의라는 정치체제를 형성하게 된다. 근대 민주주의를 형성하게 된 유럽의 시민혁명은 아테네 민주주의의 시민 전부라는 모델을 그대로 차용하지 않았고, 자격을 갖춘 일부 사람들이 시민이 되고, 그들 중 대표자가 선출되어 통치하게 되는 대의민주주의라는 시스템을 갖추게 된다. 18세기 시민혁명이 진행되기 오래전부터 민족을 중심으로 한 국가 형성이 진행되어 시민혁명 당시에 국가 체제는 이미 자리가 잡혀 있었다. 이렇게 볼 때, 구체제 타파를 시도한 시민혁명의 주체인 시민

* 이 글은 2015년 한국민족주의와 연관된 필자의 두 논문 "한국민족주의의 두 얼굴"(2015a)과 "한국민족주의의 전개"(2015b)의 후속 작업이라는 차원에서 집필되었다. 해당 두 논문의 내용은 이 글의 2장에 일부 요약 정리되어 있으며, 이후 3장 4장에서 각각 민주주의, 민주주의와의 관계 등의 논의가 전개된다. 21세기 대한민국의 민족주의를 논하면서 현실의 정치체제 민주주의는 상수(常數)이기에, 민족주의를 논할 때 민주주의와의 연관성에 대한 논의가 필요하다는 것은 지극히 당연한 결론이라는 점에 이 글의 적실성이 있다.

은 국가 안에서 국민으로 정착하게 된 것은 당연한 귀결이라 볼 수 있다. 이러한 과정을 거쳐 국민들과 함께 운용된 민주주의는 빠른 속도로 전파되어 20세기 말 전 세계를 평정했고, 현재 지구상에서 그 어떤 체제도 민주주의를 표방하지 않는 나라는 없다.

모든 구성원의 자유와 평등을 기조로 한 민주주의가 민족을 중심으로 형성된 국가 체제 안에 정착했다는 사실로부터 우리는 민주주의와 민족주의에 대한 논의를 같이 진행하지 않을 수 없다는 당위적 현실에 봉착한다. 여기서 민족을 어떻게 규정하고 정의하는데 따라서 그 안의 민주주의도 방향성에 있어 차이를 보이지 않을 수 없는 것이 또한 현실이다. 『이데올로기의 종언』에서 후쿠야마는 민주주의의 최종적 승리를 확언했고, 20세기말 탈냉전 시기를 지나면서 세계화, 지구화가 화두로 등장하면서 민족 중심의 개별 국가 경계가 경제 부문 중심으로 흐려지지 시작했지만, 21세기로 들어선 이래 국가와 민족의 위용이 사라지거나 소멸되었다고 볼 수 있는 증거는 거의 찾아볼 수 없다. 여전히 국가와 민족은 엄존하고 민주주의도 그 안에서 움직이고 있다. 모든 인간의 자유와 평등이라는 인류 보편의 가치를 실은 민주주의라는 이상이 추상적 민족의 구체적 틀인 국가 내에 담겨있다는 사실로부터, 인류가 지향해야할 미래 구상에 민주주의와 민족주의를 동시에 담아낼 수 있는 가능성에 대한 논의가 우선적으로 필요함을 인정하지 않을 수 없다. 민주주의의 시민과 민족을 담고 있는 국가의 국민은 현실정치의 현장에서 어떤 관계에 있는 것인지에 대한 본질적 질문으로부터 이 글은 출발한다.

특히 한국의 경우, 오랜 역사를 내세우면서 민족의 뿌리에 대한 강고한 의식을 가지고 있다. 한국에 정착한 자본주의나 민주주의도 민족의 범주를 넘어서지 못하고, 북한에 자리잡은 사회주의도 민족주의적 속성을 내포한채 움직이고 있는 것이 현실이다. 한민족 공동체라는 공동의 목표는 어느 한 쪽도 부인하지 않고 있으며, 통일은 남북한 모두의 미래지표라는 이의가 제기되지 않고 있다는데서 우리는 한국에서의 민족주의 담론의 위력을 인정하지 않을 수 없다. 한마디로 이는 현재 한국에서 민족주의는 민주주의를 배제하고 논의될 수 없으며, 민주주의 또한 민족주의를 간과하는 많은 것을 설명해낼 수 없음을 드러낸다. 이 글에서 필자는 인류의 역사 속에서 뿌리 깊은 내력을 지닌 민족주의와 민주주의라는 양대 이데올로기가 21세기 한국의 현대사회에서 어떻게 접맥되어 나타나는지, 민족주의와 민주주의의 사상적 기조는 현장에서 어떤 모습으로 작동하는 것인지 살펴보고자 한다.

실제로 민족주의나 민주주의 자체에 대해 논의한 글이 적다고 할 수는 없지만, 민족주의와 민주주의 상호성을 논한 글은 그리 많지 않은 것이 현실이다. 더구나 단일민족이라는 관념에 투철한 한국의 실정에서 민족주의가 민주주의와 함께 논의된 글을 발견하기란 매우 어려운 실정이다. 이제 누구라도 민족주의와 민주주의를 같이 논의해야 할 필요성이 바로 여기에 있다. 이 글은 이러한 측면에서 나름대로의 차별성과 적실성을 가지고 있으며, 따라서 이 글은 한국사회에서의 민족주의가 민주주의의 제도화 과정 속에서 어떻게 작동하여 왔는지, 어떻게 작동하고 있는지, 또한 앞으로 어떻게 작동해나갈 것인지에 대한 시론적 연구라고 하겠다. 이미 20세기말 신자유주의와 세계화의 물결 속에서 사라지고 말 것 같았던 민족주의가 바로 그 자유주의와 민주주의를 가능케 하는 역사적 동력의 근간이었다는 점을 찾아보는 것이 이 글의 목표이고, 한국의 민족주의와 민주주의가 가지는 상호보완성과 역동성을 드러내면서 통합과 분리를 통한 미래의 변증법적 발전의 가능성을 찾아보는 것이 이 글의 궁극적 지향점이다.

2. 한국민족주의의 비전과 가능성: 현실적 민족 역량의 지속적 전개[1]

1) 민족주의의 저력과 잠재력

단일민족이라는 종족에 대한 배타적 담론을 가진채, 근대에 합류한 한국의 경우 민족주의의 전개에 있어 전근대, 근대, 탈근대적 사고가 동시적으로 중첩되고 있는 매우 특수한 양상을 띤다. 전통적 가족제도와 근대의 사회경제제도는 부정합적 통합을 이루고 있어, 언제라도 균열의 가능성을 가지고 있으면서 동시에 60여 년 동안 유지되어 온 기형적이지만 나름대로 공고한 구조를 형성하고 있다. 이승만, 장준하, 박정희, 박현채 등의 민족주의는 당대의 정치적 상황에 따라 다양한 길을 걸어 온 것이 사실이다. 또한 한국의 민족주의에서는 민족, 국가, 국민이라는 3가지 요소가 합일되어 있는 매우 예외적인 통일적 양상을 발견하기도 한다. 이러한 예외성과 특수성은 한국으로 하여금 민족주의와 민주

---

1 2장은 2015년의 간행된 필자의 논문 두 편에 많은 내용을 의존하고 있음을 밝힌다. 두 논문은 앞서 각주 1)에서 언급한 바와 같은 논문으로 그 구체적 서지사항을 적시하면 다음과 같다.

① "한국민족주의의 두 얼굴," 『한국/동양정치사상 연구』 제14권 1호(2015)

② "한국민족주의의 전개: 그 예외성과 특수성을 중심으로," 『민주주의와 인권』 제15권 3호(2015).

주의라는 두가지의 합일이 자연스러운 모습으로 드러나게 되는 이유가 되기도 한다.

민족주의가 가지는 배타적 역량이 오히려 개방적으로 갈 수 있는 가능성도 바로 이러한 한국적 예외성과 특수성에서 찾아볼 수 있을 것이며, 한국민족주의의 사례를 통해 동북아시아에서의 민족주의의 향배와 미래로의 길을 찾아볼 수 있는 방법이 모색될 수도 있을 것이다. 실제로 20세기 초 동아시아에서의 일본의 모습에서 우리는 민족주의 이데올로기의 이중성을 발견하기도 한다. 끈끈한 민족적 유대감으로 결속하여 밝은 미래를 지향해가는 긍정적 의미의 민족주의와 대외팽창을 추구하며 구성원들 내부적으로도 극우적, 파시즘적 모습을 보여주는 민족주의의 두 얼굴이 공존하는 것이다. 급속한 경제발전과 함께 동북공정이라는 작업을 통해 투영된 중국의 민족주의도 또한 마찬가지이다. 이에 대응하는 한국의 경우도 별반 다르지 않다. 동북공정에 대응해 고구려와 발해의 역사를 복원하려는 작업이나, 일본의 독도 관련 조처에 대한 한국의 대응을 통해서 보는 한국의 민족주의적 양상을 보면 그러한 상황이 잘 드러난다.

중국, 일본, 한국 등 동북아시아에 있어서 비교적 근건한 민족주의를 견지해 왔던 국가들은 세계화와 세계시민주의라는 거대한 시대적 흐름에 직면해 있으면서도, 각자 자신의 영토주권, 영공의 확대, 영해의 확보를 위해 군사력 동원도 불사할 자세가 되어 있음은 최근 동아시아에서 발생한 일련의 사태를 통해서 잘 드러난다. 각국의 근대화 과정에서 많은 역할을 했던 민족주의 담론은 21세기에서 여전히 유효한 듯이 새로운 진용을 갖춰나가고 있다. 그러나 동시에 21세기의 민족주의는 과거의 민족주의와 같을 수는 없을 것이다. 21세기 글로벌시대에 맞추어 개방사회적 특성에 걸맞은 민족주의 개념에 대한 논의와 함께 동북아시아 지역의 협력구도의 필요성과 그에 따른 한국민족주의의 모습을 그리면서 미래 동아시아 사회의 큰 그림을 그려나가는데 도움이 될 것을 이 글은 궁극적 목표로 설정하고 있다.

단일민족이라는 종족적 속성을 여전히 가지고 있는 한국민족주의의 전개는, 통일이라는 미완의 과제의 달성을 통한 근대국가의 완성이라는 가볍지 않은 문제 거리를 안고 있기에, 설명하기에 그리 용이한 주제가 아니다. 민족과 민족주의 담론이 이미 과거로부터 시작되어 온 결과로서의 현재 시점에서 미래로 가는 과정에 놓여있다는 점에서, 한국의 민족주의는 여전히 진행중이고, 아직 통일국가를 달성하지 못한 미완의 과제이다. 모든 목표는 달성하거나 도달하기 직전에 가장 큰 힘을 발휘할 수 있다. 통일이 목전에 와 있다는 것은 현재사회의 통합을 향한 에너지가 어느정도 집약되어 있는가에 따라 미루어 짐작할 수 있을 것이다. 따라서 정부수립이후 한국의 민족주의를 논하는 과정에서 중요한 요소는 한국민족주의가 가지는 힘에서 발견되고, 그 힘의 근저에는 한국민족주의가 가지는 예외성과 특수성이 존재한다. (박의경 2015b: 193-195)

2) 갈등을 품은 통합의 기제

민족주의의 개념을 살펴본다는 의미에서 언어자체를 분석하자면, 영어표현인 Nationalism부터 찾아들어가야 할 것이다. 알다시피 nationalism의 어원은 nation이고, nation의 의미를 영한사전에서 사전에서 찾아보면 '민족,' '국가,' '국민'이라는 세가지로 번역이 나와있음을 알 수 있다. 이렇게 보면 nationalism은 민족주의만이 아니라, 국가주의, 국민주의의 의미도 담고 있다는 추론이 가능하다.

대한민국의 특수성과 예외성은 바로 여기서 발견된다. 민족, 국가, 국민이라는 각기 다른 범주로 살펴볼 때, 대한민국은 이 세 가지가 일치하는 매우 드문 사례이다. 지구상에 많은 나라가 있지만, 민족, 국가, 국민의 범주가 일치하는 나라는 흔치 않다. 두 가지 정도의 일치는 많은 나라에서 발견되고 있지만, 흔치 않은 세 가지 범주의 일치현상으로부터 대한민국의 민족주의는 일상적 해석과 적용으로부터 벗어나고 있는 것이다.

여기서, 필자는 한국민족주의의 예외성과 특수성을 논의의 출발점으로 제시한다. 21세기로 이어지는 상황에서도 여전히 이산가족의 애끓는 마음과 분단의 현실에 가슴아파하는 많은 대한민국 사람들의 현실은 한국민족주의의 예외성을 반영하는 것이며, 동시에 역사적 과제로서의 통일로 가는 길목에서 중요한 역할을 하면서, 사회통합의 기제로서도 작동하는 한국민족주의의 특수성이 발견되기도 한다. (박의경 2015b: 189-190)

한국의 민족주의는 그 출발에서는 저항적이었으며, 전개과정에서는 체제 순응적으로 발전하는 모습을 보여준다. 그러나 또한 체제 순응적이면서도 민족주의의 생명력은 다른 모든 것을 넘어선다. 민족개념에 대한 시대적 변용도 없었고, 민족을 내세우는데 대해 어떠한 저항도 있을 수 없는 것이 바로 모든 위정자들이 지금까지 민족을 내세우면서 정권을 잡으려하고 있다는 데서 잘 드러난다. 어떻게 보면, 정권이나 체제가 민족주의를 장악했다기보다는 모든 정권이 민족주의라는 최상위 개념 아래에서 작동하고 있다는 생각도 든다. 대한민국 정부수립 이후 한국의 민족주의는 민족이라는 하나에서 출발한 민족지상적 민족주의라는 개념적 전제의 기반위에서 국가와 통합된 국가주의적 요소를 가진 국가민족주의, 통일이라는 목표를 향해 달리는 목표 지향적 통일 민족주의의 두 가지 모습이 정권의 변화와 함께 교차되고 있음을 알 수 있다.

오랜 역사 속에서 민족과 국가, 국민이 엄밀하게 구분되지 않고 하나의 뭉뚱그려진 개념으로 존재해 온 상황에서, 한국민족주의는 모든 이념을 압도하면서 체제와의 연동성이 매우 높은 국가이데올로기로서 작동해 온 것은 이미 기술한 바와 같다. 국가와 연합한 민족, 국민과 연동되어 움직이는 민족 개념은 근대화, 산업화의 상황에서도 새로운 논쟁을 필요로 하지 않는다. 국가와 국민으로 민족이 자연스럽게 녹아들어가는 장면은 한국이 아닌 다른 곳에서는 잘 찾아볼 수 없는 것으로, 민족주의가 대한민국에서 가지는 잠재력과 역동성을 드러낸다.(박의경 2015a: 22)

민족의 이름으로 살리고, 민족의 이름으로 처단한다. 민족의 이름으로 만들고, 민족의 이름으로 없앤다. 대한민국도 민족을 지고의 가치로 두고, 북한도 민족의 이름으로 작업을 수행한다. 정권 투쟁에서 승리한 자도 민족을 부르고, 패배한 측에서도 민족을 지칭한다. 민족은 우리에게 편집증의 원인제공자이자 그 질병을 치료하는 유일한 만병통치약이기도 하다. 민족이라는 함정에 걸리면 누구도 빠져나오기 어렵고, 민족을 내세우면 누구도 반대하기 어려운 것이 현실이기에, 대한민국에서 민족주의 담론을 누가 장악하느냐가 정권의 향배에 결정적 영향을 미쳐왔다. 이렇게 볼 때, 우리에게 민족은 최고의 약이자 치명적 독이기도 하다. 약을 어떻게 사용하는가와 독을 어떻게 관리하는가에 의학의 비밀이 있고, 건강의 비법이 존재하는 것처럼, 민족주의라는 약을 유리하게 사용하고, 그 독성을 지혜롭게 관리할 때 민족과 결합되어 있는 국가의 안전과 밝은 미래를 조망할 수 있다. 한마디로 한국의 민족주의는 이념중의 이념이자, 이데올로기중의 이데올로기로서 강력한 현실적 힘을 가지고 역동적으로 살아 움직이는 현실의 이념이다. (박의경 2015b: 216-217) 결국 한국에서 민족주의는 근대화를 통한 자본주의의 발달과 민주화를 통한 민주주의로의 이행과정 그 어디에서도 빠지지 않고 동반하여 나타나는 양상을 보이고 있다.

3. 민족주의 한국에서의 민주주의의 정착과 성장 : 추상적 이념과 가치의 내면화

1) 정권 생성의 유인이자 동력

민주주의란 고대 그리스의 페리클레스의 연설문에 명문으로 그 의미가 규정되어 있다. 즉, “권력이 소수의 손에 있지 아니하고 다수의 손에 있기에 그 체제를 민주주의라 부른다” (Thucydides 1968: 111)는 것이 바로 그 내용이다. 대한민국 헌법에도 명문으로 규정된 자유민주주의는 자유와 평등을 기본 개념으로 한다. 자유와 평등이란 사실상 현실에서 사이좋게 어우러지기는 매우 힘든 개념이다. 나의 자유와 너와의 평등이라는 내용이 현실에서 만나는 곳은 대체로 '외나무다리'[2]와 같이 갈등이 첨예하게 부딪히는 곳이다. 이 외나무다리를 벗어나기 위해서 자유와 평등의 관계, 조화, 균형 등 많은 논의가 제기된다. 역사를 살펴보아도 자유 민주주의 체제는 저절로 형성되는 것이 아니며, 자유, 평등 개념의 조화로운 안착을 위해서는 많은 노력이 필요함을 알 수 있다.

영국의 명예혁명, 미국의 독립혁명, 프랑스의 대혁명이 민주주의를 확립한 세계의 3대 시민혁명으로 일컬어진다면, 비록 짧지만 한국 민주주의의 역사에서 4.19 민주학생운동와 5.18 민주항쟁 그리고 6.10 항쟁이 그에 필적하는 3대 사건으로 지칭될 수 있을 것이다. 이들 세 사건은 한국 현대 정치사에서 매우 중요한 분기점이자 변곡점을 형성한다. 학생과 지식인 중심으로 시작되었던 4.19항쟁은 사회의 변화를 이끌어내는 듯도 하였으나, 결국 5.16을 통한 군부세력의 등장으로 권위주의 정권의 재현으로 귀착되고 마는 안타까운 상황이 연출된다. 5.18의 경우 모든 시민의 자신의 생존을 지키고자 참여했으나 불행히도 이는 광주라는 한 지역에 한정되어, 전국적으로 전파되기에는 그 힘의 한계가 노정되었고 체제의 변화는 발생하지 않았다. 1987년의 6.10 항쟁에서는 전국의 시민 모두가 항쟁의 주역으로 등장했고, 당시 국

---

2 여기서 '외나무다리'란 서로 피할 곳이 없는 상태에서 맞닥뜨리는 장소를 의미한다. '원수는 외나무다리에서 만난다'는 옛말이 의미하듯이, 외나무다리에서의 만남은 만나는 양자 간에 무언가 협상과 타협이 이루어지지 않으면 진행이 되지 않고 멈추어 있게 됨을 상징하게 된다. 시간은 흐르고 있고, 갈 길은 멀고, 해가 지고 있는 상태라면, 외나무다리 위에 서 있는 양자는 어떻게든 교착상태를 타개할 방법을 모색해야 한다. 여기서 교착상태의 타개책을 모색하게 되고, 원칙이 세워지면서 정책의 우선순위도 만들어지게 되는 것이다.

민의 염원이고 민주주의의 형식적 요체라고 할 수 있는 국민의 권력 선택권을 반환받게 된다.

1987년 6.10항쟁을 통해 제9차 헌법개정이 이루어짐으로써 1972년 유신헌법 이후 간선이었던 대통령 직선을 쟁취해내면서, 한국에서 제도적, 절차적 민주주의가 완성되었다는 것이 학계의 정설로서 이러한 평가에 대해 이의를 제기하기는 어렵다. 이러한 과정을 거쳐 한국은 산업화와 민주화를 동시에 달성한 몇 안되는 신생국가로 자리매김을 하게 된 것이다. 그런데 30년이 지난 2016년 전방위적 권력부패 사건인 비선실세 최순실의 문제와 2017년 그로 인한 대통령 박근혜 파면 사건은 한국의 민주주의에 대한 심각한 질문을 던지게 한다. 1987년 민주화 이후 우리 사회는 과연 민주주의 사회였던가? 절차적 민주주의만으로 민주주의가 아니라고 할 수 있는가? 아니라면, 87년 이후 30년 동안 지속되어 온 한국의 정치체제의 정체(正體)는 과연 무엇이라 할 수 있는가? 여기에 대한 모범답안은 이미 존재하고 있다. 절차만으로 민주주의라는 결과를 도출해 낼 수 없고, 제도만으로 민주주의라는 열매를 생산해 낼 수 없다. 형식과 함께 민주주의 내용을 채워야 하고, 결과와 함께 민주주의라는 과정이 동반이 요구되는 시점이라는 점이 비선실세와 탄핵 사건이 우리에게 주는 과업인 셈이다.

우리에게 민주주의는 1945년 피식민국가에서 벗어난 이후부터 사회를 구성하고 운용해나가는데 필요한 제1의 동력으로 작동해 왔다. 1945년부터 1948년까지의 해방직후 국가형성의 근간을 어떻게 설정할 것인가에 대한 치열한 투쟁과 토론의 있었고, 미국과 소련의 냉전구도 속에서 과거 전근대 왕정국가 조선은 미국의 엄호 하에 민주주의를 기치로 내걸고 대한민국 정부를 수립하였다. 민족의 통일이라는 미완의 과제를 가진 채 대한민국은 민주주의를 표방하며 국제사회에 들어선 것이다.

실제로 한국의 민주주의는 그 출발과 이행 방식에 있어 서구 민주주의와 많은 차이점을 보인다. 중세말부터 발달한 자연법과 자연권에 대한 기본 개념부터 시작하여, 서구 세계는 국가 권력의 출발에 대한 질문을 제기하게 된다. 이는 결국 권력의 근원이 어디에 있는가라는 질문에 이르게 되고, 홉스, 로크, 루소를 통해 사회계약론이 제시된다. 국가 권력의 주체는 시민이고, 국가권력의 출발도 시민이라는 아테네 민주주의적 사고가 다시 살아나게 되면서, 왕권신수설에서 국민주권론으로 권력 개념의 근거가 이동하게 되는 것이 바로 서구 시민혁명의 요체라고 할 수 있다. 17,8세기 시민혁명이후 유럽사회는 권력구조의 변동을 경험하면서 시민의 출현과 성장을 통해 민주주의를 발전시켜 온 것이다. 이에 비해 식민지에서 해방된 한국은 서구에서 만들어진 민주주의라는 완성품을 보세가공[3]의 과정 없이 직수입하게 된다. 해방 전 한국의 정치체제는 대한제국으로 황제가 통치하던 체제였고, 신분질서가 엄존하던 사회였다. 만인의 자유와 평등을 기치로 내건 민주주의 체제를 그대로 수용하기에는 한국인의 정신적 구조는 많은 시간을 필요로 하였다.

---

3 타국의 원재료에 자국 나름의 특색을 가미해 만들어내는 반가공품을 보세가공이라 한다면, 모든 이의 자유와 평등이라는 서구에서 직수입된 원재료의 의미에 대해서 제대로 이해할 수 있는 사람들이 1945년 해방당시 한국에서 찾아보기는 용이하지 않다. 모든 이가 자유롭고, 모든 이가 동등하다는 생각은 신분질서에서 아직 벗어나지 못한 당시 한국의 입장에서는 질서의 근간을 흔드는 내용일 수 있었다.

만인의 자유와 평등이라는 추상적 이념과 가치가 머리로 이해되어 몸으로 체득되기에 이념의 수입과 적용 과정은 너무 짧았고, 무엇보다도 민주주의 사회의 행위자 시민이 절실히 필요한 상태에서 해방된 한국에는 민주주의 보다는 민족이 우선이었고, 시민이 아니라 백성이 넘쳐나고 있었다. 시민은 민주주의의 주인이지만, 백성은 민본의 대상이 된다. 시민과 백성, 그 육체는 같으나 정신은 주체와 객체로서 전혀 다른 상태에 존재한다. 시민의 선거와 백성의 선거는 선출된 자의 지위를 상이하게 설정한다. 전자에서 선출된 자는 대리인으로서의 대통령이지만, 후자에서 선출된 자는 대통령이라 쓰고 왕이라 읽힌다. 대리인 대통령에서 시민은 나의 주인(내가 뜻을 따라야 할 자)이지만, 왕이 된 대통령에게 백성은 나의 신민(臣民)(내 뜻을 따라야 할 자들)에 불과하다. 이렇게 시민의 형성보다 국가와 제도의 구성이 우선이었던 민족주의의 통합적 특징을 그대로 드러나는 것이 바로 한국의 민주주의이다.[4] 추상적 이념과 가치가 현실의 상황 변화를 주도하지 못하고 현실 민족의 삶에 내면화 되어 버린 그야말로 국민들의 '한국적 민주주의'인 셈이다.

---

4 이에 대해 김용철은 다음과 같이 요약/정리하고 있다. "민주화 이전, 한국은 거의 30년 동안(1961-1987) 혹독한 권위주의체제 하에 있었다. 경제발전과 국가 안보를 명분으로 권위주의 정권은 모든 정치과정을 통제하였다. 언론보다는 검열의 대상이 되었으며, 노동운동을 비롯한 모든 사회운동은 철저히 억압되었다. 심지어 비정치적인 교육기관과 종교단체들까지 감시와 통제의 대상이었다. 뿐만 아니라, 권위주의 정권은 매수와 협박이라는 양면 전략을 통해 야당들을 관리하였고, 총선 및 대선의 선거제도마저 정권 유지를 위한 정치공학의 대상으로 전락시켰다. 그 결과 국회는 '통법부'로 전락하였으며, 사법부는 정권 하수인의 역할에 충실해야 했다." (김용철 2016: 32)

2) 정쟁의 근원이자 목표

나름대로 정착한 한국의 민주주의는 해방이후 한국 정부의 형성에 제1의 기제가 되었고, 그 기조는 현재까지 변함없이 지속되고 있다, 민주주의 사회의 시민이 제대로 형성되지 않고 국가의 국민을 시민으로 부르면서 진행된 민주주의였지만, 어느 누구도 민주주의에 반기를 들지는 않았다. 민주주의는 절대명제가 되었고, 왕이라는 절대자가 사라진 공간에서 민주주의와 시민(이제 국민)은 오히려 모든 정권의 생성을 쥐락펴락하는 힘이 되었다. 민주주의의 옷을 입고 시민이라 불리는 국민들은 정권을 생성하는 동력이 되기도 했고, 정권을 무너뜨리는 기폭제가 되기도 했다. 민주주의 사회에서 국민은 무소불위의 능력을 가진 도깨비 방망이가 되었고, 한국 정치는 그 방망이를 쥐려는 자들의 각축장이 되었다. 의식의 변화보다 제도의 정착이 앞섰던 것이 한국의 현실이지만, 제도의 정착이 의식의 변화를 견인해내는 역사적 장면도 또한 한국에서 나타난다.

> 1987년 민주화 이후 한국정치의 모습은 크게 변화되었다. 자유롭고 공정한 선거가 뿌리내렸고 개인과 집단의 정치적 자유와 권리가 크게 개선되었고, 정보 습득의 다양한 경로가 생겨나 시민들의 알 권리는 현저히 향상되었으며, 자율적인 시민/사회운동이 광범위하게 형성, 조직되어 시민사회는 한층 견고해졌다. 정권을 향한 정당들의 경쟁은 매우 치열해짐에 따라, 경쟁적 다당제가 자리잡아 가고 있다. 국회는 '정쟁의 장'으로 비난받을 정도로 정치적으로 활성화 되었고, 사법부는 정치권력의 영향으로 벗어나 나름의 독립성을 보유하게 되었다. (김용철 2016: 32)

백성으로 살다 국민이 먼저 되었지만, 민주주의 제도화 과정을 통해 국민은 다시 시민적 특성을 습득하게 된 것이다. 민족에서 출발하여 국가라는 테두리에 안착한 구체적 현실 속의 국민들이 추상적인 시민적 특성을 학습하는 과정이 한국민주주의의 역사에서 확연히 드러난다. 즉, 국민이 시민으로 국가의 주인으로 드러나는 한국 현대사의 몇 장면에서는 역사의 역동성이 드러나기도 한다. 5.18 광주민주항쟁 당시의 광주시민들, 1987년의 6.10 항쟁의 백만 인파, 2000년 낙선운동 당시에 의지를 모았던 수많은 사람들, 2016년 촛불시위에 모인 200여만의 사람들이 드러내는 것은 바로 시민이 민주주의의 주인이라는 자기 주체성에 대한 확인에 다름 아니다.

『민주화 이후의 민주주의』에서 최장집은 "민주주의는 민주주의를 지키고, 그것에 맞는 가치를 함양하고, 발전을 위한 제도적 장치를 끊임없이 개발하는 노력이 뒤따르지 않으면 이내 후퇴할 수밖에 없음"(최장집 2005: 45)[5]을 역설한다. 민주주의는 완성품이 아니다. 언제나 어디서나 만들어지는 과정에 있는 것이 민주주의이고, 그 내용물을 채우는 것은 당시에 존재하는 시민들의 몫이다. 그들의 역량에 따라 민주주의가 완성으로 한걸음 다가서기도 하고, 다시 과거로 회귀하기도 한다.[6] 오래전에 루소는 이미 "시

5 여기서 최장집은 한국민주주의를 위기라고 진단하는데, 그 이유로 "그간 한국사회에서 민주주의의 내용적 발전을 위한 자기쇄신의 노력이 부재했으며, 그 결과 한국사회가 점차 나쁜 방향으로 급격히 퇴보하고 있음"을 제시한다. (최장집 2005: 45)

6 플라톤과 아리스토텔레스를 비롯하여, 근대의 존 스튜어트 밀이나 알렉시스 토크빌, 제임스 매디슨 등의 민주주의에 대한 우려는 시민의 능력에 대한 확신이 부족함에 기인한다.

민을 만들어내라. 그러면 필요한 모든 것을 가질 것"(Rousseau 1978: 222)이라고 외친다. 여기서 그가 말하는 '필요한 모든 것'이란 민주주의에서 필요한 것으로 자유, 덕성 등을 말한다. 민주주의와 자유에는 시민이 필요하고, 시민은 교육을 통해 만들어진다. 교육이 이루어지는 현장은 공동체, 즉 국가이다. 여기서 교육의 내용은 가치와 덕성의 교환과 습득이고, 그 방법은 대화, 즉 소통인 것이다. 가치와 덕성의 교환을 통해 시민이 형성되고 민주주의가 바로 서게 된다는 것이 많은 민주주의 사상가들이 역설하는 핵심적 내용이다.[7]

현대사회에서 민주주의의 존재 이유는 사회의 갈등을 평화롭게 조정해낼 수 있는 거의 유일한 정치체제라는데 있다. 한국도 사회의 발전에 따라 다양한 이익과 요구가 분출하면서 과거 권위주의 체제 아래서 숨죽이고 있던 수많은 갈등이 분출하고 있는 다원사회로 들어선지 이미 오래되었다. 1987년 절차적, 제도적 민주화 이후, 한국 사회는 갈등의 정치적 해결에 많은 시간과 노력을 쏟아왔으며, 정권의 향배로 이에 따라 달라지는 현상을 보이기도 하였다. 보수적 성격 일변도였던 정권의 성격이 1998년 최초의 정권교체와 함께 민주주의는 또 다른 궤도에 올라서게 되었으며, 이후 두 번의 보수정권을 거쳐 2017년 현재 새로운 진보정권이 들어서 있다. 현재의 정권이 들어서는 과정에서 '대통령 탄핵'이라는 초유의 사태를 경험하고 수백만의 국민이 주말마다

7 민주주의 사상가 벤자민 바버는 다음과 같이 역설한다. "공동체가 없으면 대화가 없다. 대화가 없으며 학습이 없다. 학습이 없으면 교육이 없다. 교육이 없으면 시민이 없다. 시민이 없으면 자유가 없다. 자유가 없으면 문화도, 민주주의도, 학교도, 문명도 없다." (Barber 1998a: 185)

광장으로 나서는 매우 특별한 상황이 전개되었다. 주권자들이 직접 광장으로 나서게 되면서, 대의제 사회에서 권력을 위임받은 자들의 권위는 유명무실하게 되었다. 대리인을 통해서 의견을 수동적으로 제시하고 청취하던 국민들이 직접 광장에 나서 구체적인 정치적 요구를 하게 되면서 한국의 민주주의는 또 다른 세계를 경험한 셈이다.

갈등은 분란을 초래하지만, 갈등은 실상 사회발전의 견인차이자 동력이다. 잘 풀리지 않는 문제를 풀이해내는 과정을 통해서 수학 실력이 증진되어 가듯이, 갈등을 해결해나가는 과정에서 사회의 갈등해결 능력과 시민의 위기 대처 능력도 발전되어 나가는 것이다. 개별 시민의 역량이 발전해감에 따라 사회 전체의 기초체력이 다져지게 되면서, 토론과 타협을 통해 협의할 수 있는 구조를 제도화시켜 나갈 때 우리는 이를 민주주의라 부르면서 효율적인 의사결정 방식으로 평가할 수 있는 것이다.[8] 사람들이 존재하기에 갈등이 있고, 갈등으로 인해 정당한 정치권력이 필요해진다. 정치권력은 정당성을 얻기 위해 민주주의 체제를 통해 사람들의 의견을 알아보고자 한다. 다양한 사람의 존재로부터 시작한 사회의 갈등은 민주주의 체제의 시작이었고, 이제 그 민주주의는 한국에서 정쟁의 근원이자 목표가 되었다.

21세기에도 여전한 민족주의 한국의 정치체제가 민주주의임은 분명하다. 실제 해방이후 한국에서의 민주주의 정착과정에서 민족주의의 역할이 그리 긍정적인 것만은 아니었기에, 민족주의 한

8 러스토우(Rustow)와 햄프셔(Hampshire)를 인용하자면 민주주의란 갈등에 기반을 둔 정치체제이고, 정의는 갈등이다. 이에 대해서는 최장집 (2005) 40쪽을 참조하라.

국과 민주주의라는 결과는 매우 생경스러우면서도 또한 놀랍기도 하다. 해방 직후 정부수립까지의 3년여 과정에서 드러났던 이데올로기적 대립구도는 민족주의와 맞물려 민주주의의 진행에 많은 지장을 초래했었던 것도 또한 사실이다. 민주주의가 개인을 중심으로 하는 이념인데 반해, 민족주의는 한민족 공동체, 민족의 일체성 등을 중시하는 집단주의적 속성을 가지는 이데올로기라는 것은 주지의 사실이다. 놀라운 것은 집단 정체성을 중시하는 민족주의를 그대로 가지고 한국의 민주주의는 진행되어 왔다는 사실이다.[9] 민주주의 가치와 체제가 모든 것을 압도하는 상황 속에서도 민족주의는 여전히 살아 있으며, 한국의 모든 민주주의 선거에서 민족주의 이념은 상수로 존재한다. 정권을 얻는 자도 민족주의를 품어야 그 정권을 유지할 수 있고, 정권 경쟁에서 패배하는 자도 민족주의를 배제하지 않아야 다음의 기회를 엿볼 수 있다. 즉, 민주주의 한국에서 민족주의는 잘못 다루게 되면 그 칼에 누가 베일지 모르는 일종의 '양 날이 선 칼'인 셈이다. 여기에 21세기 미래 민주주의를 위해 민족주의 담론을 같이 논의해야 하는 이유가 있다.

9 최장집은 한국에서 냉전이 만들어낸 정치구조가 민주주의 발전에 부정적 효과를 초래했다고 평가하면서 민족주의가 그 희생물임을 역설한다. 냉전이 만들어낸 정치구조는 민주주의 발전에 부정적 효과를 보이는데, 그 하나는 이념적 양극분화의 효과에 의한 광범위한 중간영역의 부정이고, 또 다른 하나는 일상적 정치언어가 이데올로기로 윤색되어 대안적 세력과 구도를 지칭하기 어렵게 만들어 버렸다는 것이다.(최장집 2005. 78-80) 영어의 people에 해당하는 '인민'이라는 용어가 공산권에서 선점하면서 냉전구도 내에 존재하던 한국에서 인민이라는 용어가 금기시 될 수밖에 없었고, 따라서 민주주의 사회의 정치적 주체로서의 people 이라는 용어를 자유롭게 사용하기 어렵게 되어 버린다.

4. 민족주의의 지향점과 민주주의의 목표: 통합과 분리의 역동성

1) 동일한 지향점과 목표

한국의 정치지형에서 민족주의와 민주주의는 모두 변수가 아닌 상수였고 어느 하나도 간과할 수 없는 이념이었다. 민족주의가 단일민족이라는 개념까지 배태한 상황에서 한국의 전통 자산이라면, 민주주의는 최신의 수입 자산으로 냉전체제하에서 선택의 여지없이 한국민족 앞에 들이닥친 이념이라고 할 수 있다. 시민혁명을 통해서 시민의 형성과 시민사회의 구성 과정을 거치면서 형성된 서구의 민주주의에 비해서, 한국의 민주주의는 주변열강이라는 외생변수에 의해 반강제로 도입된 체제로 볼 수 있다. 한국 민족의 선택이라고 하기에는 자발성이 보장되지 않았고, 그렇다고 강제라고 보기에는 폭력성이 노골적으로 드러난 것도 아닌 상태로 제도로 정착된 것이 바로 한국의 민주주의인 것이다. 한마디로 민족주의 한국의 선택이 분명히 드러날 수 없었던 국제정치적 지형 속에서, 당시 한국민에게 한국의 민주주의는 소위 홉슨의 선택Hobson's choice[10]이었던 셈이다.

자발적 선택의 수용이라는 절차를 거치지는 못했으나, 민주주

10 형식은 선택이나 실제로는 강요라고 밖에 볼 수 없는 경우로서, 주어지거나 던져진 것을 가질 것인가 가지지 않을 것인가만 선택할 수 있는 상황을 의미한다. 17세기 영국 캠브리지 대학에서 마굿간을 운영하던 토마스 홉슨의 이름에서 따온 말이다. 그는 학생들에게 돈을 받고 말을 빌려줄 때, 볼품없는 말들을 마굿간 입구에 매어놓고, "입구에 있는 말이 아니면 빌려갈 수 없다"는 원칙을 고수했다고 한다.

의는 한국에 도입되어 수용되면서 제도화되기에 이른다. 민족주의는 피식민 경험의 과정 속에서 강화되어 왔고, 한국에서 민족을 국가를 대체할 수도 있는 개념으로까지 자리 잡고 있으며, 민주주의는 탈식민의 과정 속에서 탄생한 신생국 체제를 정비하는 데 매우 유용한 개념으로 사용되어 온 것이 사실이다. 한반도는 식민시대를 돌파해내는 동력으로서의 민족주의가 탈 식민의 파괴력을 가진 민주주의와 조우하는 역사적 현장이었던 셈이다. 해방 이후 70여 년 간 한국의 정치지형에서 민족주의와 민주주의는 양자 공히 대한민국의 고정자산으로 인정받고 있다. 이렇게 볼 때, 단일민족을 주창하고 한민족 공동체를 중심으로 하면서 통일이 여전히 국가의 궁극적 목표로 설정되어 있는 한국의 민족주의와 개인의 자유와 평등, 권리와 이를 위한 사회 참여를 중시하는 한국의 민주주의의 관계 설정에 관심이 가는 것은 지극히 당연한 논리적 귀결이다.

민족주의와 민주주의의 관계의 근간은 대한민국 헌법 전문에 매우 간결하게 정리되어 있는 바, 1987년 10월 29일에 9차로 개정된 내용을 살펴보면 다음과 같다.

> 유구한 역사와 전통에 빛나는 우리 대한국민은 3.1운동으로 건립된 대한민국임시정부의 법통과 불의에 항거한 4.19 민주이념을 계승하고, 조국의 민주개혁과 평화적 통일의 사명에 입각하여 정의/인도와 동포애로써 민족의 단결을 공공히 하고, 모든 사회적 폐습과 불의를 타파하며, 자율과 조화를 바탕으로 자유민주적 기본질서를 더욱 확고히 하여 정치/경제/사회/문화의 모든 영역에 있어서 각인의 기회를 균등히 하고,

능력을 최고도로 발위하게 하며, 자유와 권리에 따르는 책임과 의무를 완수하게 하여, 안으로는 국민 생활의 균등한 향상을 기하고 밖으로는 항구적인 세계평화와 인류공영에 이바지함으로써 우리들과 우리들의 자손의 안전과 자유와 행복을 영원히 확보할 것을 다짐하면서 1948년 7월 12일에 제정되고 8차에 걸쳐 개정된 헌법을 이제 국회의 의결을 거쳐 국민투표에 의하여 개정한다. 1987년 10월 29일 (대한민국 헌법 전문)

전문의 내용을 자세히 살펴보면, '조국의 민주개혁과 평화적 통일의 사명'이라는 문구를 통해 민족주의와 민주주의의 가치가 동시적으로 제시되고, '동포애로 민족의 단결을 공고히 하고, 자율과 조화를 바탕으로 자유민주적 기본질서를 확고히 하자"는 공통의 다짐과 함께 "우리와 우리 자손의 안전과 자유와 행복"이라는 공동의 목표가 설정되어 있다. 대한민국 헌법 전문의 내용만으로 볼 때, 민족주의와 민주주의가 그리 달라 보이지는 않는다. 민족주의와 민주주의의 출발점과 지향점이 상이하게 나타나고 있지 않으며, 오히려 조화롭게 공동의 가치 구현이 가능하다는 매우 긍정적 사고가 드러난다.

실제로 민족주의와 민주주의의 기원상 그 개념에는 어떤 차이와 동일성이 있는지 살펴보자. 민주주의의 근본 개념이 자유와 평등이라는 것에 이의를 제기할 사람은 없을 것이다. 그렇다면 민족주의의 근본 개념은 과연 무엇일까? 민주주의의 기본 단위가 개인이라면, 민족주의의 근본 단위는 집단으로서의 민족이고, 해당 민족의 자율적 판단에 대한 존중이 민족주의의 근간을 이룬다. 이는 1차대전 이후 미국대통령 윌슨Wilson이 주창한 '민족자결주의'에 집약되어 있다. 곧, 민족주의에는 민족이 결정의 단위로서, 민족의 자유로운 판단과 결정, 그리고 타민족과의 동등성 등이 근본 개념으로 제시된다.

> 민족주의는 군주정, 귀족정 등에 대항하는 공화주의와 민주주의를 향한 일반적 사회운동의 일환이다. 이러한 측면에서 민족 또는 민족국가는 그로 인하여 인간이 자유를 얻을 수 있고 행복을 추구하는 도구적인 개념으로 등장하였다고 볼 수 있다. (Shafer 1955: 114-5)

인류가 민주주의로 이어지는 자유주의와 민족주의의 밀월을 경험하게 된 것은 프랑스 대혁명 이후 19세기의 사회변화를 통해서였다. 자유주의와 민족주의는 그 발생과 발전에 있어 연원을 같이 하고 있다. 민족주의는 프랑스 대혁명과 나폴레옹 전쟁을 통해서 확산되었고, 그 확산 과정에서 자유 개념은 아직 미독립 지역의 사람들이 '민족'을 위한 투쟁에 나설 수 있게 하는 중요한 개념으로 등장하게 된 것이다. (박의경 1995: 242-243) 이에 대한 로버트 팔머Robert Palmer의 설명은 다음과 같다.

> 계몽사상과 프랑스 대혁명을 사상적 배경으로 하고, 자유주의 제도와 대의제도의 성장을 경험하는 가운데 위대한 부산물이라 할 수 있는 민족 정서의 성장도 괄목할 만한 사건이었다. 이러한 민족 정서의 대두는 인민이 자유와 자치정부 - 즉, 민주제도 - 를 향하여 나아가는데 있어서 하나의 중대한 사건이었던 것이다. (Palmer 1940: 95)

결국 행위 주체의 범위에만 차이가 있을 뿐, 민주주의와 민족주의의 출발점과 개념적 근간은 동일하다. 민주주의의 목표가 개인이 시민으로서 정치적 주체성을 확보하는데 있다면, 민족이 타민족의 압제와 강제 없이 자율적으로 자기 민족의 운명을 결정할 수 있도록 하는데 민족주의는 지향점을 두고 있다. 자유로운 개인들의 존재가 자율적 결정의 근간이 된다는 점에서 민주주의와 민족주의의 출발점은 같으며, 각 개인의 자유의 향유, 개별 민족의 자율성의 확보를 목표로 하고 있다는 점에서 민주주의와 민족주의가 그리는 미래도 또한 다르다 할 수 없다.

2) 구체성과 추상성의 상호보완적 역할

앞 절에서 언급한 바와 같이, 민주주의의 원리와 민족주의의 운용 원칙 모두 자유와 평등이다. 즉, 개인의 자유와 평등을 기본으로 하는 민주주의 사회를 통해서 민족의 자율성과 민족 간의 평등을 지향하는 민족주의의 달성이 가능하게 된다. 민주주의에서 행위자는 개인이고, 민족주의에서 행위자는 민족이라는 점에서 양자간의 차이를 찾아볼 수도 있으나, 민족 단위는 또한 개인으로 형성되어 있다는 데 착안한다면 또 다른 설명이 가능하다. 민주주의 개인과 민족의 구성원 개인이 동일인이고, 양자의 지향점은 자유의 향유이고 평등의 달성이다. 이렇게 볼 때, 민주주의와 민족주의는 동일한 곳에서 출발해서 동일한 곳을 바라보고 움직인다.

그렇다고 해서 민주주의와 민족주의가 전적으로 동일한 이념이라고는 누구도 생각지 않는다. 따라서, 작동 원리로서의 근본 개념의 동일성과 현실에서 드러나는 이데올로기로서의 차이점에 대해서 살펴볼 필요가 있다. 실제로 민주주의는 추상적 개인[11]의 자유와 평등을 설정하면서 정치체제의 원리를 제시한다. 개인이 추상적으로 존재하고, 상상과 추론을 통해서 태어난 것이라고 한다면, 민족은 추상적 개인이 입고 있는 현실의 옷이라고 할 수 있을 것이다. 이렇게 볼 때, 민주주의라는 추상적 원리는 개인들이 모여 사는 민족, 또는 국가 공동체 내에서 작동하게 되면서 구체적 형체를 지니게 되고, 민족주의는 민주주의로 정신과 영혼의 빈곳을 채워나가는 것이라는 설명이 가능해진다. 즉, 민주주의라는 추상적 개념이 민족이라는 구체적 공간에 자리 잡으면서, 추상성의 구체화 현상[12]과 구체성의 추상화[13]의 동시적인 전개가

---

11 '개인(individual)'이라는 용어는 매우 추상적이다. 현실에 기반을 두지 않은 용어라는 말이다. 즉, 서양근대사상의 근간이 되는 '개인'이란 독자적으로 설정된 원자적 인간의 존재형태를 의미하는 것으로, 그 누구의 영향도 받지 않는 독립적 존재를 의미한다. 그러나 현실에서 그러한 '개인'을 찾아보기는 어렵다. 인간은 태어나면서부터 누군가와 연결되어 있고, 사회 속에 던져진 존재이기에, 사회와 공동체를 고려하지 않고서 인간의 존재를 상정하는 것 자체가 불가능하다. 이렇게 볼 때, 실제로 서양근대사상은 '개인'을 발명(발견?이랄 수도 있지만, 거의 발명에 가까운 것)하면서부터 출발하였다고 할 수 있을 것이다.

12 자유와 평등을 비롯하여, 인간의 존엄성, 자연권 등과 같은 추상적 개념은 보편성을 띠면서 모든 인류에게 적용되어가게 되지만, 그 확산과정은 지구상에서 정확히 지리적 경로를 따른다. 추상의 구체화 현상이 바로 여기서 발견되는바, 자유와 평등, 인권 등의 개념이 각 지역마다 다른 양상으로 발전해 나가는 모습에서 이를 찾아 볼 수 있다.

13 사회, 공동체, 민족의 모습은 어느 한 곳에서 일정기간 이상 오래 같이 살아온 곳에서 발견된다. 구체적 양태로서 세상에 존재하고, 여기에 개인은 태어나면서부터 자신의 선택과 관계없이 소속되게 되고, 소속감에서 출발하여 애국심까지 느끼는 존재로 성장하게 된다. 구체적 공간에서 발생한 애국심을 루소는 '자신이 태어난 곳에 대한 애정'(Rousseau 1978: 219)으로 설명하기도 하면서, 여기서부터 자유에 근거한 자율성의 개념, 타민족에 대한

바로 현대 국가의 정치공간에서 드러나는 상황은 민주주의와 민족주의가 만나는 모든 나라에서 발견되고 있다.[14]

이러한 내용은 루소Rousseau의 『정치경제론*Political Economy*』에 잘 나타나 있는 바, "조국은 자유 없이 존재할 수 없으며, 자유는 미덕없이 존재할 수 없고, 미덕은 또한 시민이 아니면 지킬 수 없다"(Rousseau 1978: 222)는 주장에서 민주주의와 민족주의가 맹아적 형태로 연결되고 있음을 살펴볼 수 있다. 사람들이 조국을 사랑하게 되면 사람들의 덕성스러워질 것이고, 사람들이 덕성스러워지면 자신의 개별 의지를 일반의지에 보다 자연스럽게, 자발적으로 일치시키게 될 것이라고 분석하고 조국homeland이 시민 모두의 어머니임을 역설하면서, 루소는 로마를 그 사례로 들고 있다.

> 로마에서는 시민 상호간의 사랑과 로마인이라는 이름 자체에의 자부심이 시민에게 용기를 고취하고, 그 자체가 미덕이었다… 이렇게 로마는 덕이 지배하는 국가가 되었고, 세계를 지배하게까지 되었다. 따라서 당신 동료 시민들을 존중하라. 그리하면 당신도 존중받을 것이다. 자유를 존중하라. 당신의 영

개념 등 보편성을 가지게 되는 개념의 추상화 현상이 발견된다.

14 이에 대해서 영국 왕립국제문제 연구소(Royal Institute of Intenational Affairs) 보고서는 루소를 설명하면서 다음과 같이 민족주의에 대한 설명을 한다.
"루소 자신은 이를 애국주의라 명명하였다. 그러나 이것은 일반적으로 인식되는 것과는 종류가 다른 애국주의였다. 더 이상 지역에 얽매인 지역적 향토애는 아니었기 때문이다. 인간이 습관적으로 자신의 환경에 바치는 충성심이나 애정이 이제는 보다 추상적인 실체 - 즉, 정치적 공동체 - 에서 확상되어야 한다는 것이 루소 사상의 요체이다."(Royal Institute of International Affairs 1939: 28)

향력이 날로 증대될 것이다. (Rousseau 1978: 221)

루소의 분석에 따르면, 자유와 평등이라는 민주주의 개념 없이 민족주의 또한 발전할 수 없다는 것이었다. 루소의 설명에서 보듯이, 민주주의와 민족주의는 서로 밀접하게 관련되어 움직여왔다. "자유와 평등은 그 자체로서 귀중한 미덕이며, 자신들이 속한 민족에 대한 애정과 충성심을 가지고 있는 사람들에 의해서만 달성될 수 있는 것이다. 이렇게 민족주의가 민주주의 기본 개념을 유도해내는 한편으로, 자유와 평등 개념 자체가 또한 민족주의를 유발시키기도 한다." (박의경 1995: 247-248)

'인민의 덕성이 사회에 필수적이라면 어떻게 그것을 달성할 수 있는가?'라는 18세기 루소의 질문은 21세기 우리에게도 필요한 질문이다. 그는 이렇게 답변한다. "우선적으로 조국 사랑으로부터 시작한자."(Rousseau 1978: 219) 정치공동체의 결속을 다지기 위한 힘과 에너지로서 민족주의의 전형인 애국주의에 대한 강조를 루소에서 발견하면서, 개인과 공동체의 합일 가능성을 통해서 민주주의 사회의 주인인 시민이 자신이 소속되어 있는 공동체 조국과 민족과 국가를 사랑하게 되는 과정을 찾아볼 수 있다. 민주주의의 추상적 개념이 민족이라는 현실 속에서 구체화되는 역사의 진행 과정 속에서, 민주주의와 민족주의의 상호보완적 역할의 가능성은 드러나게 되는 것이다.

자유와 자율이라는 기본 개념을 근간으로 한 민주주의와 민족주의의 역사가 언제나 조화로웠거나 평화로웠던 것이 아님은 20세기 국제정치 역사를 보면 잘 알 수 있다. 한스 콘H. Kohn은 민족주의를 20세기 중반에 등장하여 정치화된 이데올로기로 설명하고, 칼톤 헤이즈C. Hayes는 민족주의가 근대 역사에서 때로는 자유주의적, 때로는 전체주의적 성향을 드러내면서 양극단을 오갔던 역사적 사실에 대해 기술한다 : "결국 지금까지의 역사는 국가로 끝나 있다. 그 국가는 민족에 대한 지나친 강조와 효율성을 우선하는 정책으로 독재적 경향도 다수 보였다. 루소, 헤르더, 마찌니로부터 모라스, 히틀러, 무솔리니로 가는 길이 먼 듯도 했으나, 언제나 순환적으로 돌고 도는 역사의 필연적 양상인 듯 했다. 전자의 자유주의 이론가들은 후자의 독재적 인물들이 역설했던 바로 그 문제들에 대하여 절대적인 반대의 입장을 취해왔다." (Hayes 1931: 308)

최근의 역사에서 우리가 경험한 배타적이고 폐쇄적인 민족주의는 자율적 민족이 아니라 도구적 국가 개념에 의거해 형성되어 왔기에, 자유에 기반을 두어야 할 민족주의의 개념의 왜곡이 발생하고, 국가 간의 폭력적 투쟁이 민족의 이름으로 전개되기도 하였음을 알 필요가 있다. 현대의 민족주의가 국가와 연합하여 억압적이고 폭력적으로 변해버렸던 역사와 그 기억이야 부인할 수 없는 현실이지만, 그렇다고 해서 인본성과 자유를 근간으로 하는 민족주의의 긍정적 측면 (보편적 가치를 지닌 열린 민족주의)[15]까지 부정되어서는 안될 것이다. 민족주의는 민주주의로의 기대와 개인의 자유에 대한 기대와 열망을 불러 일으키는 사회

15 이런 맥락에서 필자는 이 글에서 사용하는 민족주의 개념을 보다 구체적으로 설명하자면, '개방적 민족주의' 또는 '열린 민족주의'라고 할 수 있을 것이다. 민족주의에 대한 여러 가지 개념이 존재하는 것도 사실이지만, 이 글에서 필자는 민족주의가 그 본질적 개념에 충실하다면 자유, 평등 등 보편적 가치를 지닌 열린 민족주의임을 밝힌다. (박의경 1995, 1997, 1998 참조)

의 지적, 도덕적 혁명의 일부라는 것이 민족주의 사상가 케두리 Kedourie의 분석(Kedourie 1960: 36)이고, 여기서 민주주의와 민족주의의 상호보완성에 대한 논의의 적실성을 찾아볼 수 있다.

3) 통합과 분리를 통한 변증법적 발전의 가능성

개념의 추상성과 장소라는 구체성 이외에도, 민주주의와 민족주의의 상이함은 그 지향성에서도 잘 드러난다. 민주주의는 독립된 개인으로부터 출발하여 분리된 사회현실을 기반으로 논의를 전개하지만, 민족주의는 궁극적으로 통합을 추구한다. 통합을 위해서는 구심력이 필요하지만, 개별 인간의 독립성을 강조하는 내용은 사회의 분리 독립구조를 인정하는 원심력을 요구하게 된다. 통합과 분리는 상반되는 개념으로 서로의 반대로 그 힘의 방향을 설정한다. 즉, 통합을 위한 구심력은 분리를 통한 개인의 설정에 저항적으로 규제하고, 분리를 향한 원심력은 통합에 대해 길항작용을 한다.

민주주의의 개인이 민족주의의 집단적 민족과 만날 때의 불협화음은 사회의 균형과 조화에 도움이 되지 않는다는 것이 20세기 말 세계화 현상과 신자유주의가 대두하면서부터 제기되었던 주장으로, 개혁, 개방을 외치는 뉴밀레니엄 시대에 통합을 지향하는 민족주의는 민주주의가 세계화되어 가는 개방적 사회 추세와 전적으로 배치된다는 내용이다. 또한 민주주의 사회에서 각자 개별 목소리를 내는 원자적 개인의 존재는 통합과 통일에 저해가 될 뿐만 아니라, 공동체 내의 존재로서의 개인의 역할 설정에도 위협이 된다는 것이 통합을 목표로 하는 민족주의의 입장이었다.

민주주의와 민족주의를 제로섬 게임적 사고에서 서로가 서로에게 도움이 되지 않고, 오히려 방해가 되고 있다는 주장이 20세기말 민족주의의 종말과 이데올로기의 종언을 불러온 듯 했다.

그러나 20세기의 승자라고 할 수 있는 민주주의가 21세기에 만나고 있는 현상은 민족주의의 종말이 아니라, 재기와 부흥이라고 할 수 있다. 많은 곳에서 민족주의는 민주주의와 같이 가고 있으며, 실제로 자유와 평등의 가치를 공유하면서 민족 갈등의 해결에도 공헌하고 있음을 본다. 민주주의의 도래와 확장 과정에서 개별 시민들의 역할이 중요하지만, 그 개별 시민들은 민족이라는 테두리 안에서 움직여 왔다는 현실에 착안하면, 민주주의란 민족주의 없이 불가능하고, 민족주의 역시 사상적으로 민주주의 없이는 존재할 수 없음을 알 수 있다. 양자의 관계에서 영원한 긴장관계가 존재하고 있기도 하지만, 동시에 양자 모두 상대 없이는 존재하기 어려우며 매우 복합적으로 결합되어 있다는 것이다.

민족의 정체성과 주체성을 유지하면서 동시에 다양성과의 조화를 모색하는 것, 이것이 민족주의의 핵심이라고 할 대, 민족주의는 다양한 민족 사이의 공존을 도모하는 다원적 세계화와 자연스럽게 결합된다. 실제로 민족주의의 핵심에는 민족주의와 민주주의가 동시에 자리하고 있다. 여기서 민족주의는 배타적 대립이 아니라 상대에게도 동일한 권리를 인정하는 것이다. 양자가 자기결정self-determination과 상호간 평등reciprocal equality이라는 동일한 가치를 공유하고 있기에 가능함은 이미 언급한 바와 같다.

> 자기결정과 상호적 평등이라는 두 가지 내용에서 민족주의와 민주주의는 서로 용인할 수 있는 합일점을 형성한다. 민주주

의의 주창자 루소도 민주주의 정체가 제대로 유지되기 위해서는 시민들을 결속시켜주는 사회적 결합체를 중요하게 제시하고 있는데, 이것이 바로 시민종교civil religion와 민족주의(루소의 표현으로는 애국주의patriotism)이다. (Rousseau 1978: 131, 218-219) 자신이 소속되어 있는 공동체를 사랑하는 자야말로 민주주의를 가능케 하는 미덕과 일반의지를 지니게 된다는 것이다. 따라서 민족주의는 민주주의의 확립을 위해 절대적으로 필요한 민주시민의 양성을 위한 기본 조건이 되는 것이다. 결국 민족주의는 민주주의 존립의 필요조건이고, 민주주의는 민족주의가 지속적으로 발현되기 위한 충분조건인 셈이다. (박의경 2015b: 221-222)

사회가 유기적으로 존재하고 지속적으로 유지되기 위해서는 독립적 개인의 존재와 모래알 같은 개인들의 통합은 필수적이다. 독립적 개인 간의 건조한 관계를 사회내의 유기적 관계로 밀착시키기 위해 필요한 것이 민족주의가 가지는 통합과 결속이고 이를 추진하는 구심력이 필요해진다. 또한 통합되어 있는 사회에서도 다양성과 다원성이 확보되지 않으면 자유로운 사회의 건강한 지속을 보장할 수 없다. 여기에 필요한 것은 다원성을 강조하고 개인성을 보장하는 원심력이다. 즉, 민족주의와 민주주의는 서로의 발전을 위해 서로가 필요한 것이다. 상호간에 부족함으로 인해 서로가 서로에게 필요한 개념으로 다가서고 있지만, 서로에게 힘이 될 가능성과 동시에 충돌할 가능성도 동시에 가진다. "집단적 정체성은 개개인의 개별 정체성에서 시작되며, 개인의 정체성 또한 집단으로부터 그 힘을 충전받고 보강되고 있다는 점에서 개인과 집단의 관계, 민주주의와 민족주의의 관계는 갈등의 유인을 가지고 있으면서 동시에 합일의 가능성을 보유한 이중적 정체성을 가진 복합적 개념이다." (박의경 2015b: 222)[16] 민족주의와 민주주의는 서로에게 양 날이 선 칼인 셈이다. 양자는 어떻게 사용되는지에 따라 축복도 재앙도 될 수 있는 양가적 개념으로, 상호보완적이며 동시에 갈등과 함께 변증법적 발전의 가능성도 발견된다.

5. 21세기 미래구상

민주주의의 얼굴을 하고 나타나는 민족주의와 민족주의에 내재한 민주주의가 조우할 가능성이 매우 높은 상황에서, 세계 평화와 정치경제적 안정을 위하여 21세기 시민과 국민, 그리고 민족에게 필요한 것은 양자 모두의 힘에 대한 인지와 동시에 그것들을 다룰 수 있는 기술이다. 물과 불은 상극이지만 인류가 양자를 효율적으로 다루게 되면서 탁월한 문화와 문명의 발전을 이룩해낸 것처럼, 민주주의와 민족주의의 균형과 조화는 갈등을 넘어 미래로 가는 동력이자 에너지원이라고 할 수 있을 것이다.

대한민국 헌법 전문에 명시적으로 선언되어 있는 바와 같이, 우리에게 민족의 단결과 통합, 민주적 정치질서의 유지와 발전은

16 민족주의가 세계 평화에 도움이 되는지에 대한 논쟁은 다양하지만, 민족주의가 현실정치의 저변에 존재하고 있다는 사실에 대한 이견은 존재하지 않는다. 민족주의의 국제정치적 영향력에 대해서는 *Nationalism and Ethnic Conflict* (ed. by Bruno Leone 1994)를 참조하라. 실제로 민주주의는 개인적 정체성을 중심으로 하고, 민족주의는 집단적 정체성을 기반으로 하면서 글로벌 사회 현상 속에서 긴장 속의 균형을 이루고 있다.

모두 포기할 수 없는 당면 과제이다. 개인의 자유, 평등의 고도화를 통해서 내부역량을 결속시키고, 민족주의로 통합된 국가는 외부를 향한 국가 역량을 극대화시켜야 한다는 것이 헌법에서 제시하고 있는 기본적 요구로 해석할 수 있을 것이다.

민족주의의 최근의 역사를 살펴보면 갈등을 해결하기 보다는 증폭시키는 방향으로 움직여 온 측면이 있음을 인정하지 않을 수는 없으나, 민족주의 자체를 부인하거나 민족주의의 허구성을 설파하는 것이 그에 대한 대책이 될 수 없음도 또한 인정해야 한다. 역사에서 존재하는 것은 존재하는 것이고, 존재하지 않는 것은 존재하지 않는 것이다. 부정적 역할에 대한 대책은 그 존재에 대한 인정부터 시작하는 것으로, 민족주의에서 문제점이 발생했다면 그 본질부터 살펴보는 것이 올바른 대처방법이라고 생각한다.

민족의 공유하는 감정의 상태라는 민족주의의 본질적 정의로부터 출발할 때, 민족주의의 문제는 대체로 그 발현 양식에서 발견된다. 따라서 자신이 태어나고 자란 공동체에 대한 애정으로서의 민족주의와 합리적 개인으로서의 참여로부터 시작하는 민주주의는 '인간, 개인'이라는 차원에서 그 연결고리가 발견된다. 민족주의는 개인의 공급원이라는 측면에서 민주주의를 채우는 필요조건이고, 민주주의는 자유롭고 평등한 - 정체성을 지닌 - 시민의 양성소라는 차원에서 민족주의를 완성시키는 충분조건이다. 따라서 21세기 대한민국의 미래 구상에 절대적으로 필요한 양대축이 바로 민족주의와 민주주의이며, 양자는 반드시 동시적이고 상호적으로 작동해야 그 성과를 이뤄낼 수 있을 것이다. 즉, 우리 사회를 유지하는 현재의 충전용 가솔린이 민족주의라면, 사회를 미래로 움직이게 하는 에너지원은 민주주의라고 할 수 있다. 민족주의와 민주주의의 목표 또한 각각 민족의 평화로운 일상이고 동시에 시민의 자유로운 삶이기에, 양자의 분리와 통합 과정에서 발생하는 각 가치의 상승효과를 통해서, 대한민국의 헌법 전문에 명시된 '민족의 단결과 자유민주적 기본질서'라는 헌법적 가치의 구현을 통한 '안전과 자유와 행복의 영원한 확보'도 가능할 것이다.

제11장 한국민족주의의 미래

- 화해, 공존, 평화의 조건 -

1. 분열과 갈등의 역사를 넘어

단일 민족, 하나의 역사라는데 이견을 보인 적이 없는 21세기 한국의 현실은 분열과 갈등의 상징으로서의 분단이다. 반만년 역사의 과정에서 하나로 통일된 정치체제로 존재해 왔던 시기는 그리 길지 않고, 오히려 나뉘고 분리되어 있었던 시간에 대한 기억이 더 길다고도 할 수 있다. 그럼에도 불구하고 21세기 대한민국은 여전히 분단의 극복을 논하고, 통일을 목표로 설정하고 있다. 물리적으로 분단되어 있고, 정치적으로 분열되어 있는 갈등의 능선을, 분열과 갈등의 현실을 넘어 보겠다는 목표에 대해서는 정파를 넘어 공감하고 있는 것이 21세기 대한민국 정치의 현실이다.

목표는 분명하게 다르다고 할 수 없지만, 거기에 이르는 방법에 대해서는 전혀 다른 상황이 전개된다. 북한은 통일을 주장하면서 '우리 민족끼리'라는 기치를 내세운다. 한반도에 관심 있는 주변국들의 움직임을 비롯한 주변 정세를 도외시하고 형식 논리적인 독자적 결정에 의한 통일을 주장하면서, 미국을 등에 업은 남한이 흡수통일을 시도하고 있다는 우려를 떨치지 못하고 있다.

북한은 이미 오래전에 시작된 핵무기 개발이 자위적 조치라고 주장하면서 세계적인 비핵화 추세의 대척점에 서 있다. ICBM급 핵무력이 완성되었다면서 자축하는 상황을 보건서, 이에 비해, 대한민국은 한반도의 지정학적 특수성과 국제적 성격에 대해 이미 인지하고 있는 상황에서, 통일에 있어서도 국제 공조와 국제적 노력을 통해서 북한을 대결에서 대화의 장으로 이끌어 내겠다는 계획을 가지고 있다.

대한민국 내에서도 북한의 적화통일 야욕이 여전하다는 생각에 변함이 없는 집단과 그래도 한민족이니 현 상태에서라도 핵무기 동결을 거쳐 해체로 나아가자는 집단이 공존하고 있다. 분단이라는 현상의 변화를 원하면서, 자신을 축으로 하는 주변의 변화만을 고집하는 강 대 강의 대치상태가 지속하고 있는 셈이다. 한반도 문제의 모든 당사자가 자기중심적으로 대처하는 가운데, 한반도 문제는 전통적인 국제분쟁 지역인 중근동보다 더욱 치열한 21세기 외교의 각축장이 되고 있다. 통일은 우리 한민족만의 문제일 수 있겠지만, 한반도 분단의 해결은 전 세계의 안전보장을 위한 특급 외교 사안이자 국제적 문제인 것이다.

한반도 분단의 현실 상황이 그리 녹록치 않고 일종의 교착상태에 빠진 것은 사실이지만[1], 통일이라는 동일한 목표가 존재한다

---

1 2020년 6월에 나타난 김여정의 담화에서 드러난 거친 언사와 함께 실력행사의 우려가 남북연락사무소 폭파를 통해 일부 현실화되고 있는 과정에서, 이를 단순한 교착상태가 아니라 2000년의 6.15 남북공동선언 이전의 적대적 대치상태로의 회귀로 보는 비관적 시각도 존재한다. 그러나 남북관계는 그동안 수많은 위기 국면을 드러내왔고, 또 그것을 우리는 극복해 왔다. 위기 속에 숨어있는 기회구조는 역사의 긴 호흡을 통해서 발견될 수 있는 것이고, 이를 위해서 준비되는 '한반도 평화공동체' 구상은 포기할 수 없는 우리의 미래과제일 것이다.

는 데에 해결의 실마리가 있을 수 있다. 목표가 동일하다는 점에 착안한다면, 작은 시작으로 얻어지는 커다란 결과를 수확할 수도 있는 것이다. 무기를 개발, 생산, 판매, 구입하는 자들은 모두 안전에 대한 욕구이자 평화에 대한 갈망에서 그 이유를 찾는다. 북한의 경우도 마찬가지이다. 그들의 요구는 한결같이 체제보장이고, 이제는 더 나아가 경제발전에 대한 욕망도 드러내고 있다. 이러한 것들은 평화를 통해서만이 가능하다. 결국, 무기를 통한 힘의 과시, 대외 경쟁력 확보에 대한 열망은 평화로 나아가기 위해서라는 모순적 설명이 가능하다. 즉, 평화를 무력으로라도 사겠다는 역설적 상황이 전개되는 것이다.

이는 전쟁과 폭력을 경험한 지역과 세대가 멀리 있는 평화를 직접적인 목표로 하면서 전개되는 상황이라고 생각되기도 한다. 모든 것에서는 절차와 단계가 존재한다, 평화를 경험하지 못한 상황에서 평화로 가는 길을 찾기란 쉽지 않다. 평화는 기본적으로 마음의 상태부터 출발하는 것이고, 전쟁으로 이어지는 분란과 갈등도 그 출발점은 마음과 정신이다. 우리가 민주주의의 고전으로 알고 있는 고대 그리스 아테네의 민주주의도 출발선에는 아테네 시민들의 마음과 정신이 있었다. 황옥자의 분석은 바로 이 마음에서 출발한다. 아테네는 그들 간의 갈등과 무질서를 최대한의 설득을 통해 서로에 대한 이해를 가능하게 하고, 남아있는 갈등은 강제의 방식을 사용하면서 공존의 질서를 모색해 온 민주주의 공동체로 알려져 있다. (황옥자 2019: 31-2) 상호 간의 설득을 통한 정신의 통합이 공고했던 아테네가 공동체에 찾아온 위기와 미래에 대한 공포로 인하여 갈등과 분열에 매몰되었고, 아테네의 민주주의는 역사 속으로 사라지고 만다. 분열과 갈등으로 점철되어 있는 역사의 한계를 넘어서기 위해서는 물리적 결합만을 생각하기보다 과거 아테네 시민들이 중요시했던 정신적인 통합, 통일의 가능성에 대해서도 살펴보아야 한다. 현재의 대한민국과 같이 물리적 분단보다 정신과 마음의 분단이 더 심각한 상황에서는 더욱더 그러하다. 분단에서 통합으로 가는 길에서 정치사상적으로 통일을 생각해보자. 외교협상이나 국제 규약을 통해서, 경제적 지원에 대한 약속을 통해서 현실에서 보이는 갈등을 봉합할 수는 있겠지만, 협상, 규약, 지원에 문제가 발생할 경우 다시 원래의 갈등, 분란 상태로 돌아가 버린 다수의 역사적 경험을 기억한다면, 어쩌면 과거에 대한 용서와 미래로의 약속을 통한 생각의 변화를 시도해 보는 방법이 더욱 빠른 길인지도 모른다.

국내정치나 국제정치에서 모두 행위자는 인간이기에 인간의 변화는 행동의 변화로 이어지고, 이는 궁극적으로 정책의 변화로 귀결된다. 통일은 안전한 미래공동체 형성을 위한 우리의 과제이고, 평화로운 한반도를 이룩하자는 역사적 사명이기도 하다. 평화로운 세상에서는 모두가 어울려 살아가는 공존이 펼쳐질 것이고, 갈등의 세상에서 공존이 자리 잡는 데 필요한 것은 우선적인 화해라고 할 수 있을 것이다.

이 글은 다양한 시대와 환경 속에서 찾아낸 화해와 공존의 가능성과 함께 궁극적으로 한반도에서의 평화로운 미래공동체 구상에 초점을 맞추고 있다. 동서양, 고대에서 현대까지의 화해 사상에 대한 전문가들의 구체적 연구를 바탕으로 필자는 행위자 인간을 중심으로 하는 화해와 협력을 통한 공존의 조건 형성, 공존과 인정을 통한 평화의 달성, 평화로운 사회에서의 화해의 완성과 공존의 지속이라는 삼각 구도를 통한 평화로운 한반드 통일 공동체의 상을 제시해 보고 이와 더불어 이를 위한 우리의 과제도 또한 살펴보고자 한다.

2. 화해, 공존, 평화의 순환구조

1) 화해의 조건

화해, 공존, 평화의 삼각 구도에 동력을 제공하여 순환적으로 작동하게 하면서 지속가능성을 부여하는 것은 행위자 인간으로, 지구상의 인간 사이에 존재하는 모든 문제 해결의 단초가 바로 여기에 존재한다. 따라서 인간의 조건에 대한 논의가 그 해결의 실마리가 될 것으로 생각한다. 고대 그리스 이래 '인간은 정치적이고 사회적 동물'이라는 명제는 여전히 생동한다. 인간이 혼자 살 수 없다는 자명한 사실 앞에 인간들 사이를 규정하는 관계의 조건이 곧 인간 생존의 조건으로 등장하게 된다. 저서 『인간의 조건*On Human Condition*』에서 한나 아렌트Hannah Arendt는 노동labor, 작업work, 행위action를 살아있는 인간의 조건으로 제시한다. 육체를 살아있게 하기 위해 노동이, 정신의 만족을 위해 작업이, 육체와 정신의 교류를 위해 행위가 조화를 이룰 때 인간은 살아있다 할 수 있다는 것이다. 행동하는 삶 <비타 악티바Vita Activa>는 이렇게 노동, 작업, 행위 3자의 교호작용을 통해 드러나고, 우리의 정신과 육체는 건강하게 유지된다.[2]

2 이 세 가지는 인간 실존의 일반적인 조건과 밀접하게 연관되어 있다. 노동은 개인적 생존뿐만 아니라 종(種)의 삶까지 보장한다. 작업과 그 결과물인

아렌트에게 노동과 작업이 '나'의 존재 확인을 위한 내면으로의 활동이라면, 행위는 '나'를 대외적으로 확인하려는 대외적 활동이다. 내면으로 파고드는 구심력과 외부로 확장하는 원심력의 균형점에 바로 '나'의 공간이 자리 잡게 되는 것이다. 이렇게 볼 때, 아렌트의 '행위'는 갈등 상황에서 화해를 추구하는 바로 그 지점에서 인간의 인간됨을 발견할 수 있게 한다. 정치적 동물 인간들이 모여 사는 사회의 현장에서 그 개체의 개별성으로 인한 갈등의 존재는 필연적이다. 필연적으로 발생하는 갈등의 상황을 타개하기 위해 개별적 존재 인간은 상호작용과 의사소통을 간단없이 시도하면서 자신이 존재함을 인지한다. 아렌트가 고대 그리스의 시민들에게서 찾아보려 했던 의사소통의 현장이나 하버마스가 역설했던 공론장은 21세기의 우리들에게도 여전히 중요하다. 공론장은 개별적이고 주관적 존재 인간들 사이에 존재하는 갈등을 객관화, 일반화하는 작업을 가능하게 한다. 공론장에서 우리는 내 주장에 동의와 함께 반대하는 아우성까지 뒤섞인 타인의 함성을 듣게 되고, 우리의 주관적 사고체계는 정/반/합의 과정을 거쳐 내 안에 타인의 소리를 담을 수 있게 한다. 이러한 과정을 통해 주관적 존재 인간이 객관성을 담보할 가능성을 얻게 되고, 주관적 존재가 객관적 진리에 접근할 수 있다는 매우 역설적 상황이 가능해지는 것이다.

인간의 인공품은 유한한 삶에 영속성과 지속성을 부여할 수 있는 수단을 제공한다. 정치적 조직체를 건설하고 보존하는 데 참여하는 행위는 기억함, 즉, 역사의 조건을 창출한다... 행위는 탄생성의 인간조건과 가장 밀접한 관계를 가진다...행위는 우월한 정치적 활동이기 때문에, 사멸성이 아닌 탄생성이 형이상학적 사상과 구별되는 정치적 사상의 범주가 된다. (아렌트 2003: 57)

따라서 그 어떠한 치명적 갈등이 존재하더라도, 화해는 가능하다. 갈등이 존재한다는 사실 자체가 바로 화해가 가능하다는 증거이기도 하다. 일반적으로 육체의 상처가 드러나면서 치유가 시작되는 것처럼, 사회의 갈등도, 인간 내면의 갈등도 그 깊은 상처의 골을 드러내면서 사회적 치유의 과정이 시작되는 것이다. 여기서 언급된 사회적 치유가 바로 화해라고 할 수 있을 것이다. 육체의 질병을 치료하는 데에도 절차와 과정이 있듯이, 사회에서 형성된 갈등이라는 질병이 치유되는 과정, 즉, 화해의 과정에도 절차와 전략이 필요하다. 치료하겠다는 마음만 앞서게 되면서, 오히려 각 행위자의 상처를 건드려 갈등이 더욱 심화되는 사례는 역사에서 얼마든지 찾아볼 수 있다.

화해는 갈등을 전제하고 있기에, 매우 조심스러운 접근이 필요하다. 상대의 마음을 살피면서 서서히 접근하는 것이 필요하다. 경계심은 상호 협력을 통해 완화될 수 있지만, 경계심으로 협력은 지연되기에 십상이다. 상대에 대한 경계심의 완화가 협력을 위한 선결 작업이어야 하다는 사실을 통해서, 상대에게 일단 접근할 수 있는 통로가 확보되어야 한다. 여기서 타인과 같이 있기, 들어주기, 말하기 등의 심리학적 접근방법이 동원될 수 있을 것이다. 존재를 공유하고, 대화와 청취를 통한 의사소통이 시작되면서 서로에게 상대를 향한 활동 공간이 열리게 되는 것이다. 사소한 것에서 중요한 것으로, 작은 일에서 큰일로, 가랑비에 옷 젖듯이 서서히 스며들어 가면서 상호적으로 서로를 나누는 과정을 통해 상대의 마음을 알아가고 얻어낼 수 있게 되면, 이제 협력으로 나아갈 수 있게 될 것이다.

갈등의 해결과 대립의 해소는 화해를 전제조건으로 하고, 화해를 위해서는 협력이 필요하다. 협력은 일상의 문제를 해결해 나가는 과정에서의 만남과 대화를 통해서 상대를 이해하게 되면서, 그 가능성을 높인다. 이렇게 협력이 형성되는 과정이 바로 화해의 과정이고, 그 과정에서 상호 공존의 가능성이 드러나게 되는 것이다. 즉, 화해의 조건은 협력이고, 화해는 공존의 조건이 된다. 이와 같은 화해이론은 아렌트에게서 명확히 드러난다는 것이 김비환의 분석이자 설명이다. "아렌트에 따르면 정치적 공간에 참여할 수 있을 때만 인간은 자신의 정체성을 제대로 시현할 수 있고, 따라서 자유로운 개인의 평등한 참여가 보장되는 정치공동체의 형성과 유지가 바로 진정한 화해의 본질적 조건으로서 화해의 과정이자 목표이기도 하다. 정치의 장에서만 인간의 다원성은 드러나고 인간 존재의 본질인 자유를 마음껏 향유할 수 있기에, 건강한 정치 공간의 유지는 사회에서 발생하는 갈등과 불화를 완화하거나 해소시키는데 필수적인 조건이다. 아렌트의 이론에서 화해란 다양한 정체성과 차이가 자유롭고 격의 없는 소통을 통해서 시민적 우정을 쌓아가는 한편 정치를 통해 과거의 갈등과 부정의를 치유해가는 끊임없는 과정이기 때문이다." (김비환 2019: 71-72) 동일한 정치공간에서의 공존이 화해에서 평화로 가는 길목에 존재하는 이유가 바로 여기에 있다.

2) 공존의 조건

화해에서 평화로 이어가기 위한 공존의 필요성은 동서양의 사상과 역사 어디에서나 발견된다. 덕과 예를 정치의 목표로 설정하고 궁극적으로는 평화로운 정치의 방법을 논의하고 있는 유가의 경전을 분석하면서 안외순은 화이부동과 구동존이에서 화해와 공존의 조건과 가능성을 찾아본다. "동양사상에서 발견되는 화이부동(和而不同)과 구동존이(求同存異)는 인(仁)과 화(和)를 중심으로 하는 유가 사상의 실천사항이라고 할 수 있을 것이다. 공자는 사람과 사람이 서로 함께 공존하는 법이라고 인(仁)을 설명한다. 인에서 발견되는 상호적 사랑은 기본적으로 관계적 존재, 공동체적 존재로서의 인간이라는 인간성의 본질로부터 기인한다. 여기서 출발한 화이부동은 전체라는 구도에서 차이의 존재를 인정하고, 공통의 이익을 존중한다는 조건하에서 개별 이익에 대한 소홀함이 없어야 함을 강조한다. 구동존이는 다르다는 사실에 대한 인정과 승인을 전제로 한 상태에서의 같음을 구하는 작업으로서, 다름의 존재를 합리적으로 인정하고, 포용하며, 적법하게 처리하는 것을 의미한다." (안외순 2019: 98-102) 이렇게 볼 때 화이부동과 구동존이는 다양한 주체들이 갈등하고 대립하고 있는 현대사회에 반드시 필요한 화해의 전제조건이자 공존의 가능성을 구체적으로 드러내고 있음을 알 수 있다.

갈등의 현장에서 상대의 존재를 인정하지 않게 되는 것은 그들을 이해하려는 노력이 없었기 때문이다. 만남과 대화, 협력으로 얻어지는 것은 서로에 대한 이해도의 상승이다. 상대를 이해한다는 것은 교차하는 이해관계의 얽혀있는 구도를 이해한다는 것이고, 얽혀있는 구도의 존재는 얽힘을 풀기 위한 공동작업의 필요성을 서로에게 인지하게 한다. 타인에 대한 이해와 상호 인정의 미학은 인간 세상에 해결할 수 없는 갈등은 없다는 믿음을 서로에게 심어준다. 아무도 풀 수 없었다는 고디안의 매듭Gordian Knot도 마케도니아의 알렉산더 대왕에 의해 해결되었다.[3] 갈등의 존재는 해결을 요구하고, 해결하기 위해서는 다양한 모든 수단에 열려있을 필요가 있다. 과거에 엮여있는 사고체계에 대한 전향적 접근이 이루어질 수 없을 것 같던 역사적 대타협과 화해를 가능하게 했던 역사의 기록은 많다. 이 모든 사례에서의 가장 중요하게 언급되는 것이 바로 상호 간의 신뢰이다. 신뢰가 없으면 접근하지 않고, 접근하지 않으면 대화도 어려워진다. 대화가 어려워지면, 만나지 않게 되고, 만남의 소실은 결국 협력을 통한 화해의 가능성도 사라지게 한다.

상호 간에 대한 신뢰가 협력도, 화해도 가능하게 하고, 공존의 조건을 형성하게 되는 것이다. 신뢰는 하루아침에 생기는 것이 아니고, 시간의 흐름에 따라 누적적으로 쌓여 형성되는 감정의 상태이지만, 신뢰의 여부에 따라 만남, 대화, 협력의 길은 많은 차이를 보인다. 상호불신의 늪은 모든 대화의 단절자 역할을 하게 되고, 상대의 모든 행위에 의심을 품게 한다. 일종의 악순환 구도이지만, 현존하는 깊은 갈등의 골에서, 상호불신의 늪에서 벗어나는 방법 또한 현 상태에 대한 인식과 인정이다. 불신으로 만남을 통한 진의가 제대로 전달되지 못할 때, 신뢰 회복의 방법은 인내와 지속성이다. 불신한다고 해서, 만남과 대화가 지속되지 않는다고 해서, 그 행위를 멈춘다면 신전 기둥에 매여져 있던 고디

3 고대 소아시아에 있던 프리기아의 왕 고르디아스(Gordias)가 신전 기둥에 묶어 놓았다는 고디안의 매듭(Gordian Knot) 전설에 따르면 그 매듭을 푸는 자가 아시아 전체를 지배할 것이라 했다. 오랜 세월 아무도 풀지 못해 절대로 풀 수 없다고 알려진 고디안의 매듭을 알렉산드로스는 칼로 잘라냈다고 한다. 풀어야 한다는데 집중하다보니 수백 년 간 풀지 못한 것이다. 알렉산드로스는 그것을 잘라냄으로서 해결한 것이다. 여기에 세상의 모든 난제(難題)에 대한 창의적 접근방식의 가능성이 있다.

안의 매듭처럼 역사는 거기서 한 발자국도 움직이지 못한다. 풀 수 없으니 매여 있고, 매여 있으니 풀 수 없다는 그 악순환의 고리를 고대의 알렉산더처럼 누군가 언젠가 끊어야 한다. 그것이 지금, 우리가 아니라고 말할 수 있는 근거는 어디에도 없다. 과거 악순환의 고리를 푸는 것이 아니라 끊어버리는 것과 같은 전향적 태도를 통해, 과거 문제의 해결이 아직 미진해도 만남의 핑계와 대화의 필요를 지속적으로 제시해나갈 필요가 있는 것이다.

만남과 대화에서 이어지는 협력과 화해의 과정은 자신들만의 구도와 사고에 빠져있던 당사자의 일방성에 변화를 가져온다. 다 변화된 접근은 상대에게 쌍방향의 사고가 가능할 수 있다는 신념을 불어넣고, 분열된 사회에서 통합적 정책 이행의 가능성에 대해서도 긍정적으로 반응할 수 있게 한다. 화해가 공존으로의 길을 열어가는 것이다. 화해의 과정이 공존의 조건이라고 할 때, 이는 결국 상대에 대한 인정을 통해 가능한 것이며 타인에 대한 이해가 그 필수요소가 된다. 공존의 조건이 화해이고, 공존을 통해 평화의 가능성을 엿볼 수 있다는 측면에서, 공존은 이제 평화의 조건으로 등장하게 된다.

우리의 역사 속에서 화해에서 공존으로 가는 과정을 찾아보는 작업도 매우 중요한데, 화해의 과정을 거쳐 공존과 평화의 가능성이 조선 건국 초기 사회통합의 시도에서도 잘 드러난다는 것이 이하경의 설명이다. 고려에서 조선으로 넘어가는 14-5세기 권력의 이양기에 나타난 대일통 사상은 단순히 조선이라는 새로운 국가의 건국이 아니라, 국가권력의 교체기에 새로운 정치세력이 기존의 정치세력과의 갈등을 어떻게 극복하고 통합된 정치 질서로 나아갈 수 있었는지에 초점을 맞춘다. (이하경 2019: 109-125) 고려에서 조선으로의 변화는 현대적 관점으로 해당 지역에 살고 있는 백성들의 입장에서 보면 새로운 국가의 건설이라기보다는 정권의 교체라고 할 수 있는 것이었다. 정권은 변할지라도 사람들은 여전히 동일한 공간에서 살아가고 있다는 것이 당면한 현실이기에, 화해와 공존 가능성에 관한 연구는 모든 정권의 교체기뿐만 아니라 혁명기에도 매우 중요한 작업으로 등장한다. 과거에 관한 연구는 미래로 가는 길을 예비한다. 혁명기 이후에 발생하는 사회통합의 과정에서 기존의 고려 정치세력과 어떻게 화해하고, 공존해 나갈 수 있는 기반을 어떻게 평화적으로 형성해 나갔는지에 대한 14세기적 논의 속에 21세기 대한민국의 당면과제인 공존에서 평화로 가는 삶의 지속가능성이 투영되고 있다.

3) 평화의 조건

닫혀있던 인적, 물적 교류의 장이 열리면 서로의 만남이 빈번해지면서 화해를 논의하는 담론이 활성화된다. 활성화되는 화해의 결과는 상호 간 존재에 대한 인정이며, 이는 상호 공존의 지속성에 대한 긍정적 신호로 평가된다. 공존의 지속성에 대한 신뢰는 전쟁과 갈등상태를 평화 상태로 전환시킬 수 있는 전제로 작동한다. 이러한 상황에서는, 인간 사회 모든 곳에 상존하는 갈등과 대립, 반목의 해결방식에서 인명 살상을 유발하는 무력사용이 배제되지는 않더라도 최소한 최후의 수단으로 유보될 수는 있게 된다. 첨예한 갈등의 상황에서 무력시위나 공격이 아니라, 제도를 통한 대화로 풀어나가는 상황의 지속을 우리는 평화라고 부른다. 단순히 무력행사가 중단된 상태가 아니라 문제와 갈등의 평화적 해결이야말로 우리가 진정으로 평화라고 부를 수 있는 것이다. 2011년 노르웨이의 우퇴이아 섬에서 발생한 총기 난사 사건에 대응하는 과정에서 그들은 폭력에 대한 비폭력적 대응의 가능성을 극명하게 보여준다. 당시 세계 여론은 노르웨이의 대응에 주목했지만, 노르웨이 총리의 다음과 같은 말은 우리 모두에게 감동을 주었다. "폭력에 대한 우리의 대답은 민주주의와 개방성, 정치참여를 더 늘리는 것"이다.[4] 미국의 9.11 테러에 대한 반응을 이미 목도한 바 있던 당시 세계는 개방사회의 표상이 북유럽 국가 노르웨이의 국가 정책이 전면적으로 수정되리라는 예상을 한 바 있지만, 노르웨이는 그렇게 가지 않았고, 범인만을 처리하고 복수혈전이나 사회적 유혈극 없이 마무리되었다.[5] 여기서 평화의 조건은 공존이라고 할 수 있지만, 그렇게 형성된 평화는 또다시 화해의 조건으로서 자리 잡게 된다,

화해가 공존의 조건이 되면, 공존은 평화의 조건이 되고, 평화는 이제 다시 화해의 조건이 되는 선 순환적 삼각 구도의 모습이 열린사회를 표방하면서, 폭력과 테러에 맞서 민주주의와 개방성, 정치참여를 오히려 더 늘려야 한다는 북유럽적 발상을 가능하게 한 것이다. 갈등과 대립, 반목은 언제나 존재하는 것이지만, 방치가 아니라 세심하게 관리되어야 하는 사회적 이슈들인 것이다.

---

4 최민용, "'오슬로 참극' 노르웨이의 관용, 9.11 미국과 달랐다." 경향신문 (2011. 7. 30).

5 9.11 테러 이후 미국의 반응은 일정 부분 국가의 폐쇄와 적에 대한 전면적 공격이었다. 열린사회 미국이 테러와 그 이후의 공포로 인해 닫혀버리고, 아프가니스탄에 대한 미국의 전면적 공격으로 21세기는 전쟁으로 문을 열었다. 테러를 차단하고, 악을 소멸시키겠다는 기치를 내세운 전쟁은 여전히 중동 각 지역에서 복수혈전과 폭력의 악순환을 거듭하고 있다.

역사에 존재했던 모든 전쟁의 목적이 평화였음을 부인할 사람은 없을 것이다. 전쟁을 끝내기 위한 전쟁이라는 역설도 존재했던 것이 인간의 역사임을 인지할 때, 평화 또한 깨지기 쉬운 그릇이자 잘 관리해야 하는 나무인 것은 민주주의와 마찬가지라 할 수 있을 것이다.

실제로 민주주의는 힘을 동원한 폭력으로 점철되던 사회에 평화를 가져다주었다. 권력투쟁 방식을 제도화시킴으로써 합법적으로 권력을 쟁취할 수 있는 절차에 대한 사회적 신뢰를 형성하게 되면서 민주주의는 평화적 수단에 의한 평화로운 사회의 달성이라는 목표를 달성하였다. 이렇게 볼 때, 민주주의는 과정이자 절차이다. 절차와 제도에 대한 신뢰에 흠결이 존재하고, 결함이 생길 때, 그 사회의 민주주의가 언제나 위기에 봉착했음은 대한민국 현대 정치사를 보아도 자명하게 드러난다. 권력의 투쟁을 합법적 수준으로 올려놓은 민주주의에 대한 학습의 결과 21세기에서 민주주의를 표방하지 않는 나라는 거의 없다 해도 과언이 아니다.[6] 국내에서의 개인적 폭력과 무력의 사용이 법과 절차에 따라 제도화되면서 국내에서의 정치적 평화를 달성한 경험을 통해서 국가 간 관계에서도 은유적으로 차용될 수 있는 사례임이 분명하다.

위에서 평화는 목적이고 민주주의는 절차라 할 수 있지만, 또한 평화와 민주주의는 그 자체로서 과정이자 목적일 수도 있다는 데 천착한다면, 목적과 방법의 합치에 대해 생각해볼 수 있을 것

6 세습을 통한 일인 지배체제를 공고히 유지하고 있는 북한도 공식 국호는 조선민주주의인민공화국이다.

이다. 민주적으로 민주주의를 달성하는 것과 마찬가지로, 평화적으로 평화를 달성할 수 있는 가능성은 민주주의를 이룩해낸 인류의 경험에서 그 근거를 발견한다. 위기에 대처하는 방식에서 미국과 노르웨이는 많은 차이를 보이고, 10여 년이 지난 지금 그 결과도 많이 다르다. 무엇이 지금 당장 우리에게 도움이 되는지에 대해서는 각자의 생각이 다를 수는 있겠으나, 개방성의 유지와 평화로움의 정도, 테러와 무력에 대한 공포의 존재 등에서 어떤 것이 더 나은 미래를 위한 방법일 수 있는지에 대해서는 나름대로의 결론을 도출해낼 수 있을 것이다.

민주주의 사회라는 목적이 일상의 민주주의화를 통해서 이루어지듯이, 평화라는 목적도 일상의 평화를 통해서 형성되어 가는 것이다. '민주적으로 민주주의하기'와 마찬가지로, '평화적으로 평화하기'는 단순한 말의 유희가 아닌 우리가 당면한 현실이고, 우리가 이뤄내야 할 미래인 것이다. 결국, 화해를 통해 형성되는 공존이 지속되면 평화 상태가 도래하게 되고, 평화의 지속은 또한 다시 만남과 인정으로 이어져 화해와 공존, 평화라는 삼각 구도는 완결될 수 있을 것이다. 물론 여기서 가장 중요한 것은 우리, 즉 인간이다. 우리가 맞닥뜨린 상황을 어떻게 생각하고, 어떤 방향으로 타개해 나가는지에 따라, 우리의 미래가 과거와 마찬가지일지, 또는 다른 미래일지 결정될 것이다. 전쟁과 테러의 무한 공포가 반복되는 시대로 이행하든지, 아니면 화해와 공존을 통한 평화의 시대로 들어가든지 하는 것은 지금 현재 우리에게 주어진 과제이다. 갈등, 대립, 전쟁이라는 악순환의 고리를 끊고 화해, 공존, 평화라는 선순환으로 전환하도록 해야 하는 것이 21세기 갈등과 대립의 현장 대한민국에 존재하는 우리들의 역사적 소명인 것이다.

하상복과 표광민은 각각 역사에서 일정 기간 하나의 공동체를 이루었던 곳에서 내부적 갈등으로 전쟁을 겪었던 지역으로서 1860년대 중반 미국의 남북전쟁 이후 죽은 자에 대한 추모가 통합되어 가는 과정과, 1989년 통일 이후 독일의 정의 실현에 대한 욕구와 통합의 당위성이라는 모순적이지만 당위적 상황을 분석하면서, 앞에서 언급한 화해, 공존, 평화의 순환 구도가 얼마나 중요한지를 잘 설명해준다. "스페인과의 전쟁 승리를 계기로 동력을 얻은 매킨리 대통령의 국가 통합 프로젝트는 남부의 죽은 자 문제에 정면으로 접근하면서 정점에 도달했다. 그와 같은 맥락에서 알링턴 국립묘지는 남부의 사자들을 받아들이는 최초의 공식적 장소가 되고 국가 통합을 향한 상징성의 공간으로 정립되었다. 1901년 알링턴 국립묘지는 남부에 대한 적대적 이념과 열정으로 응축된 장소에서 지역적 화해와 통합의 터전으로 탈바꿈했다." (하상복, 2019, 182-4)

1900년을 전후하여 미국이 죽은 자를 추모하는 과정에서 갈등에서 통합으로 전환되었던 사례를 보여준다면, 1989년 이후 독일은 정의와 통합의 당대적 시현이라는 모순적 상황에 직면하여, 기록을 통해 용서와 약속을 치환하면서, 갈등과 대립이라는 현실을 치유해 나간다. 1989년 독일이 통일 이후의 통합과정에서 화해정책을 추진하는 데 있어 이행기 정의transitional justice가 매우 중요한 개념으로 등장한다. "통일 이후 정의의 요구를 일부 수용하면서도 사회통합을 위해 독일 정부는 정치적 화해를 추진한다. 정치적 화해는 상대를 포용하는 화해와 함께 정의 문제를 정치적으로 수용하는 방식을 지칭한다. 당대적 정의 집행의 결과로 발생할 가능성이 있는 사회적 분열양상과 화해만 강조했을 때 예상되는 피해자 집단과 일반 시민의 좌절감이라는 딜레마적 상황에서 독일은 과거에 대한 기록이라는 정치적 화해의 길을 찾았다. 개인에 대한 처벌이 아니라, 과거의 행위를 공동체적 역사 속에 각인하는 방법을 통해 정치적 의미의 처벌을 내리는 것이다. 과거에 자행된 반인도적 행위에 대한 철저한 기록을 통한 현재적 의미의 징치를 통해 미래에 그러한 행동이 반복되지 않도록 예방하는 양면적인 정치적 결단이었던 셈이다." (표광민 2019: 198-200)

이러한 방식은 풀 수 없었다던 고디안의 매듭을 단칼에 잘라버렸던 방식과 마찬가지로, 과거로부터 현재의 인간을 자유롭게 하는 효과를 가진다. 정의 구현이라는 미명하에 자행되는 또 다른 폭력은 복수로 이해되면서 폭력의 악순환으로 이어졌던 수많은 역사적 경험을 통해, 독일은 용서와 약속이라는 아렌트적 방법을 현실에 적용하여 과거의 족쇄로부터 놓여날 수 있었다. "아렌트는 인간 공동체가 과거의 불행, 잘못으로부터 벗어나 새로운 미래를 만들어가는 방법으로 용서와 약속을 제시했다. 용서를 통해 인간은 과거의 적대와 갈등으로부터 벗어날 수 있다. 그리고 용서한 상대와 함께 약속을 함으로써, 미래에는 과거의 잘못이 반복되지 않도록 방지할 수 있다." (표광민 2019: 204)

과거에 묶인 현재는 미래로 나아갈 수 없으며, 현재 속에서 과거를 무한 반복하며 살아갈 뿐이다. 갈등과 대립의 현장에서 어두운 과거로부터 벗어나 밝은 미래로 나아가기 위해서 현재의 우리가 선택해야 할 길이 무엇인지 20세기 초입의 미국과 20세기 말의 독일은 잘 보여주고 있다. 1998년 남아프리카 공화국의 진실과 화해위원회의 보고서는, 여러 가지 비판[7]도 있지만, 궁극적으로 남아프리카의 평화적인 민주화에 결정적인 역할을 하게 된다. 20세기는 갈등이 증폭되어 재난적 상황으로 이어지기도 했지만, 또한 갈등 속에서도 화해가 이루어져 상호 공존의 상황 속에서 평화로운 사회를 달성하는 성과를 보여주기도 하였다.

3. 지속가능한 평화를 위한 민주주의의 역할

21세기까지 남아있는 이념 갈등과 대립의 현장 대한민국의 국민으로 산다는 것은 과거에서 미래로 이어지는 역사의 교차로에서 있다는 것과 같다. 기술적으로는 5G를 통한 초연결사회에 이미 들어와 있는 상황에서 우리와 지리적으로 가장 가까이 있는 북한과 직접적인 서신 연락도 상호교통도 자유롭지 못한 매우 원시적 단계에 있다는 역설적 상황에 대한 문제의식과 해결 의지, 미래구상 모두 현재 이 땅에 살고 있는 우리의 몫이다.

냉전이라는 시대적 상황 속에서 해방 직후 대한민국은 좌우가 극렬하게 대립하고 충돌하는 갈등의 현장이었다. 양쪽으로 갈라진 사회는 정의로부터 멀어진다는 아리스토텔레스의 말처럼 대한민국 사회는 좌우로 갈라지고, 결국 국토마저 분단되었고 1950년부터 1953년 동안 전쟁까지 경험하게 되었다. 정전협정 이후 남북 양측은 상호 간에 영구분단 세력이라는 비난을 쏟아내고, 분

7 남아프리카 공화국의 진실과 화해 위원회는 인권유린을 조사하고 정치적 폭력의 희생자와 범인들의 증언을 청취하고 이들의 사면을 검토하였고, 희생자들의 복권을 위해 노력하였다. 해당 위원회의 성고에 대해서는 대체적으로 성공적이라는 평도 있지만, '화해'에 치중한 나머지 '정의'가 밀려났다는 비난도 있는 것이 사실이다.

단 상황에 대한 책임을 서로에게 전가하면서 체제 대결을 이어왔다. 2000년의 남북정상회담을 시작으로 남북 간에 대화가 간간히 이어지기도 하였지만, 북한은 선군정치를 앞세우고 핵무기 개발을 통해 강성대국을 건설하겠다는 욕망을 노골적으로 드러내면서, 국제사회의 공적(公敵)으로 지목되어 있는 것이 현실이다. 2011년 김정일의 죽음과 함께 시작된 김정은 정권은 핵 무력 완성과 동시에 경제력 상승에 대한 욕망을 보이기 시작했고, 대한민국에도 남북화해 협력을 추구하는 문재인 정권이 등장하게 되면서 남북관계의 변곡점이 형성되었다. 그 결과 2019년 현재까지 3번에 걸친 남북정상회담과 2번의 북미회담이 진행되었고, 3차 북미회담을 위한 물밑 접촉이 진행되어 오던중에 코로나 사태를 맞았고, 미국과 북한 모두 내부 정비에 치중하고 있는 상황이다.[8] 이와 같이 통일과 남북관계의 진전에 대해 환호하는 의견도 있지만, 남북관계의 이러한 진전에 대해 반발과 도전도 만만치 않은 것이 사실이다. 과거의 전쟁과 폭력 사태 등 여러 가지 사건 사고에 대한 책임도 인정하지 않고, 사과 한마디 하지 않는 정권에 대한 평화공세가 가지는 의미에 대한 평가절하에 이유가 없다 할 수도 없는 상황이다. 과거를 딛고 미래로 가야 하지만, 과거의 희생자들이 현재에도 존재하고 가해자는 가해 사실조차 인정하지 않고 있는 상황에서 대한민국 내부에서 발생하는 이러한 사회적

8 이 글이 작성된 2019년 이후 북미관계의 진척은 보이지 않고, 오히려 북한은 1년 여 동안 절제된 듯 냉담한 반응을 보이더니, 2020년 6월 급작스럽게 남북의 평화적 관계의 상징이라 할 수 있는 남북연락사무소를 폭파하면서, 향후 무력시위까지 언급하는 격앙된 반응을 보이고 있다. 또한 현재 미국은 코로나19의 혼란 속에서 대선정국으로 들어가, 북미회담 논의는 교착상태를 지나 수년전의 대치상태로 후퇴할 상황에 처해 있는 것도 사실이다.

갈등도 또한 해결하고 넘어가야 하는 것이 현재 대한민국이 당면하고 있는 현실이다.

이 시점에서 1945년 이후 해방정국에서 등장한 안재홍과 조소앙 등 중도파의 정신과 활동은 화해, 협력을 통한 공존과 평화의 달성 가능성을 제시하고 있다는 점에서 다시 살펴볼 만한 내용으로 윤대식은 이 두 사람의 중도적 사고에 초점을 맞춘다. 특히 안재홍의 '다사리'관과 조소앙의 '삼균주의'가 가지는 의미는 결코 작지 않다는 것이 그의 평가이다. 첨예한 갈등의 해방정국에서 제시된 안재홍은 '다사리'는 화해와 평화의 방법론으로서 모두 같이 살아보자는 의미로 해석되고 있다. 즉, '다사리'는 "국민총원을 다 살린다는 진생 혹은 항존케 하는 공영국가" 건설에 독적을 두고 "만민총언이라는 국민주권 사상과 언론의 자유, 만민공생이라는 공동체적 정의를 기본가치로 하는 민주주의의 기본 이념으로 도출된 것이다." 안재홍의 다사리주의의 구체적 방법론은 조소앙의 삼균론에서 발견된다. 여기서 삼균이란 '지력을 고르게 하고, 부력을 고르게 하고, 권력을 고르게 하는 것'이라 규정하면서, 안재홍은 "민주주의 또는 공산주의 등 정치평등과 경제균등의 양자를 횡적이요 또 공간적으로 병행쌍진하되, 다시 교화의 평등 즉 지력의 평등으로써 배합하는 것"임을 강조한다. (윤대식 2019: 149-152) 즉, 안재홍의 삼균주의는 권력문제에 그치지 않고 재산과 토지의 균등까지 요청하는 점에서 매우 진보적인 제도이자 주의이고, 조소앙이 제시한 보편적 균등화는 개인의 정치적, 경제적, 교육적 균등이 실현되는 지점에서 권력의 정당성이 확보된다는 의미에서 민주 공화정으로 이어진다. 바로 여기서 좋은 정치라는 이상이 구현되는 현실의 장(즉, 민주주의 체제)에서 화해와 공존에서 평화로 이어지는 삼각 구도가 온전하게 작동할 수 있음이 명백해진다.

좋은 정치를 위해서 건강한 정치공동체가 필요하다는 것은 고대의 플라톤부터 마키아벨리를 거쳐 현대의 아렌트에 이르기까지 모든 서양정치 사상의 출발점이자 궁극적 목표이고, 동양정치 사상과 한국정치사상에서도 건강한 정치공동체란 포기할 수 없는 인간 사회의 이상으로 제시되고 있다. 이를 위한 다양한 방법이 제시되고 있지만, 진정한 정치공동체의 정립을 위해 필요한 것이란 공공성의 정립과 공적 가치의 확립이라는데 이 모든 사상적 담론의 핵심이 모아지고 있다. 공동체의 모든 구성원이 공공성과 공적 가치를 존중하게 된다면, 앞서 언급한 화해, 공존, 평화의 과정은 자연스럽게 선 순환할 수 있을 것이다. 여기에 고대 아테네에서 시작된 민주주의가 여전히 그 가치를 발한다. 건전하고 합리적 사고를 할 수 있는 시민을 행위자로 하는 민주주의는 17,8세기 시민혁명을 거쳐 시민의 자유를 내세우면서 다시 세상으로 들어서게 되었고, 19,20세기의 이념대결의 장이라는 파고를 넘어 21세기에는 전 세계적 정치체제로 공고히 자리 잡고 있다.

물론 민주주의 사회가 언제나 평화로웠던 것은 아니다. 실제로 세계는 20세기를 전쟁의 세기로 기록한다. 세계대전이 두 번이나 발생했고, 2차 세계대전 종전 후에도 이데올로기 대결 구도 속에서 지역별로 수많은 전쟁이 지속되었다. 1990년대 극적으로 탈냉전이 이루어지면서 10여 년간 전쟁과 폭력으로 문제를 해결하려는 시도가 잦아든 듯도 하였으나, 2001년 9.11테러는 또다시 세계를 대결 구도와 전쟁, 폭력으로 얼룩지게 하였다. 전쟁으로 시작된 21세기를 전쟁으로 마무리하지 않는 것이 21세기를 살아가는 우리의 소명이고, 남북의 교착상태 해결이 보다 먼 평화로운 미래를 위한 우리의 현재적이고 구체적인 과제이기도 하다. 우리에게는 민주주의라는 가치가 있고, 그 가치는 상호간의 평화공존으로 이어질 수 있는 사고체계이기에 핵 무력을 비롯한 인명 살상용 무기에 대처할 수 있는 매우 중요한 대응수단이 되기도 한다. 민주주의는 모든 사회적 갈등을 대화와 타협으로 해결하는 방식을 택한다. 긴급한 상황에서 결정이 오랜 기간 지연되기도 하지만, 일단 결정되면 사회가 통합적으로 움직일 수 있다는 개연성이 가장 높은 정치체제이다.[9] 모든 사람의 마음을 하나로 모으기는 어렵지만, 일단 모아지게 된다면 매우 큰 힘을 발휘할 수 있게 된다는 것이다.

4. 한반도에서의 평화로운 통일 공동체 구상

현재 한반도의 대결 구도 향방의 미래도 궁극적으로는 행위자 인간의 손에 달려있다는데 이의를 제기할 사람은 없을 것이다.

---

[9] 알렉시스 드 토크빌(Alexis de Tocqueville)은 저서 『미국의 민주주의 Democracy in America』(제2권 3부 24장)에서 민주주의란 전쟁을 시작하기도 어렵지만, 일단 시작한 전쟁을 끝내기도 어렵다고 주장한다. 민주주의 사회에서 각 개인의 의견이 중요시되면서 의사결정과정의 지난함에 대한 설명이지만, 여기서 우리는 민주주의의 역설적 힘을 유추해볼 수 있다.
민주주의가 가지는 힘은 사회주의 전략의 역사에서도 잘 드러난다. 20세기 초반 혁명이라는 강력한 힘을 발휘하던 공산주의가 방법론 논쟁을 통해 정통공산주의와 수정주의로 분화된 것도 민주주의의 가치와 힘을 인정한 자들이 생각을 바꾸었기 때문이었다. 폭력을 사용하지 않아도, 설득과 대화, 타협을 통해서 사회주의가 추구하는 제도와 정책을 시행할 수 있다는 생각으로의 전환은 사회민주주의로 정립되면서 복지국가 유럽을 형성하는 계기가 되었다.

주지하다시피 남북은 현재 국제법적으로 정전(停戰)상태 하에 있다. 한국전쟁을 마무리한 1953년의 정전협정이 우리 앞에 여전히 존재하고 있는 가장 최근의 규약이다. 정전은 전투행위의 정지를 의미할 뿐, 평화라고 보지는 않는다. 무력사용의 부재를 평화라고 보는 소극적 평화 개념에서 보자면 대한민국은 평화적이라고 할 수 있지만, 모든 무력사용 가능성의 부재까지 포함한 적극적 평화 개념을 적용하자면 여전히 대한민국은 전쟁상태라고 할 수 있다. 따라서 한반도 평화협상의 단초가 정전협정을 평화협정으로 바꾸는 데 있다고 보는 것이 한반도 주변국들과 관련되는 모든 전문가의 공통된 생각이다. 1년여 년 전부터 시작된 남북관계 전환의 가능성이 여전히 교착상태에 있고 전환의 방법에 대한 견해차가 크기는 하지만, 일단 정전에서 평화로 움직이는 것에 대해서는 별 이견이 없는 것도 또한 현실이다. 여기가 바로 출발선이다.

상호 간에 밀고 당기는 협상의 지지부진함이야 조직의 이익을 우선하는 협상자들의 기본적 자세이기에, 갈등 해결을 위한 최선의 방법이 인내와 소통임은 이미 언급한 바와 같다. 서로 원하는 것이 다른 상태에서, 그 이익을 맞추어나가는 것을 외교라고 할 때, 이미 대한민국의 상대 북한은 외교라인 안에 들어서 있는 셈이다. 아직 전쟁무기 실험에 대한 끈을 놓지는 않고 있으나, 싸워서 이기기보다는 서로 함께 살아가는 것이 현실의 변화를 위해, 미래를 위해 보다 효과적이라는 점을 북한도 이미 인지하고 있음에 주목할 필요가 있다. 외교적 해결을 위한 전선에 북한 정권이 전면적으로 나타나기까지 60년 이상이 걸렸다지만, 일단 시작된 외교 방식의 변화를 되돌리기에는 북한도 현재 자본주의 사회가 가진 많은 것들을 필요로 하고 있다. 이전의 무력시위는 무력 그 자체에 방점이 있었다면, 현재의 무력시위는 외교협상을 추동하기 위한 나름대로의 이중적 전략의 일환이라고 볼 수도 있다. 무기가 목적이라기보다는 수단이 되어가고 있다는 점을 최근 수년간에 발생한 북한 외교 전략의 변화에서 읽어낼 수 있으며, 바로 여기에 변화의 가능성 있다,

심리학이나 사회학, 국제정치학에서 '자기실현적 예언self-fulfilling prophesy'라는 말이 있다. '말이 씨가 된다'는 우리의 옛말이나 '믿는 대로 되리라'라는 종교 경전의 말처럼, 인간이 행위자로 등장하는 상황에서, 행위자 인간의 인식 방향에 따라 미래는 달라질 수 있음을 의미한다.[10] 외교협상 전략과 무력시위를 동시적으로 진행하는 상대를 두고, 우리도 또한 양면적으로 준비할 필요는 있다. 다만 우리의 행동을 통해 수단이 되고 있는 무기가 목적이 되지 않도록 조심스러운 접근이 필요하다. 강경 대응도 때로는 필요한 수단이 될 수 있지만, 소통의 통로를 막아서는 안 된다. 우리가 할 일은 민주주의 사회가 가지는 자유로운 소통의 이점을 보여주면서 다양한 방식으로의 접근이 가능하다는 생각을 상대에게 심어주어야 할 것으로 보인다.

아렌트의 정치적 화해이론을 분석하면서 김비환은 아렌트가 구체적이고 실질적인 화해를 위한 전제조건으로서의 공적 공간의 형성을 선결 조건으로 제시한 점에 주목한다. 화해를 진행하기

---

10 국제정치적으로 발생하는 사건에 대해 한 국가의 지도자가 인식을 어떻게 하는가에 따라 전략이 달라진다. 국제정치에서 인식과 오인으로 인한 전략의 변화에 대해서는 다음을 참조하라. Jervis, *Perception and misperception in International Politics*, Princeton (NJ: Princeton University Press, 1976).

위한 안정된 정치 공간 내에서라야 당사자들의 자유로운 소통이 가능하기 때문이라는 것이 아렌트 화해이론에 대한 그의 설명이다. 즉, 민주적인 공적 공간의 제도화 및 공고화 자체가 화해의 한 가지 양상이자 보다 실질적인 화해를 위한 공간 형성에 기여함으로써 대한민국 내부 및 남북한 통합의 제도적 기초가 될 수 있다는 것이다. (김비환 2019: 80) 이는 곧, 내부적으로 자유의 확대를 통한 민주주의의 지속적 강화가 필요하고, 외부적으로는 한반도 주변 여러 당사자 간 대화의 통로 확보와 유지가 있어야 함을 의미한다. 북한으로 하여금 기존 통일전선 전략의 수정과 국제사회로의 전면적 진입이 자신들에게도 이익이 된다는 변화된 계산법이 각인될 수 있도록 하는 것이 같은 민족으로서의 대한민국 정부와 관련된 여타 인접 국가들이 해야 할 일이다. 즉각적인 변화의 움직임이 잘 드러나지 않는 상대의 반응에 일희일비할 것이 아니라, 지금 이 시점에서 우리가 할 수 있는 일을 하면서 정치, 경제, 문화 등 다각도에서 접근하는 것이 자연의 순리이자 역사의 소명을 따르는 일이다.

여기서 우리가 할 수 있는 일이란 앞서 언급한 바와 같은 민주주의의 공고화를 통한 내부적 통합, 안정된 정치 공간에서의 자유로운 소통을 통한 상호 간의 신뢰 형성 등이다. 민주적 정치 공간과 정치문화는 공적 공간의 안정된 유지를 통해 형성된 상호신뢰가 사회적 합의 도출을 할 수 있도록 하는데 필수적인 선결 요건인 셈이다. 나아가 양극단으로 치우친 이념적 대결 구도 해결에 반드시 필요한 중도세력의 성장에서 이어지는 중간지대 형성 또한 아무리 강조해도 지나치지 않다. 해방 이후 대한민국의 정치풍토에서 사라져 버린 듯한 중도세력의 흔적을 찾고 되살려내어 현재에 뿌리내릴 수 있는 조건을 형성할 수만 있다면, 극단적 대립으로 갈라진 대한민국 내부의 정치현장에서 그리고 남과 북의 대결 현장에서 정상적 의사소통이 가능한 평화로운 정치 공간의 확보가 가능해질 것이다. 즉, 상대방과의 화해, 합의 도출에 앞서, 내부적 결속과 화해, 합의 형성이 우선적으로 필요하며, 이를 통해서라야 남북한의 적대적 구조가 평화적 협력 관계로 나아갈 수 있는 토대가 형성될 것임을 의미한다. 지속 가능하고 건강한 민주주의 체제의 정립과 건전한 중도세력을 통해 평화롭게 재편된 정치공동체의 형성이라는 두 가지 조건이 조화롭게 자리 잡을 때, 한반도에 화해와 공존의 시대가 도래할 것이고, '평화로운 한반도'라는 미래는 이제 꿈이 아닌 현실로 자리 잡을 수 있을 것이다.

5. 통일 공동체를 향한 우리의 과제

목표가 설정되고 계획이나 방법이 정립된 모든 경우에 있어, 다음의 중요한 문제는 누가, 언제 어떻게 할 것인가로 모아진다. 앞 절에서 언급된 우리는 누구인가? 모든 제안이나 모든 논의에서 가장 중요한 것이 바로 행위자의 문제이다. 한반도의 분단이 국제정치적 상황에 기인한 것이었기에, 분단의 복구인 통일도 국제정치적 논의가 그 시작이었던 것은 분명하지만, 분단의 기간이 길어지면서 정치적 통일이 70여 년의 분단 상황을 제대로 복구해 낼 수 있는지에 대한 의문은 여전히 남는다. 한반도에서 통일의 문제는 국제정치적 문제를 넘어 국내정치의 문제로, 정치의 문제를 넘어 사회와 문화의 문제로 확대된 지 이미 오래되었다. 한반도에서의 진정한 통일 공동체 형성을 위해, 물리적 경계의 통일을 넘어 정신적이고 문화적인 통합을 이루기 위해, 대한민국 내부의 대립까지도 우리는 넘어서야 한다. 여기서 행위자는 정부조직이나 단체와 함께 대한민국 시민 개개인까지 포함하는 것이다. 정신과 문화는 공동체 구성원의 가슴과 머릿속에 형성되는 것이기에, 불가역적인 평화의 통일 공동체로 가기 위해서 절대적으로 간과해서는 안 될 작업이다. 한반도가 통일로 가는 길에서 그 주체에 바로 우리, 즉 대한민국의 시민이 있음을 놓쳐서는 안 되는 이유가 바로 여기에 있다.

분단된 국토의 통일도 중요하지만, 보다 중요한 것은 나뉘어 있는 마음과 정신의 화해와 공존, 그리고 통합이다. 그러한 의미에서 현재 좌우 이념의 극한 대립을 보여주고 있는 대한민국의 정치부터 적대감의 극복을 통한 공존의 가능성을 보여줄 수 있어야 한다. 14세기 말 고려에서 조선으로의 권력 이양기의 대일통사상, 1945년 이후 좌우가 대결하던 한반도의 해방정국에서 나타난 중도파의 사상과 정책대안, 1865년 남북전쟁이라는 극렬한 투쟁과 대립 이후 갈등과 상처의 치유 현장이 된 1900년 이후의 미국 알링턴 국립묘지가 보여준 죽은 자들을 수용하는 과정에서 드러난 살아있는 자들의 통합, 1989년 독일의 통일 이후 당사자 처벌이라는 '현재적 징치'를 넘어 기록을 통한 용서를 통해 '미래의 기억'이라는 방법에 합의한 독일 등의 사례는 정치의 존재 이유를 2019년 현재 대한민국의 우리들에게 제시한다.

극한 대립으로 맞서 있는 곳에 정치는 설 자리를 잃는다. 자기만의 정의를 외치는 곳에 공정한 사회는 다가설 수 없다. 자신만의 의를 부르짖고, 승리만을 목표로 삼는 곳에 정치가 사라지는 현상을 우리는 고대 그리스 아테네의 민주주의가 몰락하던 시기의 민주 선동가들을 통해서, 그리고 현대의 바이마르 공화국에서 민주적 선거로 당선된 히틀러 등 파시스트들을 통해서 이미 경험한 바 있다. 그 나라 시민, 즉 유권자의 수준이 민주주의의 수준이라는 말에서, 시민이 정치의 미래에 미치는 영향력을 짐작하고도 남는다. 사회 안정과 통합은 시민의 화해와 공존을 통해 이루어지는 것이며, 따라서 시민이 갈등하고 대립하는 상황에서 통합과 평화의 시대로 이행하기가 어렵다는 사실은 자명해진다.

우리는 홍익인간이라는 가치와 함께, 화이부동, 구동존이라는 유가의 이념도 오랫동안 지켜내야 할 공동체의 가치로서 논의해 왔다. 여말선초의 대일통사상도 사회통합을 이뤄내기 위한 우리 선조들의 노력의 결과인 셈이다. 2019년 현재 대한민국은 갈등과 대립이 넘쳐나는 현장임에 틀림없다. IT 산업과 사회관계망서비스SNS의 발달로 개별 시민이 자신의 견해를 제시할 수 있는 다양한 통로가 확보되었고, 플래시 몹flash mob 등과 같이 다양한 집회 형태가 자리 잡으면서, 대한민국의 민주주의는 대의민주주의에서 참여민주주의를 거쳐 직접민주주의로까지 향하고 있다. 시민들은 다양한 참여와 집회에 익숙해지고, 21세기 대한민국에서는 새로운 민주주의의 실험이 이미 시작되었다. 현재로서는 첨예화된 갈등의 존재가 사회의 분열을 가속화, 또는 영속화할 것처럼 끓고 있지만, 이와 더불어 화해, 타협 등 갈등 해결을 위한 요구도 동시에 발생하고 있다. 궁극적으로 국내적 갈등을 해결하지 못하면, 누구에게도, 어느 집단에게도 도움이 되지 않는다는 사실에 천착하고, 승패가 문제가 아니라 공동체의 미래가 문제라는데 시민들의 의견이 모아지게 될 것이다.

다양하게 발생하는 국내적 갈등에 대한 타협이나 합의에 대한 경험은 통일에 대한 부정적 시각을 드러낼 수도 있지만, 오히려 문제 해결의 경험 축적이라는 차원에서 대외적 통일 논의에 있어 긍정적인 역할을 할 수도 있을 것이다. 다양성의 등장은 갈등과 대립을 증폭시킬 수도 있지만, 역으로 해결의 경우의 수를 확대시킬 가능성도 존재한다. 한반도에서의 평화로운 미래 통일 공동체를 위해 시민으로서의 각 개인이 바로 지금 이 자리에서 해야 할 일은 갈등과 대립의 현장에서 이익의 양보와 조화, 상호 대화와 타협, 협력을 통해 화해의 여지를 높이고, 협력의 지속과 화해에서 이어지는 상호 공존의 가능성에 대한 긍정적 신호에 반응하면서, 서로의 다름에 대한 인정과 교류, 상호 이해를 통한 평화의 지속가능성을 확보해가는 일이다. 대한민국에서 민주 시민의 존재는 궁극적 사회통합과 평화로운 미래공동체로 가는 길목에서 국내적으로나 국제적으로나 가장 효과적이고 강력한 무기라 볼 수 있기에, 이들을 통해 형성된 국내적 민주주의 평화공동체는, 남북정상회담, 북미회담 등 대한민국을 비롯한 주변 국가와 정부 단위의 협상과 병행하여, 한반도에서의 평화 공존을 통해 미래형 통일 공동체 형성으로 한 걸음 다가서게 될 것이다.

4

열린 미래를 위한 구상

제12장 다문화주의와 민족주의, 민주주의의 삼각구도

1. 단일과 다양의 공존

'인간은 사회적 동물'이라는 아리스토텔레스의 말은 인간이 혼자서는 존재할 수 없으며, 궁극적으로 집단 즉 무리를 이루어 사회를 형성하여 살아갈 수밖에 없는 존재임을 의미한다. 인간이 관계를 이루면서 살아가는 모습, 특히 그 권력적 양태에 초점을 맞추어 분석해 온 정치학의 기원이 바로 여기에 있다. 정치는 다음 두 가지를 전제로 한다. 독립적이고 개별적인 인간의 존재와, 혼자 살 수 없는 인간들이 모인 공동체, 즉 사회가 바로 그것이다. 고대 그리스로부터 정치사상은 여기에서 출발한다. 인간과 공동체의 관계설정 속에서 고대로부터 현대 정치학의 모든 문제가 시작되고, 국제정치의 모든 이슈가 생산된다.

존재하는 개인과 공동체의 관계 설정에서 핵심은 나, 너, 우리의 조합에 있다. 독립적이고 개별적 인간의 존재가 모든 것은 기본이지만, 그러한 인간 혼자 존재할 수 없는 것이 또한 당연한 현실이기에 공동체의 결속, 사회의 통합을 논하지 않을 수 없게 된다. 독립적 개별인간이라는 전제는 모래알같이 매우 건조한 인간

관계를 상상하게 한다. 루소가 상상한 자연상태의 인간은 바로 이러한 관계 속에서 오랜 기간 자유롭고 평등하게 살아왔다. 인류 최적의 상태라고 루소가 생각했던 자연상태가 일단 그 자리에서 이탈하여 움직이기 시작하고, 사회상태로 이행되면서 문제는 발생한다. 역사와 시간을 되돌릴 수 없는 인간에게, 하나이되 하나가 아니어야 하는 삶, 독립적이되 통합적으로 살아가야 하는 현실, 단일하지만 다양해야 하는 여정이 시작된 것이다.

통합하고 연합하여 다양한 삶을 연출해가는 과정에서 중심을 장악한 자아the one와 주변에 존재하는 타자the other가 형성되면서 주체subject와 객체object라는 역학관계가 드러나게 된다. 이러한 역학관계가 역사적 현실 속에서 고착되어 가면서 계급이나 계층이 형성되고 이러한 양상은 민족을 기반으로 한 국가구조 속에도 그대로 반영되어 있는 것이 현실이다. 1990년대 냉전의 해체를 시작으로 한 세계화 과정을 통해서 민족이나 국가단위의 분석이 무의미해졌다는 분석도 이제는 그 힘을 잃은지 오래되었다. 사라질 것 같았던 민족은 여전히 사회의 근저에 자리잡고 있으며, 경계와 파괴력이 소멸되거나 줄어들 것이라 예상되었던 국가도 여전히 강력하게 맹위를 떨치고 있다. 이스라엘이 팔레스타인 접경지역에 건설한 분리장벽, 미국의 트럼프 정부가 멕시코와의 국경에 세우겠다는 장벽이 그 증거이고, 나아가서는 북한의 핵무기 폐기를 목표로 미국과 북한 간에 진행되고 있는 협상도 자칭 다문화 사회라고 하는 21세기 현대사회가 아직 국가와 민족을 넘어서지 못하고 있음을 대변하고 있다.

하나로만 존재할 수 없는 것이 인간의 현실이라고 할 때, 우리에게 중요한 것은 다가오는 다문화적 현실과 함께, 실존하는 민족과 국가의 힘을 어떻게 엮어내느냐 하는 것이다. 경제분야부터 시작된 세계화 현상으로부터 노동력의 이동이 현실 국가의 경계를 넘어서고, 인간의 권리가 국경을 넘어서게 된 20세기 말부터 인간들은 이미 섞이기 시작하였고, 국제적으로 난민 문제까지 발생하게 된다. 이동의 자유를 충분히 향유하려는 인간의 욕구가 민주주의의 제도화 과정에서 각국의 헌법에 규정된 거주 이전의 자유를 국제적으로 확장하려는 시도로서 드러난 것이 바로 난민의 문제이고, 여기서 하나의 단서를 찾을 수 있다. 개별성을 하나로 묶어낸 역사적 경험을 우리는 역사적으로 민주주의의 발전과 세계로의 확산 과정을 통해서 알 수 있다. 다문화사회의 대두와 민족주의라는 현실 속에서 발생하는 갈등 해결의 열쇠는 국내적 갈등 해결의 경험을 가진 민주주의에서 발견될 수 있을 것이다.

이 글은 멀리는 3.1운동 이후, 가까이는 해방이후 우리 사회에 현존해온 이념적 양태로서의 민족주의와 민주주의의 관계에 주목하면서, 20세기말 탈냉전 이후 진행되어 온 세계화 현상이 빚어낸 다문화주의 현상이 여기에 주는 파장과 영향을 분석하고 미래 사회의 모습을 구상해보는데 그 목표를 드고 있다. 민족주의, 민주주의, 다문화주의는 상호적으로 연계되어 있음은 분명하나, 그 관계가 출구를 찾을 수 없는 아포리아인지, 아니면 구칙성을 찾아내어 제도화시킬 수 있는 것인지 아직 분명하지 않다. 21세기 대한민국이 삼자의 아포리아 속에서 미아가 될 수 있는 가능성이 다분하고, 벗어나기에는 도처에 암초가 놓여 있는 것도 사실이기도 하지만, 이러한 암울한 듯한 현실 속에 출구를 찾아볼 수 있는 가능성도 또한 존재한다는 것이 필자의 생각이다. 필자는 이를 상호적으로 연계된 삼각구도로 파악하고, 대한민국이 그 아포리아의 가능성에서 벗어나 평화롭게 조화로운 미래로 이행할 수 있는 가능성을 점검해 보고자 한다.

2. 민족주의와 민주주의: 그 상호보완성

1) 정체성의 문제: 집단 vs 개인

> 민족주의가 주권의 소유자이며, 충성의 대상이자 집단적 연대의 기본인 '인민' 내에 개인의 정체성을 둔다는 사실로부터 [민족주의의 특성]이 나온다....
>
> 민족적 정체성은 '민족'으로 규정되는 근본적 요소인 '인민'의 구성원으로부터 나오는 정체성이다. 그렇게 해석된 인민의 모든 구성원은 그 우월하고 우수한 특성을 공유한다. 이는 계층화된 민족 구성원이 본질적으로는 동질적인 것으로 지위나 계급은 피상적인 것으로 인식되는 결과로 이어진다.[1]

민족주의는 한 사회 내에 존재하는 사람들의 집단을 하나의 개념으로 묶어낸 것으로, 다양한 개체의 개별성보다는 그 집단성에서 정체성을 발견해낸다. 우리는 그 집단을 민족이라 부른다. 민족에 대한 헤르더Herder의 설명은 이렇다: "민족은 하나됨을 의미한다. 역사, 언어, 문학, 종교, 예술과 과학에 근거한 민족의 문화적 단일성은 인민을 하나의 개인으로, 자체의 정신적 영혼, 기능, 힘을 가진 하나의 실체로 형성한다. 각 민족이 특정한 '설명할 수 없는' 개별성을 가지고 있다 해도, 각 민족은 각자의 방식

1 Liah Greenfeld 1992: 2-7.

으로 하나라고 말할 수 있다는 것이다."[2] 한마디로 각 민족은 '자신만의 언어 뿐만 아니라 자신만의 민족문화를 가진 한 인민집단'이다.[3] 인간 집단을 한 민족이라는 범주르 묶어내기 위해서 문화, 언어, 풍습, 인종, 혈통 등 여러 가지 개념과 도구들이 등장한다. 따라서 민족의 존재나 민족주의적 감정을 현실로 읽어내려는 시도는 일종의 신화적 작업과 그 맥을 같이 하지 않을 수 없다. 민족을 압도적 현실로 받아들이고 모든 구성원의 역사적 의무로 승화시키려는 시도[4]가 있는가 하면, 민족의 실재성을 부인하고 개념적으로 형성된 허구[5]라고 규정하여, 민족이란 인위적으로 형성된 정치적 도구라는 주장도 있다.

이미 민족이라는 개념을 안고 수세기동안 살아온 역사적 경험을 가진 우리가 민족의 실재에 대한 논쟁을 통해 얻을 것은 그리 많지 않다. 분명한 것은 과거 오랫동안 인간들은 민족 담론 속에서 공동체를 형성하고 유지하고 발전시켜 왔다는 사실이다. 역사 속에 던져진 존재가 인간임을 전제한다면, 그 수많은 개별 인간들이 어떻게 무리를 이루고 공동체를 형성하게 되었는지에 대한 의문이 보다 필요한 질문일 수 있을 것이다.

현대 사회에는 국가를 중심으로 모든 편제가 자리잡고 있고,

---

2 *Auch eine Philosophie*, v. 551 (영역본, 181)

3 *Idee zur Philosophie der Geschichte der Menschheit*, in *Sämmtliche Werke* (Berlin, 1887), xiii. 258: 영역본. Ergang, *Herder*.

4 이에 대해 비롤리(Viroli)는 "그것은 자체로 행복의 중심이 되는 작은 세계 그 자체이다. 수세기를 걸쳐 변화해 왔지만, 거기에는 여전히 자신만의 정신적 정체성이 보존되어 있다"고 역설한다. (Viroli 1997: 118)

5 베네딕트 앤더슨은 민족이란 상상의 공동체르서 민족주의란 역사속에서 인위적으로 구성된 일종의 허구적 이념이라고 역설한다. (앤더슨 1996)

대다수의 국가는 민족을 품고 있다. 민족을 품은 국가가 제도화되는 과정에서 개인의 집단으로의 편입은 가장 중요한 과제가 되었고 여기서 민주주의가 중요한 정치적 의제로 대두하게 된다. 근대의 역사에서 민족국가의 정립과정에서 자유와 평등을 중심적 가치로 하는 민주주의는 사회의 정통성을 확립해 나가는데 매우 중요한 역할을 하게 된다. 18세기 프랑스 대혁명과 함께, 민족주의는 자유주의의 진행과 그 궤를 같이 하고 있다.[6] 실제로 민족주의는 프랑스 대혁명과 나폴레옹 전쟁을 통해서 확산되었고, 그 확산 과정에서 자유 개념은 민족 국가 성립 이전의 상태에 있던 지역의 사람들이 민족을 위한 투쟁에 나설 수 있게 하는 중요한 개념으로 등장한다.[7] 이에 대해 로버트 팔머Robert Palmer는 계몽사상과 프랑스 대혁명을 사상적 배경으로 하고, 자유주의 제도와 대의제도의 등장을 경험하는 가운데 성장한 민족 정서의 대두가 인민(즉, 사람들)으로 하여금 자유와 자치정부 - 즉, 민주제도 - 를 향하여 움직이게 하는데 있어서 매우 중대한 사건이었다고 역

6 여기서 자유에 대한 사랑과 공동체에 대한 사랑이 만나면서 애국주의(patirotism)가 논의되기도 한다. 민족주의는 사람들의 문화적, 종교적, 인종적 통합을 중요하게 생각하지만, 애국주의는 특정 개인의 이기적 야망에 의한 억압에 저항할 수 있는 힘을 우리에게 주는 '사람들의 공통적 자유에 대한 사랑'이라는 것이다. 또한 시민적 덕성이 자유의 선결 조건인 법과 질서를 지켜내는데 도움이 되기 때문에 애국주의는 합리적 사랑이다. 비롤리(Viroli)의 분석에 따르면, 루소는 이를 민족주의의 전형(典刑)으로 보고 있으며, 하버마스(Habermas)는 여기서 헌정주의적 애국주의를 찾아내고 있다. (Viroli 1997: 170-185) 이어서 미국적 예외주의(Ameriacan Exceptionalism)를 중시하는, 벤자민 바버(Benjamin Barber)는 헌정주의적 신념이 배태된 민주주의의 가능성을 높이 평가한다.(Benjamin Barber, "Democracy Can Prevent Ethnic Conflict," Leone eds 1994: 251-258)

7 박의경 1995a. 242-243.

설한다.[8] 이러한 내용이 집약되어 나타난 것이 바르 세계 제1차 대전 이후 당시 미국 대통령 윌슨의 '민족자결주의'이다. 여기서 민족주의에는 민족이 결정의 단위로서, 민족의 자유로운 판단과 결정, 그리고 타민족과의 동등성 등이 근본 개념으로 제시된다. "민족주의는 군주정, 귀족정 등에 대항하는 공화주의와 민주주의를 향한 일반적 사회운동의 일환"이라는 보이드 셰이퍼Boyd Shafer의 주장이 드러나는 순간이다. 그는 이어서 '민족 또는 민족국가는 그로 인하여 인간이 자유를 얻을 수 있고 행복을 추구하는 도구적인 개념으로 등장하였다고 볼 수 있다'고 주장하기도 한다.[9]

한마디로 민족은 민주제도와 함께 자리 잡았고, 민족국가를 통해 개인은 민주주의의 근본 개념인 자유를 향유할 수 있게 되었다는 설명이 가능하다. 민주주의의 기본 단위는 개인이고, 민족주의의 기본 단위는 집단으로서의 민족이며, 해당 민족의 자율적 판단에 대한 존중이 민족주의의 근간을 이룬다. 즉, 결과적으로 민족의 형성에 자유를 근간으로 하는 민주적 개념은 본질적인 것이었고, 민주주의의 성장에 민족의 존재는 필수적인 것이었다고도 할 수 있다. 민주주의는 개인의 정체성을 기반으로 하고, 민족주의는 집단적 정체성을 요구하는 바, 사회적 동물 인간은 원자적 개인만으로 분산된 공간에서 살아갈 수 없으며, 공동체를 필요로 하고 있다는 점에서 양자는 상호보완적으로 서로를 의지하면서 발전해 왔음을 알 수 있다.

---

8 Palmer 1940: 95.

9 Shafer 1955: 114-5.

내가 '나'임을 알기 위해 인간은 '너'를 필요로 하고, 이는 결과적으로 '우리'의 존재로 드러난다는 점이 개인과 민족의 관계를 살피는 과정에서 반드시 필요하다. 나로 살기 위해 우리가 필요하고, 우리가 존재하기 위해서 나의 존재는 필연적이다. 민족과 민족주의가 그 기원에 있어 자연적인 것이든 인위적인 것이든, '나'라는 개별 인간의 존재가 기반이고 그 출발점이 되는 것은 민주주의에서와 마찬가지이다. 개별성에 근거한 개인의 자유를 출발점으로 하는 민주주의의 개인적 정체성은 그 개인들이 모인 무리가 집단적 행위자로 자리잡은 민족주의의 집단적 정체성 논의 속에 내재되어 있다. '공동체 속의 개별성,' '개체 속에 내재된 전체'라는 모순적 개념의 역동성에서 민족주의와 민주주의가 가지는 상호보완성이 드러난다.

2) 구체적 현실과 추상적 이념의 타협과 공존[10]

정체성의 역동적 전환을 통해 민족주의와 민주주의가 가지는 상호보완성이 드러나기도 하지만, 여전히 민족주의와 민주주의는 많은 부분에서 차이를 드러낸다. 민족주의는 민족이라는 행위자가 기반하는 현실에서 출발하는 것으로 매우 구체적인 현실과 만나는 반면에, 민주주의에서는 모든 이의 자유와 평등이라는 이념을 바탕으로 형성된 추상적 개인이 정치의 제도화를 추진하면서 이념의 현실적 적용을 시도한다. 민족이 상상의 공동체라기보다는, 오히려 개인이 상상의 산물이고 추상적 실체이다.[11] 민주주의

10 이 부분은 본인의 글 "한국민족주의와 민주주의"(2017)의 Ⅳ장 2절에 많은 부분 의존하고 있다.

적 정치체제에서는 그 상상의 산물을 통해 지상에서 구체적 형태로 자리 잡아가는 일종의 구성주의적 사고가 드러난다. 상상 속의 그림이 육체를 입어 실체로서 세상을 활보하는 작업의 성공적 결과가 민주주의를 통해 드러나고, 민족주의는 그러한 상상 속의 개인들이 무리를 이룬 것으로 볼 수도 있는 것이다. 이렇게 볼 때, 민주주의나 민족주의의 행위자 모두 궁극적으로는 개인이라 할 수 있으며, 그 개인의 지향점은 삶에서 자유를 누리고 평등을 구가하는 것이다.

이렇게 민족주의와 민주주의가 그 출발선과 지향점에서 상이한 점을 찾아보기 어렵다고 해서 전적으로 동일한 이념이라고는 누구도 생각지 않는다. 작동원리로서의 근본 개념의 동일성일 뿐, 현실에서 드러나는 이데올로기로서의 차이점은 또한 명백하기에, 이에 대해서 살펴볼 필요가 있다. 실제로 민주주의는 추상적 개인의 자유와 평등을 설정하면서 정치체제의 원리를 제시한다. 개인이 추상적으로 존재하고, 상상과 추론을 통해서 태어난 것이라고 한다면, 민족은 추상적 개인이 입고 있는 현실의 옷이라고 할 수 있을 것이다. 이렇게 볼 때, 민주주의라는 추상적 원리는 개인들이 모여 사는 민족, 또는 국가 공동체 내에서 작동하게 되면서

11 '개인(individual)'이라는 용어는 매우 추상적이다. 현실에 기반을 두지 않은 용어라는 말이다. 즉, 서양근대사상의 근간이 되는 '개인'이란 독자적으로 설정된 원자적 인간의 존재형태를 의미하는 것으로, 그 누구의 영향도 받지 않는 독립적 존재를 의미한다. 그러나 현실에서 그러한 '개인'을 찾아보기는 어렵다. 인간은 태어나면서부터 누군가와 연결되어 있고, 사회 속에 던져진 존재이기에, 사회와 공동체를 고려하지 않고서 인간의 존재를 상정하는 것 자체가 불가능하다. 이렇게 볼 때, 실제로 서양근대사상은 '개인'을 발명(발견?이랄 수도 있지만, 거의 발명에 가까운 것)하면서부터 출발하였다고 할 수 있을 것이다. (박의경 2017: 91, 각주 12)

구체적 형체를 지니게 되고, 민족주의는 민주주의로 정신과 영혼의 빈곳을 채워나가는 것이라는 설명이 가능해진다. 즉, 민주주의라는 추상적 개념이 민족이라는 구체적 공간에 자리 잡으면서, 추상성의 구체화 현상[12]과 구체성의 추상화[13]의 동시적인 전개가 바로 현대 국가의 정치공간에서 드러나는 상황은 민주주의와 민족주의가 만나는 모든 나라에서 발견되고 있다.[14]

이러한 내용은 루소Rousseau의 『정치경제론*Political Economy*』에 잘 나타나 있는 바, "조국은 자유 없이 존재할 수 없으며, 자유는 미덕없이 존재할 수 없고, 미덕은 또한 시민이 아니면 지킬 수 없다"[15]는 주장에서 민주주의와 민족주의가 맹아적 형태로 연결되

---

12 자유와 평등을 비롯하여, 인간의 존엄성, 자연권 등과 같은 추상적 개념은 보편성을 띠면서 모든 인류에게 적용되어가게 되지만, 그 확산과정은 지구상에서 정확히 지리적 경로를 따른다. 추상의 구체화 현상이 바로 여기서 발견되는바, 자유와 평등, 인권 등의 개념이 각 지역마다 다른 양상으로 발전해 나가는 모습에서 이를 찾아 볼 수 있다.

13 사회, 공동체, 민족의 모습은 어느 한 곳에서 일정기간 이상 오래 같이 살아온 곳에서 발견된다. 구체적 양태로서 세상에 존재하고, 여기에 개인은 태어나면서부터 자신의 선택과 관계없이 소속되게 되고, 소속감에서 출발하여 애국심까지 느끼는 존재로 성장하게 된다. 구체적 공간에서 발생한 애국심을 루소는 '자신이 태어난 곳에 대한 애정'(Rousseau 1978: 219)으로 설명하기도 하면서, 여기서부터 자유에 근거한 자율성의 개념, 타민족에 대한 개념 등 보편성을 가지게 되는 개념의 추상화 현상이 발견된다.

14 이에 대해서 영국 왕립국제문제 연구소(Royal Institute of Intenational Affairs) 보고서는 루소를 설명하면서 다음과 같이 민족주의에 대한 설명을 한다.

"루소 자신은 이를 애국주의라 명명하였다. 그러나 이것은 일반적으로 인식되는 것과는 종류가 다른 애국주의였다. 더 이상 지역에 얽매인 지역적 향토애는 아니었기 때문이다. 인간이 습관적으로 자신의 환경에 바치는 충성심이나 애정이 이제는 보다 추상적인 실체 – 즉, 정치적 공동체 – 에서 확상되어야 한다는 것이 루소 사상의 요체이다."(Royal Institute of International Affairs 1939: 28)

고 있음을 살펴볼 수 있다. "지식 없는 미덕은 맹목적 열정이고 미덕없는 지식은 악을 양성할 뿐"이라면서 비롤리는 '조국에 대한 사랑'에 대해 이렇게 말한다:

> 나라 사랑은 우리를 나라에 주는 것일 뿐만 아니라, 인간의 삶에서 최고의 것을 나라에 주는 것을 의미 한다; 그것은 진리와 미덕과 자유이다. 우리가 진정으로 우리나라와 동료 시민을 사랑한다면, 우리는 그들이 자유로운 인간으로 살아갈 수 있기를 원해야 한다. 이것이 가능하기 위해서, 그들은 시민 정부에 대한 진실되고 정의로운 개념을 알고 있어야 한다; 정부의 목적은 그들을 상해로부터 보호하고 그들의 권리를 지키는 것임을 알아야 한다. 동료 시민들에게 진실을 알려 줌으로서, 우리는 그들이 참주정에 대항할 수 있는 강력한 무기를 주게 되는 것이다. 애국자의 특징적 징표는 미움, 불관용, 박해와 무지가 아니라 진리에 대한 의무이다.[16]

사람들이 조국을 사랑하게 되면 사람들의 덕성스러워질 것이고, 사람들이 덕성스러워지면 자신의 개별 의지를 일반의지에 보다 자연스럽게, 자발적으로 일치시키게 될 것이라고 분석하고 조국homeland이 시민 모두의 어머니임을 역설하면서, 르소는 로마를 그 사례로 들고 있다.

> 로마에서는 시민 상호간의 사랑과 로마인이라는 이름 자체에의 자부심이 시민에게 용기를 고취하고, 그 자체가 미덕이었

15 Rousseau 1978: 222.

16 Viroli 1997: 98.

다... 이렇게 로마는 덕이 지배하는 국가가 되었고, 세계를 지배하게까지 되었다. 따라서 당신 동료 시민들을 존중하라. 그리하면 당신도 존중받을 것이다. 자유를 존중하라. 당신의 영향력이 날로 증대될 것이다.[17]

루소의 분석에 따르면, 자유와 평등이라는 민주주의 개념 없이 민족주의 또한 발전할 수 없다는 것이었다. 루소의 설명에서 보듯이, 민주주의와 민족주의는 서로 밀접하게 관련되어 움직여왔다. “자유와 평등은 그 자체로서 귀중한 미덕이며, 자신들이 속한 민족에 대한 애정과 충성심을 가지고 있는 사람들에 의해서만 달성될 수 있는 것이다. 이렇게 민족주의가 민주주의의 기본 개념을 유도해내는 한편으로, 자유와 평등 개념 자체가 또한 민족주의를 유발시키기도 한다.”[18]

‘인민의 덕성이 사회에 필수적이라면 어떻게 그것을 달성할 수 있는가?’라는 18세기 루소의 질문은 21세기 우리에게도 필요한 질문이다. 그는 이렇게 답변한다. “우선적으로 조국 사랑으로부터 시작하자.”[19] 정치공동체의 결속을 다지기 위한 힘과 에너지로서 민족주의의 전형인 애국주의에 대한 강조를 루소에서 발견하면서, 개인과 공동체의 합일 가능성을 통해서 민주주의 사회의 주인인 시민이 자신이 소속되어 있는 공동체 조국과 민족과 국가를 사랑하게 되는 과정을 찾아볼 수 있다. 민주주의의 추상적 개념이 민족이라는 현실 속에서 구체화되는 역사의 진행 과정 속에

17 Rousseau 1978: 221.

18 박의경 1995a: 247-248.

19 Rousseau 1978: 219.

서, 민주주의와 민족주의의 상호보완적 역할의 가능성은 빛을 발하게 되는 것이다.

3. 민주주의와 다문화주의: 개인성과 다원성의 균형과 조화

1) 하나에서 여럿으로: 제도를 통한 균형

민족 중심으로 근대국가가 형성되고, 국가는 민주주의로 그 정치체제를 정립하면서 개별적 인간들을 하나로 묶어내게 되었다는 것이 근대 정치사의 기본 흐름이다 여기서 핵심적인 내용은 자유와 자율이라는 개별적 인간의 가치가 민족을 근간으로 한 국가라는 경계 내에서 작동하게 되었다는 사실이다. 실제로 개별 인간의 존엄성과 자연권을 중심으로 한 사회계약의 사상적 구도내에서 행위자 인간은 하나가 아니라 여럿이지만, 근대국가는 집단과 공동체 속에 함몰된 개인이 자유와 평등이라는 개념을 기치로 내세우면서 혁명이라는 극단적 과정을 통해서 개별 인간인 자신만의 정체성을 찾아내어 형성한 것이다. 추상적 가치로서의 개인의 자유와 평등이라는 가설적 이념은 국가라는 실체 속에서 구체성을 드러내게 되었다는 점에서 개인의 정체성은 근대국가의 성립과 그 궤를 같이 한다. 근대국가 성립 이전 공동체로부터의 압박으로부터의 해방과 자유를 외쳤던 개인은 근대국가라는 실체 속에서 법제화 과정을 거쳐 자유를 보장받았지만, 시민혁명의 시기에 자유의 수호자로 등장했던 국가는 혁명 이후 제도의 정착기를 지나면서 추상적 권위체로 또 다시 등장하여 개인의 자유 위에

군림하기도 한 바 있다.[20]

개인의 자유를 지키기 위해 개인의 자유를 제한할 수도 있다는 일견 역설적이면서도 모순적 사고의 중심에 민주주의가 있고 국가가 핵심적 역할을 하게 된다. 자유와 평등을 위한다는 미명하에서 제시되는 여러 가지 제한과 규제, 경계 등을 민주주의 국가가 설정하게 되면서, 하나가 아닌 여럿이 존재하는 사회에서 개별 존재 하나하나의 자유, 평등, 인권을 어떻게 보장할 수 있는가에 대한 문제는 궁극적으로 다원사회의 도래와 함께 대두하게 되는 것이다. 즉, 개인의 권리와 사회적 다양성의 균형이라는 정치적 과제가 21세기의 중요한 이슈로 부상하게 된 이유가 바로 여기에 있다. '하나하나를 중시하되 다른 것을 포기할 수 없으며, 여럿을 동시에 보호해야 하는 과제 속에서 피해보는 하나도 간과해서는 안된다'는 것이 자유, 평등을 근본이념으로 하는 민주주의의 중심과제인 것으로, 이는 곧 우리가 살아가는 사회는 이미 다원적이고 다양한 사회임을 전제하고 있는 개념이다.

'모든 이의 자유와 평등'이라는 추상적 개념을 현실에 적용해가는 과정에서 민주주의는 이미 그 다원성을 포함하고 있기에, 민주주의를 정착해가는 초기 과정에서부터 다문화주의적 요소가 배태되어 있다고 할 수 있을 것이다. 이는 특히 20세기말에 시작된 탈냉전과 세계화 현상을 통해 경제와 노동 분야에서 국가경계를 넘어서는 인구의 이동과 확산에서 보다 명시적으로 드러나게 된

20 "200여년에 걸친 민주주의 체제의 형성과정은 절대주의와 권위주의로부터 벗어나기 위한 개인의 투쟁으로 일관되어 있으나, 개인의 자유와 평등을 위한 투쟁의 결과는 국가라는 추상적 주권의 등장으로 귀결되면서 개인의 정체성과 집단의 정체성이 다시 한 번 만나게 된 것이다." (박의경 2013: 70)

다. 21세기 초입부터 각 국가가 다문화주의에 대한 적응과 함께 대책을 정치사회적 과제로 삼지 않을 수 없게 된 것은 이미 주지의 사실이다.

경제분야부터 시작된 다문화 현상은 국내적으로 정치적 권리의 문제에 대한 논의를 촉발하게 되고, 궁극적으로는 민주주의의 질적 심화의 과정에서 논의되어야 하는 정치적 과제로 자리잡게 된다. 이미 세계의 민주주의는 양적 증가를 의미하는 외연의 확장을 넘어서 질적 내용의 발전을 의미하는 내포적 심화를 위해 개별 시민의 참여와 심의를 요구하는 참여민주주의, 심의 민주주의의 중요성을 강조하여 온 바, 여기에 이제 다문화주의[21]도 민주주의의 정립을 위해 반드시 넘어서야 할 과제로 등장하게 된 것이다.

실제로 다문화주의란 각국의 사정에 따라 다양한 의미로 사용되고 있어 일반적인 개념 규정을 하기에는 매우 어려운 것이 사실이지만, 편의상 현실이 다문화 사회를 관용한다는 의미의 다문화주의와 종족, 인종, 종교, 문화집단의 권리를 법적으로 인정하고 보호해야 한다는 의미의 다문화주의로 크게 구분할 수있다. 전자가 보장되기 위해서는 후자가 필수적이고, 후자를 보장하자면, 기존 시민의 권리와의 충돌 가능성으로 인하여 양자의 균형을 맞추기가 용이한 일은 아니다.[22] 그러나 또한 개인의 정체성과 사회적 다양성이 민주주의에서 만나고 있음에 주목한다면, 현대의

21 "다문화주의는 다문화 현상이 내포한 갈등과 긴장의 현실을 해결하기 위한 문화적 다양성의 존중을 하나의 윤리적, 정치적 원리로 제안하는 이론이다." (진은영 2008: 257)

22 박의경 2013: 71, 각주 2.

민주주의를 통해서 다문화주의는 그 지속가능성을 담보할 수 있고, 다문화주의를 통해서 민주주의는 그 질적 수준을 제고할 수 있다는 의미에서 상생의 가능성을 엿볼 수 있다. 다만 이 모든 주장의 근저에는 사회적 신뢰가 깔려있어야 한다는 점에서, 자유의 존재와 타자의 존재에 대한 관용과 인정 등이 상호 재생산 과정을 통해서 생성되는 사회적 신뢰가 중요하게 등장한다. 자유, 관용, 인정의 순환과정은 그 제도화를 통해서 결국 개인의 정체성과 사회의 다양성이 균형을 이루어 나갈 수 있게 하면서 민주주의의 지속가능성을 제고하고 미래로 나아갈 수 있게 하는 것이다.[23]

2) 개인에서 시작된 다양함의 조화

> 진정한 민주주의를 위해서 우선 시민이 필요하다. 다음에는 심의가 필요하고, 세 번째로 필요한 것은 어떤 사회집단도 배제되지 않아야 한다는 것이다. 마지막으로 심의에 충분한 시간이 확보되어야 한다.[24]

개인의 자유와 평등이란 근대의 작품으로 민주주의를 가능케 하고 미래로 나아가게 하는 동력이 되기도 하지만, 공동체 속에서 개인의 자유는 갈등과 충돌의 원인이 되기도 한다. 아리스토텔레스의 '인간은 사회적 동물'이라는 말을 빌지 않더라도 공동체를 이루고 살아가는 것은 인간에게 피할 수 없는 것으로, 여기서 자신과 타인의 자유와 평등에 대한 고려가 불가피하게 발생한다.

---

23 박의경 2013: 71.

24 Bryan 2004: 255.

모두가 동등한 인간이기에 너의 자유를 내가 지켜주지 않으면 나의 자유도 보장할 수 없게 되는 상황은, 사회의 다양한 존재를 인정해야 한다는 자각으로 이어진다.

원자적이고 독립적인 개인을 기반으로 민주주의가 출발하지만, 민주주의는 또한 개별적이고 독자적인 원자를 결합시켜 공동체를 지속, 발전시키는 기제이기도 하다. 제도화 과정을 통한 분리된 개인의 통합이 민주주의 성공의 관건이라고 할 때, 민주주의는 실상 다문화주의의 핵심적 내용을 그 사상 안에 이미 내포하고 있다. 다양한 개인의 통합과 결사는 다양한 집단의 다원적 존재에 대한 관용과 인정으로 자연스럽게 이어질 수 있는 것이다. 특히 다문화 현상이 부인할 수 없는 정치사회적 현상으로 드러나게 되면서, 민주주의와 다문화주의는 그 기본에서부터 같이 논의되어야 하는 것으로 미래사회를 위해 반드시 넘어서야 할 과제로 등장한다.

현대 민주주의 테두리 안에서 발생하는 다문화 사회 현상에 대한 테일러Taylor와 킴리카Kymlicka의 논의를 살펴볼 필요가 있다. 테일러[25]는 공화주의 입장에서 소수집단의 문화적 생존과 사회적 인정의 문제를 지지하며 문화적 자결권 개념을 도입하고, 킴리카[26]는 개인의 자유와 자율성 제고라는 자유주의의 목표가 소수

25 "동등한 존엄성을 중립적이고 비차별적으로 적용한다는 것은 어떤 의미에서는 지배적인 한 문화의 반영에 불과할 수도 있다. 결과적으로 공정을 가정하고, 차별을 모르는 사회는 (정체성을 억압하기 때문에) 비인간적일 뿐만 아니라, 오히려 교묘하고 무의식적인 방법으로 고도로 차별적이기도 하다." (Taylor 1994: 43)

26 "우리는 다문화주의의 인정이 소수자들로 하여금 전심으로 정치제도를 포용하려는 것을 막는 장벽과 배제적 요소를 제거함으로써, 실질적으로 연대

자의 권리를 인정하는데 장애가 되지 않는다고 주장한다.[27] 이들의 논의를 쿠카다스Kukathas는 다음과 같이 정리한다.

> 사회적 통합이 보다 덜 강조될수록, 사회적 조화는 더 가능해진다고 나는 생각한다. 다문화 사회에서 바로 이것이 자유주의가 제의하는 것이기도 하다고 생각한다. 자유주의는 또한 법 아래 살아가는 다양한 사람들의 삶과 무관한 상태에서 사람들이 공존하고 다른 문화와 문자, 학문이 그들과 함께 번성할 기회를 제공하기도 한다. 그러나 이 기회는 법이 그들을 인정해서가 아니고 법이 침묵하기 때문에 제공되는 기회이기도 하다.[28]

원칙도 중요하지만, 구체적 현실도 살펴보아야 하고, 통합과 질서의 필요성은 사회 속에서 살아가는 구체적 인간이 좋은 삶을 영위하는데 있다는 점을 유념해야 한다는 테일러의 주장은 자유라는 추상적 개념의 현실적 담지자 인간을 공동체 문화 속의 인간으로 보면서, 문화적 특수성을 표현할 수 있도록 사회적 소수에게 부여된 권리가 개인의 자유와 양립하는 것이고 실질적으로 개인의 자유를 증진시키는 것이라는 킴리카의 메시지와 그 출발선에서 동일하다. 일방통행적 통합에 대한 테일러의 문제제기와 개인의 자유에 근거한 타협의 가능성을 엿보는 킴리카의 주장을

를 강화하고 정치적 안정성을 증대시킬 것이라고 예측할 수 있다. 이 가설은 적어도 다문화주의가 사회통합을 침식한다는 반대 가설보다는 그럴듯하게 들린다... 다문화주의와 민주주의적 안정성 사이에 어떤 본질적 모순이 있다고 사전에 추정할만한 어떠한 이유도 없다." (킴리카 2006: 506-507)

27 김남국 2005: 97-99.

28 Kukathas 1998: 698.

통해 드러난 메시지는 명확하다. 다문화주의와 민주주의가 만나는 것은 지극히 자연스러운 현상이고 보편성의 시현은 구체적 현실에서 가능하며, 또한 다문화적 권리가 민주주의 사회에서 말하는 정치적 권리로 인정받아야 한다.[29]

다양한 개인의 균형과 조화 속에서 제도를 통한 통합을 이루어 낸 민주주의는 21세기 다문화주의를 만나면서 새로운 동력을 얻게 되어 지속가능성을 확보할 수 있게 되었고, 다문화주의는 개인의 정체성과 집단의 정체성의 상호적 과정을 통해서 민주주의라는 제도적 테두리 내에서 균형점을 찾아가면서 조화를 이루게 되는 것이다. 민주주의가 민주주의로 지속하기 위해서 다문화주의의 수용은 필수적이고, 다문화주의가 존속하기 위해서 민주주의의 유지는 반드시 필요하다는 점에서 양자의 균형과 조화는 이미 각 개념 자체에 내재되어 있는 개념이라 할 수 있다. 양자가 균형적이고 조화로와야 할 이유를 찾기보다는 불균형과 부조화의 근거를 찾아내는 것이 보다 자연스러운 작업인 이유가 여기에 있다. 내가 왜 그들과 동일한 자유와 권리를 나누어야 하는가라는 다문화주의의 질문은 내가 왜 너와 동일한 공간에서 살아가면서 자유와 평등을 향유하는지에 대한 민주주의의 질문과 다르지 않으며, 이에 대한 답을 우리는 이미 알고 있다.

29 박의경 2013: 91-93.

4. 다문화주의와 민족주의: 삼각구도의 완성

1) 보편성과 개별성의 합일

민족주의나 다문화주의를 논의함에 있어 그것이 좋은지 나쁜지, 무엇이 더 좋은지와 같은 질문보다 중요한 것은 그것이 우리 앞에 존재한다는 사실이다. 존재로부터 출발하여 그 개념적 근원으로 역추적해 들어갈 필요가 있다. 앞 장에서 언급한 바와 같이 민족주의도 다문화주의도 민주주의가 아우를 수 있는 것이라면, 민족주의와 다문화주의는 현실에서 어떤 모습으로 우리 앞에 드러나게 되는 것인지 알아보아야 할 것이다.

민족주의의 논의에서 모두가 그 정치적 경향성에 대해 주목할 때, 18세기 독일의 헤르더는 문화에 초점을 맞춘다. 라인홀드 아리스Reinhold Aris는 헤르더의 민족주의가 세계주의와 근대 민족주의를 연결하고 있다고 설명하고,[30] 칼톤 헤이스Carlton Hayes는 헤르더를 18세기 인도주의자이자 자유주의자로 평가하면서 그의 문화민족주의는 자유주의적, 자기결정적 민족주의의 특징을 가지며 휴머니티의 올바른 이해를 위한 중요한 개념이라고 역설한다.[31] 문화민족주의의 아버지로 불리면서 사람들의 인종적 특성을 중요시했다고 알려져 있는 헤르더Herder의 민족과 민족주의 개념에 대한 비롤리Viroli의 분석을 살펴보자.

민족은 하나됨을 의미한다. 역사, 언어, 문학, 종교, 예술과 과

30 Aris 1965: 241-244.

31 Hayes, Carlton J. H. 1927; 박의경 1995b: 340.

학에 근거한 민족의 문화적 단일성은 인민을 하나의 개인으로, 자체의 정신적 영혼, 기능, 힘을 가진 하나의 실체로 형성한다. 각 민족이 특정한 '설명할 수 없는' 개별성을 가지고 있다 해도, 각 민족은 각자의 방식으로 하나라고 말할 수 있다는 것이다.[32] 각 민족은 '자신만의 언어 뿐만 아니라 자신만의 민족문화를 가진 한 인민집단'이다.[33] 그것은 자체로 행복의 중심이 되는 작은 세계 그 자체이다. 수세기를 걸쳐 변화해 왔지만, 거기에는 여전히 자신만의 정신적 정체성이 보존되어 있다. 인도주의의 역사는 서로 상호작용하는 민족적 유기체를 성장시키고 쇠퇴시킨다는 관점에서 언급된다. 같은 역사를 가진 민족은 세계에 없지만, 각 민족은 하나님이 주신 특정한 재능과 능력에 따라 그 자신만의 최종 목적을 가지고 있다. 하나님은 다른 나라들을 합병하지도 않고 그것을 원하지도 않는다. 그는 통합성과 통합성에 기초한 정신적 정체성을 침해하는 인위적 모델 차용을 거부하고, 오직 각 민족이 자신의 길을 따르기 원할 뿐이다.[34, 35]

여기서 헤르더는 민족문화에 근거한 민족의 통일성을 중요하게 생각하면서도 다양성을 결코 소홀히 다루지 않는다. 헤르더가 민족을 위해 구상한 정치질서는 고대 히브리족의 사례에서 차용한 것으로 알려져 있다.[36] 헤르더는 히브리 민족이 여러 교파로,

32 *Auch eine Philosophie*, v. 551 (영역본, 181)

33 *Idee zur Philosophie der Geschichte der Menschheit*, in *Sämmtliche Werke* (Berlin, 1887), xiii. 258: 영역본. Ergang, *Herder*.

34 *Briefe zu Beförderung der Humanität* (Berlin, 1971), ii. 218.

35 Viroli 1997: 118에서 재인용

36 Barnard 1959: 533-546.

지파로 나뉘어 있으면서도 동시에 하나의 민족으로 움직여왔던 점에 착안했다. 당시에 역사적으로 존재하고 있는 다양한 사회적 실체를 훼손하지 않고, 오히려 이 지파들을 통해서 구심력을 강화시키는 형태의 민족을 당시의 지도자 모세는 만들어냈다는 것이다. 헤르더가 확장된 가족으로 민족을 설명할 때, 그는 바로 시민이 아닌 중간집단 중심의 민족, 즉, 집단결사 모델을 의미했다. 이는 일종의 유사다원주의 모델로서 '조각조각 기워 맞춘 조직'과 같은 국가이고, 민족성을 공유한 사람들로 구성된 국가는 중앙에 집중된 권력이나 항구적 형태의 명령계통의 존재를 필요로 하지 않는다.[37] 헤르더는 다양한 민족의 존재를 다양한 꽃들이 피고지는 정원에 비유한다. 마치 정원에 존재하는 다양한 꽃들이 다른 존재를 부정하지 않고 자신의 고유함을 드러내면서 정원의 자연스러운 아름다움의 발현에 공헌하고 있는 것처럼, 지구상에 다양한 민족의 존재로 인하여 인간은 자유와 인본성을 제대로 추구할 수 있다는 것이다. 헤르더는 이렇게 설명한다. '개인의 자아를 추구하라. 그리하면 인간집단의 조화는 달성된다. 각 민족의 개별성을 추구하라. 그러면 인본성은 달성된다.' 이렇게 헤르더는 개별 민족의 특수성과 인간의 인본성 추구라는 보편성을 역설적이면서도 무리없이 결합시킨다. 즉, 문화다원주의나 다문화주의의 기반 위에서 선 정치공동체야말로 진정한 자유와 인간성의 발전을 가능케 한다는 것이다.[38]

"헤르더에게 있어 각 민족은 조화를 이룬 범세계라는 심포니

37 *Sammtliche Werke*(헤르더 전집). 1877-1913. XVIII. 137, 271, 300; Barnard, 1959에서 재인용.

38 박의경 1995b: 349-350.

내에 존재하는 개별 악기의 소리"[39]라는 카시러Cassirer의 평가를 통해서 알 수 있는 것은, 헤르더의 문화민족주의는 개인의 가치와 개별 민족 문화의 가치에 대한 인식에 기초를 둔 개념이었다는 사실이다. 여기서 이어지는 개념이 바로 제1차 세계대전 직후 미국의 대통령 윌슨Wilson에 의해 제시된 민족의 자유의지에 바탕을 둔 민족자결주의national self-determination로서, 이는 개인이나 민족이라는 도덕적 실체에 칸트적 자율성 개념이 적용된 것으로 볼 수 있다.[40] 자유라는 추상적 이념은 '자기 결정'의 과정을 거쳐서 자율성을 현실에서 드러낸다는 점에서, 민족주의는 인간의 생존을 위해 기본적인 자유의 구현을 위해 필수적인 것이라고도 할 수 있을 것이다.

다양성과 단일성의 문제는 이미 오래전부터 모든 인간사회의 중요한 사안으로 헤르더는 이에 대한 역설적 해법을 제시한다. 즉, 보편적 인류애와 같은 단일성은 각 민족의 문화민족주의의 확립을 통하여 오히려 가능하다는 것이다. 이는 곧 각 개인의 독립과 정체성 확보가 공동체가 하나되는데 필수적인 기제로 작동하는 것과 마찬가지로, 개별성이 전체의 보편성으로 이어진다는 역설적 사고에 기반을 두고 있다. 개별 민족의 자율성이 자신들의 지속성을 위해 인류의 보편적 가치를 추구하고, 보편적 인간의 자유와 행복이라는 가치는 또한 개별 민족의 번성에 기초를 두고 있다는 점에서, 개별성과 보편성의 합일이 역사 속에서 그

---

39 Cassirer 1945: 185.

40 자기 결정이라는 문제는 민족주의의 개념적 전제이자 그 동력이라고 케두리(Kedourie)는 칸트의 자율성 개념을 도입하여 민족주의를 규정한다. (Kedourie 1960: 31).

모습을 드러낸다.

2) 통합과 분리의 변증법을 넘어서

18세기 자유주의의 제도화 과정과 동시적으로 발생한 민족주의에서 발견된 인간의 지고한 이념 '자유'와 '민족' 가치의 절묘한 조화는 곧 다원성과 다양성을 표방하는 현대의 다문화주의의 저변에도 흘러들어와 사상적으로 자리 잡고 있지만, 여전히 민족주의는 다문화주의에 그리 호의적이지만은 않은 것도 사실이다. 추상적 가치를 기반으로 한 민주주의와 달리, 민족주의와 다문화주의는 삶의 현실에서 작동하는 구체적 원리라는 점에서는 동일하지만, 여전히 그 지향점과 추구하는 목표에 있어서의 상이점을 넘어서기는 쉽지 않다. 민족주의는 궁극적으로 단일성을 추구하면서 통합과 통일로 향하지만, 다문화주의는 다양성을 강조하면서 다원적 사회에서의 개별 집단의 존재성에 대한 인정을 요구하는 과정에서의 어려움을 호소한다. 통합을 위한 구심력과, 사회내 개별 집단의 특성을 인정하고 사회의 분리 독립구조를 인정하는데 필요한 원심력이 모두 요구되는 것이 21세기 우리가 당면한 현실이다. 통합과 분리는 상반되는 개념으로 그 힘의 방향은 어쩔 수 없이 서로 반대를 향한다. 통합을 위한 구심력은 분리를 통한 개별 집단의 대두를 저항적으로 규제하고, 분리를 향한 원심력은 통합에 대한 길항작용을 하게 되는 것이다.

20세기말 세계화 현상과 신자유주의가 전 지구상의 국가에 제기한 문제는 민주주의의 개인과 민족주의의 민족 간의 불협화음이 사회의 균형과 조화에 도움이 되지 않는다는 것이었다. 민족주의와 민주주의의 제로섬 게임적 사고가 서로에게 도움이 아니라 오히려 방해가 되고 있다는 인식에서부터 20세기말 민족주의와 이데올로기의 종언이 운위되었던 것을 우리는 기억하고 있다. 인간에게 역사의 기억이란 미래로 나아가게 하는 동력이라는 점을 인정한다면, 이미 진행되어 모든 사회의 깊숙한 곳까지 들어와버린 다문화주의와 민족주의의 관계에 있어서도 전향적 사고가 필요한 것이 바로 이 시점이다.

민족의 정체성과 주체성을 유지하면서 동시에 다양성과의 조화를 모색하는 것, 이것이 21세기 민족주의의 핵심이라고 할 때, 민족주의는 다양한 민족 사이의 공존을 도모하는 다원적 세계화와 자연스럽게 결합되고, 국내적으로 발생하고 있는 다문화 집단과의 분리를 통한 통합과 같은 역설적 공존 또한 가능한 것이다. 민족을 중심으로 생각하는 사고의 핵심에 집단을 중심으로 생각하는 다문화집단의 사고가 자리 잡을 공간이 없을 수 없다는 점에 대해서 이견을 제시할 사람은 없을 것이다. 나가 나임을 주장하기 위해서 너의 동의가 필요하고, 이를 위해서 우선 내가 너를 인정해야 한다는 말을 조금만 확장하면, 우리 민족은 곧 타민족의 존재를, 내가 소속된 집단은 바로 타 집단의 존재를 근거로 하고 있다는 점을 이해할 수 있을 것이다. 여기서 민족주의는 배타적 대립이 아니라 상대에게도 동일한 권리를 인정하는 것임을 또한 알 수 있다.[41]

자기결정과 상호적 평등이라는 두가지 내용은 민족주의 전형prototype이라 할 수 있는 애국주의patriotism[42]의 근본 가치로서 민

41 박의경 2017: 94-95.

주의와 함께 민족주의에도 핵심가치로 자리 잡고 있는 것이며, 동시에 다문화주의의 지향점이기도 하다. 민족의 통합이 모든 차이점을 제거한 그야말로 하나를 지칭하는 것이라면 그것은 민족주의가 아니라 전체주의일 것이고, 원자적 개인이 모래알처럼 흩어져 살고 있다면 이 또한 민족주의는 아닐 것이다. 사회가 유기적으로 존재하고 지속적으로 유지되기 위해서 독립적 개인의 존재와 그들의 통합은 필수적이다. 세계화 시대 다문화 현상의 홍수 속에서 사회가 지속가능하기 위해서는 개별 민족과 집단들의 존재와 그들의 통합 또한 필수적이다. 민족의 통합이 일종의 화학적 결합이라면, 다문화사회에서의 통합은 각 집단의 개별성을 보유한 채 하나로 통합되는 일종의 물리적 결합체라 할 수 있을 것이다. 공상과학 영화 속 트랜스포머처럼, 독립적으로 존재하되 언제나 합체가 가능하며, 통합되어 있으되 각 부분의 독립적 운용이 가능한 시스템이 바로 다문화적 민족주의 사회 형성을 가능케 할 것이다.

3) 민족국가에서 다문화 사회로?

집단적 정체성은 개개인의 개별 정체성에서 시작되며, 개인의

---

42 루소는 애국주의를 공화주의적 미덕과 연결시킨다. 『정치경제론*Discourse on Political Economy*』에서 민족주의로 이어지는 애국주의는 자유 개념이 동반된 공동체의 존재와 그 발전의 역사를 같이 한다고 루소는 주장한다. (박의경 1995a : 246)

이어 비롤리(Viroli)도 자신의 저서 *For Love of Country* 에서 공화주의적 애국주의의 중요성에 대해 강조한다; 애국주의란 "자기 나라를 사랑한다는 것이 자체의 문화와 생활방식과 함께 공동의 자유 원칙에 근거한 정치공동체로서의 공화국을 사랑하는 것이라는 생각에 기초한다" (Viroli 1997: 183).

> 정체성 또한 집단으로부터 그 힘을 충전 받고 보장되고 있다는 점에서 개인과 집단의 관계는 갈등의 유인을 가지고 있으면서 동시에 합일의 가능성을 보유한 이중적 정체성을 가진 복합적 개념이다.[43]

국가라는 정치적 실체 속에서 발생하는 통합과 분리의 변증법을 통해 개인과 개인, 집단과 집단은 그 개별성과 다양성을 한 방향으로 수렴해 갈 수 있으며, 바로 거기에 정치체제로서의 민주주의가 들어설 공간이 존재한다. 사회가 바로 서는데 통합이 필요하지만 움직이고 나아가는 데는 분리된 독립성이 요구되는 것처럼, 한 사회가 제대로 작동하기 위해서는 내적으로의 응집력과 구심력과 함께 외적으로 다양성과 다원성을 통해 자유로운 사회를 건강하게 지켜나갈 원심력 또한 확보되어야 한다. 상호간에 부족함으로 인해 서로의 발전을 위해 필요한 개념이지만, 서로에게 힘이 될 가능성과 함께 충돌의 가능성도 동시에 드러나는 민족주의와 민주주의의 관계처럼, 민족주의와 다문화주의의 관계도 이와 그리 다르지 않다. 민족주의가 개별 집단의 정체성만을 강조하면서 내적으로의 통합만 강조하게 되면 여타 다문화 집단과의 갈등이 증가되면서 사회에는 분열적인 혼란이 증폭될 것이고, 이는 한 국가 내의 어떤 집단에도 도움이 되지 않는다. 그러나 또한 다문화집단의 다양성에 대한 강조로 독립과 분리가 지나치게 강조될 경우, 사회의 통일성이 저해 받아 법과 제도에 따른 사회질서의 운용이 타격을 받게 될 것이고, 오히려 갈등을 증폭시킬

43 박의경 2015b: 222.

가능성이 높아지게 될 것이다.

민족주의와 다문화주의가 서로에게 칼을 겨누며 배타적인 갈등과 투쟁으로 일부 움직이고 있는 것도 현실이지만, 나의 존재를 위해 너의 존재를 인정해야 함이 서로에게 각인되고 학습된다면 포용적인 사회로의 움직임도 가능함은 바로 민주주의에 대한 우리의 역사적 경험에 기인한다. 한 사회내 계층 간의 갈등이 위험수위로 다가설 때, 민주주의는 자연권을 가진 인간에 대한 신뢰를 기반으로 자연법등 원칙의 제도화를 통해 이를 해결해 나온 바 있다. 17,8세기 시민혁명이라는 역사의 격랑을 거쳐 이미 정리된 내용이 바로 개인의 자유에 대한 인정이고, 타자에 대한 관용이었다는 점을 기억한다면, 민족국가에 들어선 21세기 다문화사회의 문제도 해결이 가능하다. 바다를 다니는 배의 핵심 기능이 복원력에 있는 것처럼, 우리의 사회를 항해하는 제도도 바로 복원력이 그 지속가능성의 관건이 된다. 법과 원칙의 제도화의 궁극적 목표가 바로 그 제도의 지속가능성이기 때문이다.[44]

모두가 자유로운 사회에서 하나의 제도가 정립되는 과정은 그리 순탄하지 않기에, 수많은 사회갈등이 사회의 존재 자체를 위협하기도 한다. 17,8세기에는 민주주의가 정립되고, 19,20세기에는 민주주의가 확산되는 과정이었다면, 이제 21세기는 한 차원 다른 민주주의가 요구되는 시기이기도 하다. 20세기말부터 시작된 세계화 현상은, 근대 산업혁명 이후의 과학의 발달과 더불어

44 실제로 인간 사회에서 많은 것들이 20세기에 이미 자리 잡은 바 있다. 따라서 21세기의 과제는 모든 부문에서 '지속가능성'을 캐치프레이즈로 내세우고 있다. 1992년 리우 환경회의에서 제기된 '지속가능한 발전'이 대표적 개념이다.

인류가 이룩해낸 교통/통신의 발달과 함께, 인류가 전 지구를 대상으로 자유로이 통행할 수 있게 하였다.[45] 정치적으로는 냉전의 해체를 통해 민주주의 제도의 세계적 승리도 일부에서는 언급한 바 있다.[46]

21세기는 국경을 넘어서는 인간의 자유로운 이동가능성으로 한 국가의 내적 갈등으로 생존의 위기에 몰린 사람들에게 새로운 가능성이 열린 시기이기도 하지만, 여전히 상존하는 폐쇄적이고 배타적인 민족주의의 문제는 그들에게 안정적이고 평화로운 미래를 보장해주지 못하고 있는 것도 또한 사실이다. 중동 지역의 문제로 촉발된 지중해의 생존형 난민, 아프리카나 중동에서 자국의 내전으로 밀려난 정치적 난민, 빈곤 탈출을 위한 노동 난민, 국제결혼 등을 통한 결혼 이주민 등의 문제는 이제 그들만의 문제가 아니며, 전 세계가 같이 해결해가야 할 난제로 부상한지 이미 오래되었다.

후쿠야마의 주장과 마찬가지로 민주주의가 세계사적으로 완전한 승리를 거둔 것인지에 대해서는 여러 가지 반론이 있을 수 있으나, 여전히 존재하는 민족이라는 현실과 이미 형성되기 시작한 다문화 사회 현상 간의 갈등을 해결할 수 있는 가능성은 여전히 민주주의에 있다. 개별적 집단의 다원성을 인정하되 정치적으로는 하나로 이끌어가야 하는 과제를 가진 21세기 국가에서 사회가 분열로 가지 않기 위한 통합의 고리가 과거 다양한 개인들을 법

45 칸트는 '영구평화론'에서 영구평화의 조건으로 공화주의적 정부의 존재와 함께 모든 인간의 '보편적 체류숙박권'(universal hospitality)이라는 개념을 제시한 바 있다.

46 Fukuyama 1992.

제화를 통해 하나로 묶어낸 바 있는 민주주의에서 발견되는 것이 그리 이상한 일은 아닐 것이다.

5. '다수로 이루어진 하나e pluribus unum'47의 가능성

1) 'e pluribus unum'의 한국적 재현?

영국의 권리청원, 프랑스의 인간과 시민의 권리선언과 함께, 미국의 독립선언서에는 인간의 자유와 평등을 지지하는 세계3대 시민혁명 문서의 하나로서 민주주의의 기본 원칙이 가장 잘 담겨 있으며, 이 원칙을 근간으로 미국은 다른 대륙으로부터 이민을 광범위하게 받아들였다. 미국의 민주주의는 그 출발부터 이미 다문화사회라고 할 수 있다. '인종의 도가니탕melting pot of race'으로 알려져 있는 미국이 건국이후 곧바로 이질적 문화가 포함된 다문화 공동체로 자리 잡아 온 반면에, 영국, 프랑스, 독일 등 전통적인 유럽대륙의 국가들은 공통된 언어, 문화, 역사와 종교를 공유하는 민족중심의 동질적인 공동체로 유지되고 있었다. 이러한 구도는 21세기 들어 급격한 변화를 보인다. 오늘날 영국에는 100여 만 명의 힌두교도 인도인과 200여 만 명의 무슬림이 거주하고 있

---

47 이는 미국의 독립전쟁에 참여한 피에르 드 시미티에르(Pierre de Simitiere, 1737-1784)가 제시한 미국 건국의 신조로서 "하나는 모든 것으로 이루어져 있고, 모든 것은 하나로부터 나온다"라는 그리스 철학자 헤라클레이토스(Heracleitos)의 글에서 연원한다. 1776년 건국 때부터 미국은 이 문구를 국가 인장에 넣어서 사용하고 있다. (박의경 2015b : 215, 각주 162)

으며, 프랑스는 북아프리카와 과거 프랑스령 식민지로부터 수백만의 이민이 유입되었다. 독일은 관용적 이민정책으로 극단적 외국인 혐오를 표방하는 신나찌주의자들까지 불러들이는 결과를 감내해야 했다. 유럽에서 다문화 민족주의를 비교적 지속적으로 유지해왔던 스위스조차 프랑스계와 독일계간의 다툼이 유럽의 다문화적 상황 속에서 보다 뚜렷해지고 있다. 상처가 없는 것은 아니지만 상대적으로 성공적인 다문화 사회에 대한 미국적 경험이 세계 다른 지역에서 요구되고 있는 시점이다.

'e pluribus unum'은 '다수로부터 하나'가 형성된다는 의미로, 200여 년 전 건국초기부터 미국 사회 구성의 기본 원칙 또는 모토로 제시되어 왔으며, 오랜 기간 미국은 기회의 땅이자 이민자들의 천국으로 불리어 왔다.[48] 그러나 미국의 다문화주의의 저변에는 토크빌의 딜레마[49]가 보편적으로 자리잡고 있다. 토크빌의 딜레마는 자유에 기반을 둔 자유주의 공동체는 다양성을 지지하지만, 그 다양성은 공동체가 안정의 기반으로 의존하고 있는 사회적 통합을 저해할 수 있다는 것으로, 통합을 지향하는 민족주의와 다양성을 고무시키는 자유의 지향점이 모순적일 수 있음을 지적하고 있다.[50]

---

48 2016년 미국 대통령 선거에서 도널드 트럼프가 당선된 이후 '위대한 미국의 재현'을 내세우면서 선별적 이민 허가, 멕시코 국경장벽 건설 등 이민자를 규제하려는 시도가 이어지고는 있으나, 이에 대해서 미국은 여전히 논쟁 중으로, 전통적 이민 관용 정책이 전면적으로 수정되었다고 판간하기에는 아직 이르다.

49 자유를 추구하면서 자유를 저해하게 되고, 평등을 추구하면서 불평등으로, 개별성을 강조하면서 통합으로 나아가게 된다는 인간사회 현상의 모순을 설명한 역설적 내용으로 토크빌(Tocqueville)이 <미국의 민주주의 Democracy in America>에서 제시하고 있다. (토크빌 1933)

건국 초기부터 종교, 인종, 젠더, 계급적 기원 등 모든 곳에서 공통 요소를 찾을 수 없었던 미국은 사회를 정립해가는 과정에서부터 일찍이 이러한 모순에 직면하고, 공통적인 것에 대한 신념, 즉 헌법에 대한 신념을 통해 이러한 혼란을 해결해 왔다. 여기서 헌법에 대한 신념은 합의된 민주적, 법적 과정 하에서 통합된 일단의 대원칙으로, 대법원 판사 휴고 블랙Hugo Black이 후일 헌법적 신념constitutional faith라고 명명하게 된다.[51] 이러한 헌법적 신념을 통해 미국에서는 공적 개념과 사적 개념이 분리되어 정치적인 공동자산을 위협하지 않고 사적 자유를 향유할 수 있게 되었고, 'e pluribus unum' 사회로의 이행이 가능해진 것이다.

18,9세기 미국적 경험은 실제로는 매우 예외적 상황으로, 역사적으로나 지리적으로 과거나 전통과 비교적 용이하게 거리를 둘 수 있었던 신대륙 미국에서 가능했던 미국적 예외주의American Exceptionalism로 표현되기도 한다. 미국적 예외주의의 핵심은 법을 통한 제도화에 있으며, 21세기 우리 사회에도 많은 시사점을 제시한다. 다양하게 존재하는 사적 욕구와 이익의 갈등을 무력 충돌 없이 해결해내기 위해 묘안이 필요한 것은 18세기나 21세기나 인간이 사는 사회이기에 크게 다를 바 없다.

다만 200여 년 전 미국 대륙에서 다양한 지역에서 온 사람들이 하나의 공동체를 세워나갈 때와 21세기 한국 사회는 전통과 역사가 현실에 영향을 미치는 강도에 있어 매우 다르다. 사회의 다양한 이익과 욕망을 분란 없이 해결해 보고자 하는 대한민국은 단

---

50 Benjamin Barber 1993: 47; Leone ed 1994: 252에서 재인용.

51 Leone 1994: 253.

일민족이라는 개념을 아직도 가슴에 담고 있으며, '우리의 소원은 통일'이라는 말에 이의를 달기 어려운 사회이면서, 동시에 다문화적 사회로 급속하게 움직이고 있다. 외국인 노동자는 넘쳐나고, 결혼 이주민으로 국내에 들어와 정착한 귀화 외국인들과 그 자녀의 숫자도 급증하여 이미 150만 명(2014년 통계)을 넘었다. 2018년 예멘 난민 사태[52]에서 볼 수 있듯이, 제주특별자치도를 거쳐 입국하는 외국인과 난민의 숫자도 급증하고 있다. 대한민국이 여전히 단일민족의 사회를 주장하면서 그 기조를 유지해야 하는 것인지, 폐쇄적인 배타적 민족주의에서 보이는 우리만의 공동체를 지켜내야 한다는 저항성을 고수해야 하는 것인지에 대한 시대적 논의가 필요한 시점이다.

단일민족 개념을 핵으로 하여 식민지 시대에 저항적 민족주의로 드러난 한국의 민족주의는 1990년대 탈냉전과 세계화 과정을 거치면서 탈민족주의적 요구를 표출하기도 한다. 특히 한국의 민족주의는 국가주의적이고 집단주의적 경향을 보이면서 개인의 자유와 개성을 무시하고 여성과 소수자들을 억압하거나 배제하는 파시즘적 속성을 지닌다는 것이 민족주의에 대한 탈민족주의의 비판이다.[53] 즉, 민족주의란 시대착오적 이데올로기로서 지구촌공동체를 논하는 상황에서 오히려 자유, 평등, 인권과 같은 보편적 가치를 보편적으로 향유하는데 장애가 될 수 있다는 사고에서 출

52 2018년 500여명의 예멘인들이 제주도로 입국해 난민신청을 한다. 제주에 들어와 난민신청을 한 예멘인 484명 중에서 난민인정은 2명, 인도적 체류허가 412명, 단순 불인정 56명, 직권 종료 14명으로 일단은 진정되었지만, 난민 수용 여부를 두고 전 국민적으로 논쟁이 일었던 사건이다.

53 임지현 2003: 350-355.

발하며, 인간의 보편적 가치란 민족이라는 경계로 제한되어서는 안되며 보편적으로 인정받아야 한다는 것이 탈민족주의의 주장이다. 그러나 동시에 세계화의 진행과 함께 민족의 정체성이 오히려 더 중요해지고, 특히 남북한의 상황에서 민족주의는 서로의 이념을 넘어서 교류할 수 있는 공통의 기반을 제공하고 있다는 점에서 더욱 절실하다는 주장도 존재한다. 다만 민족주의도 오랜 생명을 지닌 이념이기에 시대와 상황에 따른 변화와 포용, 수용이 필요하다는 점에 주목하는 이들도 있다.[54]

실제로 세계화와 민족주의라는 어울리지 않는 듯한 한 쌍의 개념은 국가의 경쟁력 강화와 맞물리면서, 전통과 민족문화의 우수성 강조라는 역설적 현상으로 이어진다. '국내적인 것이 국제적인 것'이고 '전통적인 것이 세계적인 것'이라는 일견 모순적인 주장은 한국의 저항 민족주의가 가지는 배타성과 방어적 기제를 폐쇄적 성향으로부터 이끌어내어, 타국과의 공존 가능성을 전향적으로 고려할 수 있는 개방성과 포용성을 가질 수 있게 하였다는 주장도 설득력을 가지게 되었다. 이에 대해 강정인의 설명은 다음과 같다.

> 한국의 민족주의는 19세기말 이래 자본주의 침투에 저항하면서 외세의 압력을 막아내는 과정에서 형성, 발전했기 때문에 외부세계에 대한 저항적, 방어적, 배타적 성격이 강했다고 할 수 있다... 세계화가 진행되는 과정에서 한국의 민족주의는..

1. 54 여기서 열린 민족주의, 개방적 민족주의, 지구적 민족주의 등 일견 형용모순으로 느껴질 수도 있는 전향적 민족주의 개념이 등장하고, 이를 위해서는 자유와 평등, 인권과 민주주의 등을 기본가치로 하는 시민적 민족주의에 대한 주장도 있다. (박찬승 2010: 236)

> 세계의 국가들과 관계를 맺으며 보다 유연하고, 개방적 성격으로의 변화를 요청받고 있다. 특히 이주노동자와 국제결혼 이민자가 증가하고 있는 현실에서 한국민족주의는 외부세계 및 외부인에 대한 폐쇄성의 외피를 벗고 열린 민족주의를 지향해야 하는 상황에 놓여있다고 할 수 있다.[55]

2000년 이후 한국사회에 본격적으로 등장한 다문화사회적 특성을 통해, 민족이란 과연 무엇인지에 대한 논의가 필요하다는 인식이 자리잡았다. 한국인이라는 법적 개념은 혈통에 기반을 두고 있는 바, 한국인과 결혼한 외국인이 한국인인지, 그 사이에서 출생한 자녀가 한국인인지에 대한 문제는 실상 기존의 민족 개념에 대한 도전이기도 하다. 그러나 동시에 한국에서 태어나 한국어를 구사하고 한국 학교에서 교육받는 학생의 정치성을 부와 모의 혈통을 통해 규정하는 것이 과연 그에게 정당한 것인지에 대한 논의는 보편적 인권의 문제로 이어지기도 한다. 여기에 한국민족주의의 담론에서 그동안 회피되었던 민족 개념의 본질에 대한 전향적 사고의 필요성이 존재한다.[56] 여기에 18세기 미국의 이념인 'e pluribus unum'의 한국적 재현을 통한 다문화 민족주의의 가능성이 대두한다.

2) 새로운 정치적 주체의 형성: 민족과 국민, 시민을 넘어서

글로벌 사회는 경제로부터 시작하여, 사회 각 분야로 스며들기

55 강정인 2009: 255-256.

56 박의경 2015b: 210-211.

시작한지 이미 오래되었지만, 국가를 중심으로 한 민족은 여전히 인위적 경계를 고수하고 있다. 야심차게 출발했던 유럽연합EU도 내부적으로는 개별 국가 중심으로 유지되는 이중적이고 모호한 상태로 유지되어 왔고, 현재는 영국의 EU 탈퇴를 지칭하는 브렉시트 문제로 몸살을 앓고 있다. 경제와 달리, 정치에서는 민족의 경계가 그리 쉽게 허물어지지 않고 있음을 반증하는 것이다. 국가의 기능은 여전히 강고하고 국가를 중심으로 한 우리의 삶도 여전하지만, 21세기의 인간을 신유목적 인류라고 지칭하는 데에도 나름의 이유가 있다. 과거에 기반을 두고 역사의 기억을 가지고 현재의 인간이 살아가기도 하지만, 여전히 미래로 나아가고 있다는 증거이기도 한다.

노동력의 국제적 이동은 그 대표적 징후로 경제문제에서는 이미 국경을 넘어선지 오래 되었다. 한국인이 한국의 전자제품을 해외에서 구입하는 것도 우리 사회의 젊은이들에게는 이미 익숙한 해외직구의 상황이다. 아직 국경을 통과하기 위한 여권과 비자는 존재하고 있지만, 무비자로 입국 가능한 지역도 급증하고 있다. 사회관계망 서비스SNS에서는 국적과 민족에 관계없는 개인이 주체로 등장하며, 지도상에 그려진 경계는 존재하지 않는다. 트위터, 페이스북, 유튜브를 아우르는 디지털 노마드Digital Nomad가 현대사회의 새로운 주체로서 민족과 국민, 시민을 넘나들고 있는 것이 현실이다. 여전히 민족 기반 위에서 국민과 시민이 무대에 등장하고 있지만, 지구적 시민사회, 포스트 휴먼 사회 등에 대한 담론이 중첩적으로 발생하고 있다. 민족과 국가라는 과거의 개념 위에 다양한 집단의 권리를 핵심의제로 하는 다문화주의라는 현실이 놓이고, 지구시민권, AI(인공지능)의 권리 등에 대한 논의가 급속하게 다가오고 있는 것이 바로 지금이다.

과거, 현재, 미래가 중첩되어 나타나는 작금의 현상은 전근대, 근대, 탈근대가 복합적인 양태로 동시에 등장하는 한국의 정치적 상황과 유사하다. 전근대 시기부터 사회저변에 존재했던 민족이 근대의 국가체제를 통과하면서 개인이라는 사상적 학습 없이 백성에서 국민으로 움직였던 한국의 경험은 탈근대, 포스트모던, 디지털 시대로 이어지면서도 여전히 민족을 벗어나지 못한 것인지도 모르지만, 실제로 미래로 가는 방향에서 현재로 소환된 민족이 그 민족과 같은 것인지에 대해 살펴볼 필요가 있다.[57] 실제로 한국사회에서 오랫동안 존재했던 민족은 근대의 역동적 사건들을 통해 표출되는 모든 담론과 이념을 흡수하면서 자체적으로 변화해 왔다는 점에서, 민족주의는 이념의 도가니탕melting pot of ideology이자 당대 사람들의 생각을 담아내는 그릇이라고 평가할 수도 있을 것이다.[58] 과거에 흔들리지 않는 뿌리를 두고 있으면서도, 미래로 향하고 있다는 점에서 한국의 민족주의가 가지는 복합적이고 변증법적 특성이 잘 드러난다. 한국민족주의의 궁극적 목표가 모든 사람이 다같이 평화롭게 살아가는 대동사회의 건설이라고 할 때, 이는 곧 열린 사회를 의미한다. 현재 우리에게 익숙한 언어의 의미로 보자면 민족주의를 통한 열린사회의 건설이 일견 모순적이거나 역설적으로 들릴 수도 있으나, 양자는 현실의

57 '나는 나다'라는 말에서 '앞의 나는 즉자적 나, 뒤의 나는 즉자대자적 나'라는 헤겔의 말을 빌지 않더라도, 앞의 민족과 뒤의 민족은 용어만 동일할 뿐, 모든 조건에서 동일하다고 할 수 없을지도 모른다.

58 '이념의 도가니탕'은 모든 것을 흡인하여 하나로 만들지단, 닫는 그릇은 있는 것의 고유성을 인정하면서 자연스럽게 다양한 요소를 포용한다. (박의경 2015: 213-214)

역사 속에서 개념의 이중 전환을 통해 미래로 나아갈 수 있다는 것이다.[59] 모든 것을 흡수해 하나로 만들어버리는 위험성의 상존과 함께 한국의 민족주의 내부에 배태된 포용적 변화의 가능성 속에서, 민족주의가 현실의 다문화주의를 민주주의라는 정치체제를 통해 담아낼 수 있는 가능성을 찾아 볼 수 있다. 시민을 중심으로 움직이는 민주주의가 민족과 집단의 갈등과 분란을 치료할 수 있는 면역체계를 형성하는 백신 역할을 하면서,[60] 다문화 현상과 함께 가는 민족주의가 다문화 민주주의로 이행될 수 있는 가능성을 열어주게 된다. 여기에 민주주의를 연결 고리로 하는 민족주의, 다문화주의의 삼각구도가 완성된 모습으로 드러나게 될 것이다.

6. 열린 미래로 가는 길

민주주의의 얼굴을 하고 나타나는 민족주의[61]와 민족주의에 내

---

59 박의경 2015b: 217.

60 Leone 1994: 257.

61 비롤리(Viroli)적 개념으로는 '공화주의적 애국주의'라고 할 수 있으며, 이에 대한 그의 설명은 다음과 같다 : "시민적 미덕의 재탄생을 돕는 최선의 방법은 우리가 받아들일 수 있고, 우리에게 접근 가능한 애국주의 개념을 그려내는 것이다. 공동의 자유에 대한 사랑으로서의 애국주의 개념은 도덕적으로 지속 가능한 것이고, 우리 시대에 행해지는 관행의 반영이기도 하다. 우리 사회에, 부정의에 희생당한 다른 시민을 보호하는 시민들이 존재한다; 부패와 범죄에 대항해서 움직이는 시민들; 모든 사람을 위한 정의를 불러일으키는 다른 족속의 시민들이 그들이다. 그들은 우리를 위해 가능한 미덕과 애국주의의 형상을 최선의 양태로 보여준다. 그것을 가능하게 하는 것은 그 정치적 성격이다. 더 많은 그들이 우리에게는 필요하고, 좋은 사상이 좋

재한 민주주의가 다문화주의에서 조우하고 있는 상황에서, 세계 평화와 정치경제적 안정을 위하여 21세기 시민과 국민, 그리고 민족에게 필요한 것은 양자 모두의 힘에 대한 인지와 동시에 그것들을 다룰 수 있는 기술이다. 경제적 필요에서부터 시작된 21세기 다문화 사회의 도래는 이제 사회문화 분야를 거쳐 정치적 영역으로 그 범주를 확대시키고 있다. 단일민족이라는 생각이 여전히 남아있는 대한민국 사회에서도 이미 시작된 이주민과 난민에 대한 정책과 그 수용 및 인정 여부에 대한 문제는 이제 그 시작에 불과하다. 물과 불은 상극이지만 인류가 양자를 효율적으로 다루게 되면서 탁월한 문화와 문명의 발전을 이룩해낸 것처럼, 민주주의와 민족주의의 균형과 조화는 현실로 도래한 다문화 사회의 갈등을 넘어 미래로 가는 동력이자 에너지원이라고 할 수 있을 것이다.

대한민국의 헌법은 그 전문에서 민족과 민주의 관계를 확실하게 설정하고 있다. 전문에는 "민족의 단결을 공고히 하고...., 자율과 조화를 바탕으로 자유민주적 기본질서를 확고히 하여"라는 내용을 통해, 우리에게 민족의 단결과 통합, 민주적 정치질서의 유지와 발전이 모두 포기할 수 없는 당면 과제로 부여되어 있다. 민주적 질서에는 다양함이 전제되어 있기에 각 개인의 자유, 평등의 고도화를 통해서 내부역량을 결속시키고, 민족주의로 통합된 국가는 외부를 향한 국가 역량을 극대화시켜야 한다는 것이

은 것을 만들어낼 수 있다; 우리의 애국주의 이해가 바뀌면, 우리는 민주주의가 필요로 하는 종류의 미덕을 강화 시킬 수 있고, 보다 중요한 것으로, 불가능하고 위험한 미덕을 찾으려고 정치적이고 지적인 에너지를 낭비하지 않을 수도 있다." (Viroli 1997: 186-187)

헌법에서 제시하고 있는 기본적 요구로 해석할 수 있을 것이다. 이렇게 볼 때, 민족주의와 민주주의를 양손에 들고 있으면서도 그 내면에 다문화 집단에 대한 인정의 가능성을 우리 헌법은 이미 열어두고 있음을 알 수 있다.[62]

이렇게 볼 때, 21세기 지구상에서 거의 모든 국가의 정치체제로 광범위하게 자리 잡은 민주주의라는 렌즈를 통해 국가와 민족의 한계 속에서 논의해왔던 개인과 공동체의 문제를 단일과 다양의 공존이라는 열린 시각으로 논의해야 하는 것은 단순히 필요해서가 아니라 헌법에 규정된 시민의 의무라 하겠다.[63] 따라서 다원성과 다양성이라는 거부할 수 없는 역사의 파도가 쓰나미처럼 밀려올 때, 우리가 취해야 할 태도가 무엇인지에 대한 사상적 고찰과 분석이 필요한 시점이 바로 지금이다.

대한민국의 현실에서 우리가 지켜내야 할 가치와 동시에 세계적으로 진행되고 있는 다문화사회로의 소용돌이에 우리는 이미 깊이 들어와 있다. 저항에 경도되었던 우리의 민족주의가 민주주의와 만나면서 그 배타성이 완화되었듯이, 이제 다문화주의를 통해 개인이나 집단의 정체성의 문제에 천착하게 되면서 포용력까지도 보여줄 수 있게 될 것이다. 현실은 과거로부터 쏘아 올려진 세상이자, 미래로 나아가기 위한 도약대이다. 과거를 잊은 자에게

62 박의경 2017: 96.

63 정화된 나라 사랑은 더 이상 격렬하지도 않고 야심, 이기심과 자만심으로 오염된 사랑도 아니다; 그것은 단순히 배타적이지도 않다. 변하는 것은 사랑의 강도가 아니라 사랑의 유형이다. 정화된 나라 사랑은 우리로 하여금 공동선에 우리의 최선을 다해 헌신하게 하고 동시에 '우리를 세계의 시민으로 간주하고 다른 나라의 권리에 대한 정당한 관심을 유지'하도록 하는 강력한 열정으로 남게 된다. (Viroli 1997: 98)

현실의 급격한 변화는 재앙이지만, 준비된 자에게 새로운 것들의 대두는 역사가 주는 기회이기도 하다. 역사의 기억을 통한 교훈은 매우 중요하지만, 우리가 지켜온 역사와 기억으로 과거와 현재만을 오가는 타임루프time loop에서 벗어나지 못하고 있다면, 역사를 굳이 기억해야 할 이유도 찾아볼 수 없다. 때로는 희극적으로, 또 때로는 비극적으로 되풀이되는 역사의 무한 반복 속에서는 미래로의 희망을 찾아볼 수 없으며 현재의 우리에게 주는 시사점도 찾아보기 어렵다. 과거 100년의 반추를 통해 현재를 성찰하고 미래 100년을 조망할 수 있는 비전이 제시되어야 한다. 즉, 헌법적 가치의 구현을 통해 자유와 나라를 사랑하면서, 조화, 균형, 평화의 순환과 지속이 가능한 열린 미래로 이 사회를 이끌어 가는 것이 대한민국의 현재를 살아가는 시민의 의무이다.

제13장 애국심과 민족 그리고 세계주의*

누군가 그에게 어디서 왔는지를 물었을 때, "나는 세계의 시민"
이라고 그는 답변하였다.

– 디오게네스 라에르티우스, <키닉학파 디오게네스의 생애> –

1. 세계주의의 가능성과 정치적 현실

라빈드라나스 타고르의 소설 『가정과 세계the Home and the

* 이 글은 <*For Love of Country: Debating the Limits of Patriotism*>(1996. Beacon Press)에 실린 마사 누스바움(Martha Nussbaum)의 기조 논문 "Patriotism and Cosmopolitanism"을 번역한 것으로 목차는 독자의 편의를 위하여 역자가 임의로 추가한 것이다.
이 글에서. 마사 누스바움은 킹 목사가 힘있게 강조한 도덕적 입장을 옹호한다.
마틴 루터 킹 목사는 1967년 4월 리버사이드 교회에서 행한 설교에서 "인종, 민족, 신앙의 소명을 넘어서" 있는 도덕적 요구가 있음을 역설하면서, "민족주의보다 깊고 넓은, 그리고 우리 민족만의 목표와 입장을 넘어서는 충절과 충성심에 우리자신이 연결되어 있다고 생각하는 우리 모두의 특권과 부담"에 대해 강조했다.
누스바움의 이러한 세계주의적 시각에 따르면, 우리는 우리 최고의 충절을 인류 공동체에 바쳐야 하는 것이고, 우리 현실에서의 제1의 원칙은 공동체 모든 구성원의 동등한 가치를 존중해야 하는 것이다. 세계주의는 매우 논쟁적인 이념이자, 집단적 연계관계와 민족의 전통에 근거한 감성과 유대의 이름으로 세계시민권이라는 이상에 저항하는 견해라는 반대에 직면한 도덕적 사고의 한 흐름이다. (위 책의 서문 by Joshua Cohen)

World』에서, 남편의 친구 산딥Sandip의 애국적 수사에 대료된 젊은 아내 비말라Bimala는 외국 상품 배척을 조직화한 스와데시Swadeshi 운동에 열정적으로 헌신하게 되었다. 이 운동의 슬로건은 반데 마타람Bande Mataram(우리나라 만세)이다. 비말라는 남편인 세계주의자 힌두교도 닉킬Nikhil이 운동에 대한 헌신에 있어 너무 냉정하다고 불평한다;

> 그러나 내 남편이 스와데시 운동 지지를 거부하거나 거기에 반대하는 것은 아니었다. 단지 그는 반데 마타람의 정신을 전적으로 받아들일 수 없었던 것이다.
>
> "나는 내 조국에 봉사할 준비가 되어 있다"고 그는 달했다; "그러나 내가 옳다고 믿는 것은 내 조국보다 훨씬 더 위대하다. 내 조국을 신으로 숭배하는 것은 거기에 위배되는 일이다."

미국인들은, 대체로 미국인이라는 사실에 도덕적 정치적으로 특별함을 부여하고, 특별히 미국인의 정체성에 자부심을 가지며, 또한 미국 시민권에 정치적 행위의 동기로서 특별한 힘을 부여하면서, 반데 마타람의 원칙을 지지해왔다. 타고르의 소설 속의 주인공 닉킬과 마찬가지로, 애국적 자부심에 대한 강조는 도덕적으로 위험하기도 하고, 애국주의가 설정해 놓은 가치 있는 목표 - 예를 들어, 정의와 평등이라는 도덕적 이상에 헌신하는 민족 공동체라는 목표 - 를 전복시킬 수도 있다고 나 또한 생각한다. 그러한 목표는 또한 현대사회에서 우리 현실에 보다 적절한 이상(즉, 매우 오래된 세계주의적 이상으로 여기서 개인은 범세계적 인류 공동체에 연결되어 있는 존재로 인식됨)으로 더 잘 제시될 것이라는

데 나 역시 동의한다.

이 문제에 대한 내 생각은 부분적으로 UN과 연계된 개발 경제 기구에서 국제적 삶의 질에 관한 일을 하게 된 경험에 기인하고 있다. 이는 또한 새롭게 조명받는 민족과 민족적 자부심 그리고 미국의 특성과 미국의 교육에 대한 최근의 논의에도 기인한다. 1994년 2월 13일 뉴욕타임즈New York Times의 사설에서, 철학자 리차드 로티Richard Rorty는 미국인들, 특히 미국의 좌파들에게 가치로서의 애국주의를 폄훼하지 말고 "민족적 자부심"과 "공유하는 민족적 정체성"에 초점을 맞추라고 촉구한다. 우리가 미국인이라는 정체성을 '경외'하지 않고, 그렇게 규정하지 못한다면 우리는 우리를 비판하는 것조차 제대로 하지 못할 것임을 로티는 역설한다. 로티는 애국주의와 민족적 정체성에 기반한 정치에 대한 우선적 대안이 바로 우리가 "차이의 정치" - 즉, 미국의 민족, 인종, 종교 등 기타 다른 하부집단으로 나뉘어 있는 내부적 분열에 기반한 정치 - 라고 부르는 바로 그것이라고 생각하는 듯 하다. 그러나 그는 어디에서도 정치적 감성과 관심을 위한 국제적 기반의 가능성에 대해서 논하고 있지는 않다.

이것은 그리 특별한 경우도 아니다. 로티의 사설은 최근에 미국인이라는 정체성을 논의하기 위해 "전국적 대화"를 주장한 셸던 핵니Sheldon Hackney의 글에 대한 답이자 그를 변호하는 글이다.[1] 여기에 처음부터 참여한 바 있는 필자가 보기에, 이 계획은 초기에 미국을 세계에 참여시키려는 의무와 공약의 중요한 연계

1 기획 회의에서 모든 참여자에게 배부된 핵니(Hackney)의 전국 출판인 협회(National Press Clup)연설문을 참조하라.

보다는 명백히 국가라는 경계에 갇혀있는 내부를 성찰해보자는 의도로 기획된 것이었다.[2] 로티의 글과 함께, 이 기획은 초기부터 민족, 인종, 종교적 차이에 근거한 정치와 공유된 민족적 정체성에 근거한 정치로 대비되게 되었다. 그러나 합리적이고 상호 의존적인 인간으로 우리가 공유하는 것이 단순히 의제는 아니었던 것이다.

그러나 때로 민족주의의 정치학이 차이의 정치학과 실제로 얼마나 다른지에 대해 우리는 잘 알지 못한다. 아마도 사티야짓 레이Satyajit Ray의 탐구적 영화로 더 잘 알려져 있는 <가정과 세계>는 합리적이고 원칙에 근거한 세계주의가 민족주의와 인종중심주의의 힘에 패퇴하는 비극적 이야기이다. 민족주의와 인종중심주의적 특수주의가 본질적으로 서로 다른 것이 아니고 유사한 것이라는 점을 알았을 때 타고르는 이미 민족주의 감정을 지원한다는 것은, 그것이 정의와 권리와 같은 실질적으로 보편적인 가치라는 화려한 우상을 대체해버릴 것이기 때문에, 궁극적으로 민족을 하나로 묶어주는 가치마저 전도시켜버릴 것임을 깊이 깨달았을 것이라고 필자는 믿는다. 나는 먼저 인도인이고, 다음에 세계의 시민이라고 말하는 사람이 있다 하자. 그리고 그 사람이 도덕적으로 관계없는 특성으로 도덕적으로 문제있는 자기규정의 행위를 실행에 옮겼을 때, 타고르 소설 속 주인공이 나는 우선 힌두인이고, 다음으로 인도인이라거나 우선은 카스트제도의 상층에 있는 지주이며 다음으로 힌두인이라고 말하는 것을 무엇으로 막을 수

2 이는 매우 중요한 내용이다. 국제 이슈에 대한 나의 단상은 궁극적으로 "미국적 다원주의와 정체성에 대한 전국 대화: 학자들의 생각"이라는 맥아더 재단의 기획에 대한 학자의 글의 하나였다.

있을까? 지주인 니킬의 세계주의적 입장 - 젊은 아내 비말라와 열정적 민족주의자 친구인 산딥의 눈에는 매우 얼빠진 소리같이 느껴지는 시각이지만 - 만이 이러한 간극을 넘어설 수 있는 희망을 보여준다. 그 이유는 이렇다. 니킬이 보여주는 태도만이 우리로 하여금 도덕적으로 선한 것에 우리의 충성을 바칠 것을 요구하기 때문이다. 그리고 선하기 때문에 모든 인류에게도 그러한 충성을 요구할 수 있기 때문이기도 하다.

정치와 교육에서 민족주의의 주창자들은 세계주의를 그리 반갑게 대하지 않는다. 그들의 주장을 예시하면 다음과 같다. 국가가 일반적으로 공통의 민족적 가치에 근거하여 교육과 정치적 계획을 구상해야 함에도 불구하고, 기본적 인권에 대한 고려는 모든 국가의 교육제도에 포함되어야 하고, 이러한 인권의식은 많은 다른 나라들을 하나로 묶어주게 된다.[3] 이는 현실의 상황에 대한 공정한 논평으로 보인다. 그리고 인권에 대한 강조는 국가가 정의와 상호 존중 이라는 주제 하에 언제나 상호작용하는 현 세상에서 확실히 필요한 것으로 보인다.

그러나 그것으로 충분한가? 이 곳 미국에서 성장하는 학생으로서, 그들이 우선적으로 미국의 시민이고, 또한 그들이 인도, 볼리비아, 나이지리아, 노르웨이 시민들의 기본적 인권도 존중해야 한다는 것을 배우는 것만으로 충분한 것인가? 아니면 자신의 국가

3 이 논의에 대한 최근 사례는 1994년 3월 브라운 대학에서 개최된 "평등과 그 비판(Equality and Its Critics)"라는 제하의 학술회의에서 발표된 에이미 것맨(Amy Gutmann)의 "다문화주의와 민주적 교육(Multiculturalism and Democratic Citizenship)"을 들 수 있다. 필자의 글은 것맨의 글에 대한 논평에 처음 실려 있다. 것맨의 답변을 보기 위해서는 이 책 66-69쪽에 실린 것맨의 답변 "민주적시민권 (Democratic Citizenship)"을 보라.

에 대한 역사와 현재 상황을 숙지하는데 더하여, 그들이 살고 있는 다른 세계, 인도, 볼리비아, 나이지리아, 노르웨이와 그 역사, 문제 그리고 비교의 결과 등에 관해 그들이 일반적으로 하는 것 이상을 배워야 한다는 말인가? 그들이 배워야 하는 것은 인도 시민이 기본적으로 동등한 인권을 가지고 있다는 것 뿐일까? 인도에서 일어나고 있는 기아와 오염의 문제 또는 전 지구적 기아의 문제와 생태적 이슈라는 보다 큰 문제에 대한 그 의미를 알아야 하는 것일까? 보다 중요한 것은 다음과 같은 질문들이다. 그들이 미국의 시민이라는 것을 우선 배워야 하는 것일까? 아니면 세계의 시민이라는 것을 먼저 배워야 하는 것일까? 그들이 미국이라는 곳에 우연히 태어났지만, 다른 나라의 모든 시민들과 이 세계를 공유해야 한다는 것을 배워야 하는 것일까? 여기서 필자는 두 가지 교육 개념에 대해 '세계주의적 교육cosmopolitan education'의 네 가지 논점을 제시하고자 한다. 이를 위해서 필자는 우선 역사적 배경부터 다루기로 하고, 세계주의를 그 기원부터 추적하고 그 과정에서 전통적으로 세계주의를 지지해 왔던 탁월한 논거를 찾아볼 것이다.

2. 민주시민에서 세계시민으로

키닉학파 디오게네스가 '나는 세계의 시민'이라고 말했을 때, 그는 당시 그리스 남성들에게 매우 중요한 가치였던 자신의 출신 지역과 집단으로 자신이 규정되는 것을 명백히 거부했다. 대신에 그는 보다 보편적 열정과 관심으로 자신을 규정했다. 그의 길을 따랐던 스토아 학자들은 나아가 우리 모두가 사실상 두 종류의 공동체 - 출생 당시 소속된 지역과 "진정으로 위대하고 진실로 공통적인" 인류 모두의 공동체 - 에서 살아가고 있음을 의미하는 세계시민kosmou polites의 이미지를 발전시켰다. 여기서 우리는 이런 장소도 저런 곳도 확인할 수 없지만, 국가의 경계를 태양이 뜨고 지는 곳으로 규정하게 된다. (세네카, De Otio) 근본적으로 우리의 도덕적 의무의 원천이 되는 것이 바로 이러한 공동체인 것이다. 정의와 같은 가장 기본적인 도덕적 가치와 관련하여, "우리는 모든 인간을 우리의 동료 시민이자 이웃으로 간주해야 한다." (플루타르크, On the Fortunes of Alexander) 우리는 실제로 현실속 사람들의 문제와는 대체로 다른 민족적 동질성으로부터 발생하는 문제가 아닌 개별적이고 구체적 상황에 처한 사람들의 인간적 문제를 최우선적으로 고려해야 한다. 디오게네스는 '세계시민으로 생각하라'는 것이 어떤 의미에서는 애국심의 안락함과 평이한 감성으로부터 떠나 사는 것이며, 정의와 좋음의 관점에서 우리의 삶의 방식을 보아야 한다는 것이라는 점을 알고 있었다. 인간의 출생이라는 사건은 그저 우연이다. 어떤 인간도 어떤 나라에 태어났어야만 하는 경우는 없다. 이점을 인식하고 그의 계승자인 스토아 사상가들은 우리는 우리와 다른 동료 인간 사이에 장벽을 세우는 민족이나 계급, 인종이나 성으로 인한 차별을 허용해서는 안된다는 생각을 견지했다. 우리는 그 모든 곳에서 인본성을 인정해야 하며, 그 근본 요소인 이성과 도덕적 능력에 우리의 충성과 존경을 보내야 한다.

그렇다고 스토아학파가 지역과 민족적 형태의 정치 조직의 폐지와 세계 국가의 형성을 제안한 것은 분명히 아니다. 그들의 생각은 보다 더 극단적이다. 즉, 우리는 현실의 정치조직인 정부나 지상의 권력이 아니라 모든 인류의 인본성으로 형성된 도덕적 공동체에 충성을 바쳐야 한다는 것이다. 세계시민 사상은 이렇게 칸트의 "목적의 왕국" 사상의 근본이자 기원이 되면서, 동시에 도덕적인 정치 행위를 규제하고 지속시키는 역할을 하게 된다. 사람들은 언제나 모든 개별 인간의 이성과 도덕적 선택의 존엄성을 동등하게 존중하도록 행동해야 한다. 세계주의 사상을 가진 주인이 보편적인 도덕적 규칙에 호소하면서 민족주의와 분파주의의 조류에 대항하려 투쟁할 때, 타고르의 소설에 드러나는 개념이 바로 이것이다. 니킬이라는 주인공이 하는 많은 달이 타고르의 세계주의적 정치사상에서 나온 것임을 알 수 있다.

좋은 시민 교육이란 세계시민 교육이라고 생각하는 스토아학파는 그 근거로 다음 세 가지를 제시한다. 첫째, 전 세계에서 실현되는 인본성 연구는 매우 가치 있는 지식이다. 우리가 다른 이성적인 사람들의 방식과 관련하여 우리의 방식을 알게 될때, 우리는 우리를 보다 확실하게 알 수 있다.

둘째, 타고르와 마찬가지로, 그들은 이렇게 해야 우리가 직면하는 문제를 잘 풀어나갈 수 있다고 믿는다. 한 집단의 정치적 삶에서 분파와 지역으로 분열된 충성심이 주는 충격보다 더 크고 깊은 것은 없다고 스토아학파는 생각한다. 광장의 한 집단에서든, 한 나라에서든, 정치적 신중함은 분열된 충성으로 파괴된다는 것이 그들의 주장이다. 정의와 이성의 세계 공동체에 우리의 본질적 충성을 보낼 수 있어야, 이러한 위험을 우리가 피할 수 있는 것이다.

마지막으로, 세계시민kosmou polites은 본질적으로 가치 있다고 그들은 역설한다. 세계시민는 특별히 근본적이고, 존중하고 인정할 가치가 충분한 것이 사람들에게 있음을 인정하기 때문이다. 정의와 좋음에 대한 그들의 열망과 이러한 관계 속에서 추론해낼 수 있는 그들의 능력이 바로 그것이다. 이러한 특징은 지역 또는 민족적 전통과 정체성 보다 그리 화려해보이지는 않을 수도 있지만 – 타고르의 소설에서 젊은 아내는 후일 그 무의미함과 천박함을 알게 되지만 민족주의 웅변가 산딥을 추앙하면서 이러한 생각을 일축하는 데서 잘 드러난다 – 타고르의 주장에 따르면 이는 보다 영속적이고 매우 깊은 사고이다.

세계시민이 되기 위하여 풍요한 삶의 원천이 되는 지역적 정체성을 포기할 필요는 없다는 것을 스토아학파는 강조한다. 우리를 둘러싼 지역적 연계가 없어지는 것이 아니라 여러 개의 동심원적 구조로 둘러싸이게 되는 것이라고 그들은 설명한다. 첫 번째 원은 자신을 담고, 다음은 직계 가족, 그리고 확대 가족, 더 나아가서는 순차적으로 이웃, 지역 집단, 동료 시민들, 같은 민족 등으로 이어진다. 이렇게 우리는 인종, 언어, 역사, 직업, 성적 정체성에 근거한 집단을 지속적으로 포괄해 나갈 수 있는 것이다. 가장 바깥에 있는 가장 큰 원은 바로 인본성이다. 세계시민으로서 우리의 의무는 모든 인류를 우리의 동료 시민들과 마찬가지로 만드는 것과 같은 "중심을 향해 원을 그려내는 작업"(스토아 철학자 히에로클레스Hierocles, 기원후 1-2세기) 이다. 우리는 인종이나 성에 기반을 두고 있든, 종교적이든 우리의 특수한 애착심과 정체성을 포기할 필요는 없다. 우리는 그들을 무시할 필요도 없으며, 우리의 정체성이 그들로 인해 불완전해졌다고 생각할 필요도 없다. 교육에서 그들을 특별히 배려해주기만 하면 된다. 그러나 우리는 또한 모든 인간이 대화와 배려의 공동체의 일부가 되도록 하고, 우리의 정치 담론이 서로 연결되어 있는 일반 사람들에 기반을 두도록 하고, 우리의 인본성을 규정하는 방식에 특별히 주의하고 존중할 수 있도록 해야 한다.

교육과 관련해서 말하자면, 예를 들어 미국의 학성들은 자신들이 일상에게 향유하는 가족, 종교, 인종적 공동체와 국가에 대한 사랑을 그대로 보유할 수 있다. 다만 그들은 언제 어디서나 매우 낯선 속성들을 보아도 꺾이지 않고 인본성을 인정할 수 있어야 하며, 모든 낯선 상황 속에서도 인본성을 이해하려 해야만 한다. 그들은 공동 목표, 열정, 가치를 인정하기 위해 다른 점을 충분히 이해하고, 그들이 많은 문화와 그들의 역사 속에서 얼마나 다양하게 살아왔는지를 알기 위해서 이러한 공동 목표에 대해서도 충분히 배워야 한다. 스토아 사상가들은 다른 것에 대한 확실한 인식이 교육의 본질적 과제이며, 이는 또한 그 다른 것의 많은 부분에 대한 학습이 요구된다고 주장한다. 마르쿠스 아우렐리우스 Marcus Aurelius는 세계주의 교육의 근본이라고 할 수 있는 다음과 같은 말을 자신에게 남긴다; "다른 사람의 말에 부주의하지 않도록 자신을 단속하고, 가능한 한 그 사람의 마음 속으로 들어가라."(VI. 53) 그는 이렇게 추가한다: "일반적으로 사람은 다른 사람의 행동을 이해하고 판단하기 전에 많은 것을 먼저 배워야 한다."

이러한 세계적 사고의 과정에서 가장 선호되는 훈련방식은 전 인류 세계를 하나의 몸으로, 그 구성원들은 모두 그 지체로 인식하는 것이다. 그리스어에서 '사지'melos라는 단어를 '부분'meros이라는 단어로 변화시키는데 한 글자만 바꾸면 된다는 사실로부터, 마르쿠스는 다음과 같이 말한다. "단어를 바꾸면서, 당신이 사지라는 말보다 부분이라는 말을 사용하기만 한다면, 당신이 동포를 진정으로 사랑하지 않거나 선을 행하면서 완전한 기쁨을 누리지 못해도, 좋아서 하는 일이 아니라 의무로 하게 될 것이다."(VII, 13) 황제로서 파르티아와 사르마티아와 같은 먼 곳의 문화를 이해해야 하는 일상의 의무와 관련하여 자신에게 주는 충고를 그는 중요하다고 생각하였다.

3. 세계시민과 교육

교육이 이러한 세계주의적 스토아학파의 사고방식을 받아들여야 한다고 나는 생각한다. 물론 사람과 기본적인 개인의 자유를 분리하는 것의 중요성을 부정하게 되는 것과 같은 기계적 방식은 문제가 있다고 생각된다. 스토아 사상가들이 이러한 가치와 그들의 정치적 특징에 언제나 충분히 주의를 기울였던 것은 아니다. 그러한 의미에서, 그들의 사상이 언제나 민주적 심의와 교육 제도의 훌륭한 근거가 되는 것은 아니다. 그러나 모든 인간과 공동체의 상호의존성을 상기시키는 것을 그 사상이 우선적으로 의도했다는 것이 근본적으로 중요하다. 그러한 사상이 어떻게 다양한 수준의 교육과정에서 현실화되게 되었는지에 대해서는 많은 논의가 존재한다. 그러나 그러한 구체적 과제 대신에, 나는 현재에 초점을 맞추어, 시민 교육을 위해 민주시민 또는 국가의 시민 보다는 세계시민을 형성하는데 필요한 네 가지 논거를 제시하고자 한다.

1) 세계주의적 교육을 통해서, 우리는 우리자신에 대해 보다 많은 것을 배운다.

정치에 있어서의 합리적 담론에 대한 가장 큰 제약중 하나는 자신이 선호하는 것과 좋아하는 방법이 중립적이고 자연스러운 것이라는 검증되지 않는 감정이다. 국가 경계를 도덕적으로 확실한 것으로 인정하는 교육이, 우연에 의한 역사적 사건에 도덕적 압박과 영광을 가미하는 잘못된 분위기에 편승하기도 하면서, 때로 이러한 비합리성을 강화시키기도 한다. 다른 이들의 눈을 통해서 자신을 들여다 보면서, 우리는 실제로 지역적이고 비본질적인 것이 보다 넓고 깊게 공유되고 있는 사실을 알게 된다. 우리의 나라는 대체로 나머지 세계에 대해 무지하다. 이는 또한 그 자신에 대해 전적으로 무지하다는 사실을 의미하는 것이라고 나는 생각한다.

이에 대한 예를 한번 들어보자. 우리가 아동 양육과 가족의 구조에 대한 우리의 역사와 선택을 이해하기 원한다면, 우리는 어떤 형태로 가족이 존재하는지, 어떤 방식으로 아동이 실제로 돌봄을 받고 있는지를 알기 위해 세계를 수없이 조사하게 될 것이다. (여기에는 우리 뿐만 아니라 다른 지역에서의 가족사 연구도 포함될 것이다.) 예를 들어 그러한 연구가 우리에게 알려주는 것은 어머니는 가사일을 하는 주부, 아버지는 생계유지를 위해 먹을 것을 구해오는 자라고 하는 부모가 존재하는 핵가족이 오늘날의 세계에서 보편적인 자식 양육 방식을 의미한다는 점이다. 그런데 확대된 대가족, 집단 가족, 마을, 여성들의 결사조직 등 세계 다양한 지역에 존재하는 다른 형태의 집단에서도 아동 양육은 중요한 책임이다. 이를 보면서, 우리는 의문을 가지게 된다. 예를 들어, 아동 양육에 조부모와 다른 친척들이 관련되어 있는 가족에서 상대적으로 고립되어 있는 서구식 핵가족의 경우와 비교하여 얼마나 많은 아동이 학대받고 있는지, 또는 다른 아동 양육 구조가 여성들의 일을 얼마나 지원하고 있는지[4] 등과 같은 의문들이다. 우리가 이러한 교육 설계를 수행하지 않는다면, 현재 우리에게 익숙한 선택지만이 존재하는 유일한 것이거나, 모든 인간에게 '정상적'이고 '자연스러운' 것으로 간주될 위험성이 존재한다. 성과 성별, 일과 분업, 재산소유 제도 또는 아동과 노인 돌봄에 관한 개념들에도 마찬가지 상황이 발생할 것이다.

2) 우리는 국제 협력을 필요로 하는 문제를 해결하면서 전진할 수 있다.

공기는 국가의 경계를 따르지 않는다. 마음에 들거나 말거나, 국가의 운명이 기본적 생필품이나 생존 그 자체와 관련하여 밀접하게 연관되어 있는 세계에 우리가 살고 있다는 인식의 시작이 바로 이 단순한 사실이다. 높은 생활수준을 달성하고자 하는 제3세계 국가의 환경오염은 대체로 공기 오염으로 종결된다. 우리가 궁극적으로 인정하게 될 설명이 어떤 것이라 해도, 생태 또는 식량공급과 오염에 관한 지적인 협의는 지구적 계획, 지구적 이해와 공유해야 할 미래에 대한 인식을 요구한다.

---

4 여성과 일에 관련된 질문에 대해서는 다음 책에 있는 글을 참조하라. Martha C. Nussbaum and Jonathan Glover, eds. *Women, Culture and Devemopment* (Oxford: Clarendon Press, 1995)

이러한 지구적 담론을 이행하기 위해서, 우리는 이미 우리의 교육과정에 많은 변화를 가져왔던 다른 나라의 지리와 생태에 관한 지식 뿐만 아니라 거기서 살아가는 사람들에 대한 지식도 필요로 한다. 그리하여 그들과 대화하는데 있어, 우리는 그들의 전통과 방식을 존중할 수 있게 되는 것이다. 세계주의 교육은 이러한 종류의 담론에 필요한 배경을 제공할 것이다.

3) 우리는 실존하지만 그렇지 않으면 무시될 수 있는 다른 세계에 대한 도덕적 의무를 인식한다.

환경오염 관리에 드는 현재의 비용과 개발도상국의 현재 경제적 상황이 주어진 상황에서, 우리가 향유하는 높은 생활수준이 환경의 재앙 없이 모두에게 공유될 수 있을 것 같지 않은 사실에 미국인들은 무엇을 해야 하는가? 우리가 칸트적 도덕성을 진지하게 받아들여 실행해야 한다면, 우리는 우리의 아이들에게 이 현실의 문제를 적시해서 교육해야 한다. 그렇지 않으면 우리는 입으로는 보편성을 논하면서 뒤로는 자기 잇속만 챙기는 좁은 세계관을 가진, 도덕적으로 위선적인 국민을 만들게 되는 것이다.

이는 보편주의를 전제로 하는 것처럼 보인다. 그러나 여기서 미국인들이 자부심을 가지는 가치는 인간의 존엄성에 대한 존중과 모든 개인의 행복추구권 등과 같은 스토아적 가치라는 점에 유의할 필요가 있다. 모든 인간이 평등하게 창조되고 양도할 수 없는 권리를 가지고 있다는 것을 믿는다면, 그러한 개념은 우리가 다른 모든 세계와 함께 나아가야 한다는 도덕적 요청을 인지해야 하는 것이다.

그렇다고 해서, 사람들이 자신만의 영역에 특별한 관심을 허용하지 않을 것임을 의미하지는 않는다. 아동 돌봄과 마찬가지로, 정치도 각자가 즉각적인 상황에 특별한 주의와 돌봄을 제공하는 대신 모든 것에 모두 같은 책임을 지고 있다고 생각한다면 제대로 되지 않을 가능성이 높다. 자신만의 영역에 특별한 관심을 기울인다는 것은 보편적으로 인정되는 일이며, 바로 이것이 가장 강력한 정당화의 요인이라고 나는 생각한다. 한 가지 예를 들자면, 자녀를 가진 대부분의 부모가 다른 아이들보다 자신의 아이를 훨씬 더 많이 사랑한다고 할지라도, 우리의 아이가 다른 사람의 아이 보다 도덕적으로 더 중요하다고 생각하지는 않는다. 대체로 이런 식으로 진행되는 것이 아이들에게 좋은 일이고, 우리의 특별한 돌봄이 이기적인 것보다 좋은 이유이기도 하다. 교육은 어떤 특정한 국가에서 해당 국가의 역사와 정치에 보다 많은 시간을 배정하는 것과 같은 그러한 특별한 관심을 드러내고 반영해야 한다. 그러나 우리가 우리의 사고를 우리만의 영역에 한정해서는 안되며, 정치적, 경제적 문제의 선택에 있어 우리가 생명, 자유, 행복추구를 위한 다른 인간의 권리를 진지하게 고려해야 하고, 우리가 그러한 권리에 대해서 보다 잘 생각할 수 있게하는 지식을 습득할 수 있도록 해야 한다는 것이 나의 논점이다.

4) 우리는 우리가 방어하려는 차이에 근거한 지속적이고 일관성 있는 논의를 해야 한다.

리차드 로티Richard Rorty와 셸던 해크니Sheldon Hackney가 역설적으로 주장하는 공유 가치에서, 우리를 매우 불편하게 하는 논점이 발견된다. 그들이 모든 시민을 하나로 묶어주는 어떤 가치에 대한 민주적 심의의 중요성을 강조할 때, 그들은 매우 효과적으로 논의를 진행한다. 그러나 우리로 하여금 인종, 계급, 성, 종족을 넘어서 손을 잡도록 하는 이러한 가치가 국가의 경계에 다가서게 되면서 힘을 잃게 되는 것을 왜일까? 국가의 경계와 같이 도덕적으로 자의적인 경계가 우리의 생각에 깊고 구성적인 역할을 한다는데 동의하게 되면, 우리는 사실상 국가 경계를 넘어서 서로 손을 잡아야 한다고 시민들을 설득하는 어떤 원칙적인 방법을 배제하게 되어 버린다.

한 가지 예로 들어보자. 동일한 집단이 외부와 내부에 동시적으로 존재한다. 우리가 중국에서 온 사람들을 그들이 중국이라는 다른 특정한 장소에 살 때와 달리 미국이라는 특정한 장소에 살게 된 순간 동료로 생각해야 하는 이유는 무엇인가? 사람들에게 무관심한 사람을 상호 존중 의무를 가지는 사람으로 마법과 같이 바꾸어 놓은 국가의 경계는 과연 무엇인가? 한마디로, 우리는 보다 넓은 세계적 차원의 상호 존중에 초점을 맞추는 교육에 실패하게 되면서 국가 내의 다문화적 존중의 의지도 꺾어버렸다는 것이 나의 생각이다. 리차드 로티의 애국주의는 모든 미국인들을 하나로 묶어주는 방법일 수도 있다. 그러나 그 애국주의는 맹목적 애국주의인 징고이즘jingoism에 불과하며, 로티의 주장에서 이와같은 명백한 위협에 대처할 어떤 방법도 보이지 않아 매우 유감이다.

게다가, 내가 이해하기로 로티와 해크니 양자에게서 드러나는 공유된 국가적 가치를 방어하기 위해서는 명백하게 국가의 경계를 넘어서는 인간의 기본 특징에 호소하게 되어 있다. 따라서 그 경계를 넘어설 수 있도록 아이들의 마음과 상상력을 교육시키지 않게 된다면, 우리가 말하는 것을 실제로 하고 싶어 하지 않는다는 메시지를 우리의 아이들에게 주게 되는 셈이다. 존중이란 보편적 인본성에 상응하는 것이어야 하지만, 실제로는 미국인이 특별한 존중을 받을 가치가 있다는 점을 의미하게 되고 만다. 그리고 그것은 미국인들이 아주 오랫동안 이미 해왔던 이야기에 다름 아니라고 나는 생각한다.

4. 세계시민의 가능성

세계시민이 된다는 것은 때로 매우 고독한 작업이다. 디오게네스의 말대로, 이는 지역적 진실의 안락함, 따뜻하고 유아적인 애국주의적 감정, 자신과 자신의 것에 대한 자부심이라는 열정적 사건으로부터 떨어져나가는 일종의 망명생활이기도 하다. 마르쿠스 아우렐리우스 (이에 대한 미국의 추종자로는 에머슨과 소로우가 있다)의 글 속에서, 독자는, 마치 습관적인 일상의 소품과 지역적 경계의 부재가 삶에서 안락함과 안전을 소멸시켜버린 것처럼, 때로 무한한 고독을 느낄 수 있다. 인간이 자신의 부모를 사랑하고 의지하는 아이로서 삶을 시작하게 된다면, 이상화된 국가의 이미지 안에서 자신을 위해 생각까지 대신해주는 대리부모를 찾게 되는 동일한 경로를 따라 시민권을 재구성하려는 시도는 당연하다. 세계주의는 그러한 도피처를 제공하지 않으며, 소속감을 주는 다른 것들부터 그리 화려하지 않아 보이는 이성과 인본성에 기반한 사랑만을 제공한다.

타고르의 소설에서, 세계시민권에 대한 호소는 실패한다. 세계주의가 상상하기에는 너무나 어려운 것인 반면에, 애국주의가 화려함과 결집력과 열정으로 가득차 있어 실패한 것이다. 그러나 그 실패의 과정 속에서, 타고르는 또한 그 성공을 보게 된다. 소설은 세계시민의 교육에 대한 내용으로, 너무 늦지만 니킬의 도덕성이 산딥의 공허한 이슈 장사보다 훨씬 우월함을 이해하고, 산딥에게서 열정같이 보였던 것은 자기중심적 자기 흥분이었고, 닉킬에게서 열정이 부족한 듯이 보였던 것은 자신을 하나의 인간으로 진정으로 사랑하는 감정이었던 것임을 알게 된 과부 비말라가 전체적 비극을 들려준다. 캘커타에서 수 시간 떨어진, 타고르가 세계주의적 대학 비슈밥하라티Vishbabharati('전세계'를 의미)를 세웠던 산티니케탄Santiniketan에 가본다면, 이 비극을 다시한번 보게 될 것이다. 전세계 대학은 인도 내에서 어떤 역할도 하지 못하고 있고 산티니케탄의 세계주의적 공동체라는 이상은 인종중심적 배타주의와 힌두 근본주의자이자 민족주의적 군사력의 장악하에 들어가고 있기 때문이다. 그러나 또한 세속적이고 관대한 인도 국가의 존재라는 위협 하에 타고르의 이상이 무너져가는 현장에서, 우리는 다시금 그 가치를 확인하게 된다. 신과 같은 국가에 대한 경배는 그에 대한 저주와 동행한다. 힌두 민족주의에 대항하는 최근의 선거 결과는, 타고르가 시도했던 것의 비극적 종말을 뒤집는, 이러한 가치의 인정이 매우 광범위하게 퍼져 있으며 유효하다는 낙관론의 근거가 되기도 한다.

타고르의 이상이 세계 민주주의 국가의 학교와 대학에서, 공공정책의 수립에서 성공적으로 실현될 수 있음을 나는 사실상 낙관하고 있기에, 긍정적 결말을 맺게 될 세계주의의 이야기로 마무리하고자 한다. 키닉학파인 세계주의 철학자 크라테스Crates와 히파르키아Hipparchia(고대 가장 저명한 여성 철학자 중 하나)의 연애와 결혼에 관한 디오게네스의 말에 따르면, 지위와 국적이라는 상징을 버리는 것이 때로는 사랑에 성공하는 방법일 수 있다는 것이다. 히파르키아는 매우 좋은 집안 출신으로 대부분의 그리스 가족이 그렇듯 사회적 지위와 혈통 있는 집안의 사람과 정혼한 상황이었다는 것이 그 배경이 된다. 그리스 사람들은 세계시민이라는 이상한 생각을 하고 계급과 영역을 무시하는 세계주의 철학자 크라테스에게 분노한다.

> [히파르키아]는 크라테스의 주장과 삶의 방식을 사랑했고, 부유하거나 귀족이거나, 미남과 같은 모든 구혼자들에게 관심을 기울이지 않았다. 그러나 크라테스는 그녀에게는 모든 것이었다. 게다가 그녀는 그와 결혼하지 못하게 된다면, 자살하고 말겠다고 그녀의 부모에게 말했다. 그래서 그녀의 부모는 크라테스를 불러 자신의 딸을 놓아달라고 요청하였다. 그는 실제로 할 수 있는 일을 다했지만, 그녀를 설득하지 못했다. 그래서 그는 일어나 그녀 앞에서 옷을 벗어던지면서 이렇게 말했다. '여기에 당신의 신랑이 있다. 이게 내가 가진 전부다. 따라서 결정을 해라. 내 삶의 방식을 따르지 않는다면 당신은 나의 배필이 될 수 없다. 여성은 그를 선택했다. 같은 옷을 걸치고 같은 방식으로 살아가면서, 그녀는 남편과 함께 세상을 돌아다녔다. 그들은 공공장소에서 성행위를 하기도 하고, 저녁 식사 자리에서 함께 사라지기도 했다. 그리고 한번은 그녀가 리시마쿠스Lysimachus의 집 만찬에 갔을 때 무신론자 테오도루스Theodorus와 소피스트 담론에 대해 다음과 같이 논박했다.

> "테오도루스가 무슨 일을 한 것을 나쁘다고 판단할 수 없다면, 히파르키아가 어떤 일을 한 것도 나쁘다고 할 수 없다. 그러나 테오도루스가 자신을 때린다면 잘못된 것이 아니다. 그래서 히파르키아가 테오도루스를 때려도 잘못된 것은 아니다." 테오도루스가 그녀의 논박에 답할 수 없게 되자, 그는 그녀의 겉옷을 찢어버렸다. 그러나 히파르키아는 여느 여성들처럼 흥분하거나 괴로워하지 않았다. (DL. 6.96-8)[5]

나는 크라테스와 히파르키아의 사례를 나의 가설적인 세계주의 학교 (또는 그들의 논리 선생인 무신론자 테오도루스)에서 이상적 결혼의 형태로 추천하지는 않는다.[6] 그러나 여기서 드러나는 것은 바로 이것이다: 국가보다 권리를 민족적 소속감 보다 보편적 이성을 우선하는 세계주의자의 삶이 지루하거나 단조롭거나 사랑이 부족한 것은 아니라는 점이다.

---

5 해당부분에 대한 미출간 번역을 인용할 수 있도록 허락해준 Brad Inwood에게 감사한다.

6 그녀가 그를 무안하게 하고 불합리한 추론을 진지하게 하지 않았기 때문에, 나는 히파르키아를 비판하지는 않는다.

참고문헌

제1장 애국주의에서 민족주의로

비롤리 지음. 박의경 옮김. 『나라사랑을 말하다』 (2020. 전남대학교출판문화원)

Anderson, Benedict. 1991. *Imagined Communities: Reflections on the Origin and Spread of Nationalism*. London.

Colley, L. 1994. *Britons, Forging the Nation* 1707-1837. London,

Constant, Benjamin. 1988. "Of the Liberty of the Ancients compared with that of the Moderns," in *Political Writings*, ed. Biancamaria Fontana. Cambridge.

Cunnuingham, Hugh. 1981. "The Language of Patriotism, 1750-1915," History Workshop, 12.

Dietz, M.G. 1989. "Patriotism," T. Ball et. al. (eds.) *Political Innovation and Conceptual Change*. Cambridge.

Hayes, C.J.H. 1926. *Essays on Nationalism*. New York.

Herder, Johann Gottfried. 1883. *Kleine Schriften 1791-1796* in *Sämmtliche Werke*, ed B. Suphan (Berlin, 1883).

Hobsbawm, Eric. 1992. *Nations and Nationalism since 1870*. Cambridge: Cambridge University Press.

Kohn, H. 1944. *The Idea of Nationalism*. New York.

________. 1949. "Arndt and the Character of German Nationalism," *American Historical Review*, 54.

Greenfeld, L. 1992. *Nationalism: Five Roads to Modernity*. Harvard, Mass.

Lucas, J. 1994. "Nationalism and Patriotism," *Freedom Review*, 25.

McIntyre, Alasdair. 1984. "Is Patriotism a Virtue?," Lindley Lecture, University of Kansas, 26 Mar.

Orwell, George. 1968. "Notes on Nationalism," in *The Collected Essays, Journalism and Letters of George Orwell*. New York.

Rorty, R. 1994. "The Unpatriotic Left," *New York Times*, 13 Feb.

Sandel, M. 1984. "Morality and the Liberal Idea," *New Republic*, 7 May.

_________. 1985. "The State and the Soul," *New Republic*, 10 June.

Schaar, John. 1981. *Legitimacy in the Modern State*. New Brunswick, NJ.

Shafer, B.C. 1938. "Bourgeois Nationalism in the Pamphlets on the Eve of the French Revolution," *Journal of Modern History*, 10.

Snyder, Louis. 1952. *German Nationalism: The Tragedy of a People*. Harrisburg, III.

Todorov, T. 1993. *On Human Diversity*. Harvard, Mass.

Walzer, Michael. 1980. "Civility and Civic Virtue in Contemporary America," in *Radical Principles*. (New York).

______________. 1970. *Obligations: Essays on Disobedience, War and Citizenship*. Harvard, Mass.

제2장 민족과 휴머니티 공동체

Barnard, F.M. ed. 1969. *Herder on Social and Political Culture*. Cambridge: University Press.

________________. 1965. *Herder's Social and Political Thought*. Oxford: Clarendon Press.

Beck, Lewis White. 1988. *Kant: Selections*. N.Y: Macmillan Publishing Co.

Beiser, Frederick C. 1992. *Enlightenment, Revolution and Romanticism*. Cambridge: Harvard University Press.

Cassirer, Ernst. 1946. *The Myth of the State*. New Haven: Yale University Press.

Clark, Robert Thomas. 1969. *Herder: His Life and Thought*. Berkeley: University of California Press.

Herder, Johann Gottfried. trans. by T. Churchill. 1800. *Outlines of a Philosophy of the History of Man*. N.Y: Bergman Publishers.

Gillies, A. 1945. *Herder*. Oxford: Basil Blackwell.

Koepke, Wulf. 1982. *Johann Gottfried Herder: Innovator Through the Ages*. Bonn: Boubier.

Krieger, Leonard. 1972. *The German Idea of Freedom*. Chicago: at the University Press.

Schütze, Martin. 1920. "The Fundamental Ideas in Herder's Thought, I & II," *Modern Philology*, vol. XVIII, no.2 & 6.

제3장 민족주의와 정치적 현실

Barnard, F. ed. 1969. *Herder on Social and Political Culture*. Cambridge: University Press.

______________. 1965. *Herder's Social and Political Thought*. Oxford: Clarendon Press.

______________. 1984. "Patriotism and Citizenship in Rousseau: a Dual Theory of Public Willing?," *The Review of Politics*. vol.46, no.2.

Bibliothéque de la Pléiade. 1964-1969. *Oeuvres Complete de Jean Jacques Rousseau*. 4 vols. Paris: Gallimard

Clark, Robert Thomas. 1969. *Herder: His Life and Thought*. Berkeley : University of California Press.

Clark, Robert Thomas. 1942. "Herder's Conception of 'Kraft'," *PMLAm* vol. 57.

Cobban, Alfred. 1944. *National Self-Determination*. Chicago: University Press.

_____________. 1964. *Rousseau and the Modern State*. London: G. Allen and Unwin.

Cohler, Ann. 1971. *Rousseau and Nationalism*. N.Y: Basic Books.

Ergang, R. 1931. *Herder and the Foundations of German Nationalism*. N.Y: Columbia University Press.

Fishkin, J. 1979. *Tyranny and Legitimacy*. Baltimore: Johns Hopkins University Press.

Gillies, A. 1945. *Herder*. Oxford: Basil Blackwell.

Hayes, Calton J.H. 1927. "Contibutions of Herder to the Doctrine of Nationalism," *American Historical Review*. vol. XXXII.

Herder, J.G. 1877-1913. *Sammtliche Werke*. ed. Bernard Suphan, 33 vols. Berlin: Weidemann.

__________. 1800. *Outlines of a Philosophy of the History of the Mind*. trans. by T. Churchill. N.Y: Bergman Publishers.

Horowitz, I. 1962. "Consensus, Conflict and Cooperation: A Sociological Inventory," *Social Forces*. 41.

Kedourie, E. 1960. *Nationalism*. London: Hutchinson University Press.

Kohn, Hans. 1961. *The Idea of Nationalism*. N.Y: MacMillan.

Meinecke, F. 1970. *Cosmopolitanism and the National State*. Princeton, NJ:

University Press.
Minogue, K. R. 1967. *Nationalism*. N.Y: Basic Books.
Rousseau, J.J. ed. by R.D. Masters. 1964. *The First and Second Discourses*. N.Y: St. Martin's Press.
______________________. 1978. *On the Social Contract and Political Economy*. N.Y: St. Martin's Press.
Rousseau and Herder, trans by J. Moran and A. Gode. 1966. *On the Origin of Language*. Chicago: University of Chicago Press.
Shklar, Judith. 1969. *Men and Citizens*. Cambridge, England: Cambridge University Press.
Vaughan, C.E. ed. 1915. *Political Writings of J.J Rousseau.* 2 vols. London: Cambridge University Press.
Viroli, Maurizio. 1988. *Jean-Jacques Rousseau and Well-Ordered Society*. N.Y: Cambridge University Press.
Wiener, P. ed. 1973. *Dictionary of the History of Ideas*. N.Y: Scribner.

제4장 헤르더의 문화민족주의

■ 저서

Aris, Reinhold. 1965. *History of Political Thought in Germany*. New York: Russell & Russell, Inc.
Barnard, Frederick M. ed. 1965. *Herder's Social and Political Thought*. Oxford: Clarendon Press.
__________________. 1969. *J.G. Herder on Social and Political Culture*. Cambridge: University Press.
Beiser, Frederick. 1992. *Enlightenment, Revolution, and Romanticism*. Cambridge, MA: Harvard University Press.
Beck, Lewis W. ed. 1988. *Kant: Selections*. New York: Macmillan Publishing Co.
Cassirer, Ernst. 1960. *The Logic of Humanities*. New Haven: Yale University Press.
Ergang, Robert. 1931. *Herder and the Foundations of German Nationalism*. New York: Columbia University Press.
Francke, Kuno. 1916. *A History of German Literature*. New York: Henry Holt.

and Co.

Herder, J.G. 1800. *Outlines of a Philosophy of the History of Man*. Translated by T. Churchill. New York: Bergman Publishers.

■ 논문

Barnard, Frederick. 1963. "Herder's Treatment of Causation and Continuity in History," *Journal of the History of Ideas*. Vol.XXIV, no.2.

Hayes, Carlton J.H. 1927. "Contributions of Herder to the Doctrine of Nationalism," *American Historical Review*. Vol.XXXII, no.4.

Schmidt, Royal J. 1956. "Cultural Nationalism in Herder," *Journal of the History of Ideas*. Vol. XVII, no.3.

제5장 민족주의와 자유주의

Aris, Reinhold. 1965. *History of Political Thought in Germany*. New York: Russell & Russell, Inc.

Barnard, Frederick M. ed. 1969. J.G. *Herder on Social and Political Culture*. Cambridge: University Press.

____________________. 1983. "National Culture and Political Legitimacy: Herder and Rousseau, *Journal of the History of Ideas (JHI)*. vol. Ⅱ. no.2.

____________________. 1984. "Patriotism and Citizenship in Rousseau: A Dual Theory of Public Willing?," *The Review of Politics*. vol.46, no.2.

Baron, Salo W. 1947. *Modern Nationalism and Religion*. N.Y: Harper & Brothers Publishers.

Beiser, Frederick C. 1992. *Enlightenment, Revolution and Romanticism*. Cambridge: Harvard University Press.

Cassirer, Ernst. 1945. *The Myth of the State*. New Haven: Yale University Press.

Cohler, Ann. 1971. *Rousseau and Nationalism*. New York: Basic Books.

Cobban, Alfred. 1960. *In Search of Humanity*. London: The Alden Press.

____________. 1934. *Rousseau and the Modern State*. London: G. Allen and Unwin.

Derathé, Robert. 1950. *Jean-Jacques Rousseau et la Science Politique de Son Temps*. Paris: Vrin.

______________. 1948. *Le Rationalisme de J.J. Rousseau*. Paris: Presses Universites de France.

______________. 1969. "Patriotisme et Nationalisme au XVIIIe Siècle, *Annales de Philosophie Politique*. vol.8, pp.69-84.

Ehgelbrecht, H.C. 1968. *Johann Gottlieb Fichte*. N.Y: AMS Press.

Ergang, Robert. 1931. *Herder and the Foundations of German Nationalism.* New York : Columbia University Press.

Gangulee, N. ed. 1944. *Giuseppe Mazzini: Selected Writings*. London: Lindsay Drummond Limited.

Godechot, J. 1971. "Nation, Patrie, Nationalisme et Patriotisme en France au XVIIIe Siècle," *Annales Historique de la Révolution Française*. vol.43. pp.481-501.

Hayes, Carlton J.H. 1931. *The Historical Evolution of Modern Nationalism.* New York: Russell & Russell.

Herder, Johann Gottfried. 1800. trans. by T. Churchill. *Outlines of a Philosophy of the History of Man*. N.Y: Bergman Publishers.

Hertz, Frederick. 1950. *Nationality in History and Politics.* New York: The Humanities Press.

Kamenka, Eugene. 1976. *Nationalism.* London: Edward Arnold Publishers Ltd.

Kedourie, Elie. 1960. *Nationalism.* London: Hutchinson University Press.

Kelly, George A. 1969. *Idealism, Politics and History*. Cambridge: University Press.

Kohn, Hans. 1944. *The Idea of Nationalism*. N.Y: MacMillan.

Leon, Xavier. 1959. *Fichte et son temps.* 2 tomes. Paris: Libraire Armand Colin.

Mazzini, Giuseppe. *The Duties of Man and Other Essays.* London: J.M. Dent & Co.

Palmer, Robert R. 1940. "The National Idea in France before the Revolution, *Journal of The History of Ideas.* vol. X. No.1.

Roche, Kennedy F. 1952. *Rousseau, Stoic & Romantic*. London: Methuen.

Rousseau, J-J. 1979. *Emile*. trans. by Allan Bloom. New York: Basic Books, Inc.

____________. 1978. *The First and Second Discourse*. ed. by Roger Masters. New York: St. Martin's Press.

____________. 1964. *On the Social Contract*. ed by Roger Masters. New York:

St. Martin's Press.
Royal Institute of International Affairs. 1939. *Nationalism*. London : Oxford University Press.
Ruggiero, Guido de. 1959. *The History of European Liberalism*. Boston: Beacon Press.
Schmidt, Royal J. 1956. "Cultural Nationalism in Herder, *JHI*. vol.XVII, no.3.
Shafer, Boyd C. 1955. *Nationalism : Myth and Reality*. New York: Harcourt, Brace and Company.

제6장 열린사회의 민족주의

국제관계연구회 편. 2003. 『근대국제질서와 한반도』 을유문화사.
박의경. 1996. "하이브리드 민족주의: 미국적 예외주의를 중심으로," 『국제정치논총』 제36집 2호.
박의경. 2002. "민족문화와 정치적 정통성," 『한국정치학회보』 제29집 1호.
이진우. 『탈이데올로기 시대의 정치철학』 문예출판사.
하영선 편. 1993. 『탈근대지구정치학』 나남.
한국서양사학회편. 1999. 『서양에서의 민족과 민족주의』 까치.

Lord Acton. 1948. *Essays on Freedom and Power*. Boston: Beacon Press.
Anderson, Benedict. 1983. *Imagined Communities: Reflections on the Origins and Spread of Nationalism*, London: Verso Press.
Avineri, Shlomo. "The Return to History: The Breakup of the Soviet Union, *Brookings Review* 10 (Spring 1992).
Birnbaum, P. 1996. "From Multiculturalism to Nationalism, *Political Theory*. 24: 1.
Fukuyama, Francis. 1989. "The End of History?" *The Nationalism Interest* 16 (Summer).
Fukuyama, Francis. 1992. *The End of History and the Last Man*. New York: Free Press.
Gellner, Ernest. 1983. *Nations and Nationalism*, Ithaca: Cornell University Press.
Hobsbawm, Eric. 1990. *Nations and Nationalism Since 1780: Programme, Myth, Reality*. Cambridge: Cambridge University Press.
Hofstadter, Richard. 1954. *The American Political Tradition*. New York: Vintage

Books.
E. Kamenka, Political Nationalism: The Evolution of the Idea, in E. Kamenka and J. Plamenatz, eds. 1973. *Nationalism: The Nature and Evolution of the Idea*. London: Edward Arnold.
Kohn, Hans. 1944. *The Idea of Nationalism: A Study in Its Origins and Background*. New York: Macmillan.
Mill, J.S., 1958(1861). *Considerations on Representative Government*. New York: Liberal Arts Press.
Taylor, Charles. 1992. *Multiculturalism and the Politics of Recognition*. Princeton, NJ: Princeton University Press.
Weber, Eugene. 1976. *Peasants into Frenchmen: The Modernization of Rural France, 1870-1914*. Stanford, CA: Stanford University Press.

제7장 자발적 민족주의의 가능성

Bailyn, Bernard. 1967. *Ideological Origins of the American Revolution*, Cambridge: Harvard University.
Barber, Benjamin R. 1974. *Death of Communal Liberty*, Princeton: Princeton University Press.
________________. 1989. "Voluntarist Nationalism, Hannah Arent Symposium," Spring.
Beard, C. 1965. *The Economic Interpretation of the Constitution of the United States*, NY: Free Press.
Beatty, Jack. 1981. "Fourth of July essay," in *The New Republic*, July 4/11.
Berg, Scott. 1989. *Goldwyn*, NY: Alfred A. Knopf.
Boorstin, Daniel. J. 1953. *The Genius of American Politics*. Chicago: University of Chicago Press.
________________. 1960. *America and the Image of Europe: Refelections on American Thought*. New york: World Publishing Co.
Burke, Edmund. 1986. *Reflections on the French Revolution*, NY: Penguin Books.
Crevecoeur, St. John de. 1782. *Letters from an American Farmer*.
Foner, E. 1945. *Paine: Complete Works*. New York: Citadel Press. Two vols.
Hamilton, Alexander. 1982. *The Federalist Papers*, NY: Bantam Books.
Hartz, Louis. 1952. *The Liberal Tradition in America*, Boston: Beacon Press.

Hegel, Georg W.F. 1956. *The Philosophy of History*. trans. by J. Sibree, NY: Dover Publications, Inc.

Kammen, Michael. 1972. *People of Paradox*. NY: Alfred A. Knopf.

Kohn, Hans. 1961. *The Idea of Nationalism*, NY: The Macmillan Co..

Kedourie, Elie. 1960. *Nationalism*, London: Hutchinson Univ. Press.

Morgan, Edmund S. 1988. *Inventing the People: The Rise of Popular Sovereignty in England and America*, NY: W.W. Norton & Co..

O'Brien, Conor Cruise. 1988. *Godland*, Cambridge: Harvard University Press.

Paine, T. 1984. *The Rights of Man*, Hammondworth: Penguin Books.

Parrington, V. 1927. *Main Currents in American Thought*, NY: Harvest Books.

Smith, Bruce. 1985. *Politics and Remembrance: Republican Themes in Machiavelli, Burke and Tocqueville*, Princeton: Princeton University Press.

Smith, Roger. 1997. *Justice: Redressing the Balance*. London: Legal Action Group.

Tocqueville, Alexis de. 1960. *Democracy in America*, ed., Phillips Bradley, NY: Vintage Books.

Verney, Douglas. V. 1986. *Three Civilization, Two Cultures and One State: Canada's Political Traditions*. Durham, NC: Duke University Press.

제8장 한국민족주의의 전개: 예외성과 특수성

강정인 외. 2009. 『한국정치의 이념과 사상』 후마니타스

강정인. 2012. "박정희 대통령의 민족주의 담론," 『사회과학연구』 제20집 2호.

겔너, 어네스트 저, 최한우 옮김. 2009. 『민족과 민족주의』 한반도국제대학원대학교출판부.

곽준혁, 조홍식 엮음. 2012. 『아직도 민족주의인가』 한길사.

김구 저, 이만열 역. 1997. 『백범일지』 역민사.

김대중. 1978. 『공화국연합제』 학민사

______. 1986. 『대중경제론』 청사.

김수자. 2004. "이승만의 일민주주의의 제창과 논리," 『한국사상사학』 22권.

김동춘. 2000. 『근대의 그늘: 한국의 근대성과 민족주의』 당대.

김영명. 2004. 『우리눈으로 본 세계화와 민족주의』 오름.

김일영. 2006. "박정희 시대와 민족주의의 네 얼굴," 『한국정치외교사논총』

제28집 1호.
대통령비서실. 1965-1979. 『박정희대통령 연설문집』 1-16.
류동민. 2007. "민족경제론이 대중경제론에 미친 영향," 『기억과 전망』 17권.
르낭, 에르네스트 지음, 신행선 옮김. 2008. 『에르네스트 르낭: 민족이란 무엇인가』 책세상.
박의경. 1995a. "자유주의적 민족주의," 『국제정치논총』 제35집 1호.
______. 1995b. "헤르더의 문화민족주의," 『한국정치학회보』 제29집 1호.
______. 1998. "열린시대의 개인, 국가 그리고 사회," 삼성경제연구소편. 『과연 열린 시대인가?』 삼성경제연구소.
______. 2015. "한국민족주의의 두얼굴," 『한국/동양정치사상사 연구』 제14권 1호.
박정희. 1962. 『우리민족의 나갈 길』 동아출판사.
박찬승. 2010. 『민족, 민족주의』 소화.
백낙청 편. 1995. 『민족주의란 무엇인가』 창작과 비평사.
벨러, 한스 율리히 지음. 이용일 옮김. 2007. 『허구의 민족주의』 푸른역사.
서중석, 1997. "이승만정부 초기의 일민주의," 『진단학보』 83.
신기욱 저, 이진욱 옮김. 2009. 『한국민족주의의 계보와 정치』 창비.
아태평화재단. 1995. 『김대중의 3단계 통일론』 아태평화출판사.
앤더슨 저, 윤형숙 옮김. 1996. 『민족주의의 기원과 전파』 사회비평사.
이승만. 1949. 『일민주의 개술(概述)』 일민주의 보급회.
임지현. 2003. 『민족주의는 반역이다』 소나무.
장문석. 2011. 『민족주의』 책세상.
전재호. 1998. "박정희 체제의 민족주의," 『한국정치학회보』 제32집 4호.
______. 2012. "민주화 이후 한국민족주의의 변화," 『현대정치연구』 제5집 1호.
한국서양사학회 편. 1999. 『서양에서의 민족과 민족주의』 까치.

Anderson, B. 1991. *Imagined Communities: Reflections on the Origins and Spread of Nationalism*. London: Verso.
Gellner, Ernest. 1983. *Nations and Nationalism*, Ithaca: Cornell University Press.
Hayes, C.J.H. 1931. *The Historical Evolution of Modern Nationalism*. N.Y: Russell and Russell.
Herder, J.G. 1800. *Outlines of a Philosophy of the History of Man*. trans. by T. Churchill. N.Y: Bergman Publishers.

Hobsbawm, Eric. 1990. *Nations and Nationalism Since 1780: Programme, Myth, Reality*. Cambridge: Cambridge University Press.

Kedourie, Elie. 1960. *Nationalism*. London: Hutchinson University Press.

Kohn, H. 1961. *The Idea of Nationalism: A Study in Its Origins and Background*. N.Y: MacMillan.

Park, Euikyung. 1993. *Reevaluating Liberal Nationalism: A Critical Study of Rousseau and Herder*. New Brunswick, NJ: Rutgers University. unpublished dissertation.

Shafer, Boyd. 1955. *Nationalism: Myth and Reality*. N.Y: Harcourt, Brace and World.

Tamir, Yael. 1993. *Liberal Nationalism*. Princeton: Princeton University Press.

제9장 한국민족주의의 두 얼굴: 국가로의 통합과 민족의 통일

강정인 외. 2009.『한국정치의 이념과 사상』후마니타스.

강정인. 2012. "박정희 대통령의 민족주의 담론,"『사회과학연구』제20집 2호.

______. 2013. "안호상의 민족주의에 대한 비판적 성찰,"『인간, 환경, 미래』제10호.

겔너, 어네스트 저, 최한우 옮김. 2009.『민족과 민족주의』한반도국제대학원대학교출판부.

김구 저, 이만열 역. 1997.『백범일지』역민사.

김수자. 2004. "이승만의 일민주주의의 제창과 논리,"『한국사상사학』22권.

김동춘. 2000.『근대의 그늘: 한국의 근대성과 민족주의』당대.

김일영. 2006. "박정희 시대와 민족주의의 네 얼굴,"『한국정치외교사논총』제28집 1호.

대통령비서실. 1965-1979.『박정희대통령 연설문집』1-16.

박의경. 1995. "자유주의적 민족주의,"『국제정치논총』제35집 1호.

______. 1998. "열린시대의 개인, 국가 그리고 사회," 삼성경제연구소편,『과연 열린 시대인가?』삼성경제연구소.

박정희. 1962.『우리민족의 나갈 길』동아출판사.

박찬승. 2010.『민족, 민족주의』소화.

박현채. 1978.『민족경제론』한길사.

백낙청 편. 1995.『민족주의란 무엇인가』창작과 비평사.

서중석. 1997. "이승만정부 초기의 일민주의," 『진단학보』 83.
신기욱 저, 이진욱 옮김. 2009. 『한국민족주의의 계보와 정치』 창비.
안호상. 1950. 『일민주의의』 일민주의 연구원.
______. 1952. 『世界新思潮論』 上. 일민주의 보급회 총본부.
이승만. 1949. 『일민주의 개술(概述)』 일민주의 보급회.
전재호. 1998. "박정희 체제의 민족주의," 『한국정치학회보』 제32집 4호
______. 2011. "한국민족주의의 반공 국가주의적 성격에 관한 연구," 『사회과학연구』 제35집 2호.
한국서양사학회 편. 1999. 『서양에서의 민족과 민족주의』 까치.
"이승만 대통령, 일민주의를 강조하는 특별교서를 발표," 서울신문. 1949. 12. 20.

Gellner, Ernest. 1983. *Nations and Nationalism*, Ithaca: Cornell University Press.
Hobsbawm, Eric, 1990. *Nations and Nationalism Since 1780: Programme, Myth, Reality*. Cambridge: Cambridge University Press.
Kedourie, Elie. 1960. *Nationalism*. London: Hutchinson University Press.
Shafer, Boyd. 1955. *Nationalism: Myth and Reality*. N.Y: Harcourt, Brace and World.

제10장 한국민족주의와 민주주의: 상호보완성과 역동성

강정인 외. 2009. 『한국정치의 이념과 사상』 후마니타스,
고쿠분 고이치로 지음, 김윤숙 옮김. 2016. 『다가올 민주주의』 오래된 생각,
곽준혁. 2003. "민족주의 없는 애국심과 비지배 평화원칙," 『아세아연구』 제46권 4호,
곽준혁, 조홍식 엮음. 2012. 『아직도 민족주의인가』 한길사.
김동춘. 2000. 『근대의 그늘: 한국의 근대성과 민족주의』 당대,
김영명. 2004. 『우리눈으로 본 세계화와 민족주의』 오름,
김용철. 2016. "한국민주주의의 품질," 『현대정치연구』 제9권 제2호,
던, 존 지음, 황미영 옮김. 2015. 『민주주의의 마법에서 깨어나라』 ㈜레디셋고.
드워킨, 로널드 지음. 홍한별 옮김. 2012. 『민주주의는 가능한가』 문학과 지성사.
밀러, 제임스 지음, 김만권 옮김. 2010. 『민주주의는 거리에 있다』 개마고원.
박의경. 1995a. "자유주의적 민족주의," 『국제정치논총』 제35집 1호.

______. 1995b. “헤르더의 문화민족주의,” 『한국정치학회보』 제29집 1호.
______. 1998. “열린시대의 개인, 국가 그리고 사회,” 삼성경제연구소편, 『과연 열린 시대인가?』 삼성경제연구소.
______. 2008. “참여민주주의를 위한 루소의 역설,” 『사회과학연구』 제16집 2호
______. 2011a. “시민의 자치능력과 민주주의의 가능성,” 『정치와 평론』 vol. 8.
______. 2011b. “대중에서 시민으로: 참여적 시민의 형성을 위하여,” 『한국정치학회보』 제45집 5호.
______. 2014a. 『여성의 정치사상』 책세상.
______. 2014b. “참여민주주의의 지속가능성에 대한 고찰,” 『민주주의와 인권』 제14권1호.
______. 2015a. “한국민족주의의 두얼굴,” 『한국/동양정치사상 연구』 제14권 1호.
______. 2015b. “한국민족주의의 전개: 그 예외성과 특수성을 중심으로,” 『민주주의와 인권』 제15권 3호.
______. 2017. “자유민주주의 정립(완성?)을 위한 조건,” 『젠더법학』 제8권 2호.
벨러, 한스 율리히 지음, 이용일 옮김. 2007. 『허구의 민족주의』 푸른역사
아감벤, 조르조 외 지음, 김상운 외 옮김. 2017. 『민주주의는 죽었는가?』 난장.
아리스토텔레스 지음, 손명현 옮김. 2011. 『니코마코스 윤리학/정치학/시학』 동서문화사.
앤더슨 저, 윤형숙 옮김. 1996. 『민족주의의 기원과 전파』 사회비평사.
올리어리, 케빈 지음, 이지문 옮김. 2014. 『민주주의 구하기』 글항아리.
임지현. 2003. 『민족주의는 반역이다』 소나무.
잉글하트, 로널드 외 지음, 지은주 옮김. 2011. 『민주주의는 어떻게 오는가』 김영사.
전재호. 2012. “민주화 이후 한국민족주의의 변화,” 『현대정치연구』 제5집 1호.
최장집. 2005. 『민주화 이후의 민주주의』 후마니타스.
토크빌 저. 박지동 옮김. 1983 『미국의 민주주의』 한길사.
투키디데스 지음, 천병희 옮김. 2014. 『펠로폰네소스 전쟁사』 도서출판 숲.
트론토, 조안 지음, 김희강 외 옮김. 2014. 『돌봄 민주주의』 아포리아.
한국서양사학회 편. 1999. 『서양에서의 민족과 민족주의』 까치.

홍태영. 2017. "민족적 민주주의의 위기 그리고 새로운 공동체의 계기들," 『현대정치연구』 제10권 제1호.

Anderson, B. 1991. *Imagined Communities: Reflections on the Origins and Spread of Nationalism*. London: Verso.

Aristoteles. trans by. E. Barker. 1981. *The Politics of Aristotle*. NY: Oxford University Press.

Barber, Benjamin. 1984. *Strong Democracy*. Berkeley, CA: University of California Press.

________________. 1998a. *A Passion for Democracy*. Princeton, NJ: Princeton University Press.

________________. 1998b, *A Place for us*. New York, NY: Hill and Wang.

Bryan, Frank. 2004. *Real Democracy*. Chicago: University of Chicago Press.

Dahbour, Omar and M. Ishay, ed. 1995. *The Nationalism Reader*. New

Gellner, Ernest. 1983. *Nations and Nationalism*, Ithaca: Cornell University Press.

Hamilton, Alexander, James Madison and John Jay, 1988. *The Federalist Papers*. New York, NY: Bantam Books.

Hayes, C.J.H. 1931. *The Historical Evolution of Modern Nationalism*. N.Y: Russell and Russell.

Hayes, C.J.H. 1931. *Historical Evolution of Modern Nationalism*. New York: Russell & Russell.

Kedourie, Elie. 1960. *Nationalism*. London: Hutchinson University Press.

Leone, Bruno ed. 1994. *Nationalism and Ethnic Conflict*. San Diego: CA: Greenhaven Press.

Mill, J.S. 1991. *On Liberty and Other Essays*. Oxford: Oxford University Press.

Nusbaum, Martha. 1996. *For Love of Country*. Boston: the Beacon Press.

Park, Euikyung. 1993. *Reevaluating Liberal Nationalism: A Critical Study of Rousseau and Herder*. New Brunswick, NJ: Rutgers University. (unpublished dissertation).

Pateman, Carole. 1970. *Participation and Democratic Theory*. Cambridge: Cambridge University Press.

Robinson, Donald. 2011. *Town Meeting: Practising Democracy in Rural New England*. Amherst: University of Massachusetts Press.

Rousseau, J-J. trans. by Masters. 1978. *On the Social Contract*. New York, NY:

St. Martin's Press.

________________. trans. by Bloom. 1979. *Emile*. New York, NY: Basic Books, Inc., Publishers.

Royal Institute of International Affairs, 1939. *Nationalism*.

Sandel, Michael. 1982. *Liberalism and the Limits of Justice*. Cambridge: Cambridge University Press.

Shafer, Boyd. 1955. *Nationalism: Myth and Reality*. N.Y: Harcourt, Brace and World.

Tamir, Yael. 1993. *Liberal Nationalism*. Princeton: Princeton University Press.

Thucydides, ed and trans. by R. Livingstone. 1968. *The History of Pelophonnesian War*. London: Oxford University Press.

Tocqueville, Alexis de, trans. by P. Bradley. 1960. *Democracy in America*. New York: Alfred A. Knoff.

Viroli, Maurizio. 1995. *For love of Country*. Oxford: Clarendon Press.

Zimmerman, Joseph. 1999. *The New England Town Meeting*. Westport, CT: Praeger Publishers.

제11장 한국민족주의의 미래: 화해, 공존, 평화의 조건

갈퉁, 요한 지음. 이재봉 외 옮김. 『평화적 수단에 의한 평화』 서울: 도서출판 들녘, 2000.

김비환. "한나 아렌트의 '정치적 화해' 이론," 한국정치사상학회(2019) pp.53-84. 2019.

그륀, 아르노 지음, 조봉애 옮김. 『평화는 총구에서 나오지 않는다』 서울: 창해, 2012.

대천덕 지음, 벤 토레이 엮음. 『대천덕 신부의 통일을 위한 코이노니아』 서울: 홍성사, 2015.

린치, 제이크 지음. 김동진 옮김. 『평화 저널리즘』 서울: 도서출판 선인, 2016.

박의경. 『민주주의 사회와 전쟁에 관한 일연구』 서울대학교 대학원 외교학과 석사학위논문, 1983.

______. "소프트 파워의 세계정치," 서울대학교 국제문제연구소 편, <문화와 국제정치>. 『세계정치 7』 제28집 1호. 2007.

______. "전쟁의 길과 평화의 나무," 『국제정치논총』 제53집 4호, 2013.

______. "지속가능한 평화를 위한 제언," 『국제정치논총』 제54집 4호, 2014.

사회와 철학 연구회 지음.『한반도의 분단, 평화, 통일 그리고 민족』서울: 씨아이알. 2019.
아렌트, 한나 지음, 이진우/태정호 옮김.『인간의 조건』서울: 한길사, 2003.
________________, 이진우/박미애 옮김.『전체주의의 기원』서울: 한길사, 2017.
아세파, 히즈키아스 지음, 이재영 옮김.『평화와 화해의 새로운 패러다임』서울: Korea Anabaptist Press, 2014.
안외순. "유교정치사상에 나타난 화해 개념과 전통," 한국정치사상학회(2019) pp. 85-108, 2019.
윤대식. "중도의 경계 위에 화해를 추구한 지성들: 안재홍과 조소앙을 중심으로," 한국정치사상학회(2019) pp. 128-168, 2019.
이하경. "조선의 건국과정을 중심으로 살펴본 조선시대 화해사상," 한국정치사상학회(2019) pp. 109-127. 2019.
전우택 편.『통일에 대한 기독교적 성찰』서울: 새물결플러스, 2014.
정주진 지음.『평화 이야기』서울: 다자인, 2018.
조진성 지음.『분단과 여성』서울: 새물결플러스, 2017.
진희관 외 지음.『통일과 평화 그리고 북한』서울: 박영사, 2019.
최민용. "'오슬로 참극' 노르웨이의 관용, 9.11 미국과 달랐다," 경향신문(2011. 7. 30).
최해광 지음.『독일통일, 더 큰 대한민국의 통일철학을 말하다』서울: 마인드탭, 2017.
타지박시, 체노이 지음, 박균열 외 옮김.『인간안보』서울: 철학과 현실사, 2010.
토크빌, 알렉시스 드 지음, 박지동 외 옮김.『미국의 민주주의』서울: 한길사, 2013.
파머, 파커 지음, 김찬호 옮김.『비통한 자들을 위한 정치학』서울: 글항아리, 2012.
표광민. "통일이후 독일의 화해사상: 정의와 화해의 딜레마를 중심으로," 한국정치사상학회(2019) pp. 192-210, 2019.
하상복. "내전기 미국의 전사자, 갈등에서 화해의 존재로," 한국정치사상학회(2019) pp. 169-191, 2019.
한국정치사상학회. <동서화해사상으로 본 통일공동체의 상과 과제>, 통일연구원.『남북관계 2023: 한반도 평화의 미래상, 화해협력』, 2019.
황옥자. "고대 아테네 사회의 갈등을 통해 본 공존과 화해," 한국정치사상학회(2019) pp. 17-37, 2019.

Jervis. *Perception and misperception in International Politics*, Princeton, NJ: Princeton University Press, 1976.

第12장 다문화주의와 민족주의, 민주주의의 삼각구도

강정인 외. 2009.『한국정치의 이념과 사상』후다니타스

곽준혁 2003. "민족주의 없는 애국심과 비지배 평화원칙,"『아세아연구』제46권 4호.

곽준혁, 조홍식 엮음. 2012.『아직도 민족주의인가』한길사.

김남국. 2005. "심의 다문화주의: 문화적 권리와 문화적 생존,"『한국정치학회보』제39집 1호.

김비환. 2011. "다문화민주주의?: 몇 가지 예비적 고찰,"『다문화사회연구』vol.4, no.1.

김영명. 2004.『우리눈으로 본 세계화와 민족주의』오름.

드워킨, 로널드 지음, 홍한별 옮김. 2012.『민주주의는 가능한가』문학과 지성사.

박의경. 1995a. "자유주의적 민족주의,"『국제정치논총』제35집 1호.

______. 1995b. "헤르더의 문화민족주의,"『한국정치학회보』제29집 1호.

______. 1998 "열린시대의 개인, 국가 그리고 사회," 삼성경제연구소편,『과연 열린 시대인가?』삼성경제연구소.

______. 2008. "참여민주주의를 위한 루소의 역설,"『사회과학연구』제16집 2호.

______. 2011a. "시민의 자치능력과 민주주의의 가능성,"『정치와 평론』vol.8.

______. 2011b. "대중에서 시민으로: 참여적 시민의 형성을 위하여,"『한국정치학회보』제45집 5호.

______. 2013. "다문화사회에서의 참여민주주의의 가능성,"『정치사상연구』제19집 2호.

______. 2014. "참여민주주의의 지속가능성에 대한 고찰,"『민주주의와 인권』제14권 1호.

______. 2015a. "한국민족주의의 두얼굴,"『한국/동양정치사상 연구』제14권 1호.

______. 2015b. "한국민족주의의 전개: 그 예외성과 특수성을 중심으로,"『민

주주의와 인권』 제15권 3호.
______. 2017. "한국민족주의와 민주주의: 그 상호보완성과 역동성을 중심으로," 『사회과학 담론과 정책』 제10권 2호.
박찬승. 2010. 『민족, 민족주의』 소화.
벨러, 한스 율리히 지음, 이용일 옮김. 2007. 『허구의 민족주의』 푸른역사
아감벤, 조르조 외 지음, 김상운 외 옮김. 2017. 『민주주의는 죽었는가?』 난장.
아리스토텔레스 지음, 손명현 옮김. 2011. 『니코마코스 윤리학/정치학/시학』 동서문화사.
앤더슨 저, 윤형숙 옮김. 1996. 『민족주의의 기원과 전파』 사회비평사.
임지현. 2003. 『민족주의는 반역이다』 소나무.
잉글하트, 로널드 외 지음, 지은주 옮김. 2011. 『민주주의는 어떻게 오는가』 김영사.
진은영. 2008. "다문화주의와 급진적 인권," 『철학』 95집.
최장집. 2005. 『민주화 이후의 민주주의』 후마니타스.
킴리카 저, 장동진 외 역. 2006. 『현대정치철학의 이해』 동명사.
토크빌 저, 박지동 옮김. 1983. 『미국의 민주주의』 한길사.
투키디데스 지음, 천병희 옮김. 2014. 『펠로폰네소스 전쟁사』 도서출판 숲.
한국서양사학회 편. 1999. 『서양에서의 민족과 민족주의』 까치.
홍태영. 2017. "민족적 민주주의의 위기 그리고 새로운 공동체의 계기들," 『현대정치연구』 제10권 제1호.

Anderson, B. 1991. *Imagined Communities: Reflections on the Origins and Spread of Nationalism*. London: Verso.
Aristoteles. trans by. E. Barker. 1981. *The Politics of Aristotle*. NY: Oxford University Press.
Barber, Benjamin. 1984. *Strong Democracy*. Berkeley, CA: University of California Press.
______. 1993. "Global Multiculturalism and American Experiment," *World Policy Journal* vol.10. issue 1.
______. 1998a. *A Passion for Democracy*. Princeton, NJ: Princeton University Press.
______. 1998b, *A Place for us*. New York, NY: Hill and Wang.
Barnard, F. 1959. "The Hebrews and Herder's Political Creed," *Modern Language Review*. vol.54.

Bryan, Frank. 2004. *Real Democracy.* Chicago: University of Chicago Press.

Cassirer, Ernst. 1945. *The Myth of the State.* New Haven: Yale University Press.

Dahbour, Omar and M. Ishay, ed. 1995. *The Nationalism Reader.* New Jersey: Humanities Press.

Fukuyama, Francis. 1992. *The End of History and the Last Man.* New York: Penguin Books.

Gellner, Ernest. 1983. *Nations and Nationalism*, Ithaca: Cornell University Press.

Greenfeld, Liah. 1992. *Nationalism: Five Roads to Modernity.* Mass: Harvard Uiversity Press.

Hayes, C.J.H. 1931. *Historical Evolution of Modern Nationalism.* New York: Russell & Russell

Herder, J.G. 1800. *Outlines of a Philosophy of the History of Man.* trans. by T. Churchill, New York: Bergman Publishers.

__________. 1877-1913. *Sammtliche Werke*, ed. Bernard Suphan. 33 vols. Berlin: Weidemann.

Kedourie, Elie. 1960. *Nationalism.* London: Hutchinson University Press.

Kukathas, C. 1998. "Liberalism and Multiculralism," *Political Theory.* vol.26, no.5.

Leone, Bruno ed. 1994. *Nationalism and Ethnic Conflict.* San Diego: CA: Greenhaven Press.

Nusbaum, Martha. 1996. *For Love of Country.* Boston: the Beacon Press.

Palmer, Robert. 1940. "The National Idea in France befor the Revolution," *Journal of the History of Ideas,* vol.X, No.1.

Park, Euikyung. 1993. *Reevaluating Liberal Nationalism: A Critical Study of Rousseau and Herder.* New Brunswick, NJ: Rutgers University. (unpublished dissertation).

Rousseau, J-J. trans. by Masters. 1978. *On the Social Contract.* New York, NY: St. Martin's Press.

________________. trans. by Bloom. 1979. *Emile.* New York, NY Basic Books, Inc., Publishers.

Royal Institute of International Affairs 1939. *Nationalism.*

Shafer, Boyd. 1955. *Nationalism: Myth and Reality.* N.Y: Harcourt, Brace and World.

Tamir, Yael. 1993. *Liberal Nationalism.* Princeton: Princeton University Press.

Taylor, Charles. 1994. "The Politics of Recognition," in Amy Gutman ed. *Multiculturalism: Examining the Politics of Recognition*. Princeton: Princetion University Press.

Thucydides, ed and trans. by R. Livingstone. 1968. *The History of Pelophonnesian War*. London: Oxford University Press.

Tocqueville, Alexis de, trans. by P. Bradley. 1960. *Democracy in America*. New York: Alfred A. Knoff.

Viroli, Maurizio. 1997. *For love of Country*. Oxford: Clarendon Press.

찾아보기

기타

박의경

현재 전남대학교 정치외교학과 교수로 재직하고 있으며, 주요 관심사는 서양근대정치사상과 여성정치이고, 궁극적 지향점은 여성정치사상의 정립과 민주주의의 사상적 완성이다. 저서로 『여성의 정치사상』과 『현대정치의 위기와 비전』(공저), 『루소를 말하다』(공저), 『인권의 정치사상』(공저), 『우리들의 민주주의』 등이 있으며, 번역서로 『정치사상과 여성』, 『지하드 맥월드』, 『고백록』(역해), 『나라사랑을 말하다』 등이 있다. 논문으로는 「민주주의와 여성, 그리고 평화」, 「5.18 민주항쟁과 기억의 정치」, 「자유민주주의의 정립을 위한 조건」, 「젠더정치 활성화를 위한 모색」, 「화해, 공존, 평화의 조건: 한반도 평화공동체를 위하여」, 「다문화주의와 민족주의, 민주주의의 삼각구도」, 「한국민족주의와 민주주의」, 「참여민주주의의 지속 가능성에 대한 고찰」, 「전쟁의 길과 평화의 나무」 등 다수가 있다.

민족주의, 오늘을 살다

인 쇄 2023년 11월 27일
발 행 2023년 11월 30일

저 자 박의경

발행인 김광석
발행처 전남대학교출판문화원
등 록 1981. 5. 21. 제53호
주 소 61186 광주광역시 북구 용봉로 77
전 화 (062) 530-0571~2
영업부 (062) 530-0573
팩 스 (062) 530-0579
홈페이지 http://www.cnup.co.kr
이메일 cnup0571@hanmail.net

값 27,000 원

ISBN 978-89-6849-994-4 (93300)